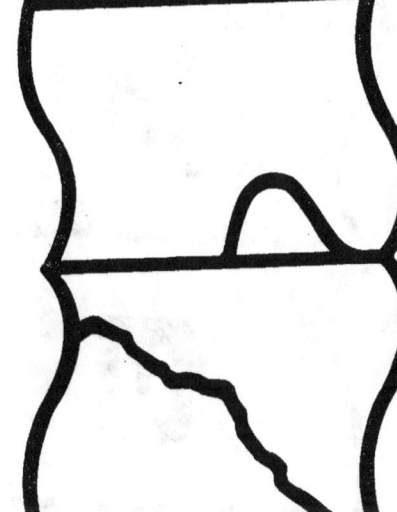

Texte détérioré — reliure défectueuse
**NF Z 43**-120-11

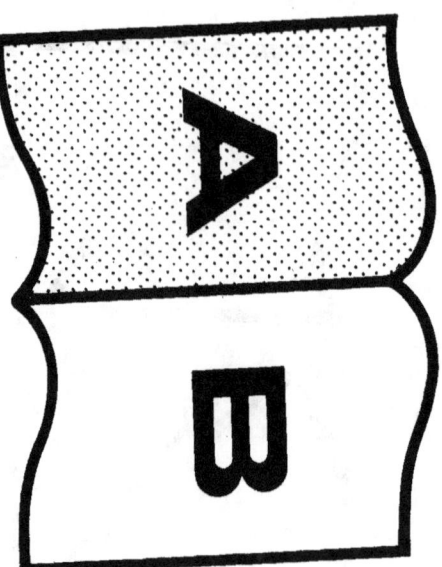

Contraste insuffisant
**NF Z 43-120-14**

Reliure serrée

# VICTOR HUGO
## LES MISÉRABLES

IV
L'IDYLLE
RUE PLUMET
ET
L'ÉPOPÉE
RUE St DENIS

# QUATRIÈME PARTIE

# L'IDYLLE RUE PLUMET

## ET L'ÉPOPÉE RUE SAINT-DENIS

### LIVRE PREMIER

#### QUELQUES PAGES D'HISTOIRE

### I

#### BIEN COUPÉ

1831 et 1832, les deux années qui se rattachent immédiatement à la révolution de Juillet, sont un des moments les plus particuliers et les plus frappants de l'histoire. Ces deux années au milieu de celles qui les précèdent et qui les suivent sont comme deux montagnes. Elles ont la grandeur révolutionnaire. On y distingue des précipices. Les masses sociales, les assises mêmes de la civilisation, le groupe solide des intérêts superposés et adhérents, les profils séculaires de l'antique formation française, y apparaissent et y disparaissent à chaque instant à travers les nuages orageux des systèmes, des passions et des théories. Ces apparitions et ces disparitions ont été nommées la résistance et le mouvement. Par intervalles on y voit luire la vérité, ce jour de l'âme humaine.

Cette remarquable époque est assez circonscrite et commence à s'éloigner assez de nous pour qu'on puisse en saisir dès à présent les lignes principales.

Nous allons l'essayer.

La Restauration avait été une de ces phases intermédiaires difficiles à définir, où il y a de la fatigue, du bourdonnement, des murmures, du sommeil, du tumulte, et qui ne sont autre chose que l'arrivée d'une grande nation à une étape. Ces époques sont singulières et trompent les politiques qui veulent les exploiter. Au début, la nation ne demande que le repos; on n'a qu'une soif, la paix; on n'a qu'une ambition, être petit. Ce qui est la traduction de rester tranquille. Les grands événements, les grands hasards, les grandes aventures, les grands hommes, Dieu merci, on en a assez vu, on en a pardessus la tête. On donnerait César pour Prusias et Napoléon pour le roi d'Yvetot. « Quel bon petit roi c'était là! » On a marché depuis le point du jour, on est au soir d'une longue et rude journée; on a fait le premier relais avec Mirabeau, le second avec Robespierre, le troisième avec Bonaparte, on est éreinté. Chacun demande un lit.

Les dévouements las, les héroïsmes vieillis, les ambitions repues, les fortunes faites cherchent, réclament, implorent, sollicitent, quoi? un gîte. Ils l'ont. Ils prennent possession de la paix, de la tranquillité, du loisir; les voilà contents. Cependant en même temps de certains faits surgissent, se font reconnaître et frappent à la porte de leur côté. Ces faits sont sortis des révolutions et des guerres, ils sont, ils vivent, ils ont droit de s'installer dans la société et ils s'y installent; et la plupart du temps les faits sont des maréchaux des logis et des fourriers qui ne font que préparer le logement aux principes.

Alors voici ce qui apparaît aux philosophes politiques.

En même temps que les hommes fatigués demandent le repos, les faits accomplis demandent des garanties. Les garanties pour les faits, c'est la même chose que le repos pour les hommes.

C'est ce que l'Angleterre demandait aux Stuarts après le Protecteur; c'est ce que la France demandait aux Bourbons après l'empire.

Ces garanties sont une nécessité des temps. Il faut bien les accorder. Les princes les « octroient », mais en réalité c'est la force des choses qui les donne. Vérité profonde et utile à savoir, dont les

Stuarts ne se doutèrent pas en 1662, que les Bourbons n'entrevirent même pas en 1814.

La famille prédestinée, qui revint en France quand Napoléon s'écroula, eut la simplicité fatale de croire que c'était elle qui donnait, et que ce qu'elle avait donné elle pouvait le reprendre; que la maison de Bourbon possédait le droit divin, que la France ne possédait rien; et que le droit politique concédé dans la charte de Louis XVIII n'était autre chose qu'une branche du droit divin, détachée par la maison de Bourbon et gracieusement donnée au peuple jusqu'au jour où il plairait au roi de s'en ressaisir. Cependant, au déplaisir que le don lui faisait, la maison de Bourbon aurait dû sentir qu'il ne venait pas d'elle.

Elle fut hargneuse au dix-neuvième siècle. Elle fit mauvaise mine à chaque épanouissement de la nation. Pour nous servir du mot trivial, c'est-à-dire populaire et vrai, elle rechigna. Le peuple le vit.

Elle crut qu'elle avait de la force parce que l'empire avait été emporté devant elle comme un châssis de théâtre. Elle ne s'aperçut pas qu'elle avait été apportée elle-même de la même façon. Elle ne vit pas qu'elle aussi était dans cette main qui avait ôté de là Napoléon.

Elle crut qu'elle avait des racines parce qu'elle était le passé. Elle se trompait; elle faisait partie du passé, mais tout le passé, c'était la France. Les racines de la société française n'étaient point dans les Bourbons, mais dans la nation. Ces obscures et vivaces racines ne constituaient point le droit d'une famille, mais l'histoire d'un peuple. Elles étaient partout, excepté sous le trône.

La maison de Bourbon était pour la France le nœud illustre et sanglant de son histoire, mais n'était plus l'élément principal de sa destinée et la base nécessaire de sa politique. On pouvait se passer des Bourbons; on s'en était passé vingt-deux ans; il y avait eu solution de continuité; ils ne s'en doutaient pas. Et comment s'en seraient-ils doutés, eux qui se figuraient que Louis XVII régnait le 9 thermidor et que Louis XVIII régnait le jour de Marengo? Jamais, depuis l'origine de l'histoire, les princes n'avaient été si aveugles en présence des faits et de la portion d'autorité divine que les faits contiennent et promulguent. Jamais cette prétention d'en bas qu'on appelle le droit des rois n'avait nié à ce point le droit d'en haut.

Erreur capitale qui amena cette famille à remettre la main sur les garanties « octroyées » en 1814, sur les concessions, comme elle les qualifiait. Chose triste! ce qu'elle nommait ses concessions, c'étaient nos conquêtes; ce qu'elle appelait nos empiétements, c'étaient nos droits.

Lorsque l'heure lui sembla venue, la Restauration, se supposant victorieuse de Bonaparte et enracinée dans le pays, c'est-à-dire se croyant forte et se croyant profonde, prit brusquement son parti et risqua son coup. Un matin elle se dressa en face de la France, et, élevant la voix, elle contesta le titre collectif et le titre individuel, à la nation la souveraineté, au citoyen la liberté. En d'autres termes, elle nia à la nation ce qui la faisait nation et au citoyen ce qui le faisait citoyen.

C'est là le fond de ces actes fameux qu'on appelle les ordonnances de juillet.

La Restauration tomba.

Elle tomba justement. Cependant, disons-le, elle n'avait pas été absolument hostile à toutes les formes du progrès. De grandes choses s'étaient faites, elle étant à côté.

Sous la Restauration, la nation s'était habituée à la discussion dans le calme, ce qui avait manqué à la république, et à la grandeur dans la paix, ce qui avait manqué à l'empire. La France libre et forte avait été un spectacle encourageant pour les autres peuples de l'Europe. La révolution avait eu la parole sous Robespierre; le canon avait eu la parole sous Bonaparte; c'est sous Louis XVIII et Charles X que vint le tour de parole de l'intelligence. Le vent cessa, le flambeau se ralluma. On vit frissonner sur les cimes sereines la pure lumière des esprits. Spectacle magnifique, utile et charmant. On vit travailler pendant quinze ans, en pleine paix, en pleine place publique, ces grands principes, si vieux pour le penseur, si nouveaux pour l'homme d'État : l'égalité devant la loi, la liberté de la conscience, la liberté de la parole, la liberté de la presse, l'accessibilité de toutes les aptitudes à toutes les fonctions. Cela alla ainsi jusqu'en 1830. Les Bourbons furent un instrument de civilisation qui cassa dans les mains de la Providence.

La chute des Bourbons fut pleine de grandeur, non de leur côté, mais du côté de la nation. Eux quittèrent le trône avec gravité, mais sans autorité; leur descente dans la nuit ne fut pas une de ces disparitions solennelles qui laissent une sombre émotion à l'histoire; ce ne fut ni le calme spectral de Charles I$^{er}$ ni le cri d'aigle de Napoléon. Ils s'en allèrent, voilà tout. Ils déposèrent la couronne et ne gardèrent

pas d'auréole. Ils furent dignes, mais ils ne furent pas augustes. Ils manquèrent dans une certaine mesure à la majesté de leur malheur. Charles X, pendant le voyage de Cherbourg, faisant couper une table ronde en table carrée, parut plus soucieux de l'étiquette en péril que de la monarchie croulante. Cette diminution attrista les hommes dévoués qui aimaient leurs personnes et les hommes sérieux qui honoraient leur race. Le peuple, lui, fut admirable. La nation, attaquée un matin à main armée par une sorte d'insurrection royale, se sentit tant de force qu'elle n'eut pas de colère. Elle se défendit, se contint, remit les choses à leur place, le gouvernement dans la loi, les Bourbons dans l'exil, hélas! et s'arrêta. Elle prit le vieux roi Charles X sous ce dais qui avait abrité Louis XIV, et le posa à terre doucement. Elle ne toucha aux personnes royales qu'avec tristesse et précaution. Ce ne fut pas un homme, ce ne furent pas quelques hommes, ce fut la France, la France entière, la France victorieuse et enivrée de sa victoire, qui sembla se rappeler et qui pratiqua aux yeux du monde entier ces graves paroles de Guillaume du Vair après la journée des Barricades : — « Il est aysé à ceux qui ont accoutumé d'effleurer les
« faveurs des grands et saulter, comme un oiseau de branche en
« branche, d'une fortune affligée à une florissante, de se montrer
« hardis contre leur prince en son adversité; mais pour moy la for-
« tune de mes roys me sera toujours vénérable, et principalement des
« affligés. »

Les Bourbons emportèrent le respect, mais non le regret. Comme nous venons de le dire, leur malheur fut plus grand qu'eux. Ils s'effacèrent à l'horizon.

La révolution de Juillet eut tout de suite des amis et des ennemis dans le monde entier. Les uns se précipitèrent vers elle avec enthousiasme et joie, les autres s'en détournèrent, chacun selon sa nature. Les princes de l'Europe, au premier moment, hiboux de cette aube, fermèrent les yeux, blessés et stupéfaits, et ne les rouvrirent que pour menacer. Effroi qui se comprend, colère qui s'excuse. Cette étrange révolution avait à peine été un choc; elle n'avait pas même fait à la royauté vaincue l'honneur de la traiter en ennemie et de verser son sang. Aux yeux des gouvernements despotiques toujours intéressés à ce que la liberté se calomnie elle-même, la révolution de Juillet avait le tort d'être formidable et de rester douce. Rien du reste ne fut tenté ni machiné contre elle. Les plus mécontents, les plus irrités, les plus frémissants, la saluaient; quels que soient nos égoïsmes et nos rancunes, un respect mystérieux sort des événements dans lesquels on sent la collaboration de quelqu'un qui travaille plus haut que l'homme.

La révolution de Juillet est le triomphe du droit terrassant le fait. Chose pleine de splendeur.

Le droit terrassant le fait. De là l'éclat de la révolution de 1830, de là sa mansuétude aussi. Le droit qui triomphe n'a nul besoin d'être violent.

Le droit, c'est le juste et le vrai.

Le propre du droit, c'est de rester éternellement beau et pur. Le fait, même le plus nécessaire en apparence, même le mieux accepté des contemporains, s'il n'existe que comme fait et s'il ne contient que trop peu de droit ou point du tout de droit, est destiné infailliblement à devenir, avec la durée du temps, difforme, immonde, peut-être même monstrueux. Si l'on veut constater d'un coup à quel degré de laideur le fait peut arriver, vu à la distance des siècles, qu'on regarde Machiavel. Machiavel, ce n'est point un mauvais génie, ni un démon, ni un écrivain lâche et misérable; ce n'est rien que le fait. Et ce n'est pas seulement le fait italien, c'est le fait européen, le fait du seizième siècle. Il semble hideux, et il l'est, en présence de l'idée morale du dix-neuvième.

Cette lutte du droit et du fait dure depuis l'origine des sociétés. Terminer le duel, amalgamer l'idée pure avec la réalité humaine, faire pénétrer pacifiquement le droit dans le fait et le fait dans le droit, voilà le travail des sages.

## II

#### MAL COUSU

Mais autre est le travail des sages, autre est le travail des habiles. La révolution de 1830 s'était vite arrêtée.

Sitôt qu'une révolution a fait côte, les habiles dépècent l'échouement.

Les habiles, dans notre siècle, se sont décerné à eux-mêmes la qualification d'hommes d'état ; si bien que ce mot, homme d'état, a fini par être un peu un mot d'argot. Qu'on ne l'oublie pas en effet, là où il n'y a qu'habileté, il y a nécessairement petitesse. Dire : « les habiles », cela revient à dire : « les médiocres ».

De même que dire : « les hommes d'état », cela équivaut quelquefois à dire : « les traîtres ».

A en croire les habiles donc, les révolutions comme la révolution de Juillet sont des artères coupées ; il faut une prompte ligature. Le droit, trop grandement proclamé, ébranle. Aussi, une fois le droit affirmé, il faut raffermir l'état. La liberté assurée, il faut songer au pouvoir.

Ici les sages ne se séparent pas encore des habiles, mais ils commencent à se défier. Le pouvoir, soit. Mais, premièrement, qu'est-ce que le pouvoir ? deuxièmement, d'où vient-il ? Les habiles semblent ne pas entendre l'objection murmurée, et ils continuent leur manœuvre.

Selon ces politiques, ingénieux à mettre aux fictions profitables un masque de nécessité, le premier besoin d'un peuple après une révolution, quand ce peuple fait partie d'un continent monarchique, c'est de se procurer une dynastie. De cette façon, disent-ils, il peut avoir la paix après sa révolution, c'est-à-dire le temps de panser ses plaies et de réparer sa maison. La dynastie cache l'échafaudage et couvre l'ambulance.

Or il n'est pas toujours facile de se procurer une dynastie.

A la rigueur, le premier homme de génie ou même le premier homme de fortune venu suffit pour faire un roi. Vous avez dans le premier cas Bonaparte et dans le second Iturbide.

Mais la première famille venue ne suffit pas pour faire une dynastie. Il y a nécessairement une certaine quantité d'ancienneté dans une race, et la ride des siècles ne s'improvise pas.

Si l'on se place au point de vue des « hommes d'état », sous toutes réserves bien entendu, après une révolution, quelles sont les qualités du roi qui en sort ? Il peut être et il est utile qu'il soit révolutionnaire, c'est-à-dire participant de sa personne à cette révolution, qu'il y ait mis la main, qu'il s'y soit compromis ou illustré, qu'il en ait touché la hache ou manié l'épée.

Quelles sont les qualités d'une dynastie ? Elle doit être nationale, c'est-à-dire révolutionnaire à distance, non par des actes commis, mais par les idées acceptées. Elle doit se composer de passé et être historique, se composer d'avenir et être sympathique.

Tout ceci explique pourquoi les premières révolutions se contentent de trouver un homme, Cromwell ou Napoléon; et pourquoi les deuxièmes veulent absolument trouver une famille, la maison de Brunswick ou la maison d'Orléans.

Les maisons royales ressemblent à ces figuiers de l'Inde dont chaque rameau, en se courbant jusqu'à terre, y prend racine et devient un figuier. Chaque branche peut devenir une dynastie. A la seule condition de se courber jusqu'au peuple.

Telle est la théorie des habiles.

Voici donc le grand art : faire un peu rendre à un succès le son d'une catastrophe afin que ceux qui en profitent en tremblent aussi, assaisonner de peur un pas de fait, augmenter la courbe de la transition jusqu'au ralentissement du progrès, affadir cette aurore, dénoncer et retrancher les âpretés de l'enthousiasme, couper les angles et les ongles, ouater le triomphe, emmitoufler le droit, envelopper le géant-peuple de flanelle et le coucher bien vite, imposer la diète à cet excès de santé, mettre Hercule en traitement de convalescence, délayer l'événement dans l'expédient, offrir aux esprits altérés d'idéal ce nectar étendu de tisane, prendre ses précautions contre le trop de réussite, garnir la révolution d'un abat-jour.

1830 pratiqua cette théorie, déjà appliquée à l'Angleterre par 1688.

1830 est une révolution arrêtée à mi-côte. Moitié de progrès; quasi-droit. Or la logique ignore l'à-peu-près, absolument comme le soleil ignore la chandelle.

Qui arrête les révolutions à mi-côte? La bourgeoisie?

Pourquoi?

Parce que la bourgeoisie est l'intérêt arrivé à satisfaction. Hier c'était l'appétit, aujourd'hui c'est la plénitude, demain ce sera la satiété.

Le phénomène de 1814 après Napoléon se reproduisit en 1830 après Charles X.

On a voulu, à tort, faire de la bourgeoisie une classe. La bourgeoisie est tout simplement la portion contentée du peuple. Le bourgeois, c'est l'homme qui a maintenant le temps de s'asseoir. Une chaise n'est pas une caste.

Mais, pour vouloir s'asseoir trop tôt, on peut arrêter la marche même du genre humain. Cela a été souvent la faute de la bourgeoisie.

On n'est pas une classe parce qu'on fait une faute. L'égoïsme n'est pas une des divisions de l'ordre social.

Du reste, il faut être juste même envers l'égoïsme, l'état auquel aspirait, après la secousse de 1830, cette partie de la nation qu'on nomme la bourgeoisie; ce n'était pas l'inertie, qui se complique d'indifférence et de paresse et qui contient un peu de honte, ce n'était pas le sommeil, qui suppose un oubli momentané accessible aux songes; c'était la halte.

La halte est un mot formé d'un double sens singulier et presque contradictoire : troupe en marche, c'est-à-dire mouvement; station, c'est-à-dire repos.

La halte, c'est la réparation des forces; c'est le repos armé et éveillé; c'est le fait accompli qui pose des sentinelles et se tient sur ses gardes.

La halte suppose le combat hier et le combat demain.

C'est l'entre-deux de 1830 et de 1848.

Ce que nous appelons ici combat peut aussi s'appeler progrès.

Il fallait donc à la bourgeoisie, comme aux hommes d'état, un homme qui exprimât ce mot : Halte. Un Quoique Parce que. Une individualité composite, signifiant révolution et signifiant stabilité, en d'autres termes affermissant le présent par la compatibilité évidente du passé avec l'avenir.

Cet homme était « tout trouvé ». Il s'appelait Louis-Philippe d'Orléans.

Les 221 firent Louis-Philippe roi. Lafayette se chargea du sacre.

Il le nomma *la meilleure des républiques*. L'hôtel de ville de Paris remplaça la cathédrale de Reims.

Cette substitution d'un demi-trône au trône complet fut « l'œuvre de 1830 ».

Quand les habiles eurent fini, le vice immense de leur solution apparut. Tout cela était fait en dehors du droit absolu. Le droit absolu cria : Je proteste! puis, chose redoutable, il rentra dans l'ombre.

## III

#### LOUIS-PHILIPPE

Les révolutions ont le bras terrible et la main heureuse, elles frappent ferme et choisissent bien. Même incomplètes, même abâtardies et mâtinées, et réduites à l'état de révolution cadette, comme la révolution de 1830, il leur reste presque toujours assez de lucidité providentielle pour qu'elles ne puissent mal tomber. Leur éclipse n'est jamais une abdication.

Pourtant, ne nous vantons pas trop haut; les révolutions, elles aussi, se trompent, et de graves méprises se sont vues.

Revenons à 1830. 1830, dans sa déviation, eut du bonheur. Dans l'établissement qui s'appela l'ordre après la révolution coupée court, le roi valait mieux que la royauté. Louis-Philippe était un homme rare.

Fils d'un père auquel l'histoire accordera certainement les circonstances atténuantes, mais aussi digne d'estime que ce père avait été digne de blâme; ayant toutes les vertus privées et plusieurs des vertus publiques; soigneux de sa santé, de sa fortune, de sa personne, de ses affaires, connaissant le prix d'une minute et pas toujours le prix d'une année; sobre, serein, paisible, patient; bonhomme et bon prince; couchant avec sa femme, et ayant dans son palais des laquais chargés de faire voir le lit conjugal aux bourgeois, ostentation d'alcôve régulière devenue utile après les anciens étalages illégitimes de la branche aînée; sachant toutes les langues de l'Europe et, ce qui est plus rare, tous les langages de tous les intérêts, et les parlant; admirable représentant de « la classe moyenne », mais la dépassant, et de toutes les façons plus grand qu'elle; ayant l'excellent esprit, tout en appréciant le sang dont il sortait, de se compter surtout pour sa valeur intrinsèque, et, sur la question même de sa race, très-particulier, se déclarant Orléans et non Bourbon; très-premier prince du sang tant qu'il n'avait été qu'altesse sérénissime, mais franc bourgeois le jour où il fut majesté; diffus en public, concis dans l'intimité; avare signalé, mais non prouvé; au fond, un de ces économes aisément prodigues pour leur fantaisie ou leur devoir; lettré et peu sensible aux lettres; gentilhomme, mais non chevalier; simple, calme et fort; adoré de sa famille et de sa maison; causeur séduisant, homme d'état désabusé, intérieurement froid, dominé par l'intérêt immédiat, gouvernant toujours au plus près, incapable de rancune et de reconnaissance, usant sans pitié les supériorités sur les médiocrités; habile à faire donner tort par les majorités parlementaires à ces unanimités mystérieuses qui grondent sourdement sous les trônes; expansif, parfois imprudent dans son expansion, mais d'une merveilleuse adresse dans cette imprudence; fertile en expédients, en visages, en masques; faisant peur à la France de l'Europe et à l'Europe de la France; aimant incontestablement son pays, mais préférant sa famille; prisant plus la domination que l'autorité et l'autorité que la dignité, disposition qui a cela de funeste que, tournant tout au succès, elle admet la ruse et ne répudie pas absolument la bassesse, mais qui a cela de profitable, qu'elle préserve la politique des chocs violents, l'état des fractures et la société des catastrophes; minutieux, correct, vigilant, attentif, sagace, infatigable; se contredisant quelquefois et se démentant; hardi contre l'Autriche à Ancône, opiniâtre contre l'Angleterre en Espagne, bombardant Anvers et payant Pritchard; chantant avec conviction la Marseillaise, inaccessible à l'abattement, aux lassitudes, au goût du beau et de l'idéal, aux générosités téméraires, à l'utopie, à la chimère, à la colère, à la vanité, à la crainte; ayant toutes les formes de l'intrépidité personnelle; général à Valmy, soldat à Jemmapes; tâté huit fois par le régicide, et toujours souriant; brave comme un grenadier, courageux comme un penseur; inquiet seulement devant les chances d'un ébranlement européen, et impropre aux grandes aventures politiques; toujours prêt à risquer sa vie, jamais son œuvre; déguisant sa volonté en influence afin d'être plutôt obéi comme intelligence que comme roi; doué d'observation et non de divination; peu attentif aux esprits, mais se connaissant en hommes, c'est-à-dire ayant besoin de voir pour juger; bon sens prompt et pénétrant, sagesse pratique, parole facile, mémoire prodigieuse; puisant sans cesse dans cette mémoire, son unique point de ressemblance avec César, Alexandre et Napoléon; sachant les faits, les détails, les dates, les noms propres, ignorant les tendances, les passions, les génies divers de la foule, les aspirations intérieures, les soulèvements cachés et obscurs des âmes, en un mot, tout ce qu'on pourrait appeler les

courants invisibles des consciences; accepté par la surface, mais peu d'accord avec la France de dessous; s'en tirant par la finesse; gouvernant trop et ne régnant pas assez; son premier ministre à lui-même; excellent à faire de la petitesse des réalités un obstacle à l'immensité des idées; mêlant à une vraie faculté créatrice de civilisation, d'ordre et d'organisation, on ne sait quel esprit de procédure et de chicane; fondateur et procureur d'une dynastie; ayant quelque chose de Charlemagne et quelque chose d'un avoué; en somme, figure haute et originale, prince qui sut faire du pouvoir malgré l'inquiétude de la France, et de la puissance malgré la jalousie de l'Europe. Louis-Philippe sera classé parmi les hommes éminents de son siècle, et serait rangé parmi les gouvernants les plus illustres de l'histoire, s'il eût un peu aimé la gloire et s'il eût eu le sentiment de ce qui est grand au même degré que le sentiment de ce qui est utile.

Louis-Philippe avait été beau et, vieilli, était resté gracieux; pas toujours agréé de la nation, il l'était toujours de la foule; il plaisait. Il avait ce don, le charme. La majesté lui faisait défaut; il ne portait ni la couronne, quoique roi, ni les cheveux blancs, quoique vieillard. Ses manières étaient du vieux régime et ses habitudes du nouveau, mélange du noble et du bourgeois qui convenait à 1830; Louis-Philippe était la transition régnante; il avait conservé l'ancienne prononciation et l'ancienne orthographe qu'il mettait au service des opinions modernes; il aimait la Pologne et la Hongrie, mais il écrivait *les Polonois* et prononçait *les Hongrais*. Il portait l'habit de la garde nationale comme Charles X, et le cordon de la Légion d'honneur comme Napoléon.

Il allait peu à la chapelle, point à la chasse, jamais à l'Opéra. Incorruptible aux sacristains, aux valets de chiens et aux danseuses; cela entrait dans sa popularité bourgeoise. Il n'avait point de cour. Il sortait avec son parapluie sous son bras, et ce parapluie a longtemps fait partie de son auréole. Il était un peu maçon, un peu jardinier et un peu médecin; il saignait un postillon tombé de cheval; Louis-Philippe n'allait pas plus sans sa lancette que Henri III sans son poignard. Les royalistes raillaient ce roi ridicule, le premier qui ait versé le sang pour guérir.

Dans les griefs de l'histoire contre Louis-Philippe, il y a une défalcation à faire; il y a ce qui accuse la royauté, ce qui accuse le règne, et ce qui accuse le roi; trois colonnes qui donnent chacune un total différent. Le droit démocratique confisqué, le progrès devenu le deuxième intérêt, les protestations de la rue réprimées violemment, l'exécution militaire des insurrections, l'émeute passée par les armes, la rue Transnonain, les conseils de guerre, l'absorption du pays réel par le pays légal, le gouvernement de compte à demi avec trois cent mille privilégiés, sont le fait de la royauté ; la Belgique refusée, l'Algérie trop durement conquise, et comme l'Inde par les Anglais, avec plus de barbarie que de civilisation, le manque de foi à Abd-el-Kader, Blaye, Deutz acheté, Pritchard payé, sont le fait du règne ; la politique plus familiale que nationale est le fait du roi.

Comme on voit, le décompte opéré, la charge du roi s'amoindrit.

Sa grande faute, la voici : il a été modeste au nom de la France.

D'où vient cette faute ?

Disons-le.

Louis-Philippe a été un roi trop père ; cette incubation d'une famille qu'on veut faire éclore dynastie a peur de tout et n'entend pas être dérangée ; de là des timidités excessives, importunes au peuple qui a le 14 juillet dans sa tradition civile et Austerlitz dans sa tradition militaire.

Du reste, si l'on fait abstraction des devoirs publics, qui veulent être remplis les premiers, cette profonde tendresse de Louis-Philippe pour sa famille, la famille la méritait. Ce groupe domestique était admirable. Les vertus y coudoyaient les talents. Une des filles de Louis-Philippe, Marie d'Orléans, mettait le nom de sa race parmi les artistes comme Charles d'Orléans l'avait mis parmi les poètes. Elle avait fait de son âme un marbre qu'elle avait nommé Jeanne d'Arc. Deux des fils de Louis-Philippe avaient arraché à Metternich cet éloge démagogique : *Ce sont des jeunes gens comme on n'en voit guère et des princes comme on n'en voit pas.*

Voilà, sans rien dissimuler, mais aussi sans aggraver, le vrai sur Louis-Philippe.

Être le prince égalité, porter en soi la contradiction de la Restauration et de la Révolution, avoir ce côté inquiétant du révolutionnaire qui devient rassurant dans le gouvernant, ce fut là la fortune de Louis-Philippe en 1830 ; jamais il n'y eut adaptation plus complète d'un homme à un événement ; l'un entra dans l'autre, et l'incarnation se fit. Louis-Philippe, c'est 1830 fait homme. De plus, il avait pour lui cette grande désignation au trône, l'exil. Il avait été proscrit, errant, pauvre. Il avait vécu de son travail. En Suisse, cet apanagiste des plus riches domaines princiers de France avait vendu un vieux cheval pour manger. A Reichenau, il avait donné des leçons de mathéma-

tiques pendant que sa sœur Adelaïde faisait de la tapisserie et cousait. Ces souvenirs mêlés à un roi enthousiasmaient la bourgeoisie. Il avait démoli de ses propres mains la dernière cage de fer du Mont-Saint-Michel, bâtie par Louis XI et utilisée par Louis XV. C'était le compagnon de Dumouriez, c'était l'ami de Lafayette; il avait été du club des jacobins; Mirabeau lui avait frappé sur l'épaule; Danton lui avait dit : Jeune homme! A vingt-quatre ans, en 93, étant M. de Chartres, du fond d'une logette de la Convention, il avait assisté au procès de Louis XVI, si bien nommé *ce pauvre tyran*. La clairvoyance aveugle de la révolution, brisant la royauté dans le roi et le roi avec la royauté, sans presque remarquer l'homme dans le farouche écrasement de l'idée, le vaste orage de l'assemblée-tribunal, la colère publique interrogeant, Capet ne sachant que répondre, l'effrayante vacillation stupéfaite de cette tête royale sous ce souffle sombre, l'innocence relative de tous dans cette catastrophe, de ceux qui condamnaient comme de celui qui était condamné, il avait regardé ces choses, il avait contemplé ces vertiges ; il avait vu les siècles comparaître à la barre de la Convention ; il avait vu, derrière Louis XVI, cet infortuné passant responsable, se dresser dans les ténèbres la formidable accusée, la monarchie ; et il lui était resté dans l'âme l'épouvante respectueuse de ces immenses justices du peuple presque aussi impersonnelles que la justice de Dieu.

La trace que la révolution avait laissée en lui était prodigieuse. Son souvenir était comme une empreinte vivante de ces grandes années minute par minute. Un jour, devant un témoin dont il nous est impossible de douter, il rectifia de mémoire toute la lettre A de la liste alphabétique de l'assemblée constituante.

Louis-Philippe a été un roi de plein jour. Lui régnant, la presse a été libre, la tribune a été libre, la conscience et la parole ont été libres. Les lois de septembre sont à claire-voie. Bien que sachant le pouvoir rongeur de la lumière sur les priviléges, il a laissé son trône exposé à la lumière. L'histoire lui tiendra compte de cette loyauté.

Louis-Philippe, comme tous les hommes historiques sortis de scène, est aujourd'hui mis en jugement par la conscience humaine. Son procès n'est encore qu'en première instance.

L'heure où l'histoire parle avec son accent vénérable et libre n'a pas encore sonné pour lui ; le moment n'est pas venu de prononcer sur ce roi le jugement définitif ; l'austère et illustre historien Louis Blanc a lui-même récemment adouci son premier verdict ; Louis-Philippe a été l'élu de ces deux à-peu-près qu'on appelle les 221 et 1830, c'est-à-dire d'un demi-parlement et d'une demi-révolution ; et dans tous les cas, au point de vue supérieur où doit se placer la philosophie, nous ne pourrions le juger ici, comme on a pu l'entrevoir plus haut, qu'avec de certaines réserves au nom du principe démocratique absolu ; aux yeux de l'absolu, en dehors de ces deux droits, le droit de l'homme d'abord, le droit du peuple ensuite, tout est usurpation ; mais ce que nous pouvons dire dès à présent, ces réserves faites, c'est que, somme toute et de quelque façon qu'on le considère, Louis-Philippe, pris en lui-même, et au point de vue de la bonté humaine, demeurera, pour nous servir du vieux langage de l'ancienne histoire, un des meilleurs princes qui aient passé sur un trône.

Qu'a-t-il contre lui? Ce trône. Otez de Louis-Philippe le roi, il reste l'homme. Et l'homme est bon. Il est bon parfois jusqu'à être admirable. Souvent, au milieu des plus graves souvenirs, après une journée de lutte contre toute la diplomatie du continent, il rentrait le soir dans son appartement, et là, épuisé de fatigue, accablé de sommeil, que faisait-il? Il prenait un dossier, et il passait sa nuit à reviser un procès criminel, trouvant que c'était quelque chose de tenir tête à l'Europe, mais que c'était une plus grande affaire encore d'arracher un homme au bourreau. Il s'opiniâtrait contre son garde des sceaux; il disputait pied à pied le terrain de la guillotine aux procureurs généraux, *ces bavards de la loi*, comme il les appelait. Quelquefois les dossiers empilés couvraient sa table; il les examinait tous; c'était une angoisse pour lui d'abandonner ces misérables têtes condamnées. Un jour il disait au même témoin que nous avons indiqué tout à l'heure: *Cette nuit, j'en ai gagné sept.* Pendant les premières années de son règne, la peine de mort fut comme abolie, et l'échafaud relevé fut une violence faite au roi. La Grève ayant disparu avec la branche aînée, une Grève bourgeoise fut instituée sous le nom de Barrière Saint-Jacques; les « hommes pratiques » sentirent le besoin d'une guillotine quasi légitime; et ce fut là une des victoires de Casimir Perier, qui représentait les côtés étroits de la bourgeoisie, sur Louis-Philippe qui en représentait les côtés libéraux. Louis-Philippe avait annoté de sa main Beccaria. Après la machine Fieschi, il s'écriait: *Quel dommage que je n'aie pas été blessé! j'aurais pu faire grâce.* Une autre fois, faisant allusion aux résistances de ses ministres, il écrivait à propos d'un condamné politique qui est une des plus généreuses figures de notre temps: *Sa grâce est accordée, il ne me reste plus qu'à l'obtenir*. Louis-Philippe était doux comme Louis IX et bon comme Henri IV.

Or, pour nous, dans l'histoire où la bonté est la perle rare, qui a été bon passe presque avant qui a été grand.

Louis-Philippe ayant été sévèrement apprécié par les uns, durement peut-être par les autres, il est tout simple qu'un homme, fantôme lui-même aujourd'hui, qui a connu ce roi, vienne déposer pour lui devant l'histoire; cette déposition, quelle qu'elle soit, est évidemment et avant tout désintéressée; une épitaphe écrite par un mort est sincère; une ombre peut consoler une autre ombre; le partage des mêmes ténèbres donne le droit de louange; et il est peu à craindre qu'on dise jamais de deux tombeaux dans l'exil : Celui-ci a flatté l'autre.

## IV

#### LÉZARDES SOUS LA FONDATION

Au moment où le drame que nous racontons va pénétrer dans l'épaisseur d'un des nuages tragiques qui couvrent les commencements du règne de Louis-Philippe, il ne fallait pas d'équivoque, et il était nécessaire que ce livre s'expliquât sur ce roi.

Louis-Philippe était entré dans l'autorité royale sans violence, sans action directe de sa part, par le fait d'un virement révolutionnaire, évidemment fort distinct du but réel de la révolution, mais dans lequel lui, duc d'Orléans, n'avait aucune initiative personnelle. Il était né prince et se croyait élu roi. Il ne s'était point donné à lui-même ce mandat; il ne l'avait point pris; on le lui avait offert et il l'avait accepté; convaincu, à tort certes, mais convaincu que l'offre était selon le droit et que l'acceptation était selon le devoir. De là une possession de bonne foi. Or, nous le disons en toute conscience, Louis-Philippe étant de bonne foi dans sa possession, et la démocratie étant de bonne foi dans son attaque, la quantité d'épouvante qui se dégage des luttes sociales ne charge ni le roi, ni la démocratie. Un choc de principes ressemble à un choc d'éléments. L'océan défend l'eau, l'ouragan défend l'air; le roi défend la royauté, la démocratie défend le peuple; le relatif, qui est la monarchie, résiste à l'absolu, qui est la république; la société saigne sous ce conflit, mais ce qui est sa souffrance aujourd'hui sera plus tard son salut; et, dans tous les cas, il n'y a point à blâmer ceux qui luttent; un des deux partis évidemment se trompe; le droit n'est pas, comme le colosse de Rhodes, sur deux rivages à la fois, un pied dans la république, un pied dans la royauté;

li est indivisible, et tout d'un côté; mais ceux qui se trompent se trompent sincèrement; un aveugle n'est pas plus un coupable qu'un vendéen n'est un brigand. N'imputons donc qu'à la fatalité des choses ces collisions redoutables. Quelles que soient ces tempêtes, l'irresponsabilité humaine y est mêlée.

Achevons cet exposé.

Le gouvernement de 1830 eut tout de suite la vie dure. Il dut, né d'hier, combattre aujourd'hui.

A peine installé, il sentait déjà partout de vagues mouvements de traction sur l'appareil de Juillet encore si fraîchement posé et si peu solide.

La résistance naquit le lendemain; peut-être même était-elle née la veille.

De mois en mois, l'hostilité grandit, et de sourde devint patente.

La révolution de Juillet, peu acceptée hors de France par les rois, nous l'avons dit, avait été en France diversement interprétée.

Dieu livre aux hommes ses volontés visibles dans les événements, texte obscur écrit dans une langue mystérieuse. Les hommes en font sur-le-champ des traductions; traductions hâtives, incorrectes, pleines de fautes, de lacunes et de contre-sens. Bien peu d'esprits comprennent la langue divine. Les plus sagaces, les plus calmes, les plus profonds, déchiffrent lentement, et, quand ils arrivent avec leur texte, la besogne est faite depuis longtemps; il y a déjà vingt traductions sur la place publique. De chaque traduction naît un parti, et de chaque contre-sens une faction; et chaque parti croit avoir le seul vrai texte, et chaque faction croit posséder la lumière.

Souvent le pouvoir lui-même est une faction.

Il y a dans les révolutions des nageurs à contre-courant, ce sont les vieux partis.

Pour les vieux partis qui se rattachent à l'hérédité par la grâce de Dieu, les révolutions étant sorties du droit de révolte, on a droit de révolte contre elles. Erreur. Car dans les révolutions, le révolté, ce n'est pas le peuple, c'est le roi. Révolution est précisément le contraire de révolte. Toute révolution, étant un accomplissement normal, contient en elle sa légitimité, que de faux révolutionnaires déshonorent quelquefois, mais qui persiste, même souillée, qui survit, même ensanglantée. Les révolutions sortent, non d'un accident, mais de la nécessité. Une révolution est un retour du factice au réel. Elle est parce qu'il faut qu'elle soit.

Les vieux partis légitimistes n'en assaillaient pas moins la révolution de 1830 avec toutes les violences qui jaillissent du faux raisonnement. Les erreurs sont d'excellents projectiles. Ils la frappaient savamment là où elle était vulnérable, au défaut de la cuirasse, à son manque de logique; ils attaquaient cette révolution dans sa royauté. Ils lui criaient : Révolution, pourquoi ce roi? Les factions sont des aveugles qui visent juste.

Ce cri, les républicains le poussaient également. Mais, venant d'eux, ce cri était logique. Ce qui était cécité chez les légitimistes était clairvoyance chez les démocrates. 1830 avait fait banqueroute au peuple. La démocratie indignée le lui reprochait.

Entre l'attaque du passé et l'attaque de l'avenir, l'établissement de Juillet se débattait. Il représentait la minute, aux prises d'une part avec les siècles monarchiques, d'autre part avec le droit éternel.

En outre, au dehors, n'étant plus la révolution et devenant la monarchie, 1830 était obligé de prendre le pas de l'Europe. Garder la paix, surcroît de complication. Une harmonie voulue à contre-sens est souvent plus onéreuse qu'une guerre. De ce sourd conflit, toujours muselé, mais toujours grondant, naquit la paix armée, ce ruineux expédient de la civilisation suspecte à elle-même. La royauté de Juillet se cabrait, malgré qu'elle en eût, dans l'attelage des cabinets européens. Metternich l'eût volontiers mise à la plate-longe. Poussée en France par le progrès, elle poussait en Europe les monarchies, ces tardigrades. Remorquée, elle remorquait.

Cependant, à l'intérieur, paupérisme, prolétariat, salaire, éducation, pénalité, prostitution, sort de la femme, richesse, misère, production, consommation, répartition, échange, monnaie, crédit, droit du capital, droit du travail, toutes ces questions se multipliaient au-dessus de la société; surplomb terrible.

En dehors des partis politiques proprement dits, un autre mouvement se manifestait. A la fermentation démocratique répondait la fermentation philosophique. L'élite se sentait troublée comme la foule; autrement, mais autant.

Des penseurs méditaient, tandis que le sol, c'est-à-dire le peuple, traversé par les courants révolutionnaires, tremblait sous eux avec je ne sais quelles vagues secousses épileptiques. Ces songeurs, les uns isolés, les autres réunis en familles et presque en communion, remuaient les questions sociales, pacifiquement, mais profondément ; mineurs impassibles, qui poussaient tranquillement leurs galeries dans les profondeurs d'un volcan, à peine dérangés par les commotions sourdes et par les fournaises entrevues.

Cette tranquillité n'était pas le moins beau spectacle de cette époque agitée.

Ces hommes laissaient aux partis politiques la question des droits, ils s'occupaient de la question du bonheur.

Le bien-être de l'homme, voilà ce qu'ils voulaient extraire de la société.

Ils élevaient les questions matérielles, les questions d'agriculture, d'industrie, de commerce, presque à la dignité d'une religion. Dans la civilisation telle qu'elle se fait, un peu par Dieu, beaucoup par l'homme, les intérêts se combinent, s'agrègent et s'amalgament de manière à former une véritable roche dure, selon une loi dynamique patiemment étudiée par les économistes, ces géologues de la politique. Ces hommes qui se groupaient sous des appellations différentes, mais qu'on peut désigner tous par le titre générique de socialistes, tâchaient de percer cette roche et d'en faire jaillir les eaux vives de la félicité humaine.

Depuis la question de l'échafaud jusqu'à la question de la guerre, leurs travaux embrassaient tout. Au droit de l'homme, proclamé par la Révolution française, ils ajoutaient le droit de la femme et le droit de l'enfant.

On ne s'étonnera pas que, pour des raisons diverses, nous ne traitions pas ici à fond, au point de vue théorique, les questions soulevées par le socialisme. Nous nous bornons à les indiquer.

Tous les problèmes que les socialistes se proposaient, les visions cosmogoniques, la rêverie et le mysticisme écartés, peuvent être ramenés à deux problèmes principaux.

Premier problème : Produire la richesse.

Deuxième problème : La répartir.

Le premier problème contient la question du travail.

Le deuxième contient la question du salaire.

Dans le premier problème, il s'agit de l'emploi des forces.

Dans le second, de la distribution des jouissances.

Du bon emploi des forces résulte la puissance publique.

De la bonne distribution des jouissances résulte le bonheur individuel.

Par bonne distribution, il faut entendre non distribution égale, mais distribution équitable. La première égalité, c'est l'équité.

De ces deux choses combinées, puissance publique au dehors, bonheur individuel au dedans, résulte la prospérité sociale.

Prospérité sociale, cela veut dire l'homme heureux, le citoyen libre, la nation grande.

L'Angleterre résout le premier de ces deux problèmes. Elle crée admirablement la richesse; elle la répartit mal. Cette solution qui n'est complète que d'un côté la mène fatalement à ces deux extrêmes : opulence monstrueuse, misère monstrueuse. Toutes les jouissances à quelques-uns, toutes les privations aux autres, c'est-à-dire au peuple; le privilége, l'exception, le monopole, la féodalité, naissant du travail même. Situation fausse et dangereuse qui assoit la puissance publique sur la misère privée, qui enracine la grandeur de l'état dans les souffrances de l'individu. Grandeur mal composée où se combinent tous les éléments matériels et dans laquelle n'entre aucun élément moral.

Le communisme et la loi agraire croient résoudre le deuxième problème. Ils se trompent. Leur répartition tue la production. Le partage égal abolit l'émulation ; et par conséquent le travail. C'est une répartition faite par le boucher, qui tue ce qu'il partage. Il est donc impossible de s'arrêter à ces prétendues solutions. Tuer la richesse, ce n'est pas la répartir.

Les deux problèmes veulent être résolus ensemble pour être bien résolus. Les deux solutions veulent être combinées et n'en faire qu'une.

Ne résolvez que le premier des deux problèmes, vous serez Venise, vous serez l'Angleterre. Vous aurez comme Venise une puissance artificielle, ou comme l'Angleterre une puissance matérielle; vous serez le mauvais riche. Vous périrez par une voie de fait, comme est morte Venise, ou par une banqueroute, comme tombera l'Angleterre. Et le monde vous laissera mourir et tomber, parce que le monde laisse tomber et mourir tout ce qui n'est que l'égoïsme, tout ce qui ne représente pas pour le genre humain une vertu ou une idée.

Il est bien entendu ici que par ces mots Venise, l'Angleterre, nous désignons non des peuples, mais des constructions sociales; les oligarchies superposées aux nations, et non les nations elles-mêmes.

Les nations ont toujours notre respect et notre sympathie. Venise, peuple, renaîtra ; l'Angleterre, aristocratie, tombera, mais l'Angleterre, nation, est immortelle. Cela dit, nous poursuivons.

Résolvez les deux problèmes, encouragez le riche et protégez le pauvre, supprimez la misère, mettez un terme à l'exploitation injuste du faible par le fort, mettez un frein à la jalousie inique de celui qui est en route contre celui qui est arrivé, ajustez mathématiquement et fraternellement le salaire au travail, mêlez l'enseignement gratuit et obligatoire à la croissance de l'enfance et faites de la science la base de la virilité, développez les intelligences tout en occupant les bras, soyez à la fois un peuple puissant et une famille d'hommes heureux, démocratisez la propriété, non en l'abolissant, mais en l'universalisant, de façon que tout citoyen sans exception soit propriétaire, chose plus facile qu'on ne croit ; en deux mots, sachez produire la richesse et sachez la répartir, et vous aurez tout ensemble la grandeur matérielle et la grandeur morale ; et vous serez digne de vous appeler la France.

Voilà, en dehors et au-dessus de quelques sectes qui s'égaraient, ce que disait le socialisme ; voilà ce qu'il cherchait dans les faits, voilà ce qu'il ébauchait dans les esprits.

Efforts admirables ! tentatives sacrées !

Ces doctrines, ces théories, ces résistances, la nécessité inattendue pour l'homme d'état de compter avec les philosophes, de confuses évidences entrevues, une politique nouvelle à créer, d'accord avec le vieux monde sans trop de désaccord avec l'idéal révolutionnaire, une situation dans laquelle il fallait user Lafayette à défendre Polignac, l'intuition du progrès transparent sous l'émeute, les chambres et la rue, les compétitions à équilibrer autour de lui, sa foi dans la révolution, peut-être on ne sait quelle résignation éventuelle née de la vague acceptation d'un droit définitif supérieur, sa volonté de rester de sa race, son esprit de famille, son sincère respect du peuple, sa propre honnêteté, préoccupaient Louis-Philippe presque douloureusement, et par instants, si fort et si courageux qu'il fût, l'accablaient sous la difficulté d'être roi.

Il sentait sous ses pieds une désagrégation redoutable, qui n'était pourtant pas une mise en poussière, la France étant plus France que jamais.

De ténébreux amoncellements couvraient l'horizon. Une ombre

étrange, gagnant de proche en proche, s'étendait peu à peu sur les hommes, sur les choses, sur les idées; ombre qui venait des colères et des systèmes. Tout ce qui avait été hâtivement étouffé remuait et fermentait. Parfois la conscience de l'honnête homme reprenait sa respiration, tant il y avait de malaise dans cet air où les sophismes se mêlaient aux vérités. Les esprits tremblaient dans l'anxiété sociale comme les feuilles à l'approche de l'orage. La tension électrique était telle qu'à de certains instants le premier venu, un inconnu, éclairait. Puis l'obscurité crépusculaire retombait. Par intervalles, de profonds et sourds grondements pouvaient faire juger de la quantité de foudre qu'il y avait dans la nuée.

Vingt mois à peine s'étaient écoulés depuis la révolution de juillet, l'année 1832 s'était ouverte avec un aspect d'imminence et de menace.

La détresse du peuple, les travailleurs sans pain, le dernier prince de Condé disparu dans les ténèbres, Bruxelles chassant les Nassau comme Paris les Bourbons, la Belgique s'offrant à un prince français et donnée à un prince anglais, la haine russe de Nicolas, derrière nous deux démons du midi, Ferdinand en Espagne, Miguel en Portugal, la terre tremblant en Italie, Metternich étendant la main sur Bologne, la France brusquant l'Autriche à Ancône, au nord on ne sait quel sinistre bruit de marteau reclouant la Pologne dans son cercueil, dans toute l'Europe des regards irrités guettant la France, l'Angleterre, alliée suspecte, prête à pousser ce qui pencherait et à se jeter sur ce qui tomberait, la pairie s'abritant derrière Beccaria pour refuser quatre têtes à la loi, les fleurs de lys raturées sur la voiture du roi, la croix arrachée de Notre-Dame, Lafayette amoindri, Laffitte ruiné, Benjamin Constant mort dans l'indigence, Casimir Perier mort dans l'épuisement du pouvoir; la maladie politique et la maladie sociale se déclarant à la fois dans les deux capitales du royaume, l'une la ville de la pensée, l'autre la ville du travail; à Paris la guerre civile, à Lyon la guerre servile; dans les deux cités la même lueur de fournaise; une pourpre de cratère au front du peuple; le midi fanatisé, l'ouest troublé, la duchesse de Berry dans la Vendée, les complots, les conspirations, les soulèvements, le choléra, ajoutaient à la sombre rumeur des idées le sombre tumulte des événements.

## V

#### FAITS D'OU L'HISTOIRE SORT ET QUE L'HISTOIRE IGNORE

Vers la fin d'avril, tout s'était aggravé. La fermentation devenait du bouillonnement. Depuis 1830, il y avait eu çà et là de petites émeutes partielles, vite comprimées, mais renaissantes, signe d'une vaste conflagration sous-jacente. Quelque chose de terrible couvait. On entrevoyait les linéaments encore peu distincts et mal éclairés d'une révolution possible. La France regardait Paris; Paris regardait le faubourg Saint-Antoine.

Le faubourg Saint-Antoine, sourdement chauffé, entrait en ébullition.

Les cabarets de la rue de Charonne étaient, quoique la jonction de ces deux épithètes semble singulière appliquée à des cabarets, graves et orageux.

Le gouvernement y était purement et simplement mis en question. On y discutait publiquement *la chose pour se battre ou pour rester tranquille*. Il y avait des arrière-boutiques où l'on faisait jurer à des ouvriers qu'ils se trouveraient dans la rue au premier cri d'alarme, et « qu'ils se battraient sans compter le nombre des ennemis ». Une fois l'engagement pris, un homme assis dans un coin du cabaret « faisait une voix sonore » et disait : *Tu l'entends! tu l'as juré!*

Quelquefois on montait au premier étage dans une chambre close, et là il se passait des scènes presque maçonniques. On faisait prêter à l'initié des serments *pour lui rendre service ainsi qu'aux pères de famille*. C'était la formule.

Dans les salles basses on lisait des brochures « subversives ». *Ils crossaient le gouvernement*, dit un rapport secret du temps.

On y entendait des paroles comme celles-ci :

— *Je ne sais pas les noms des chefs. Nous autres, nous ne saurons le jour que deux heures d'avance.* Un ouvrier disait : — *Nous sommes trois cents, mettons chacun dix sous, cela fera cent cinquante francs pour fabriquer des balles et de la poudre.* — Un autre disait : — *Je ne demande pas six mois, je n'en demande pas deux. Avant quinze jours nous serons en parallèle avec le gouvernement. Avec vingt-cinq mille hommes on peut se mettre en face.* — Un autre disait : — *Je ne me couche pas parce que je fais des cartouches la nuit.* — De temps en temps des hommes « en bourgeois et en beaux habits » venaient, « faisaient des embarras, » et, ayant l'air « de commander », donnaient des poignées de main *aux plus importants*, et s'en allaient. Ils ne restaient jamais plus de dix minutes. On échangeait à voix basse des propos significatifs : — *Le complot est mûr, la chose est comble.* — « C'était bourdonné par tous ceux qui étaient là, » pour emprunter l'expression même d'un des assistants. L'exaltation était telle qu'un jour, en plein cabaret, un ouvrier s'écria : — *Nous n'avons pas d'armes !* — Un de ses camarades répondit : — *Les soldats en ont !* — parodiant ainsi, sans s'en douter, la proclamation de Bonaparte à l'armée d'Italie. — « Quand ils avaient quelque chose de plus secret, ajoute un rapport, ils ne se le communiquaient pas là. » On ne comprend guère ce qu'ils pouvaient cacher après avoir dit ce qu'ils disaient.

Les réunions étaient quelquefois périodiques. A de certaines, on n'était jamais plus de huit ou dix, et toujours les mêmes. Dans d'autres, entrait qui voulait, et la salle était si pleine qu'on était forcé de se tenir debout. Les uns s'y trouvaient par enthousiasme et passion ; les autres parce que *c'était leur chemin pour aller au travail.* Comme pendant la révolution, il y avait dans ces cabarets des femmes patriotes qui embrassaient les nouveaux venus.

D'autres faits expressifs se faisaient jour.

Un homme entrait dans un cabaret, buvait, et sortait en disant : « *Marchand de vin, ce qui est dû, la révolution le payera.* »

Chez un cabaretier en face de la rue de Charonne on nommait des agents révolutionnaires. Le scrutin se faisait dans des casquettes.

Des ouvriers se réunissaient chez un maître d'escrime qui donnait des assauts rue de Cotte. Il y avait là un trophée d'armes formé d'espadons en bois, de cannes, de bâtons et de fleurets. Un jour on démoucheta les fleurets.

Un ouvrier disait : — *Nous sommes vingt-cinq, mais on ne*

*compte pas sur moi, parce qu'on me regarde comme une machine.*
— Cette machine a été plus tard Quénisset.

Les choses quelconques qui se préméditaient prenaient peu à peu on ne sait quelle étrange notoriété. Une femme balayant sa porte disait à une autre femme : — ***Depuis longtemps on travaille à force à faire des cartouches.*** — On lisait en pleine rue des proclamations adressées aux gardes nationales des départements. Une de ces proclamations était signée : ***Burtot, marchand de vin.***

Un jour, à la porte d'un liquoriste du marché Lenoir, un homme ayant un collier de barbe et l'accent italien montait sur une borne et lisait à haute voix un écrit singulier qui semblait émaner d'un pouvoir occulte. Des groupes s'étaient formés autour de lui et applaudissaient. Les passages qui remuaient le plus la foule ont été recueillis et notés. — « ... Nos doctrines sont entravées, nos proclamations sont déchirées, nos afficheurs sont guettés et jetés en prison... » « La débâcle qui vient d'avoir lieu dans les cotons nous a converti plusieurs juste-milieu. » — « ... L'avenir des peuples s'élabore dans nos rangs obscurs. » — « ... Voici les termes posés : action ou réaction, révolution ou contre-révolution. Car, à notre époque, on ne croit plus à l'inertie ni à l'immobilité. Pour le peuple ou contre le peuple, c'est la question. Il n'y en a pas d'autre. » « ... Le jour où nous ne vous conviendrons plus, cassez-nous, mais jusque-là aidez-nous à marcher. » Tout cela en plein jour.

D'autres faits, plus audacieux encore, étaient suspects au peuple à cause de leur audace même. Le 4 avril 1832, un passant montait sur la borne qui fait l'angle de la rue Sainte-Marguerite et criait : *Je suis babouviste!* Mais sous Babeuf le peuple flairait Gisquet.

Entre autres choses, ce passant disait :

— A bas la propriété! L'opposition de gauche est lâche et traître. Quand elle veut avoir raison, elle prêche la révolution. Elle est démocrate pour n'être pas battue, et royaliste pour ne pas combattre. Les républicains sont des bêtes à plumes. Défiez-vous des républicains, citoyens travailleurs.

— Silence, citoyen mouchard! cria un ouvrier.

Ce cri mit fin au discours.

Des incidents mystérieux se produisaient.

A la chute du jour, un ouvrier rencontrait près du canal « un homme bien mis » qui lui disait : — Où vas-tu, citoyen? — Monsieur,

LES MISÉRABLES. — L'IDYLLE RUE PLUMET.

répondait l'ouvrier, je n'ai pas l'honneur de vous connaître. — Je te connais bien, moi. Et l'homme ajoutait : — Ne crains pas. Je suis l'agent du comité. On te soupçonne de n'être pas bien sûr. Tu sais que si tu révélais quelque chose, on a l'œil sur toi. — Puis il donnait à l'ouvrier une poignée de main et s'en allait en disant : — Nous nous reverrons bientôt.

La police, aux écoutes, recueillait, non plus seulement dans les cabarets, mais dans la rue, des dialogues singuliers.

— Fais-toi recevoir bien vite, disait un tisserand à un ébéniste.
— Pourquoi ?

— Il va y avoir un coup de feu à faire.

Deux passants en haillons échangeaient ces répliques remarquables, grosses d'une apparente jacquerie:

— Qui nous gouverne?

— C'est M. Philippe.

— Non, c'est la bourgeoisie.

On se tromperait si l'on croyait que nous prenons le mot jacquerie en mauvaise part. Les jacques, c'étaient les pauvres.

Une autre fois on entendait passer deux hommes dont l'un disait à l'autre : Nous avons un bon plan d'attaque.

D'une conversation intime entre quatre hommes accroupis dans un fossé du rond-point de la barrière du Trône, on ne saisissait que ceci :

— On fera le possible pour qu'il ne se promène plus dans Paris.

Qui, *il?* Obscurité menaçante.

« Les principaux chefs, » comme on disait dans le faubourg, se tenaient à l'écart. On croyait qu'ils se réunissaient pour se concerter, dans un cabaret près de la pointe Saint-Eustache. Un nommé Aug. —, chef de la société des Secours pour les tailleurs, rue Mondétour, passait pour servir d'intermédiaire central entre les chefs et le faubourg Saint-Antoine. Néanmoins, il y eut toujours beaucoup d'ombre sur ces chefs, et aucun fait certain ne put infirmer la fierté singulière de cette réponse faite plus tard par un accusé devant la Cour des pairs :

— Quel était votre chef?

— *Je n'en connaissais pas, et je n'en reconnaissais pas.*

Ce n'étaient guère encore que des paroles, transparentes, mais vagues; quelquefois des propos en l'air, des on-dit, des ouï-dire. D'autres indices survenaient.

Un charpentier, occupé rue de Reuilly à clouer les planches d'une palissade autour d'un terrain où s'élevait une maison en construction, trouva dans ce terrain un fragment de lettre déchirée où étaient encore lisibles les lignes que voici :

— « ...Il faut que le comité prenne des mesures pour empêcher
« le recrutement dans les sections pour les différentes sociétés... »

Et en post-scriptum :

« Nous avons appris qu'il y avait des fusils rue du Faubourg-
« Poissonnière, n° 5 (bis), au nombre de cinq ou six mille, chez

« un armurier dans cette cour. La section ne possède point d'armes. »

Ce qui fit que le charpentier s'émut et montra la chose à ses voisins, c'est qu'à quelques pas plus loin il ramassa un autre papier également déchiré et plus significatif encore, dont nous reproduisons la configuration à cause de l'intérêt historique de ces étranges documents :

| Q | C | D | E | *Apprenez cette liste par cœur. Après, vous la déchirerez. Les hommes admis en feront autant lorsque vous leur aurez transmis des ordres.* |
|---|---|---|---|---|
| | | | | *Salut et fraternité.* **L.** |
| | | | | *u og a¹ fe* |

Les personnes qui furent alors dans le secret de cette trouvaille n'ont connu que plus tard le sous-entendu de ces quatre majuscules : *quinturions, centurions, décurions, éclaireurs*, et le sens de ces lettres : *u og a¹ fe*, qui était une date et qui voulait dire *ce 15 avril* 1832. Sous chaque majuscule étaient inscrits des noms suivis d'indications très-caractéristiques. Ainsi : — Q. *Bannerel*. 8 fusils. 83 cartouches. Homme sûr. — C. *Boubière*. 1 pistolet. 40 cartouches. — D. *Rollet*. 1 fleuret. 1 pistolet. 1 livre de poudre. — E. *Tessier*. 1 sabre. 1 giberne. Exact. — *Terreur*. 8 fusils. Brave, etc.

Enfin ce charpentier trouva, toujours dans le même enclos, un troisième papier sur lequel était écrite au crayon, mais très-lisiblement, cette espèce de liste énigmatique :

Unité. Blanchard : Arbre-Sec. 6.
Barra. Soize. Salle-au-Comte.
Kosciusko. Aubry-le-Boucher?
J. J. R.
Caïus Gracchus.
Droit de révision. Dufond. Four.
Chute des Girondins. Derbac. Maubuée.
Washington. Pinson. 1 pist. 86 cart.
Marseillaise.
Souver. du peuple. Michel. Quincampoix. Sabre.
Hoche.

Marceau. Platon. Arbre-Sec.

Varsovie. Tilly, crieur du *Populaire*.

L'honnête bourgeois entre les mains duquel cette liste était demeurée en sut la signification. Il paraît que cette liste était la nomenclature complète des sections du quatrième arrondissement de la société des Droits de l'Homme, avec les noms et les demeures des chefs de sections. Aujourd'hui que tous ces faits restés dans l'ombre ne sont plus que de l'histoire, on peut les publier. Il faut ajouter que la fondation de la société des Droits de l'Homme semble avoir été postérieure à la date où ce papier fut trouvé. Peut-être n'était-ce qu'une ébauche.

Cependant, après les propos et les paroles, après les indices écrits, des faits matériels commençaient à percer.

Rue Popincourt, chez un marchand de bric-à-brac, on saisissait dans le tiroir d'une commode sept feuilles de papier gris toutes également pliées en long et en quatre ; ces feuilles recouvraient vingt-six carrés de ce même papier gris pliés en forme de cartouche, et une carte sur laquelle on lisait ceci :

```
Salpêtre. . . . . . . . . . 12 onces.
Soufre. . . . . . . . . . . 2 onces.
Charbon . . . . . . . . . . 2 onces et demie.
Eau. . . . . . . . . . . . 2 onces.
```

Le procès-verbal de saisie constatait que le tiroir exhalait une forte odeur de poudre.

Un maçon revenant, sa journée faite, oubliait un petit paquet sur un banc près du pont d'Austerlitz. Ce paquet était porté au corps de garde. On l'ouvrait et l'on y trouvait deux dialogues imprimés, signés *Lahautière*, une chanson intitulée : *Ouvriers, associez-vous*, et une boîte de fer-blanc pleine de cartouches.

Un ouvrier buvant avec un camarade lui faisait tâter comme il avait chaud ; l'autre sentait un pistolet sous sa veste.

Dans un fossé sur le boulevard, entre le Père-Lachaise et la barrière du Trône, à l'endroit le plus désert, des enfants, en jouant, découvraient sous un tas de copeaux et d'épluchures un sac qui contenait un moule à balles, un mandrin en bois à faire des cartouches, une sébile dans laquelle il y avait des grains de poudre de chasse et

une petite marmite en fonte dont l'intérieur offrait des traces évidentes de plomb fondu.

Des agents de police, pénétrant à l'improviste à cinq heures du matin chez un nommé Pardon, qui fut plus tard sectionnaire de la section Barricade-Merry et se fit tuer dans l'insurrection d'avril 1834, le trouvaient debout près de son lit, tenant à la main des cartouches qu'il était en train de faire.

Vers l'heure où les ouvriers se reposent, deux hommes étaient vus se rencontrant entre la barrière Picpus et la barrière Charenton dans un petit chemin de ronde entre deux murs près d'un cabaretier qui a un jeu de Siam devant sa porte. L'un tirait de dessous sa blouse et remettait à l'autre un pistolet. Au moment de le lui remettre il s'apercevait que la transpiration de sa poitrine avait communiqué quelque humidité à la poudre. Il amorçait le pistolet et ajoutait de la poudre à celle qui était déjà dans le bassinet. Puis les deux hommes se quittaient.

Un nommé Gallais, tué plus tard rue Beaubourg dans l'affaire d'avril, se vantait d'avoir chez lui sept cents cartouches et vingt-quatre pierres à fusil.

Le gouvernement reçut un jour l'avis qu'il venait d'être distribué des armes au faubourg et deux cent mille cartouches. La semaine d'après trente mille cartouches furent distribuées. Chose remarquable, la police n'en put saisir aucune.

Une lettre interceptée portait : — « Le jour n'est pas loin où « en quatre heures d'horloge quatrevingt mille patriotes seront sous « les armes. »

Toute cette fermentation était publique, on pourrait presque dire tranquille. L'insurrection imminente apprêtait son orage avec calme en face du gouvernement. Aucune singularité ne manquait à cette crise encore souterraine, mais déjà perceptible. Les bourgeois parlaient paisiblement aux ouvriers de ce qui se préparait. On disait : Comment va l'émeute? du ton dont on eût dit : Comment va votre femme?

Un marchand de meubles, rue Moreau, demandait : — Eh bien, quand attaquez-vous?

Un autre boutiquier disait :

— On attaquera bientôt, je le sais. Il y a un mois vous étiez quinze mille, maintenant vous êtes vingt-cinq mille. Il offrait son fusil, et un voisin offrait un petit pistolet qu'il voulait vendre sept francs.

Du reste, la fièvre révolutionnaire gagnait. Aucun point de Paris ni de la France n'en était exempt. L'artère battait partout. Comme ces membranes qui naissent de certaines inflammations et se forment dans le corps humain, le réseau des sociétés secrètes commençait à s'étendre sur le pays. De l'association des Amis du peuple, publique et secrète tout à la fois, naissait la société des Droits de l'Homme, qui datait ainsi un de ses ordres du jour : *Pluviôse, an 40 de l'ère républicaine,* qui devait survivre même à des arrêts de cour d'assises prononçant sa dissolution, et qui n'hésitait pas à donner à ses sections des noms significatifs tels que ceux-ci :

*Des piques.*
*Tocsin.*
*Canon d'alarme,*
*Bonnet phrygien.*
*21 janvier.*
*Des Gueux.*
*Des Truands.*
*Marche en avant.*
*Robespierre.*
*Niveau.*
*Ça ira.*

La société des Droits de l'Homme engendrait la société d'Action. C'étaient les impatients qui se détachaient et couraient devant. D'autres associations cherchaient à se recruter dans les grandes sociétés mères. Les sectionnaires se plaignaient d'être tiraillés. Ainsi *la société Gauloise* et *le comité organisateur des municipalités*. Ainsi les associations pour *la liberté de la presse,* pour *la liberté individuelle,* pour *l'instruction du peuple,* contre *les impôts indirects.* Puis la société des Ouvriers Égalitaires qui se divisait en trois fractions, les égalitaires, les communistes, les réformistes. Puis l'Armée des Bastilles, une espèce de cohorte organisée militairement, quatre hommes commandés par un caporal, dix par un sergent, vingt par un sous-lieutenant, quarante par un lieutenant; il n'y avait jamais plus de cinq hommes qui se connussent. Création où la précaution est combinée avec l'audace et qui semble empreinte du génie de Venise. Le comité central, qui était la tête, avait deux bras, la société d'Action et l'Armée des Bastilles.

Une association légitimiste, les Chevaliers de la Fidélité, remuait parmi ces affiliations républicaines. Elle y était dénoncée et répudiée.

Les sociétés parisiennes se ramifiaient dans les principales villes. Lyon, Nantes, Lille et Marseille avaient leur société des Droits de l'Homme, la Charbonnière, les Hommes libres. Aix avait une société révolutionnaire qu'on appelait la Cougourde. Nous avons déjà prononcé ce mot.

A Paris, le faubourg Saint-Marceau n'était guère moins bourdonnant que le faubourg Saint-Antoine, et les écoles pas moins émues que les faubourgs. Un café de la rue Saint-Hyacinthe et l'estaminet des Sept Billards, rue des Mathurins-Saint-Jacques, servaient de lieux de ralliement aux étudiants. La société des Amis de l'A B C, affiliée aux mutuellistes d'Angers et à la Cougourde d'Aix, se réunissait, on l'a vu, au café Musain. Ces mêmes jeunes gens se retrouvaient aussi, nous l'avons dit, dans un restaurant-cabaret près de la rue Mondétour qu'on appelait Corinthe. Ces réunions étaient secrètes. D'autres étaient aussi publiques que possible, et l'on peut juger de ces hardiesses par ces fragments d'un interrogatoire subi dans un des procès ultérieurs : — Où se tint cette réunion ? — Rue de la Paix. — Chez qui ? — Dans la rue. — Quelles sections étaient là ? — Une seule. — Laquelle ? — La section Manuel. — Qui était le chef ? — Moi. — Vous êtes trop jeune pour avoir pris tout seul ce grave parti d'attaquer le gouvernement. D'où vous venaient vos instructions ? — Du comité central.

L'armée était minée en même temps que la population, comme le prouvèrent plus tard les mouvements de Béford, de Lunéville et d'Épinal. On comptait sur le cinquante-deuxième régiment, sur le cinquième, sur le huitième, sur le trente-septième, et sur le vingtième léger. En Bourgogne et dans les villes du midi on plantait *l'arbre de la Liberté*; c'est-à-dire un mât surmonté d'un bonnet rouge.

Telle était la situation.

Cette situation, le faubourg Saint-Antoine, plus que tout autre groupe de population, comme nous l'avons dit en commençant, la rendait sensible et l'accentuait. C'est là qu'était le point de côté.

Ce vieux faubourg, peuplé comme une fourmilière, laborieux, courageux et colère comme une ruche, frémissait dans l'attente et dans le désir d'une commotion. Tout s'y agitait sans que le travail fût pour cela interrompu. Rien ne saurait donner l'idée de cette physionomie vive et sombre. Il y a dans ce faubourg de poignantes détresses cachées sous le toit des mansardes ; il y a là aussi des intelligences ardentes et rares. C'est surtout en fait de détresse et d'intelligence qu'il est dangereux que les extrêmes se touchent.

Le faubourg Saint-Antoine avait encore d'autres causes de tressaillement ; car il reçoit le contre-coup des crises commerciales, des faillites, des grèves, des chômages, inhérents aux grands ébranlements politiques. En temps de révolution la misère est à la fois cause et effet. Le coup qu'elle frappe lui revient. Cette population, pleine de vertu fière, capable au plus haut point de calorique latent, toujours prête aux prises d'armes, prompte aux explosions, irritée, profonde, minée, semblait n'attendre que la chute d'une flammèche. Toutes les fois que de certaines étincelles flottent sur l'horizon, chassées par le vent des événements, on ne peut s'empêcher de songer au faubourg Saint-Antoine et au redoutable hasard qui a placé aux portes de Paris cette poudrière de souffrances et d'idées.

Les cabarets du *faubourg Antoine*, qui se sont plus d'une fois dessinés dans l'esquisse qu'on vient de lire, ont une notoriété historique. En temps de troubles on s'y enivre de paroles plus que de vin. Une sorte d'esprit prophétique et une effluve d'avenir y circule, enflant les cœurs et grandissant les âmes. Les cabarets du faubourg Antoine ressemblent à ces tavernes du mont Aventin bâties sur l'antre de la sibylle et communiquant avec les profonds souffles sacrés ; tavernes dont les tables étaient presque des trépieds, et où l'on buvait ce qu'Ennius appelle *le vin sibyllin*.

Le faubourg Saint-Antoine est un réservoir de peuple. L'ébranlement révolutionnaire y fait des fissures par où coule la souveraineté populaire. Cette souveraineté peut mal faire ; elle se trompe comme toute autre ; mais, même fourvoyée, elle reste grande. On peut dire d'elle comme du cyclope aveugle, *Ingens*.

En 93, selon que l'idée qui flottait était bonne ou mauvaise, selon que c'était le jour du fanatisme ou de l'enthousiasme, il partait du faubourg Saint-Antoine tantôt des légions sauvages, tantôt des bandes héroïques.

Sauvages. Expliquons-nous sur ce mot. Ces hommes hérissés qui, dans les jours génésiaques du chaos révolutionnaire, déguenillés, hurlants, farouches, le casse-tête levé, la pique haute, se ruaient sur le vieux Paris bouleversé, que voulaient-ils? Ils voulaient la fin des oppressions, la fin des tyrannies, la fin du glaive, le travail pour l'homme, l'instruction pour l'enfant, la douceur sociale pour la femme, la liberté, l'égalité, la fraternité, le pain pour tous, l'idée pour tous, l'Édénisation du monde, le Progrès ; et cette chose sainte, bonne et douce, le progrès, poussés à bout, hors d'eux-mêmes, ils la réclamaient terribles, demi-nus, la massue au poing, le rugissement à la bouche. C'étaient les sauvages, oui : mais les sauvages de la civilisation.

Ils proclamaient avec furie le droit; ils voulaient, fût-ce par le tremblement et l'épouvante, forcer le genre humain au paradis. Ils semblaient des barbares et ils étaient des sauveurs. Ils réclamaient la lumière avec le masque de la nuit.

En regard de ces hommes, farouches, nous en convenons, et effrayants, mais farouches et effrayants pour le bien, il y a d'autres hommes, souriants, brodés, dorés, enrubannés, constellés, en bas de soie, en plumes blanches, en gants jaunes, en souliers vernis, qui, accoudés à une table de velours au coin d'une cheminée de marbre, insistent doucement pour le maintien et la conservation du passé, du moyen âge, du droit divin, du fanatisme, de l'ignorance, de l'esclavage, de la peine de mort, de la guerre, glorifiant à demi-voix et avec politesse le sabre, le bûcher et l'échafaud. Quant à nous, si nous étions forcé à l'option entre les barbares de la civilisation et les civilisés de la barbarie, nous choisirions les barbares.

Mais, grâce au ciel, un autre choix est possible. Aucune chute à pic n'est nécessaire, pas plus en avant qu'en arrière. Ni despotisme, ni terrorisme. Nous voulons le progrès en pente douce.

Dieu y pourvoit. L'adoucissement des pentes, c'est là toute la politique de Dieu.

## VI

### ENJOLRAS ET SES LIEUTENANTS

A peu près vers cette époque, Enjolras, en vue de l'événement possible, fit une sorte de recensement mystérieux.

Tous étaient en conciliabule au café Musain.

Enjolras dit, en mêlant à ses paroles quelques métaphores demi-énigmatiques, mais significatives :

— Il convient de savoir où l'on en est et sur qui l'on peut compter. Si l'on veut des combattants, il faut en faire. Avoir de quoi frapper, cela ne peut nuire. Ceux qui passent ont toujours plus de chance d'attraper des coups de corne quand il y a des bœufs sur la route que lorsqu'il n'y en a pas. Donc comptons un peu le troupeau. Combien sommes-nous? Il ne s'agit pas de remettre ce travail-là à demain. Les révolutionnaires doivent toujours être pressés; le progrès n'a pas de temps à perdre. Défions-nous de l'inattendu. Ne nous laissons pas prendre au dépourvu. Il s'agit de repasser sur toutes les coutures que nous avons faites et de voir si elles tiennent. Cette affaire doit être coulée à fond aujourd'hui. Courfeyrac, tu verras les polytechniciens. C'est leur jour de sortie. Aujourd'hui mercredi. Feuilly, n'est-ce pas, vous verrez ceux de la Glacière. Combeferre m'a promis d'aller à Picpus. Il y a là tout un fourmillement excellent. Bahorel visitera l'Estrapade. Prouvaire, les maçons s'attiédissent; tu nous rapporteras des nouvelles de la loge de la rue de Grenelle-Saint-Honoré. Joly ira à la clinique de Dupuytren, et tâtera le pouls à l'école de médecine. Bossuet fera un petit tour au palais et causera avec les stagiaires. Moi, je me charge de la Cougourde.

— Voilà tout réglé, dit Courfeyrac.
— Non.
— Qu'y a-t-il donc encore?
— Une chose très-importante.
— Qu'est-ce? demanda Combeferre.
— La barrière du Maine, répondit Enjolras.

Enjolras resta un moment comme absorbé dans ses réflexions, puis reprit :

— Barrière du Maine, il y a des marbriers, des peintres, les praticiens des ateliers de sculpture. C'est une famille enthousiaste, mais sujette à refroidissement. Je ne sais pas ce qu'ils ont depuis quelque temps. Ils pensent à autre chose. Ils s'éteignent. Ils passent leur temps à jouer aux dominos. Il serait urgent d'aller leur parler un peu et ferme. C'est chez Richefeu qu'ils se réunissent. On les y trouverait entre midi et une heure. Il faudrait souffler sur ces cendres-là. J'avais compté pour cela sur ce distrait de Marius, qui en somme est bon, mais il ne vient plus. Il me faudrait quelqu'un pour la barrière du Maine. Je n'ai plus personne.

— Et moi, dit Grantaire, je suis là.
— Toi?
— Moi.
— Toi, endoctriner des républicains! toi, réchauffer, au nom des principes, des cœurs refroidis!
— Pourquoi pas?
— Est-ce que tu peux être bon à quelque chose?

— Mais j'en ai la vague ambition, dit Grantaire.
— Tu ne crois à rien.
— Je crois à toi.
— Grantaire, veux-tu me rendre un service?
— Tous. Cirer tes bottes.
— Eh bien, ne te mêle pas de nos affaires. Cuve ton absinthe.
— Tu es un ingrat, Enjolras.
— Tu serais homme à aller barrière du Maine! tu en serais capable!
— Je suis capable de descendre rue des Grès, de traverser la place Saint-Michel, d'obliquer par la rue Monsieur-le-Prince, de prendre la rue de Vaugirard, de dépasser les Carmes, de tourner rue d'Assas, d'arriver rue du Cherche-Midi, de laisser derrière moi le Conseil de guerre, d'arpenter la rue des Vieilles-Tuileries, d'enjamber le boulevard, de suivre la chaussée du Maine, de franchir la barrière, et d'entrer chez Richefeu. Je suis capable de cela. Mes souliers en sont capables.
— Connais-tu un peu ces camarades-là de chez Richefeu?
— Pas beaucoup. Nous nous tutoyons seulement.
— Qu'est-ce que tu leur diras?
— Je leur parlerai de Robespierre, pardi. De Danton. Des principes.
— Toi!
— Moi. Mais on ne me rend pas justice. Quand je m'y mets, je suis terrible. J'ai lu Prudhomme, je connais le Contrat social, je sais par cœur ma constitution de l'an Deux. « La liberté du citoyen finit où la liberté d'un autre citoyen commence. » Est-ce que tu me prends pour une brute? j'ai un vieil assignat dans mon tiroir. Les Droits de l'Homme, la souveraineté du peuple, sapristi! Je suis même un peu hébertiste. Je puis rabâcher, pendant six heures d'horloge, montre en main, des choses superbes.
— Sois sérieux, dit Enjolras.
— Je suis farouche, répondit Grantaire.

Enjolras pensa quelques secondes, et fit le geste d'un homme qui prend son parti.

— Grantaire, dit-il gravement, je consens à t'essayer. Tu iras barrière du Maine.

Grantaire logeait dans un garni tout voisin du café Musain. Il sortit, et revint cinq minutes après. Il était allé chez lui mettre un gilet à la Robespierre.

— Rouge, dit-il en entrant, et en regardant fixement Enjolras.

Puis, d'un plat de main énergique, il appuya sur sa poitrine les deux pointes écarlates du gilet.

Et, s'approchant d'Enjolras, il lui dit à l'oreille :

— Sois tranquille.

Il enfonça son chapeau résolûment, et partit.

Un quart d'heure après, l'arrière-salle du café Musain était déserte. Tous les Amis de l'A B C étaient allés, chacun de leur côté, à leur besogne. Enjolras, qui s'était réservé la Cougourde, sortit le dernier.

Ceux de la Cougourde d'Aix qui étaient à Paris se réunissaient alors plaine d'Issy, dans une des carrières abandonnées si nombreuses de ce côté de Paris.

Enjolras, tout en cheminant vers ce lieu de rendez-vous, passait en lui-même la revue de la situation. La gravité des événements était visible. Quand les faits, prodromes d'une espèce de maladie sociale latente, se meuvent lourdement, la moindre complication les arrête et les enchevêtre. Phénomène d'où sortent les écroulements et les renaissances. Enjolras entrevoyait un soulèvement lumineux sous les pans ténébreux de l'avenir. Qui sait? le moment approchait peut-être. Le peuple ressaisissant le droit, quel beau spectacle! la révolution reprenant majestueusement possession de la France, et disant au monde : La suite à demain! Enjolras était content. La fournaise chauffait. Il avait, dans ce même instant-là, une traînée de poudre d'amis éparse sur Paris. Il composait, dans sa pensée, avec l'éloquence philosophique et pénétrante de Combeferre, l'enthousiasme cosmopolite de Feuilly, la verve de Courfeyrac, le rire de Bahorel, la mélancolie de Jean Prouvaire, la science de Joly, les sarcasmes de Bossuet, une sorte de pétillement électrique prenant feu à la fois un peu partout. Tous à l'œuvre. A coup sûr, le résultat répondrait à l'effort. C'était bien. Ceci le fit penser à Grantaire.

— Tiens, se dit-il, la barrière du Maine me détourne à peine de mon chemin. Si je poussais jusque chez Richefeu? Voyons un peu ce que fait Grantaire, et où il en est.

Une heure sonnait au clocher de Vaugirard quand Enjolras arriva à la tabagie Richefeu.

Il poussa la porte, entra, croisa les bras, laissant tomber la porte qui vint lui heurter les épaules, et regarda dans la salle pleine de tables, d'hommes et de fumée.

Une voix éclatait dans cette brume, vivement coupée par une autre voix. C'était Grantaire dialoguant avec un adversaire qu'il avait.

Grantaire était assis, vis-à-vis d'une autre figure, à une table de marbre Sainte-Anne semée de grains de son et constellée de dominos, il frappait ce marbre du poing, et voici ce qu'Enjolras entendit :

— Double-six.

— Du quatre.
— Le porc! Je n'en ai plus.
— Tu es mort. Du deux.
— Du six.
— Du trois.
— De l'as.
— A moi la pose.
— Quatre points.
— Péniblement.
— A toi.
— J'ai fait une faute énorme.
— Tu vas bien.
— Quinze.
— Sept de plus.
— Cela me fait vingt-deux. (Rêvant) Vingt-deux!
— Tu ne t'attendais pas au double-six. Si je l'avais mis au commencement, cela changeait tout le jeu.
— Du deux même.
— De l'as.
— De l'as! Eh bien, du cinq.
— Je n'en ai pas.
— C'est toi qui as posé, je crois?
— Oui.
— Du blanc.
— A-t-il de la chance! Ah! tu as une chance! (Longue rêverie) Du deux.
— De l'as.
— Ni cinq, ni as. C'est embêtant pour toi.
— Domino.
— Nom d'un caniche!

# LIVRE DEUXIÈME

## ÉPONINE

### I

#### LE CHAMP DE L'ALOUETTE

Marius avait assisté au dénouement inattendu du guet-apens sur la trace duquel il avait mis Javert; mais à peine Javert eut-il quitté la masure, emmenant ses prisonniers dans trois fiacres, que Marius de son côté se glissa hors de la maison. Il n'était encore que neuf heures du soir. Marius alla chez Courfeyrac. Courfeyrac n'était plus l'imperturbable habitant du quartier latin; il était allé demeurer rue de la Verrerie « pour des raisons politiques; » ce quartier était de ceux où l'insurrection dans ce temps-là s'installait volontiers. Marius dit à Courfeyrac : Je viens coucher chez toi. Courfeyrac tira un matelas de son lit qui en avait deux, l'étendit à terre, et dit : Voilà.

Le lendemain, dès sept heures du matin, Marius revint à la masure, paya le terme et ce qu'il devait à mame Bougon, fit charger sur une charrette à bras ses livres, son lit, sa table, sa commode et ses deux chaises, et s'en alla sans laisser son adresse, si bien que, lorsque Javert revint dans la matinée afin de questionner Marius sur les événements de la veille, il ne trouva que mame Bougon qui lui répondit : Déménagé!

Mame Bougon fut convaincue que Marius était un peu complice des voleurs saisis dans la nuit. — Qui aurait dit cela? s'écriait-elle

chez les portières du quartier, un jeune homme, que ça vous avait l'air d'une fille!

Marius avait eu deux raisons pour ce déménagement si prompt. La première, c'est qu'il avait horreur maintenant de cette maison où il avait vu, de si près et dans tout son développement le plus repoussant et le plus féroce, une laideur sociale plus affreuse peut-être encore que le mauvais riche, le mauvais pauvre. La deuxième, c'est qu'il ne voulait pas figurer dans le procès quelconque qui s'ensuivrait probablement, et être amené à déposer contre Thénardier.

Javert crut que le jeune homme, dont il n'avait pas retenu le nom, avait eu peur et s'était sauvé ou n'était peut-être même pas rentré chez lui au moment du guet-apens; il fit pourtant quelques efforts pour le retrouver, mais il n'y parvint pas.

Un mois s'écoula, puis un autre. Marius était toujours chez Courfeyrac. Il avait su par un avocat stagiaire, promeneur habituel de la salle des Pas-Perdus, que Thénardier était au secret. Tous les lundis, Marius faisait remettre au greffe de la Force cinq francs pour Thénardier.

Marius, n'ayant plus d'argent, empruntait les cinq francs à Courfeyrac. C'était la première fois de sa vie qu'il empruntait de l'argent. Ces cinq francs périodiques étaient une double énigme pour Courfeyrac qui les donnait et pour Thénardier qui les recevait. — A qui cela peut-il aller? songeait Courfeyrac. — D'où cela peut-il me venir? se demandait Thénardier.

Marius du reste était navré. Tout était de nouveau rentré dans une trappe. Il ne voyait plus rien devant lui; sa vie était replongée dans ce mystère où il errait à tâtons. Il avait un moment revu de très-près dans cette obscurité la jeune fille qu'il aimait, le vieillard qui semblait son père, ces êtres inconnus qui étaient son seul intérêt et sa seule espérance en ce monde; et, au moment où il avait cru les saisir, un souffle avait emporté toutes ces ombres. Pas une étincelle de certitude et de vérité n'avait jailli même du choc le plus effrayant. Aucune conjecture possible. Il ne savait même plus le nom qu'il avait cru savoir. A coup sûr ce n'était plus Ursule. Et l'Alouette était un sobriquet. Et que penser du vieillard? Se cachait-il en effet de la police? L'ouvrier à cheveux blancs que Marius avait rencontré aux environs des Invalides lui était revenu à l'esprit. Il devenait probable maintenant que cet ouvrier et M. Leblanc étaient le même homme. Il se déguisait donc? Cet homme avait des côtés héroïques et des côtés équivoques. Pourquoi n'avait-il pas appelé au secours? pourquoi s'était-il enfui? était-il, oui ou non, le père de la jeune fille? enfin était-il réellement l'homme que Thénardier avait cru reconnaître? Thénardier avait pu se méprendre? Autant de problèmes sans issue. Tout ceci, il est vrai, n'ôtait rien au charme angélique de la jeune fille du Luxembourg. Détresse poignante; Marius avait une passion dans le cœur, et la nuit sur les yeux. Il était poussé, il était attiré, et il ne pouvait bouger. Tout s'était évanoui, excepté l'amour. De l'amour même, il avait perdu les instincts et les illuminations subites.

Ordinairement cette flamme qui nous brûle nous éclaire aussi un peu, et nous jette quelque lueur utile au dehors. Ces sourds conseils de la passion, Marius ne les entendait même plus. Jamais il ne se disait : Si j'allais là ? si j'essayais ceci ? Celle qu'il ne pouvait plus nommer Ursule était évidemment quelque part; rien n'avertissait Marius du côté où il fallait chercher. Toute sa vie se résumait maintenant en deux mots : une incertitude absolue dans une brume impénétrable. La revoir, elle; il y aspirait toujours, il ne l'espérait plus.

Pour comble, la misère revenait. Il sentait tout près de lui, derrière lui, ce souffle glacé. Dans toutes ces tourmentes, et depuis longtemps déjà, il avait discontinué son travail, et rien n'est plus dangereux que le travail discontinué; c'est une habitude qui s'en va. Habitude facile à quitter, difficile à reprendre.

Une certaine quantité de rêverie est bonne, comme un narcotique à dose discrète. Cela endort les fièvres, quelquefois dures, de l'intelligence en travail, et fait naître dans l'esprit une vapeur molle et fraîche qui corrige les contours trop âpres de la pensée pure, comble çà et là des lacunes et des intervalles, lie les ensembles et estompe les angles des idées. Mais trop de rêverie submerge et noie. Malheur au travailleur par l'esprit qui se laisse tomber tout entier de la pensée dans la rêverie ! Il croit qu'il remontera aisément, et il se dit qu'après tout c'est là même chose. Erreur !

La pensée est le labeur de l'intelligence, la rêverie en est la volupté. Remplacer la pensée par la rêverie, c'est confondre un poison avec une nourriture.

Marius, on s'en souvient, avait commencé par là. La passion était survenue et avait achevé de le précipiter dans les chimères sans objet et sans fond. On ne sort plus de chez soi que pour aller songer. Enfantement paresseux. Gouffre tumultueux et stagnant. Et, à mesure que le travail diminuait, les besoins croissaient. Ceci est une loi. L'homme, à l'état rêveur, est ordinairement prodigue et mou ; l'esprit détendu ne peut pas tenir la vie serrée. Il y a, dans cette façon de vivre, du bien mêlé au mal, car si l'amollissement est funeste, la générosité est saine et bonne. Mais l'homme pauvre, généreux et noble, qui ne travaille pas est perdu. Les ressources tarissent, les nécessités surgissent.

Pente fatale où les plus honnêtes et les plus fermes sont entraînés comme les plus faibles et les plus vicieux, et qui aboutit à l'un de ces deux trous, le suicide ou le crime.

A force de sortir pour aller songer, il vient un jour où l'on sort pour aller se jeter à l'eau.

L'excès de songe fait les Escousse et les Lebras.

Marius descendait cette pente à pas lents, les yeux fixés sur celle qu'il ne voyait plus. Ce que nous venons d'écrire là semble étrange et pourtant est vrai. Le souvenir d'un être absent s'allume dans les ténèbres du cœur; plus il a disparu, plus il rayonne; l'âme désespérée et obscure voit cette lumière à son horizon; étoile de la nuit intérieure. Elle, c'était là toute la pensée de Marius. Il ne songeait pas à autre chose; il sentait confusément que son vieux habit devenait un habit impossible et que son habit neuf devenait un vieux habit, que ses chemises s'usaient, que son chapeau s'usait, que ses bottes s'usaient, c'est-à-dire que sa vie s'usait, et il se disait : Si je pouvais seulement la revoir avant de mourir !

Une seule idée douce lui restait, c'est qu'Elle l'avait aimé, que son regard le lui avait dit, qu'elle ne connaissait pas son nom, mais qu'elle connaissait son âme, et que peut-être là où elle était, quel que fût ce lieu mystérieux, elle l'aimait encore. Qui sait si elle ne songeait pas à lui comme lui songeait à elle? Quelquefois, dans des heures inexplicables comme en a tout cœur qui aime, n'ayant que des raisons de douleur et se sentant pourtant un obscur tressaillement de joie, il se disait : Ce sont ses pensées qui viennent à moi ! — Puis il ajoutait : Mes pensées lui arrivent aussi peut-être.

Cette illusion, dont il hochait la tête le moment d'après, réussissait pourtant à lui jeter dans l'âme des rayons qui ressemblaient parfois à de l'espérance. De temps en temps, surtout à cette heure du soir qui attriste le plus les songeurs, il laissait tomber sur un cahier de papier, où il n'y avait que cela, le plus pur, le plus impersonnel, le plus idéal des rêveries dont l'amour emplissait son cerveau. Il appelait cela « lui écrire ».

Il ne faut pas croire que sa raison fût en désordre. Au contraire. Il avait perdu la faculté de travailler et de se mouvoir fermement vers un but déterminé, mais il avait plus que jamais la clairvoyance et la rectitude. Marius voyait à un jour calme et réel, quoique singulier, ce qui passait sous ses yeux, même les faits ou les hommes les plus indifférents; il disait de tout le mot juste avec une sorte d'accablement honnête et de désintéressement candide. Son jugement, presque détaché de l'espérance, se tenait haut et planait.

Dans cette situation d'esprit, rien ne lui échappait, rien ne le trompait, et il découvrait à chaque instant le fond de la vie, de l'humanité et de la destinée. Heureux, même dans les angoisses, celui à qui Dieu a donné une âme digne de l'amour et du malheur! Qui n'a pas vu les choses de ce monde et le cœur des hommes à cette double lumière n'a rien vu de vrai et ne sait rien.

L'âme qui aime et qui souffre est à l'état sublime.

Du reste les jours se succédaient et rien de nouveau ne se présentait. Il lui semblait seulement que l'espace sombre qui lui restait à parcourir se raccourcissait à chaque instant. Il croyait déjà entrevoir distinctement le bord de l'escarpement sans fond.

— Quoi! se répétait-il, est-ce que je ne la reverrai pas auparavant!

Quand on a monté la rue Saint-Jacques, laissé de côté la barrière et suivi quelque temps à gauche l'ancien boulevard intérieur, on atteint la rue de la Santé, puis la Glacière, et, un peu avant d'arriver à la petite rivière des Gobelins, on rencontre une espèce de champ qui est, dans la longue et monotone ceinture des boulevards de Paris, le seul endroit où Ruysdael serait tenté de s'asseoir.

Ce je ne sais quoi d'où la grâce se dégage est là, un pré vert traversé de cordes tendues où des loques sèchent au vent, une vieille ferme à maraîchers bâtie du temps de Louis XIII avec son grand toit bizarrement percé de mansardes, des palissades délabrées, un peu d'eau entre des peupliers, des femmes, des rires, des voix ; à l'horizon le Panthéon, l'arbre des Sourds-Muets, le Val-de-Grâce, noir, trapu, fantasque, amusant, magnifique, et au fond le sévère faîte carré des tours de Notre-Dame.

Comme le lieu vaut la peine d'être vu, personne n'y vient. A peine une charrette ou un roulier tous les quarts d'heure.

Il arriva une fois que les promenades solitaires de Marius le conduisirent à ce terrain près de cette eau. Ce jour-là, il y avait sur ce boulevard une rareté, un passant. Marius, vaguement frappé du charme presque sauvage du lieu, demanda à ce passant : — Comment se nomme cet endroit-ci?

Le passant répondit : — C'est le champ de l'Alouette.

Et il ajouta : — C'est ici qu'Ulbach a tué la bergère d'Ivry.

Mais après ce mot, l'Alouette, Marius n'avait plus rien entendu. Il y a de ces congélations subites dans l'état rêveur qu'un mot suffit

à produire. Toute la pensée se condense brusquement autour d'une idée, et n'est plus capable d'aucune autre perception. L'Alouette, c'était l'appellation qui, dans les profondeurs de la mélancolie de Marius, avait remplacé Ursule. — Tiens, dit-il, dans l'espèce de stupeur irraisonnée propre à ces apartés mystérieux, ceci est son champ. Je saurai ici où elle demeure.

Cela était absurde, mais irrésistible.

Et il vint tous les jours à ce champ de l'Alouette.

## II

**FORMATION EMBRYONNAIRE DES CRIMES DANS L'INCUBATION DES PRISONS**

Le triomphe de Javert dans la masure Gorbeau avait semblé complet, mais ne l'avait pas été.

D'abord, et c'était là son principal souci, Javert n'avait pas fait prisonnier le prisonnier. L'assassiné qui s'évade est plus suspect que l'assassin, et il est probable que ce personnage, si précieuse capture pour les bandits, n'était pas de moins bonne prise pour l'autorité.

Ensuite, Montparnasse avait échappé à Javert.

Il fallait attendre à une autre occasion pour remettre la main sur ce « muscadin du diable ». Montparnasse en effet ayant rencontré Éponine qui faisait le guet sous les arbres du boulevard, l'avait emmenée, aimant mieux être Némorin avec la fille que Schinderhannes avec le père. Bien lui en avait pris. Il était libre. Quant à Éponine, Javert l'avait fait repincer; consolation médiocre. Éponine avait rejoint Azelma aux Madelonnettes.

Enfin, dans le trajet de la masure Gorbeau à la Force, un des principaux arrêtés, Claquesous, s'était perdu. On ne savait comment cela s'était fait, les agents et les sergents « n'y comprenaient rien », il s'était changé en vapeur, il avait glissé entre les poucettes, il avait coulé entre les fentes de la voiture, le fiacre était fêlé et avait fui; on ne savait que dire, sinon qu'en arrivant à la prison, plus de Claquesous. Il y avait là de la féerie ou de la police. Claquesous avait-il fondu dans les ténèbres comme un flocon de neige dans l'eau? Y avait-il eu connivence inavouée des agents? Cet homme appartenait-il à la double énigme du désordre et de l'ordre? Était-il concentrique à l'infraction et à la répression? Ce sphinx avait-il les pattes de devant dans le crime et les pattes de derrière dans l'autorité? Javert n'acceptait point ces combinaisons-là, et se fût hérissé devant de tels compromis; mais son escouade comprenait d'autres inspecteurs que lui, plus initiés peut-être que lui-même, quoique ses subordonnés, aux secrets de la préfecture, et Claquesous était un tel scélérat qu'il pouvait être un fort bon agent. Être en de si intimes rapports d'escamotage avec la nuit, cela est excellent pour le brigandage et admirable pour la police. Il y a de ces coquins à deux tranchants. Quoi qu'il en fût, Claquesous égaré ne se retrouva pas. Javert en parut plus irrité qu'étonné.

Quant à Marius, « ce dadais d'avocat qui avait eu probablement peur, » et dont Javert avait oublié le nom, Javert y tenait peu. D'ailleurs, un avocat, cela se retrouve toujours. Mais était-ce un avocat seulement?

L'information avait commencé.

Le juge d'instruction avait trouvé utile de ne point mettre un des hommes de la bande Patron-Minette au secret, espérant quelque bavardage. Cet homme était Brujon, le chevelu de la rue du Petit-Banquier. On l'avait lâché dans la cour Charlemagne, et l'œil des surveillants était ouvert sur lui.

Ce nom, Brujon, est un des souvenirs de la Force. Dans la hideuse cour dite du Bâtiment-Neuf, que l'administration appelait cour Saint-Bernard et que les voleurs appelaient Fosse-aux-Lions, sur cette muraille couverte de squammes et de lèpres qui montait à gauche à la hauteur des toits, près d'une vieille porte de fer rouillée qui menait à l'ancienne chapelle de l'hôtel ducal de la Force devenue un dortoir de brigands, on voyait encore il y a douze ans une espèce de bastille grossièrement sculptée au clou dans la pierre, et au-dessous cette signature :

BRUJON, 1811.

Le Brujon de 1811 était le père du Brujon de 1832.

Ce dernier, qu'on n'a pu qu'entrevoir dans le guet-apens Gorbeau, était un jeune gaillard fort rusé et fort adroit, ayant l'air ahuri et plaintif. C'est sur cet air ahuri que le juge d'instruction l'avait lâché, le croyant plus utile dans la cour Charlemagne que dans la cellule du secret.

Les voleurs ne s'interrompent pas parce qu'ils sont entre les mains de la justice. On ne se gêne point pour si peu. Être en prison pour un crime n'empêche pas de commencer un autre crime. Ce sont des artistes qui ont un tableau au salon et qui n'en travaillent pas moins à une nouvelle œuvre dans leur atelier.

Brujon semblait stupéfié par la prison. On le voyait quelquefois des heures entières dans la cour Charlemagne, debout près de la lucarne du cantinier, et contemplant comme un idiot cette sordide pancarte des prix de la cantine qui commençait par : *ail, 62 centimes,* et finissait par : *cigare, cinq centimes*. Ou bien il passait son temps à trembler, claquant des dents, disant qu'il avait la fièvre, et s'informant si l'un des vingt-huit lits de la salle des fiévreux était vacant.

Tout à coup, vers la deuxième quinzaine de février 1832, on sut que Brujon, cet endormi, avait fait faire, par des commissionnaires de la maison, pas sous son nom mais sous le nom de trois de ses camarades, trois commissions différentes, lesquelles lui avaient coûté en tout cinquante sous, dépense exorbitante qui attira l'attention du brigadier de la prison.

On s'informa, et en consultant le tarif des commissions affiché dans le parloir des détenus, on arriva à savoir que les cinquante sous se décomposaient ainsi : trois commissions ; une au Panthéon, dix sous ; une au Val-de-Grâce, quinze sous ; et une à la barrière de Grenelle, vingt-cinq sous. Celle-ci était la plus chère de tout le tarif. Or, au Panthéon, au Val-de-Grâce, à la barrière de Grenelle, se trouvaient précisément les domiciles de trois rôdeurs de barrières fort redoutés, Kruideniers, dit Bizarro, Glorieux, forçat libéré, et Barre-Carrosse, sur lesquels cet incident ramena le regard de la police. On croyait deviner que ces hommes étaient affiliés à Patron-Minette, dont on avait coffré deux chefs, Babet et Gueulemer. On supposa que dans les envois de Brujon, remis, non à des adresses de maisons, mais à des gens qui attendaient dans la rue, il devait y avoir des avis pour quelque méfait comploté. On avait d'autres indices encore ; on mit la main sur les trois rôdeurs, et l'on crut avoir éventé la machination quelconque de Brujon.

Une semaine environ après ces mesures prises, une nuit, un surveillant de ronde, qui inspectait le dortoir d'en bas du Bâtiment-Neuf, au moment de mettre son marron dans la boîte à marrons ; — c'est le moyen qu'on employait pour s'assurer que les surveillants faisaient exactement leur service ; toutes les heures un marron devait tomber dans toutes les boîtes clouées aux portes des dortoirs ; — un surveillant donc vit, par le judas du dortoir, Brujon sur son séant qui écrivait quelque chose dans son lit à la clarté de l'applique. Le gardien entra, on mit Brujon pour un mois au cachot, mais on ne put saisir ce qu'il avait écrit. La police n'en sut pas davantage.

Ce qui est certain, c'est que le lendemain « un postillon » fut lancé de la cour Charlemagne dans la Fosse-aux-Lions par-dessus le bâtiment à cinq étages qui séparait les deux cours.

Les détenus appellent postillon une boulette de pain artistement pétrie qu'on envoie *en Irlande*, c'est-à-dire par-dessus les toits d'une prison, d'une cour à l'autre. Étymologie : par-dessus l'Angleterre ; d'une terre à l'autre ; *en Irlande*. Cette boulette tombe dans la cour. Celui qui la ramasse l'ouvre et y trouve un billet adressé à quelque prisonnier de la cour. Si c'est un détenu qui fait la trouvaille, il remet le billet à sa destination ; si c'est un gardien, ou l'un de ces prisonniers secrètement vendus qu'on appelle moutons dans les prisons et renards dans les bagnes, le billet est porté au greffe et livré à la police.

Cette fois, le postillon parvint à son adresse, quoique celui auquel le message était destiné fût en ce moment *au séparé*. Ce destinataire n'était rien moins que Babet, l'une des quatre têtes de Patron-Minette.

Le postillon contenait un papier roulé sur lequel il n'y avait que ces deux lignes :

— Babet. Il y a une affaire à faire rue Plumet. Une grille sur un jardin.

C'était la chose que Brujon avait écrite dans la nuit.

En dépit des fouilleurs et des fouilleuses, Babet trouva moyen de faire passer le billet de la Force à la Salpêtrière à une « bonne amie » qu'il avait là, et qui y était enfermée. Cette fille à son tour transmit le billet à une autre qu'elle connaissait, une appelée Magnon, fort regardée par la police, mais pas encore arrêtée. Cette Magnon, dont le lecteur a déjà vu le nom, avait avec les Thénardier des relations qui seront précisées plus tard, et pouvait, en allant voir Éponine, servir de pont entre la Salpêtrière et les Madelonnettes.

Il arriva justement qu'en ce moment-là même, les preuves manquant dans l'instruction dirigée contre Thénardier à l'endroit de ses filles, Éponine et Azelma furent relâchées.

Quand Éponine sortit, Magnon, qui la guettait à la porte des Madelonnettes, lui remit le billet de Brujon à Babet en la chargeant d'*éclairer* l'affaire.

Éponine alla rue Plumet, reconnut la grille et le jardin, observa la maison, épia, guetta, et, quelques jours après, porta à Magnon, qui demeurait rue Cloche-perce, un biscuit que Magnon transmit à la maîtresse de Babet à la Salpêtrière. Un biscuit, dans le ténébreux symbolisme des prisons, signifie : *rien à faire*.

Si bien qu'en moins d'une semaine de là, Babet et Brujon se croisant dans le chemin de ronde de la Force, comme l'un allait « à l'instruction » et que l'autre en revenait :

— Eh bien, demanda Brujon, la rue P ?

— Biscuit, répondit Babet.

Ainsi avorta ce fœtus de crime enfanté par Brujon à la Force.

Cet avortement pourtant eut des suites, parfaitement étrangères au programme de Brujon. On les verra.

Souvent en croyant nouer un fil, on en lie un autre.

## III

#### APPARITION AU PÈRE MABEUF

Marius n'allait plus chez personne, seulement il lui arrivait quelquefois de rencontrer le père Mabeuf.

Pendant que Marius descendait lentement ces degrés lugubres qu'on pourrait nommer l'escalier des caves et qui mènent dans des lieux sans lumière où l'on entend les heureux marcher au-dessus de soi, M. Mabeuf descendait de son côté.

La *Flore de Cauteretz* ne se vendait absolument plus. Les expériences sur l'indigo n'avaient point réussi dans le petit jardin d'Austerlitz qui était mal exposé. M. Mabeuf n'y pouvait cultiver que quelques plantes rares qui aiment l'humidité et l'ombre. Il ne se décourageait pourtant pas. Il avait obtenu un coin de terre au Jardin des Plantes, en bonne exposition, pour y faire, « à ses frais, » ses essais d'indigo. Pour cela il avait mis les cuivres de sa *Flore* au mont-de-piété. Il avait réduit son déjeuner à deux œufs, et il en laissait un à sa vieille servante dont il ne payait plus les gages depuis quinze mois. Et souvent son déjeuner était son seul repas. Il ne riait plus de son rire enfantin, il était devenu morose, et ne recevait plus de visites. Marius faisait bien de ne plus songer à venir. Quelquefois, à l'heure où M. Mabeuf allait au Jardin des Plantes, le vieillard et le jeune homme se croisaient sur le boulevard de l'Hôpital. Ils ne parlaient pas et se faisaient un signe de tête tristement. Chose poignante qu'il y ait un moment où la misère dénoue! On était deux amis, on est deux passants.

Le libraire Royol était mort. M. Mabeuf ne connaissait plus que ses livres, son jardin et son indigo; c'étaient les trois formes qu'avaient prises pour lui le bonheur, le plaisir et l'espérance. Cela lui suffisait pour vivre. Il se disait : — Quand j'aurai fait mes boules de bleu, je serai riche, je retirerai mes cuivres du mont-de-piété, je remettrai ma *Flore* en vogue avec du charlatanisme, de la grosse caisse et des annonces dans les journaux, et j'achèterai, je sais bien où, un exemplaire de l'*Art de Naviguer* de Pierre de Médine, avec bois, édition de 1559. — En attendant, il travaillait toute la journée à son carré d'indigo, et le soir il rentrait chez lui pour arroser son jardin, et lire ses livres. M. Mabeuf avait à cette époque fort près de quatrevingts ans.

Un soir il eut une singulière apparition.

Il était rentré qu'il faisait grand jour encore. La mère Plutarque dont la santé se dérangeait était malade et couchée. Il avait dîné d'un os où il restait un peu de viande et d'un morceau de pain qu'il avait trouvé sur la table de cuisine, et s'était assis sur une borne de pierre renversée qui tenait lieu de banc dans son jardin.

Près de ce banc se dressait, à la mode des vieux jardins-vergers, une espèce de grand bahut en solives et en planches fort délabré, clapier au rez-de-chaussée, fruitier au premier étage. Il n'y avait pas de lapins dans le clapier, mais il y avait quelques pommes dans le fruitier. Reste de la provision d'hiver.

M. Mabeuf s'était mis à feuilleter et à lire, à l'aide de ses lunettes, deux livres qui le passionnaient, et même, chose plus grave à son âge, le préoccupaient. Sa timidité naturelle le rendait propre à une certaine acceptation des superstitions. Le premier de ces livres était le fameux traité du président Delancre, *De l'inconstance des démons*, l'autre était l'in-quarto de Mutor de la Rubaudière, *Sur les diables de Vauvert et les gobelins de la Bièvre*. Ce dernier bouquin l'intéressait d'autant plus que son jardin avait été un des terrains anciennement hantés par les gobelins. Le crépuscule commençait à blanchir ce qui est en haut et à noircir ce qui est en bas. Tout en lisant, et par-dessus le livre qu'il tenait à la main, le père Mabeuf considérait ses plantes et entre autres un rhododendron magnifique qui était une de ses consolations ; quatre jours de hâle, de vent et de soleil, sans une goutte de pluie, venaient de passer ; les tiges se courbaient, les boutons penchaient, les feuilles tombaient, tout cela avait besoin d'être arrosé ; le rhododendron surtout était triste. Le père Mabeuf était de ceux pour qui les plantes ont des âmes. Le vieillard avait travaillé toute la journée à son carré d'indigo, il était épuisé de fatigue, il se leva pourtant, posa ses livres sur le banc, et marcha tout courbé et à pas chancelants jusqu'au puits, mais quand il eut saisi la chaîne, il ne put même pas la tirer assez pour la décrocher. Alors il se retourna et leva un regard d'angoisse vers le ciel qui s'emplissait d'étoiles.

La soirée avait cette sérénité qui accable les douleurs de l'homme sous je ne sais quelle lugubre et éternelle joie. La nuit promettait d'être aussi aride que l'avait été le jour.

— Des étoiles partout! pensait le vieillard; pas la plus petite nuée! pas une larme d'eau!

Et sa tête, qui s'était soulevée un moment, retomba sur sa poitrine.

Il la releva et regarda encore le ciel en murmurant :

— Une larme de rosée! un peu de pitié!

Il essaya encore une fois de décrocher la chaîne du puits, et ne put.

En ce moment il entendit une voix qui disait :

— Père Mabeuf, voulez-vous que je vous arrose votre jardin?

En même temps un bruit de bête fauve qui passe se fit dans la haie, et il vit sortir de la broussaille une espèce de grande fille maigre qui se dressa devant lui en le regardant hardiment. Cela avait moins l'air d'un être humain que d'une forme qui venait d'éclore au crépuscule.

Avant que le père Mabeuf, qui s'effarait aisément et qui avait, comme nous avons dit, l'effroi facile, eût pu répondre une syllabe, cet être, dont les mouvements avaient dans l'obscurité une sorte de brusquerie bizarre, avait décroché la chaîne, plongé et retiré le seau, et rempli l'arrosoir, et le bonhomme voyait cette apparition qui avait les pieds nus et une jupe en guenilles courir dans les plates-bandes en distribuant la vie autour d'elle. Le bruit de l'arrosoir sur les feuilles remplissait l'âme du père Mabeuf de ravissement. Il lui semblait que maintenant le rhododendron était heureux.

Le premier seau vidé, la fille en tira un second, puis un troisième. Elle arrosa tout le jardin.

A la voir marcher ainsi dans les allées où sa silhouette apparaissait toute noire, agitant sur ses grands bras anguleux son fichu tout déchiqueté, elle avait je ne sais quoi d'une chauve-souris.

Quand elle eut fini, le père Mabeuf s'approcha les larmes aux yeux, et lui posa la main sur le front.

— Dieu vous bénira, dit-il, vous êtes un ange puisque vous avez soin des fleurs.

— Non, répondit-elle, je suis le diable, mais ça m'est égal.

Le vieillard s'écria, sans attendre et sans entendre sa réponse :

— Quel dommage que je sois si malheureux et si pauvre, et que je ne puisse rien faire pour vous !

— Vous pouvez quelque chose, dit-elle.

— Quoi ?

— Me dire où demeure M. Marius.

Le vieillard ne comprit point.

— Quel monsieur Marius ?

Il leva son regard vitreux et parut chercher quelque chose d'évanoui.

— Un jeune homme qui venait ici dans les temps.

Cependant M. Mabeuf avait fouillé dans sa mémoire.

— Ah ! oui…. s'écria-t-il, je sais ce que vous voulez dire. Attendez donc ! monsieur Marius… le baron Marius Pontmercy, parbleu ! Il demeure… ou plutôt il ne demeure plus… ah bien, je ne sais pas.

Tout en parlant, il s'était courbé pour assujettir une branche du rhododendron, et il continuait :

— Tenez, je me souviens à présent. Il passe très-souvent sur le boulevard et va du côté de la Glacière. Rue Croulebarbe. Le champ de l'Alouette. Allez par là. Il n'est pas difficile à rencontrer.

Quand M. Mabeuf se releva, il n'y avait plus personne, la fille avait disparu.

Il eut décidément un peu peur.

— Vrai, pensa-t-il, si mon jardin n'était pas arrosé, je croirais que c'est un esprit.

Une heure plus tard, quand il fut couché, cela lui revint, et, en s'endormant, à cet instant trouble où la pensée, pareille à cet oiseau fabuleux qui se change en poisson pour passer la mer, prend peu à peu la forme du songe pour traverser le sommeil, il se disait confusément :

— Au fait, cela ressemble beaucoup à ce que la Rubaudière raconte des gobelins. Serait-ce un gobelin ?

## IV

### APPARITION A MARIUS

Quelques jours après cette visite d'un « esprit » au père Mabeuf, un matin, — c'était un lundi, le jour de la pièce de cent sous que Marius empruntait à Courfeyrac pour Thénardier, — Marius avait mis cette pièce de cent sous dans sa poche, et avant de la porter au greffe, il était allé « se promener un peu », espérant qu'à son retour cela le ferait travailler. C'était d'ailleurs éternellement ainsi. Sitôt levé, il s'asseyait devant un livre et une feuille de papier pour bâcler quelque traduction ; il avait à cette époque-là pour besogne la translation en français d'une célèbre querelle d'allemands, la controverse de Gans et de Savigny ; il prenait Savigny, il prenait Gans, lisait quatre lignes, essayait d'en écrire une, ne pouvait, voyait une étoile entre son papier et lui, et se levait de sa chaise en disant : — Je vais sortir. Cela me mettra en train.

Et il allait au champ de l'Alouette.

Là il voyait plus que jamais l'étoile, et moins que jamais Savigny et Gans.

Il rentrait, essayait de reprendre son labeur, et n'y parvenait point ; pas moyen de renouer un seul des fils cassés dans son cerveau ; alors il se disait : — Je ne sortirai pas demain. Cela m'empêche de travailler. — Et il sortait tous les jours.

Il habitait le champ de l'Alouette plus que le logis de Courfeyrac. Sa véritable adresse était celle-ci : boulevard de la Santé, au septième arbre après la rue Croulebarbe.

Ce matin-là, il avait quitté ce septième arbre, et s'était assis sur le parapet de la rivière des Gobelins. Un gai soleil pénétrait les feuilles fraîches épanouies et toutes lumineuses.

Il songeait à « Elle ». Et sa songerie, devenant reproche, retombait sur lui ; il pensait douloureusement à la paresse, paralysie de l'âme, qui le gagnait, et à cette nuit, qui s'épaississait d'instant en instant devant lui au point qu'il ne voyait même déjà plus le soleil.

Cependant, à travers ce pénible dégagement d'idées indistinctes qui n'étaient pas même un monologue tant l'action s'affaiblissait en lui, et il n'avait plus même la force de vouloir se désoler, à travers cette absorption mélancolique, les sensations du dehors lui arrivaient. Il entendait derrière lui, au-dessous de lui, sur les deux bords de la rivière, les laveuses des Gobelins battre leur linge, et, au-dessus de sa tête, les oiseaux jaser et chanter dans les ormes. D'un côté le bruit de la liberté, de l'insouciance heureuse, du loisir qui a des ailes; de l'autre le bruit du travail. Chose qui le faisait rêver profondément, et presque réfléchir, c'étaient deux bruits joyeux.

Tout à coup au milieu de son extase accablée il entendit une voix connue qui disait :

— Tiens! le voilà!

Il leva les yeux, et reconnut cette malheureuse enfant qui était venue un matin chez lui, l'aînée des filles Thénardier, Éponine; il savait maintenant comment elle se nommait. Chose étrange, elle était appauvrie et embellie, deux pas qu'il ne semblait point qu'elle pût faire. Elle avait accompli un double progrès, vers la lumière et vers la détresse. Elle était pieds nus et en haillons comme le jour où elle était entrée si résolûment dans sa chambre, seulement ses haillons avaient deux mois de plus; les trous étaient plus larges, les guenilles plus sordides. C'était cette même voix enrouée, ce même front terni et ridé par le hâle, ce même regard libre, égaré et vacillant. Elle avait de plus qu'autrefois dans la physionomie ce je ne sais quoi d'effrayé et de lamentable que la prison traversée ajoute à la misère.

Elle avait des brins de paille et de foin dans les cheveux, non comme Ophélia pour être devenue folle à la contagion de la folie d'Hamlet, mais parce qu'elle avait couché dans quelque grenier d'écurie.

Et avec tout cela elle était belle. Quel astre vous êtes, ô jeunesse!

Cependant elle était arrêtée devant Marius avec un peu de joie sur son visage livide et quelque chose qui ressemblait à un sourire.

Elle fut quelques moments comme si elle ne pouvait parler.

— Je vous rencontre donc! dit-elle enfin. Le père Mabeuf avait raison, c'était sur ce boulevard-ci! Comme je vous ai cherché! si vous saviez! Savez-vous cela? j'ai été au bloc. Quinze jours! Ils m'ont lâchée! vu qu'il n'y avait rien sur moi, et que d'ailleurs je n'avais pas l'âge du discernement. Il s'en fallait de deux mois. Oh! comme je vous ai cherché! voilà six semaines. Vous ne demeurez donc plus là-bas?

— Non, dit Marius.

— Oh! je comprends. A cause de la chose. C'est désagréable ces esbrouffes-là. Vous avez déménagé. Tiens! pourquoi donc portez-vous des vieux chapeaux comme ça! un jeune homme comme vous, ça doit avoir de beaux habits. Savez-vous, monsieur Marius? le père Mabeuf vous appelle le baron Marius je ne sais plus quoi. Pas vrai que vous n'êtes pas baron? les barons c'est des vieux, ça va au Luxembourg devant le château où il y a le plus de soleil, ça lit *la Quotidienne* pour un sou. J'ai été une fois pour une lettre chez un baron qui était comme ça. Il avait plus de cent ans. Dites donc, où est-ce que vous demeurez à présent?

Marius ne répondit pas.

— Ah! continua-t-elle, vous avez un trou à votre chemise. Il faudra que je vous recouse cela.

Elle reprit avec une expression qui s'assombrissait peu à peu :

— Vous n'avez pas l'air content de me voir?

Marius se taisait; elle garda elle-même un instant le silence, puis s'écria :

— Si je voulais pourtant, je vous forcerais bien à avoir l'air content!

— Quoi? demanda Marius. Que voulez-vous dire?

— Ah! vous me disiez tu! reprit-elle.

— Eh bien, que veux-tu dire?

Elle se mordit la lèvre; elle semblait hésiter, comme en proie à une sorte de combat intérieur. Enfin elle parut prendre son parti.

— Tant pis, c'est égal. Vous avez l'air triste, je veux que vous soyez content. Promettez-moi seulement que vous allez rire. Je veux vous voir rire et vous voir dire : Ah bien! c'est bon. Pauvre monsieur Marius! vous savez? vous m'avez promis que vous me donneriez tout ce que je voudrais...

— Oui! mais parle donc!

Elle regarda Marius dans le blanc des yeux et lui dit :

— J'ai l'adresse.

Marius pâlit. Tout son sang reflua à son cœur.

— Quelle adrese?

— L'adresse que vous m'avez demandée!
Elle ajouta comme si elle faisait effort :
— L'adresse... vous savez bien?
— Oui! bégaya Marius.
— De la demoiselle!
Ce mot prononcé, elle soupira profondément.
Marius sauta du parapet où il était assis et lui prit éperdument la main.
— Oh! eh bien! conduis-moi! dis-moi! demande-moi tout ce que tu voudras! Où est-ce?
— Venez avec moi, répondit-elle. Je ne sais pas bien la rue et le numéro; c'est tout de l'autre côté d'ici, mais je connais bien la maison, je vais vous conduire.
Elle retira sa main et reprit, d'un ton qui eût navré un observateur, mais qui n'effleura même pas Marius ivre et transporté :
— Oh! comme vous êtes content!
Un nuage passa sur le front de Marius. Il saisit Éponine par le bras :
— Jure-moi une chose!
— Jurer! dit-elle, qu'est-ce que cela veut dire? Tiens! vous voulez que je jure?
Et elle rit.
— Ton père! promets-moi, Éponine! jure-moi que tu ne diras pas cette adresse à ton père!
Elle se tourna vers lui d'un air stupéfait.
— Éponine! Comment savez-vous que je m'appelle Éponine?
— Promets-moi ce que je te dis!
Mais elle ne semblait pas l'entendre.
— C'est gentil ça! vous m'avez appelée Éponine!
Marius lui prit les deux bras à la fois.
— Mais réponds-moi donc, au nom du ciel! fais attention à ce que je te dis, jure-moi que tu ne diras pas l'adresse que tu sais à ton père!
— Mon père? dit-elle. Ah oui, mon père! soyez donc tranquille. Il est au secret. D'ailleurs, est-ce que je m'occupe de mon père!
— Mais tu ne me promets pas! s'écria Marius.
— Mais lâchez-moi donc! dit-elle en éclatant de rire, comme

vous me secouez! Si! si! je vous promets ça! je vous jure ça! qu'est-ce que cela me fait? je ne dirai pas l'adresse à mon père. Là! ça va-t-il? c'est-il ça?

— Ni à personne? fit Marius.
— Ni à personne.
— A présent, reprit Marius, conduis-moi.
— Tout de suite?
— Tout de suite.
— Venez. — Oh! comme il est content! dit-elle.
Après quelques pas, elle s'arrêta.

— Vous me suivez de trop près, monsieur Marius. Laissez-moi aller devant, et suivez-moi comme cela, sans faire semblant. Il ne faut pas qu'on voie un jeune homme bien, comme vous, avec une femme comme moi.

Aucune langue ne saurait dire tout ce qu'il y avait dans ce mot, femme, ainsi prononcé par cette enfant.

Elle fit une dizaine de pas, et s'arrêta encore; Marius la rejoignit. Elle lui adressa la parole de côté et sans se tourner vers lui :

— A propos, vous savez que vous m'avez promis quelque chose?

Marius fouilla dans sa poche. Il ne possédait au monde que les cinq francs destinés au père Thénardier. Il les prit, et les mit dans la main d'Éponine.

Elle ouvrit les doigts et laissa tomber la pièce à terre, et le regardant d'un air sombre :

— Je ne veux pas de votre argent, dit-elle.

# LIVRE TROISIÈME

LA MAISON DE LA RUE PLUMET

---

## I

### LA MAISON A SECRET

Vers le milieu du siècle dernier, un président à mortier au parlement de Paris ayant une maîtresse et s'en cachant, car à cette époque les grands seigneurs montraient leurs maîtresses et les bourgeois les cachaient, fit construire « une petite maison » faubourg Saint-Germain, dans la rue déserte de Blomet, qu'on nomme aujourd'hui rue Plumet, non loin de l'endroit qu'on appelait alors le *Combat des Animaux*.

Cette maison se composait d'un pavillon à un seul étage ; deux salles au rez-de-chaussée, deux chambres au premier, en bas une cuisine, en haut un boudoir, sous le toit un grenier, le tout précédé d'un jardin avec large grille donnant sur la rue. Ce jardin avait environ un arpent. C'était là tout ce que les passants pouvaient entrevoir ; mais en arrière du pavillon il y avait une cour étroite et au fond de la cour un logis bas de deux pièces sur cave, espèce d'en-cas destiné à dissimuler au besoin un enfant et une nourrice. Ce logis communiquait par derrière, par une porte masquée et ouvrant à secret, avec un long couloir étroit, pavé, sinueux, à ciel ouvert, bordé de deux hautes murailles, lequel, caché avec un art prodigieux et comme perdu entre les clôtures des jardins et des cultures dont il suivait tous les angles et tous les détours, allait aboutir à une autre porte également à secret qui s'ouvrait à un demi-quart de lieue de là, presque dans un autre quartier, à l'extrémité solitaire de la rue de Babylone.

M. le président s'introduisait par là, si bien que ceux-là mêmes qui l'eussent épié et suivi et qui eussent observé que M. le président se rendait tous les jours mystérieusement quelque part n'eussent pu se douter qu'aller rue de Babylone c'était aller rue Blomet. Grâce à d'habiles achats de terrains, l'ingénieux magistrat avait pu faire faire ce travail de voirie secrète chez lui, sur sa propre terre, et par conséquent sans contrôle. Plus tard il avait revendu par petites parcelles pour jardins et cultures les lots de terre riverains du corridor, et les propriétaires de ces lots de terre croyaient des deux côtés avoir devant les yeux un mur mitoyen, et ne soupçonnaient pas même l'existence de ce long ruban de pavé serpentant entre deux murailles parmi leurs plates-bandes et leurs vergers. Les oiseaux seuls voyaient cette curiosité. Il est probable que les fauvettes et les mésanges du siècle dernier avaient fort jasé sur le compte de M. le président.

Le pavillon, bâti en pierre dans le goût Mansard, lambrissé, et meublé dans le goût Watteau, rocaille au dedans, perruque au dehors, muré d'une triple haie de fleurs, avait quelque chose de discret, de coquet et de solennel, comme il sied à un caprice de l'amour et de la magistrature.

Cette maison et ce couloir, qui ont disparu aujourd'hui, existaient encore il y a une quinzaine d'années. En 93, un chaudronnier avait acheté la maison pour la démolir, mais n'avait pu en payer le prix; la nation le mit en faillite. De sorte que ce fut la maison qui démolit le chaudronnier. Depuis, la maison resta inhabitée, et tomba lentement en ruine, comme toute demeure à laquelle la présence de l'homme ne communique plus la vie. Elle était restée meublée de ses vieux meubles et toujours à vendre ou à louer, et les dix ou douze personnes qui passent par an rue Plumet en étaient averties par un écriteau jaune et illisible accroché à la grille du jardin depuis 1810.

Vers la fin de la Restauration, ces mêmes passants purent remarquer que l'écriteau avait disparu, et que, même, les volets du premier étage étaient ouverts. La maison en effet était occupée. Les fenêtres avaient « des petits rideaux », signe qu'il y avait une femme.

Au mois d'octobre 1829, un homme d'un certain âge s'était présenté et avait loué la maison telle qu'elle était, y compris, bien entendu, l'arrière-corps de logis et le couloir qui allait aboutir à la rue de Babylone. Il avait fait rétablir les ouvertures à secret des deux portes de ce passage. La maison, nous venons de le dire, était encore à peu près meublée des vieux ameublements du président, le nouveau locataire avait ordonné quelques réparations, ajouté çà et là ce qui manquait, remis des pavés à la cour, des briques aux carrelages, des marches à l'escalier, des feuilles aux parquets et des vitres aux croisées, et enfin était venu s'installer avec une jeune fille et une servante âgée, sans bruit, plutôt comme quelqu'un qui se glisse que comme quelqu'un qui entre chez soi. Les voisins n'en jasèrent point, par la raison qu'il n'y avait pas de voisins.

Ce locataire peu à effet était Jean Valjean, la jeune fille était Cosette. La servante était une fille appelée Toussaint que Jean Valjean avait sauvée de l'hôpital et de la misère et qui était vieille, provinciale et bègue, trois qualités qui avaient déterminé Jean Valjean à la prendre avec lui. Il avait loué la maison sous le nom de M. Fauchelevent, rentier. Dans tout ce qui a été raconté plus haut, le lecteur a sans doute moins tardé encore que Thénardier à reconnaître Jean Valjean.

Pourquoi Jean Valjean avait-il quitté le couvent du Petit-Picpus? Que s'était-il passé?

Il ne s'était rien passé.

On s'en souvient, Jean Valjean était heureux dans le couvent, si heureux que sa conscience finit par s'inquiéter. Il voyait Cosette tous les jours, il sentait la paternité naître et se développer en lui de plus en plus, il couvait de l'âme cette enfant, il se disait qu'elle était à lui, que rien ne pouvait la lui enlever, que cela serait ainsi indéfiniment, que certainement elle se ferait religieuse, y étant chaque jour doucement provoquée, qu'ainsi le couvent était désormais l'univers pour elle comme pour lui, qu'il y vieillirait et qu'elle y grandirait, qu'elle y vieillirait et qu'il y mourrait; qu'enfin, ravissante espérance, aucune séparation n'était possible. En réfléchissant à ceci, il en vint à tomber dans des perplexités. Il s'interrogea. Il se demandait si tout ce bonheur était bien à lui, s'il ne se composait pas du bonheur d'un autre, du bonheur de cette enfant qu'il confisquait et qu'il dérobait, lui vieillard; si ce n'était point là un vol? Il se disait que cette enfant avait le droit de connaître la vie avant d'y renoncer, que lui retrancher, d'avance et en quelque sorte sans la consulter, toutes les joies sous prétexte de lui sauver toutes les épreuves, profiter de son ignorance et de son isolement pour lui faire germer une vocation artificielle, c'était dénaturer une créature humaine et mentir à Dieu. Et qui sait si, se rendant compte un jour de tout cela et religieuse à regret, Cosette n'en viendrait pas à le haïr? Dernière pensée, presque égoïste et moins héroïque que les autres, mais qui lui était insupportable. Il résolut de quitter le couvent.

Il le résolut, il reconnut avec désolation qu'il le fallait. Quant aux objections, il n'y en avait pas. Cinq ans de séjour entre ces quatre murs et de disparition avaient nécessairement détruit ou dispersé les éléments de crainte. Il pouvait rentrer parmi les hommes tranquillement. Il avait vieilli, et tout avait changé. Qui le reconnaîtrait maintenant? Et puis, à voir le pire, il n'y avait de danger que pour lui-même, et il n'avait pas le droit de condamner Cosette au cloître par la raison qu'il avait été condamné au bagne. D'ailleurs, qu'est-ce que le danger devant le devoir? Enfin, rien ne l'empêchait d'être prudent et de prendre ses précautions.

Quant à l'éducation de Cosette, elle était à peu près terminée et complète.

Une fois sa détermination arrêtée, il attendit l'occasion. Elle ne tarda pas à se présenter. Le vieux Fauchelevent mourut.

Jean Valjean demanda audience à la révérende prieure et lui dit qu'ayant fait à la mort de son frère un petit héritage qui lui permettait de vivre désormais sans travailler, il quittait le service du couvent, et emmenait sa fille; mais que, comme il n'était pas juste que Cosette, ne prononçant point ses vœux, eût été élevée gratuitement, il suppliait humblement la révérende prieure de trouver bon qu'il offrît à la communauté, comme indemnité des cinq années que Cosette y avait passées, une somme de cinq mille francs.

C'est ainsi que Jean Valjean sortit du couvent de l'Adoration Perpétuelle.

En quittant le couvent, il prit lui-même dans ses bras et ne voulut confier à aucun commissionnaire la petite valise dont il avait toujours la clef sur lui. Cette valise intriguait Cosette, à cause de l'odeur d'embaumement qui en sortait.

Disons tout de suite que désormais cette malle ne le quitta plus. Il l'avait toujours dans sa chambre. C'était la première et quelquefois l'unique chose qu'il emportait dans ses déménagements. Cosette en riait et appelait cette valise *l'inséparable*, disant: J'en suis jalouse.

Jean Valjean du reste ne reparut pas à l'air libre sans une profonde anxiété.

Il découvrit la maison de la rue Plumet et s'y blottit. Il était désormais en possession du nom d'Ultime Fauchelevent.

En même temps il loua deux autres appartements dans Paris, afin de moins attirer l'attention que s'il fût toujours resté dans le même quartier, de pouvoir faire au besoin des absences à la moindre inquiétude qui le prendrait, et enfin de ne plus se trouver au dépourvu comme la nuit où il avait si miraculeusement échappé à Javert. Ces deux appartements étaient deux logis fort chétifs et d'apparence pauvre, dans deux quartiers très éloignés l'un de l'autre, l'un rue de l'Ouest, l'autre rue de l'Homme-Armé.

Il allait de temps en temps, tantôt rue de l'Homme-Armé, tantôt rue de l'Ouest, passer un mois ou six semaines avec Cosette sans emmener Toussaint. Il s'y faisait servir par les portiers et s'y donnait pour un rentier de la banlieue ayant un pied-à-terre en ville. Cette haute vertu avait trois domiciles dans Paris pour échapper à la police.

## II

#### JEAN VALJEAN GARDE NATIONAL

Du reste, à proprement parler, il vivait rue Plumet et il y avait arrangé son existence de la façon que voici :

Cosette avec la servante occupait le pavillon; elle avait la grande chambre à coucher aux trumeaux peints, le boudoir aux baguettes dorées, le salon du président meublé de tapisseries et de vastes fauteuils; elle avait le jardin. Jean Valjean avait fait mettre dans la chambre de Cosette un lit à baldaquin d'ancien damas à trois couleurs, et un vieux et beau tapis de Perse acheté rue du Figuier-Saint-Paul chez la mère Gaucher, et, pour corriger la sévérité de ces vieilleries magnifiques, il avait amalgamé à ce bric-à-brac tous les petits meubles gais et gracieux des jeunes filles, l'étagère, la bibliothèque et les livres dorés, la papeterie, le buvard, la table à ouvrage incrustée de nacre, le nécessaire de vermeil, la toilette en porcelaine du Japon. De longs rideaux de damas fond rouge à trois couleurs pareils au lit pendaient aux fenêtres du premier étage. Au rez-de-chaussée, des rideaux de tapisserie. Tout l'hiver la petite maison de Cosette était chauffée du haut en bas. Lui, il habitait l'espèce de loge de portier qui était dans la cour du fond, avec un matelas sur un lit de sangle, une table de bois blanc, deux chaises de paille, un pot à l'eau de faïence, quelques bouquins sur une planche, sa chère valise dans un coin, jamais de feu. Il dînait avec Cosette, et il y avait un pain bis pour lui sur la table.

Il avait dit à Toussaint lorsqu'elle était entrée : — C'est mademoiselle qui est la maîtresse de la maison. — Et vous, mo-onsieur? avait répliqué Toussaint stupéfaite. — Moi, je suis bien mieux que le maître, je suis le père.

Cosette au couvent avait été dressée au ménage et réglait la dépense qui était fort modeste. Tous les jours Jean Valjean prenait le bras de Cosette et la menait promener. Il la conduisait au Luxembourg, dans l'allée la moins fréquentée, et tous les dimanches à la messe, toujours à Saint-Jacques-du-Haut-Pas, parce que c'était fort loin. Comme c'est un quartier très-pauvre, il y faisait beaucoup l'aumône, et les malheureux l'entouraient dans l'église, ce qui lui avait valu l'épître des Thénardier : *Au monsieur bienfaisant de l'église Saint-Jacques-du-Haut-Pas.* Il menait volontiers Cosette visiter les indigents et les malades. Aucun étranger n'entrait dans la maison de la rue Plumet. Toussaint apportait les provisions, et Jean Valjean allait lui-même chercher l'eau à une prise d'eau qui était tout proche sur le boulevard. On mettait le bois et le vin dans une espèce de renfoncement demi-souterrain tapissé de rocailles qui avoisinait la porte de la rue de Babylone et qui autrefois avait servi de grotte à M. le président; car au temps des Folies et des Petites-Maisons, il n'y avait pas d'amour sans grotte.

Il y avait dans la porte bâtarde de la rue de Babylone une de ces boîtes-tirelires destinées aux lettres et aux journaux; seulement, les trois habitants du pavillon de la rue Plumet ne recevant ni journaux ni lettres, toute l'utilité de la boîte, jadis entremetteuse d'amourettes et confidente d'un robin-dameret, était maintenant limitée aux avis du percepteur des contributions et aux billets de garde. Car M. Fauchelevent, rentier, était de la garde nationale; il n'avait pu échapper aux mailles étroites du recensement de 1831. Les renseignements municipaux pris à cette époque étaient remontés jusqu'au couvent du Petit-Picpus, sorte de nuée impénétrable et sainte d'où

Jean Valjean était sorti vénérable aux yeux de sa mairie, et, par conséquent, digne de monter sa garde.

Trois ou quatre fois l'an, Jean Valjean endossait son uniforme et faisait sa faction; très-volontiers d'ailleurs; c'était pour lui un déguisement correct qui le mêlait à tout le monde en le laissant solitaire. Jean Valjean venait d'atteindre ses soixante ans, âge de l'exemption légale; mais il n'en paraissait pas plus de cinquante; d'ailleurs, il n'avait aucune envie de se soustraire à son sergent-major et de chicaner le comte de Lobau; il n'avait pas d'état civil; il cachait son nom, il cachait son identité, il cachait son âge, il cachait tout; et, nous venons de le dire, c'était un garde national de bonne volonté. Ressembler au premier venu qui paye ses contributions, c'était là toute son ambition. Cet homme avait pour idéal, au dedans, l'ange, au dehors, le bourgeois.

Notons un détail pourtant; quand Jean Valjean sortait avec Cosette, il s'habillait comme on l'a vu et avait assez l'air d'un ancien officier. Lorsqu'il sortait seul, et c'était le plus habituellement le soir, il était toujours vêtu d'une veste et d'un pantalon d'ouvrier, et coiffé d'une casquette qui lui cachait le visage. Était-ce précaution, ou humilité? Les deux à la fois. Cosette était habituée au côté énigmatique de sa destinée et remarquait à peine les singularités de son père. Quant à Toussaint, elle vénérait Jean Valjean, et trouvait bon tout ce qu'il faisait.

Un jour, son boucher, qui avait entrevu Jean Valjean, lui dit: C'est un drôle de corps. Elle répondit: C'est un-un saint.

Ni Jean Valjean, ni Cosette, ni Toussaint n'entraient et ne sortaient jamais que par la porte de la rue de Babylone. A moins de les apercevoir par la grille du jardin, il était difficile de deviner qu'ils demeuraient rue Plumet. Cette grille restait toujours fermée. Jean Valjean avait laissé le jardin inculte, afin qu'il n'attirât pas l'attention.

En cela il se trompait peut-être.

## III

#### FOLIIS AC FRONDIBUS

Ce jardin ainsi livré à lui-même depuis plus d'un demi-siècle était devenu extraordinaire et charmant. Les passants d'il y a quarante ans s'arrêtaient dans cette rue pour le contempler, sans se douter des secrets qu'il dérobait derrière ses épaisseurs fraîches et vertes. Plus d'un songeur à cette époque a laissé bien des fois ses yeux et sa pensée pénétrer indiscrètement à travers les barreaux de l'antique grille cadenassée, tordue, branlante, scellée à deux piliers verdis et moussus, bizarrement couronnée d'un fronton d'arabesques indéchiffrables.

Il y avait un banc de pierre dans un coin, une ou deux statues moisies, quelques treillages décloués par le temps pourrissant sur le mur, du reste plus d'allées ni de gazon ; du chiendent partout. Le jardinage était parti et la nature était revenue. Les mauvaises herbes abondaient, aventure admirable pour un pauvre coin de terre. La fête des giroflées y était splendide. Rien dans ce jardin ne contrariait l'effort sacré des choses vers la vie ; la croissance vénérable était là chez elle. Les arbres s'étaient baissés vers les ronces, les ronces étaient montées vers les arbres, la plante avait grimpé, la branche avait fléchi, ce qui rampe sur la terre avait été trouver ce qui s'épanouit dans l'air, ce qui flotte au vent s'était penché vers ce qui traîne dans la mousse ; troncs, rameaux, feuilles, fibres, touffes, vrilles, sarments, épines, s'étaient mêlés, traversés, mariés, confondus ; la végétation, dans un embrassement étroit et profond, avait célébré et accompli là, sous l'œil satisfait du créateur, en cet enclos de trois cents pieds carrés, le saint mystère de sa fraternité, symbole de la fraternité humaine. Ce jardin n'était plus un jardin, c'était une broussaille colossale ; c'est-à-dire quelque chose qui est impénétrable comme une forêt, peuplé comme une ville, frissonnant comme un nid, sombre comme une cathédrale, odorant comme un bouquet, solitaire comme une tombe, vivant comme une foule.

En floréal, cet énorme buisson, libre derrière sa grille et dans ses quatre murs, entrait en rut dans le sourd travail de la germination universelle, tressaillait au soleil levant presque comme une bête qui aspire les effluves de l'amour cosmique et qui sent la séve d'avril monter et bouillonner dans ses veines, et, secouant au vent sa prodigieuse chevelure verte, semait sur la terre humide, sur les statues frustes, sur le perron croulant du pavillon et jusque sur le pavé de la rue déserte, les fleurs en étoiles, la rosée en perles, la fécondité, la beauté, la vie, la joie, les parfums. A midi mille papillons blancs s'y réfugiaient, et c'était un spectacle divin de voir là tourbillonner en flocons dans l'ombre cette neige vivante de l'été. Là, dans ces gaies ténèbres de la verdure, une foule de voix innocentes parlaient doucement à l'âme, et ce que les gazouillements avaient oublié de dire, les bourdonnements le complétaient. Le soir une vapeur de rêverie se dégageait du jardin et l'enveloppait; un linceul de brume, une tristesse céleste et calme, le couvraient; l'odeur si enivrante des chèvrefeuilles et des liserons en sortait de toute part comme un poison exquis et subtil; on entendait les derniers appels des grimpereaux et des bergeronnettes s'assoupissant sous les branchages; on y sentait cette intimité sacrée de l'oiseau et de l'arbre; le jour les ailes réjouissent les feuilles, la nuit les feuilles protégent les ailes.

L'hiver, la broussaille était noire, mouillée, hérissée, grelottante, et laissait un peu voir la maison. On apercevait, au lieu de fleurs dans les rameaux et de rosée dans les fleurs, les longs rubans d'argent des limaces sur le froid et épais tapis des feuilles jaunes; mais de toute façon, sous tout aspect, en toute saison, printemps, hiver, été, automne, ce petit enclos respirait la mélancolie, la contemplation, la solitude, la liberté, l'absence de l'homme, la présence de Dieu; et la vieille grille rouillée avait l'air de dire : Ce jardin est à moi.

Le pavé de Paris avait beau être là tout autour, les hôtels classiques et splendides de la rue de Varennes à deux pas, le dôme des Invalides tout près, la chambre des députés pas loin; les carrosses de la rue de Bourgogne et de la rue Saint-Dominique avaient beau rouler fastueusement dans le voisinage, les omnibus jaunes, bruns, blancs, rouges, avaient beau se croiser dans le carrefour prochain, le désert était rue Plumet; et la mort des anciens propriétaires, une révolution qui avait passé, l'écroulement des antiques fortunes, l'absence, l'oubli, quarante ans d'abandon et de viduité, avaient suffi pour ramener dans ce lieu privilégié les fougères, les bouillons-blancs, les ciguës, les achillées, les hautes herbes, les grandes plantes gaufrées aux larges feuilles de drap vert pâle, les lézards, les scarabées, les insectes inquiets et rapides; pour faire sortir des profondeurs de la terre et reparaître entre ces quatre murs je ne sais quelle grandeur sauvage et farouche; et pour que la nature, qui déconcerte les arrangements mesquins de l'homme et qui se répand toujours tout entière là où elle se répand, aussi bien dans la fourmi que dans l'aigle, en vînt à s'épanouir dans un méchant petit jardin parisien avec autant de rudesse et de majesté que dans une forêt vierge du Nouveau Monde.

Rien n'est petit en effet; quiconque est sujet aux pénétrations profondes de la nature le sait. Bien qu'aucune satisfaction absolue ne soit donnée à la philosophie, pas plus de circonscrire la cause que limiter l'effet, le contemplateur tombe dans des extases sans fond à cause de toutes ces décompositions de force aboutissant à l'unité. Tout travaille à tout.

L'algèbre s'applique aux nuages; l'irradiation de l'astre profite à la rose; aucun penseur n'oserait dire que le parfum de l'aubépine est inutile aux constellations. Qui donc peut calculer le trajet d'une molécule? que savons-nous si des créations de mondes ne sont point déterminées par des chutes de grains de sable? qui donc connaît les flux et les reflux réciproques de l'infiniment grand et de l'infiniment petit, le retentissement des causes dans les précipices de l'être, et les avalanches de la création? Un ciron importe; le petit est grand, le grand est petit; tout est en équilibre dans la nécessité; effrayante vision pour l'esprit. Il y a entre les êtres et les choses des relations de prodige; dans cet inépuisable ensemble, de soleil à puceron, on ne se méprise pas; on a besoin les uns des autres. La lumière n'emporte pas dans l'azur les parfums terrestres sans savoir ce qu'elle en fait; la nuit fait des distributions d'essence stellaire aux fleurs endormies. Tous les oiseaux qui volent ont à la patte le fil de l'infini. La germination se complique de l'éclosion d'un météore et du coup de bec de l'hirondelle brisant l'œuf, et elle mène de front la naissance d'un ver de terre et l'avénement de Socrate. Où finit le télescope, le microscope commence. Lequel des deux a la vue la plus grande? Choisissez. Une moisissure est une pléiade de fleurs; une nébuleuse est une fourmilière d'étoiles. Même promiscuité, et plus inouïe encore, des choses de l'intelligence et des faits de la substance. Les éléments et les principes se mêlent, se combinent, s'épousent, se multiplient les uns par les autres, au point de faire aboutir le monde matériel et le monde moral à la même clarté. Le phénomène est en perpétuel repli sur lui-même. Dans les vastes échanges cosmiques, la vie universelle va et vient en quantités inconnues, roulant tout dans l'invisible mystère des effluves, employant tout, ne perdant pas un rêve, pas un sommeil, semant un animalcule ici, émiettant un astre là, oscillant et serpentant, faisant de la lumière une force et de la pensée un élément, disséminée et indivisible, dissolvant tout, excepté ce point géométrique, le moi; ramenant tout à l'âme-atome; épanouissant tout en Dieu; enchevêtrant, depuis la plus haute jusqu'à la plus basse, toutes les activités dans l'obscurité d'un mécanisme vertigineux, rattachant le vol d'un insecte au mouvement de la terre, subordonnant, qui sait? ne fût-ce que par l'identité de la loi, l'évolution de la comète dans le firmament au tournoiement de l'infusoire dans la goutte d'eau. Machine faite d'esprit. Engrenage énorme dont le premier moteur est le moucheron et dont la dernière roue est le zodiaque.

## IV.

#### CHANGEMENT DE GRILLE

Il semblait que ce jardin, créé autrefois pour cacher les mystères libertins, se fût transformé et fût devenu propre à abriter les mystères chastes. Il n'avait plus ni berceaux, ni boulingrins, ni tonnelles, ni grottes; il avait une magnifique obscurité échevelée tombant comme un voile de toutes parts. Paphos s'était refait Éden. On ne sait quoi de repentant avait assaini cette retraite. Cette bouquetière offrait maintenant ses fleurs à l'âme. Ce coquet jardin, jadis fort compromis, était rentré dans la virginité et la pudeur. Un président assisté d'un jardinier, un bonhomme qui croyait continuer Lamoignon et un autre bonhomme qui croyait continuer Lenôtre, l'avaient contourné, taillé, chiffonné, attifé, façonné pour la galanterie; la nature l'avait ressaisi, l'avait rempli d'ombre, et l'avait arrangé pour l'amour.

Il y avait aussi dans cette solitude un cœur qui était tout prêt.

L'amour n'avait qu'à se montrer; il avait là un temple composé de verdure, d'herbe, de mousse, de soupirs d'oiseaux, de molles ténèbres, de branches agitées, et une âme faite de douceur, de foi, de candeur, d'espoir, d'aspiration et d'illusion.

Cosette était sortie du couvent encore presque enfant; elle avait un peu plus de quatorze ans, et elle était « dans l'âge ingrat »; nous l'avons dit, à part les yeux, elle semblait plutôt laide que jolie; elle n'avait cependant aucun trait disgracieux, mais elle était gauche, maigre, timide et hardie à la fois, une grande petite fille enfin.

Son éducation était terminée; c'est-à-dire on lui avait appris la religion, et même, et surtout la dévotion; puis « l'histoire », c'est-à-dire la chose qu'on appelle ainsi au couvent, la géographie, la grammaire, les participes, les rois de France, un peu de musique, à faire un nez, etc., mais du reste elle ignorait tout, ce qui est un charme et un péril. L'âme d'une jeune fille ne doit pas être laissée obscure; plus tard, il s'y fait des mirages trop brusques et trop vifs comme dans une chambre noire. Elle doit être doucement et discrètement éclairée, plutôt du reflet des réalités que de leur lumière directe et dure. Demi-jour utile et gracieusement austère qui dissipe les peurs puériles et empêche les chutes. Il n'y a que l'instinct maternel, intuition admirable où entrent les souvenirs de la vierge et l'expérience de la femme, qui sache comment et de quoi doit être fait ce demi-jour. Rien ne supplée à cet instinct. Pour former l'âme d'une jeune fille, toutes les religieuses du monde ne valent pas une mère.

Cosette n'avait pas eu de mère. Elle n'avait eu que beaucoup de mères, au pluriel.

Quant à Jean Valjean, il y avait bien en lui toutes les tendresses à la fois, et toutes les sollicitudes; mais ce n'était qu'un vieux homme qui ne savait rien du tout.

Or, dans cette œuvre de l'éducation, dans cette grave affaire de la préparation d'une femme à la vie, que de science il faut pour lutter contre cette grande ignorance qu'on appelle l'innocence!

Rien ne prépare une jeune fille aux passions comme le couvent. Le couvent tourne la pensée du côté de l'inconnu. Le cœur, replié sur lui-même, se creuse, ne pouvant s'épancher, et s'approfondit, ne pouvant s'épanouir. De là des visions, des suppositions, des conjectures, des romans ébauchés, des aventures souhaitées, des constructions fantastiques, des édifices tout entiers bâtis dans l'obscurité intérieure de l'esprit, sombres et secrètes demeures où les passions trouvent tout de suite à se loger dès que la grille franchie leur permet d'entrer. Le couvent est une compression qui pour triompher du cœur humain doit durer toute la vie.

En quittant le couvent, Cosette ne pouvait rien trouver de plus doux et de plus dangereux que la maison de la rue Plumet. C'était la continuation de la solitude avec le commencement de la liberté; un jardin fermé, mais une nature âcre, riche, voluptueuse et odorante; les mêmes songes que dans le couvent, mais de jeunes hommes entrevus; une grille, mais sur la rue.

Cependant, nous le répétons, quand elle y arriva, elle n'était encore qu'une enfant. Jean Valjean lui livra ce jardin inculte. — Fais-y tout ce que tu voudras, lui disait-il. Cela amusait Cosette; elle en remuait toutes les touffes et toutes les pierres, elle y cherchait « des bêtes »; elle y jouait, en attendant qu'elle y rêvât; elle aimait ce jardin pour les insectes qu'elle y trouvait sous ses pieds à travers l'herbe, en attendant qu'elle l'aimât pour les étoiles qu'elle y verrait dans les branches au-dessus de sa tête.

Et puis, elle aimait son père, c'est-à-dire Jean Valjean, de toute son âme, avec une naïve passion filiale qui lui faisait du bonhomme un compagnon désiré et charmant. On se souvient que M. Madeleine lisait beaucoup; Jean Valjean avait continué, il en était venu à causer bien; il avait la richesse secrète et l'éloquence d'une intelligence humble et vraie qui s'est spontanément cultivée. Il lui était resté juste assez d'âpreté pour assaisonner sa bonté; c'était un esprit rude et un cœur doux. Au Luxembourg, dans leurs tête-à-tête, il faisait de longues explications de tout, puisant dans ce qu'il avait lu, puisant aussi dans ce qu'il avait souffert. Tout en l'écoutant, les yeux de Cosette erraient vaguement.

Cet homme simple suffisait à la pensée de Cosette, de même que ce jardin sauvage à ses yeux. Quand elle avait bien poursuivi les papillons, elle arrivait près de lui essoufflée et disait : Ah! comme j'ai couru! Il la baisait au front.

Cosette adorait le bonhomme. Elle était toujours sur ses talons. Là où était Jean Valjean était le bien-être. Comme Jean Valjean n'habitait ni le pavillon, ni le jardin, elle se plaisait mieux dans l'arrière-cour pavée que dans l'enclos plein de fleurs, et dans la petite loge meublée de chaises de paille que dans le grand salon tendu de tapisseries où s'adossaient des fauteuils capitonnés. Jean Valjean lui disait quelquefois en souriant du bonheur d'être importuné : — Mais va-t'en chez toi! laisse-moi donc un peu seul!

Elle lui faisait de ces charmantes gronderies tendres qui ont tant de grâce remontant de la fille au père.

— Père, j'ai très froid chez vous; pourquoi ne mettez-vous pas ici un tapis et un poêle?

— Chère enfant, il y a tant de gens qui valent mieux que moi et qui n'ont même pas un toit sur leur tête.

— Alors pourquoi y a-t-il du feu chez moi et tout ce qu'il faut?

— Parce que tu es une femme et un enfant.

— Bah! les hommes doivent donc avoir froid et être mal?

— Certains hommes.

— C'est bon, je viendrai si souvent ici que vous serez bien obligé d'y faire du feu.

Elle lui disait encore :

— Père, pourquoi mangez-vous du vilain pain comme cela?

— Parce que, ma fille.

— Eh bien, si vous en mangez, j'en mangerai.

Alors, pour que Cosette ne mangeât pas de pain noir, Jean Valjean mangeait du pain blanc.

Cosette ne se rappelait que confusément son enfance. Elle priait matin et soir pour sa mère qu'elle n'avait pas connue. Les Thénardier lui étaient restés comme deux figures hideuses à l'état de rêve. Elle se rappelait qu'elle avait été « un jour, la nuit, » chercher de l'eau dans un bois. Elle croyait que c'était très-loin de Paris. Il lui semblait qu'elle avait commencé à vivre dans un abîme et que c'était Jean Valjean qui l'en avait tirée. Son enfance lui faisait l'effet d'un temps où il n'y avait autour d'elle que des mille-pieds, des araignées et des serpents. Quand elle songeait le soir avant de s'endormir, comme elle n'avait pas une idée très nette d'être la fille de Jean Valjean et qu'il fût son père, elle s'imaginait que l'âme de sa mère avait passé dans ce bonhomme et était venue demeurer auprès d'elle.

Lorsqu'il était assis, elle appuyait sa joue sur ses cheveux blancs et y laissait silencieusement tomber une larme en se disant : C'est peut-être ma mère, cet homme-là!

Cosette, quoique ceci soit étrange à énoncer, dans sa profonde

LES MISÉRABLES. — L'IDYLLE RUE PLUMET.

ignorance de fille élevée au couvent, la maternité d'ailleurs étant absolument inintelligible à la virginité, avait fini par se figurer qu'elle avait eu aussi peu de mère que possible. Cette mère, elle ne savait pas même son nom. Toutes les fois qu'il lui arrivait de le demander à Jean Valjean, Jean Valjean se taisait. Si elle répétait sa question, il répondait par un sourire. Une fois elle insista; le sourire s'acheva par une larme.

Ce silence de Jean Valjean couvrait de nuit Fantine.

Était-ce prudence? était-ce respect? était-ce crainte de livrer ce nom aux hasards d'une autre mémoire que la sienne?

Tant que Cosette avait été petite, Jean Valjean lui avait volontiers parlé de sa mère; quand elle fut jeune fille, cela lui fut impossible. Il lui sembla qu'il n'osait plus. Était-ce à cause de Cosette? était-ce à cause de Fantine? Il éprouvait une sorte d'horreur religieuse à faire entrer cette ombre dans la pensée de Cosette, et à mettre la morte en tiers dans leur destinée. Plus cette ombre lui était sacrée, plus elle lui semblait redoutable. Il songeait à Fantine et se sentait accablé de silence.

Il voyait vaguement dans les ténèbres quelque chose qui ressemblait à un doigt sur une bouche. Toute cette pudeur qui avait été dans Fantine, et qui pendant sa vie était sortie d'elle violemment, était-elle revenue après sa mort se poser sur elle, veiller, indignée, sur la paix de cette morte, et, farouche, la garder dans sa tombe? Jean Valjean, à son insu, en subissait-il la pression? Nous qui croyons en la mort, nous ne sommes pas de ceux qui rejetteraient cette explication mystérieuse.

De là l'impossibilité de prononcer, même pour Cosette, ce nom, Fantine.

Un jour Cosette lui dit :

— Père, j'ai vu cette nuit ma mère en songe. Elle avait deux grandes ailes. Ma mère dans sa vie doit avoir touché à la sainteté.

— Par le martyre, répondit Jean Valjean.

Du reste, Jean Valjean était heureux.

Quand Cosette sortait avec lui, elle s'appuyait sur son bras, fière, heureuse, dans la plénitude du cœur. Jean Valjean, à toutes ces marques d'une tendresse si exclusive et si satisfaite de lui seul, sentait sa pensée se fondre en délices. Le pauvre homme tressaillait inondé d'une joie angélique; il s'affirmait avec transport que cela durerait toute la vie; il se disait qu'il n'avait vraiment pas assez souffert pour mériter un si radieux bonheur, et il remerciait Dieu, dans les profondeurs de son âme, d'avoir permis qu'il fût ainsi aimé, lui misérable, par cet être innocent.

## V

#### LA ROSE S'APERÇOIT QU'ELLE EST UNE MACHINE DE GUERRE

Un jour Cosette se regarda par hasard dans son miroir et se dit : Tiens ! Il lui semblait presque qu'elle était jolie. Ceci la jeta dans un trouble singulier. Jusqu'à ce moment elle n'avait point songé à sa figure. Elle se voyait dans son miroir, mais elle ne s'y regardait pas. Et puis, on lui avait souvent dit qu'elle était laide ; Jean Valjean seul disait doucement : Mais non ! mais non ! Quoi qu'il en fût, Cosette s'était toujours crue laide, et avait grandi dans cette idée avec la résignation facile de l'enfance. Voici que tout d'un coup son miroir lui disait comme Jean Valjean : Mais non ! Elle ne dormit pas de la nuit. — Si j'étais jolie ? pensait-elle, comme cela serait drôle que je fusse jolie ! — Et elle se rappelait celles de ses compagnes dont la beauté faisait effet dans le couvent, et elle se disait : Comment ! je serais comme mademoiselle une telle !

Le lendemain elle se regarda, mais non par hasard, et elle douta : — Où avais-je l'esprit ? dit-elle, non, je suis laide. — Elle avait tout simplement mal dormi, elle avait les yeux battus et elle était pâle. Elle ne s'était pas sentie très-joyeuse la veille de croire à sa beauté, mais elle fut triste de n'y plus croire. Elle ne se regarda plus, et pendant plus de quinze jours elle tâcha de se coiffer tournant le dos au miroir.

Le soir, après le dîner, elle faisait assez habituellement de la tapisserie dans le salon ou quelque ouvrage de couvent, et Jean Valjean lisait à côté. Une fois elle leva les yeux de son ouvrage et elle fut toute surprise de la façon inquiète dont son père la regardait.

Une autre fois, elle passait dans la rue, et il lui sembla que quelqu'un qu'elle ne vit pas disait derrière elle : — Jolie femme ! mais mal mise. Bah ! pensa-t-elle, ce n'est pas moi. Je suis bien mise et laide. — Elle avait alors son chapeau de peluche et sa robe de mérinos.

Un jour enfin, elle était dans le jardin, et elle entendit la pauvre vieille Toussaint qui disait : Monsieur, remarquez-vous comme mademoiselle devient jolie? Cosette n'entendit pas ce que son père répondit, les paroles de Toussaint furent pour elle une sorte de commotion. Elle s'échappa du jardin, monta à sa chambre, courut à la glace, il y avait trois mois qu'elle ne s'était regardée, et poussa un cri. Elle venait de s'éblouir elle-même.

Elle était belle et jolie ; elle ne pouvait s'empêcher d'être de l'avis de Toussaint et de son miroir. Sa taille s'était faite, sa peau avait blanchi, ses cheveux s'étaient lustrés, une splendeur inconnue s'était allumée dans ses prunelles bleues. La conscience de sa beauté lui vint tout entière, en une minute, comme un grand jour qui se fait ; les autres la remarquaient d'ailleurs, Toussaint le disait, c'était d'elle évidemment que le passant avait parlé, il n'y avait plus à douter ; elle redescendit au jardin, se croyant reine, entendant les oiseaux chanter, c'était en hiver, voyant le ciel doré, le soleil dans les arbres, des fleurs dans les buissons, éperdue, folle, dans un ravissement inexprimable.

De son côté, Jean Valjean éprouvait un profond et indéfinissable serrement de cœur.

C'est qu'en effet, depuis quelque temps, il contemplait avec terreur cette beauté qui apparaissait chaque jour plus rayonnante sur le doux visage de Cosette. Aube riante pour tous, lugubre pour lui.

Cosette avait été belle assez longtemps avant de s'en apercevoir. Mais, du premier jour, cette lumière inattendue qui se levait lentement et enveloppait par degrés toute la personne de la jeune fille blessa la paupière sombre de Jean Valjean. Il sentit que c'était un changement dans une vie heureuse, si heureuse qu'il n'osait y remuer dans la crainte d'y déranger quelque chose. Cet homme qui avait passé par toutes les détresses, qui était encore tout saignant des meurtrissures de sa destinée, qui avait été presque méchant et qui était devenu presque saint, qui, après avoir traîné la chaîne du bagne, traînait maintenant la chaîne invisible, mais pesante, de l'infamie indéfinie, cet homme que la loi n'avait pas lâché et qui pouvait être à chaque instant ressaisi et ramené de l'obscurité de sa vertu au grand jour de l'opprobre public, cet homme acceptait tout, excusait tout, pardonnait tout, bénissait tout, voulait bien tout, et ne demandait à la providence, aux hommes, aux lois, à la société, à la nature, au monde, qu'une chose, que Cosette l'aimât!

Que Cosette continuât de l'aimer! que Dieu n'empêchât pas le cœur de cet enfant de venir à lui, et de rester à lui! Aimé de Cosette, il se trouvait guéri, reposé, apaisé, comblé, récompensé, couronné. Aimé de Cosette, il était bien! il n'en demandait pas davantage. On lui eût dit : Veux-tu être mieux? il eût répondu : Non. Dieu lui eût dit : Veux-tu le ciel? il eût répondu : J'y perdrais.

Tout ce qui pouvait effleurer cette situation, ne fût-ce qu'à la surface, le faisait frémir comme le commencement d'autre chose. Il n'avait jamais trop su ce que c'était que la beauté d'une femme; mais, par instinct, il comprenait que c'était terrible.

Cette beauté qui s'épanouissait de plus en plus triomphante et superbe à côté de lui, sous ses yeux, sur le front ingénu et redoutable de l'enfant, du fond de sa laideur, de sa vieillesse, de sa misère, de sa réprobation, de son accablement, il la regardait effaré.

Il se disait : Comme elle est belle! Qu'est-ce que je vais devenir, moi?

Là du reste était la différence entre sa tendresse et la tendresse d'une mère. Ce qu'il voyait avec angoisse, une mère l'eût vu avec joie.

Les premiers symptômes ne tardèrent pas à se manifester.

Dès le lendemain du jour où elle s'était dit : Décidément, je suis belle! Cosette fit attention à sa toilette. Elle se rappela le mot du passant : — Jolie, mais mal mise, — souffle d'oracle qui avait passé à côté d'elle et s'était évanoui après avoir déposé dans son cœur un des deux germes qui doivent plus tard emplir toute la vie de la femme, la coquetterie. L'amour est l'autre.

Avec la foi en sa beauté, toute l'âme féminine s'épanouit en elle. Elle eut horreur du mérinos et honte de la peluche. Son père ne lui avait jamais rien refusé. Elle sut tout de suite toute la science du chapeau, de la robe, du mantelet, du brodequin, de la manchette, de l'étoffe qui va, de la couleur qui sied, cette science qui fait de la femme parisienne quelque chose de si charmant, de si profond et de si dangereux. Le mot *femme capiteuse* a été inventé pour la parisienne.

En moins d'un mois la petite Cosette fut dans cette thébaïde de la rue de Babylone une des femmes, non-seulement les plus jolies, ce qui est quelque chose, mais « les mieux mises » de Paris, ce qui est bien davantage.

Elle eût voulu rencontrer « son passant » pour voir ce qu'il dirait, et pour « lui apprendre! » Le fait est qu'elle était ravissante de tout point, et qu'elle distinguait à merveille un chapeau de Gérard d'un chapeau d'Herbaut.

Jean Valjean considérait ces ravages avec anxiété. Lui qui sentait qu'il ne pourrait jamais que ramper, marcher tout au plus, il voyait des ailes venir à Cosette.

Du reste, rien qu'à la simple inspection de la toilette de Cosette, une femme eût reconnu qu'elle n'avait pas de mère. Certaines petites bienséances, certaines conventions spéciales, n'étaient point observées par Cosette. Une mère, par exemple, lui eût dit qu'une jeune fille ne s'habille point en damas.

Le premier jour que Cosette sortit avec sa robe et son camail de damas noir et son chapeau de crêpe blanc, elle vint prendre le bras de Jean Valjean, gaie, radieuse, rose, fière, éclatante. — Père, dit-elle, comment me trouvez-vous ainsi? Jean Valjean répondit d'une voix qui ressemblait à la voix amère d'un envieux : — Charmante ! — Il fut dans la promenade comme à l'ordinaire. En rentrant, il demanda à Cosette :

— Est-ce que tu ne remettras plus ta robe et ton chapeau, tu sais?

Ceci se passait dans la chambre de Cosette. Cosette se tourna vers le portemanteau de la garde-robe où sa défroque de pensionnaire était accrochée.

— Ce déguisement ! dit-elle. Père, que voulez-vous que j'en fasse? Oh ! par exemple, non, je ne remettrai jamais ces horreurs. Avec ce machin-là sur la tête, j'ai l'air de madame Chienfou.

Jean Valjean soupira profondément.

A partir de ce moment, il remarqua que Cosette, qui autrefois demandait toujours à rester, disant : Père, je m'amuse mieux ici avec vous, demandait maintenant toujours à sortir. En effet, à quoi bon avoir une jolie figure et une délicieuse toilette, si on ne les montre pas ?

Il remarqua aussi que Cosette n'avait plus le même goût pour l'arrière-cour. A présent, elle se tenait plus volontiers au jardin, se promenant sans déplaisir devant la grille. Jean Valjean, farouche, ne mettait pas les pieds dans le jardin. Il restait dans son arrière-cour, comme le chien.

Cosette, à se savoir belle, perdit la grâce de l'ignorer; grâce exquise, car la beauté rehaussée de naïveté est ineffable, et rien n'est adorable comme une innocente éblouissante qui marche tenant en main, sans le savoir, la clef d'un paradis. Mais ce qu'elle perdit en grâce ingénue, elle le regagna en charme pensif et sérieux. Toute sa personne, pénétrée des joies de la jeunesse, de l'innocence et de la beauté, respirait une mélancolie splendide.

Ce fut à cette époque que Marius, après six mois écoulés, la revit au Luxembourg.

## VI

### LA BATAILLE COMMENCE

Cosette était dans son ombre, comme Marius dans la sienne, toute disposée pour l'embrasement. La destinée, avec sa patience mystérieuse et fatale, approchait lentement l'un de l'autre ces deux êtres tout chargés et tout languissants dés orageuses électricités de la passion, ces deux âmes qui portaient l'amour comme deux nuages portent la foudre, et qui devaient s'aborder et se mêler dans un regard comme les nuages dans un éclair.

On a tant abusé du regard dans les romans d'amour qu'on a fini par le déconsidérer. C'est à peine si l'on ose dire maintenant que deux êtres se sont aimés parce qu'ils se sont regardés. C'est pourtant comme cela qu'on s'aime et uniquement comme cela. Le reste n'est que le reste, et vient après. Rien n'est plus réel que ces grandes secousses que deux âmes se donnent en échangeant cette étincelle.

A cette certaine heure où Cosette eut sans le savoir ce regard qui troubla Marius, Marius ne se douta pas que lui aussi eut un regard qui troubla Cosette.

Il lui fit le même mal et le même bien.

Depuis longtemps déjà elle le voyait et elle l'examinait comme les filles examinent et voient, en regardant ailleurs. Marius trouvait encore Cosette laide que déjà Cosette trouvait Marius beau. Mais comme il ne prenait point garde à elle, ce jeune homme lui était bien égal.

Cependant elle ne pouvait s'empêcher de se dire qu'il avait de beaux cheveux, de beaux yeux, de belles dents, un charmant son de voix quand elle l'entendait causer avec ses camarades, qu'il marchait en se tenant mal, si l'on veut, mais avec une grâce à lui, qu'il ne paraissait pas bête du tout, que toute sa personne était noble, douce, simple et fière, et qu'enfin il avait l'air pauvre, mais qu'il avait bon air.

Le jour où leurs yeux se rencontrèrent et se dirent enfin brusquement ces premières choses obscures et ineffables que le regard balbutie, Cosette ne comprit pas d'abord. Elle rentra pensive à la maison de la rue de l'Ouest, où Jean Valjean, selon son habitude, était venu passer six semaines. Le lendemain, en s'éveillant, elle songea à ce jeune homme inconnu, si longtemps indifférent et glacé, qui semblait maintenant faire attention à elle, et il ne lui sembla pas le moins du monde que cette attention lui fût agréable. Elle avait plutôt un peu de colère contre ce beau dédaigneux. Un fond de guerre remua en elle. Il lui sembla, et elle en éprouvait une joie encore tout enfantine, qu'elle allait enfin se venger.

Se sachant belle, elle sentait bien, quoique d'une façon indistincte, qu'elle avait une arme. Les femmes jouent avec leur beauté comme les enfants avec leur couteau. Elles s'y blessent.

On se rappelle les hésitations de Marius, ses palpitations, ses terreurs. Il restait sur son banc et n'approchait pas. Ce qui dépitait Cosette. Un jour elle dit à Jean Valjean : — Père, promenons-nous donc un peu de ce côté-là. — Voyant que Marius ne venait point à elle, elle alla à lui. En pareil cas, toute femme ressemble à Mahomet. Et puis, chose bizarre, le premier symptôme de l'amour vrai chez un jeune homme, c'est la timidité; chez une jeune fille, c'est la hardiesse. Ceci étonne, et rien n'est plus simple pourtant. Ce sont les deux sexes qui tendent à se rapprocher et qui prennent les qualités l'un de l'autre.

Ce jour-là, le regard de Cosette rendit Marius fou, le regard de Marius rendit Cosette tremblante. Marius s'en alla confiant, et Cosette inquiète. A partir de ce jour, ils s'adorèrent.

La première chose que Cosette éprouva, ce fut une tristesse confuse et profonde. Il lui sembla que, du jour au lendemain, son âme était devenue noire. Elle ne la reconnaissait plus. La blancheur de l'âme des jeunes filles, qui se compose de froideur et de gaieté, ressemble à la neige. Elle fond à l'amour qui est son soleil.

Cosette ne savait pas ce que c'était que l'amour. Elle n'avait jamais entendu prononcer ce mot dans le sens terrestre. Sur les livres de musique profane qui entraient dans le couvent, *amour* était remplacé par *tambour* ou *pandour*. Cela faisait des énigmes qui exerçaient l'imagination des *grandes*, comme : *Ah! que le tambour est agréable!* ou : *La pitié n'est pas un pandour!* Mais Cosette était sortie encore trop jeune pour s'être beaucoup préoccupée du « tambour ». Elle n'eût donc su quel nom donner à ce qu'elle éprouvait maintenant. Est-on moins malade pour ignorer le nom de sa maladie?

Elle aimait avec d'autant plus de passion qu'elle aimait avec ignorance. Elle ne savait pas si cela est bon ou mauvais, utile ou dangereux, nécessaire ou mortel, éternel ou passager, permis ou prohibé; elle aimait. On l'eût bien étonnée si on lui eût dit : Vous ne dormez pas? mais c'est défendu! Vous ne mangez pas? mais c'est fort mal! Vous avez des oppressions et des battements de cœur! mais cela ne se fait pas! Vous rougissez et vous pâlissez quand un certain être vêtu de noir paraît au bout d'une certaine allée verte? mais c'est abominable! Elle n'eût pas compris, et elle eût répondu : Comment peut-il y avoir de ma faute dans une chose où je ne puis rien et où je ne sais rien?

Il se trouva que l'amour qui se présenta était précisément celui qui convenait le mieux à l'état de son âme. C'était une sorte d'adoration à distance, une contemplation muette, la déification d'un inconnu. C'était l'apparition de l'adolescence à l'adolescence, le rêve des nuits devenu roman et resté rêve, le fantôme souhaité enfin réalisé et fait chair, mais n'ayant pas encore de nom, ni de tort, ni de tache, ni d'exigence, ni de défaut; en un mot, l'amant lointain et demeuré dans l'idéal, une chimère ayant une forme. Toute rencontre plus palpable et plus proche eût à cette première époque effarouché Cosette, encore à demi plongée dans la brume grossissante du cloître. Elle avait toutes les peurs des enfants et toutes les peurs des religieuses mêlées. L'esprit du couvent, dont elle s'était pénétrée pendant cinq ans, s'évaporait encore lentement de toute sa personne et faisait tout trembler autour d'elle. Dans cette situation, ce n'était pas un amant, ce n'était pas même un amoureux, c'était une vision. Elle se mit à adorer Marius comme quelque chose de charmant, de lumineux et d'impossible.

Comme l'extrême naïveté touche à l'extrême coquetterie, elle lui souriait, tout franchement.

Elle attendait tous les jours l'heure de la promenade avec impatience, elle y trouvait Marius, se sentait indiciblement heureuse, et croyait sincèrement exprimer toute sa pensée en disant à Jean Valjean :

— Quel délicieux jardin que le Luxembourg!

Marius et Cosette étaient dans la nuit l'un pour l'autre. Ils ne se parlaient pas, ils ne se saluaient pas, ils ne se connaissaient pas; ils se voyaient; et comme les astres dans le ciel que des millions de lieues séparent, ils vivaient de se regarder.

C'est ainsi que Cosette devenait peu à peu une femme et se développait, belle et amoureuse, avec la conscience de sa beauté et l'ignorance de son amour. Coquette par-dessus le marché, par innocence.

## VII

#### A TRISTESSE, TRISTESSE ET DEMIE

Toutes les situations ont leurs instincts. La vieille et éternelle mère nature avertissait sourdement Jean Valjean de la présence de Marius. Jean Valjean tressaillait dans le plus obscur de sa pensée. Jean Valjean ne voyait rien, ne savait rien, et considérait pourtant avec une attention opiniâtre les ténèbres où il était, comme s'il sentait d'un côté quelque chose qui se construisait, et de l'autre quelque chose qui s'écroulait. Marius, averti aussi, et, ce qui est la profonde loi du bon Dieu, par cette même mère nature, faisait tout ce qu'il pouvait pour se dérober au « père ». Il arrivait cependant que Jean Valjean l'apercevait quelquefois. Les allures de Marius n'étaient plus du tout naturelles. Il avait des prudences louches et des témérités gauches. Il ne venait plus tout près comme autrefois; il s'asseyait loin et restait en extase; il avait un livre et faisait semblant de lire; pourquoi faisait-il semblant? Autrefois il venait avec son vieux habit, maintenant il avait tous les jours son habit neuf; il n'était pas bien sûr qu'il ne se fît point friser, il avait des yeux tout drôles, il mettait des gants; bref, Jean Valjean détestait cordialement ce jeune homme.

Cosette ne laissait rien deviner. Sans savoir au juste ce qu'elle avait, elle avait bien le sentiment que c'était quelque chose et qu'il fallait le cacher.

Il y avait entre le goût de toilette qui était venu à Cosette et l'habitude d'habits neufs qui était poussée à cet inconnu un parallélisme importun à Jean Valjean. C'était un hasard peut-être, sans doute, à coup sûr, mais un hasard menaçant.

Jamais il n'ouvrait la bouche à Cosette de cet inconnu. Un jour cependant, il ne put s'en tenir, et avec ce vague désespoir qui jette brusquement la sonde dans son malheur, il lui dit : — Que voilà un jeune homme qui a l'air pédant!

Cosette, l'année d'auparavant, petite fille indifférente, eût répondu : — Mais non, il est charmant. — Dix ans plus tard, avec l'amour de Marius au cœur, elle eût répondu : — Pédant et insupportable à voir! vous avez bien raison! — Au moment de la vie et du cœur où elle était, elle se borna à répondre avec un calme suprême : — Ce jeune homme-là!

Comme si elle le regardait pour la première fois de sa vie.

— Que je suis stupide! pensa Jean Valjean. Elle ne l'avait pas encore remarqué. C'est moi qui le lui montre.

O simplicité des vieux! profondeur des enfants!

C'est encore une loi de ces fraîches années de souffrance et de souci, de ces vives luttes du premier amour contre les premiers obstacles, la jeune fille ne se laisse prendre à aucun piége, le jeune homme tombe dans tous. Jean Valjean avait commencé contre Marius une sourde guerre que Marius, avec la bêtise sublime de sa passion et de son âge, ne devina point. Jean Valjean lui tendit une foule d'embûches; il changea d'heure, il changea de banc, il oublia son mouchoir, il vint seul au Luxembourg; Marius donna tête baissée dans tous les panneaux; et à tous ces points d'interrogation plantés sur sa route par Jean Valjean, il répondit ingénument oui. Cependant Cosette restait murée dans son insouciance apparente et dans sa tranquillité imperturbable, si bien que Jean Valjean arriva à cette conclusion : Ce dadais est amoureux fou de Cosette, mais Cosette ne sait seulement pas qu'il existe.

Il n'en avait pas moins dans le cœur un tremblement douloureux. La minute où Cosette aimerait pouvait sonner d'un instant à l'autre. Tout ne commence-t-il pas par l'indifférence?

Une seule fois Cosette fit une faute et l'effraya. Il se levait du banc pour partir après trois heures de station, elle dit : — Déjà?

Jean Valjean n'avait pas discontinué les promenades au Luxembourg, ne voulant rien faire de singulier et par-dessus tout redoutant de donner l'éveil à Cosette; mais pendant ces heures si douces pour les deux amoureux, tandis que Cosette envoyait son sourire à Marius enivré qui ne s'apercevait que de cela et maintenant ne voyait plus rien dans ce monde qu'un radieux visage adoré, Jean Valjean fixait sur Marius des yeux étincelants et terribles. Lui qui avait fini par ne plus se croire capable d'un sentiment malveillant, il y avait des instants où, quand Marius était là, il croyait redevenir sauvage et féroce, et il sentait se rouvrir et se soulever contre ce jeune homme ces vieilles profondeurs de son âme où il y avait eu jadis tant de colère. Il lui semblait presque qu'il se reformait en lui des cratères inconnus.

Quoi! il était là, cet être! que venait-il faire? il venait tourner, flairer, examiner, essayer! il venait dire : Hein? pourquoi pas? il venait rôder autour de sa vie à lui Jean Valjean! rôder autour de son bonheur, pour le prendre et l'emporter!

Jean Valjean ajoutait : — Oui, c'est cela! que vient-il chercher? une aventure! que veut-il? une amourette! Une amourette! Et moi? Quoi! j'aurai été d'abord le plus misérable des hommes, et puis le plus malheureux, j'aurai fait soixante ans de la vie sur les genoux, j'aurai souffert tout ce qu'on peut souffrir, j'aurai vieilli sans avoir été jeune, j'aurai vécu sans famille, sans parents, sans amis, sans femme, sans enfants, j'aurai laissé de mon sang sur toutes les pierres, sur toutes les ronces, à toutes les bornes, le long de tous les murs, j'aurai été doux quoiqu'on fût dur pour moi et bon quoiqu'on fût méchant, je serai redevenu honnête homme malgré tout, je me serai repenti du mal que j'ai fait et j'aurai pardonné le mal qu'on m'a fait, et au moment où je suis récompensé, au moment où c'est fini, au moment où je touche au but, au moment où j'ai ce que je veux, c'est bon, c'est bien, je l'ai payé, je l'ai gagné, tout cela s'en ira, tout cela s'évanouira, et je perdrai Cosette, et je perdrai ma vie, ma joie, mon âme, parce qu'il aura plu à un grand niais de venir flâner au Luxembourg!

Alors ses prunelles s'emplissaient d'une clarté lugubre et extraordinaire. Ce n'était plus un homme qui regarde un homme; ce n'était pas un ennemi qui regarde un ennemi. C'était un dogue qui regarde un voleur.

On sait le reste. Marius continua d'être insensé. Un jour il suivit Cosette rue de l'Ouest. Un autre jour il parla au portier. Le portier de son côté parla, et dit à Jean Valjean : — Monsieur, qu'est-ce que c'est donc qu'un jeune homme curieux qui vous a demandé? — Le lendemain Jean Valjean jeta à Marius ce coup d'œil dont Marius s'aperçut enfin. Huit jours après Jean Valjean avait déménagé. Il se jura qu'il ne remettrait plus les pieds ni au Luxembourg, ni rue de l'Ouest. Il retourna rue Plumet.

Cosette ne se plaignit pas, elle ne dit rien, elle ne fit pas de questions, elle ne chercha à savoir aucun pourquoi; elle en était déjà à la période où l'on craint d'être pénétré et de se trahir. Jean Valjean n'avait aucune expérience de ces misères, les seules qui soient charmantes et les seules qu'il ne connût pas; cela fit qu'il ne comprit point la grave signification du silence de Cosette. Seulement il remarqua qu'elle était devenue triste, et il devint sombre. C'étaient de part et d'autre des inexpériences aux prises.

Une fois il fit un essai. Il demanda à Cosette :

— Veux-tu venir au Luxembourg?

Un rayon illumina le visage pâle de Cosette.

— Oui, dit-elle.

Ils y allèrent. Trois mois s'étaient écoulés. Marius n'y allait plus. Marius n'y était pas.

Le lendemain Jean Valjean redemanda à Cosette.

— Veux-tu venir au Luxembourg?

Elle répondit tristement et doucement :

— Non.

Jean Valjean fut froissé de cette tristesse et navré de cette douceur.

Que se passait-il dans cet esprit si jeune et déjà si impénétrable? Qu'est-ce qui était en train de s'y accomplir? qu'arrivait-il à l'âme de Cosette? Quelquefois, au lieu de se coucher, Jean Valjean restait assis près de son grabat la tête dans ses mains, et il passait des nuits entières à se demander : Qu'y a-t-il dans la pensée de Cosette? et à songer aux choses auxquelles elle pouvait songer.

Oh! dans ces moments-là, quels regards douloureux il tournait vers le cloître, ce sommet chaste, ce lieu des anges, cet inaccessible glacier de la vertu! Comme il contemplait avec un ravissement désespéré ce jardin du couvent, plein de fleurs ignorées et de vierges enfermées, où tous les parfums et toutes les âmes montent droit vers le ciel! Comme il adorait cet éden refermé à jamais, dont il était sorti volontairement et follement descendu! Comme il regrettait son abnégation et sa démence d'avoir ramené Cosette au monde, pauvre héros du sacrifice, saisi et terrassé par son dévouement même! Comme il se disait : Qu'ai-je fait?

Du reste, rien de ceci ne perçait pour Cosette. Ni humeur, ni rudesse. Toujours la même figure sereine et bonne. Les manières de

Jean Valjean étaient plus tendres et plus paternelles que jamais. Si quelque chose eût pu faire deviner moins de joie, c'était plus de mansuétude.

De son côté, Cosette languissait. Elle souffrait de l'absence de Marius comme elle avait joui de sa présence, singulièrement, sans savoir au juste. Quand Jean Valjean avait cessé de la conduire aux promenades habituelles, un instinct de femme lui avait confusément murmuré au fond du cœur qu'il ne fallait pas paraître tenir au Luxembourg, et que si cela lui était indifférent, son père l'y ramènerait. Mais les jours, les semaines et les mois se succédèrent. Jean Valjean avait accepté tacitement le consentement tacite de Cosette. Elle le regretta. Il était trop tard. Le jour où elle retourna au Luxembourg, Marius n'y était plus. Marius avait donc disparu; c'était fini, que faire? le retrouverait-elle jamais? Elle se sentit un serrement de cœur que rien ne dilatait et qui s'accroissait chaque jour; elle ne sut plus si c'était l'hiver ou l'été, le soleil ou la pluie, si les oiseaux chantaient, si l'on était aux dahlias ou aux pâquerettes, si le Luxembourg était plus charmant que les Tuileries, si le linge que rapportait la blanchisseuse était trop empesé ou pas assez, si Toussaint avait fait bien ou mal « son marché »; et elle resta accablée, absorbée, attentive à une seule pensée, l'œil vague et fixe, comme lorsqu'on regarde dans la nuit la place noire et profonde où une apparition s'est évanouie.

Du reste, elle non plus ne laissa rien voir à Jean Valjean, que sa pâleur. Elle lui continua son doux visage.

Cette pâleur ne suffisait que trop pour occuper Jean Valjean. Quelquefois il lui demandait : — Qu'as-tu?

Elle répondait : — Je n'ai rien.

Et après un silence, comme elle le devinait triste aussi, elle reprenait :

— Et vous, père, est-ce que vous avez quelque chose?

— Moi? rien, disait-il.

Ces deux êtres qui s'étaient si exclusivement aimés, et d'un si touchant amour, et qui avaient vécu si longtemps l'un par l'autre, souffraient maintenant l'un à côté de l'autre, l'un à cause de l'autre; sans se le dire, sans s'en vouloir, et en souriant.

## VIII

#### LA CADÈNE

Le plus malheureux des deux, c'était Jean Valjean. La jeunesse, même dans ses chagrins, a toujours une clarté à elle.

A de certains moments, Jean Valjean souffrait tant qu'il devenait puéril. C'est le propre de la douleur de faire reparaître le côté enfant de l'homme. Il sentait invinciblement que Cosette lui échappait. Il eût voulu lutter, la retenir, l'enthousiasmer par quelque chose d'extérieur et d'éclatant. Ces idées, puériles, nous venons de le dire, et en même temps séniles, lui donnèrent, par leur enfantillage même, une notion assez juste de l'influence de la passementerie sur l'imagination des jeunes filles. Il lui arriva une fois de voir passer dans la rue un général à cheval en grand uniforme, le comte Coutard, commandant de Paris. Il envia cet homme doré; il se dit quel bonheur ce serait de pouvoir mettre cet habit-là qui était une chose incontestable, que si Cosette le voyait ainsi, cela l'éblouirait, que lorsqu'il donnerait le bras à Cosette et qu'il passerait devant la grille des Tuileries, on lui présenterait les armes, et que cela suffirait à Cosette et lui ôterait l'idée de regarder les jeunes gens.

Une secousse inattendue vint se mêler à ces pensées tristes.

Dans la vie isolée qu'ils menaient, et depuis qu'ils étaient venus se loger rue Plumet, ils avaient une habitude. Ils faisaient quelquefois la partie de plaisir d'aller voir se lever le soleil, genre de joie douce qui convient à ceux qui entrent dans la vie et à ceux qui en sortent.

Se promener de grand matin, pour qui aime la solitude, équivaut à se promener la nuit, avec la gaieté de la nature de plus. Les rues sont désertes et les oiseaux chantent. Cosette, oiseau elle-même, s'éveillait volontiers de bonne heure. Ces excursions matinales se préparaient la veille. Il proposait, elle acceptait. Cela s'arrangeait comme un complot, on sortait avant le jour, et c'était autant de petits bonheurs pour Cosette. Ces excentricités innocentes plaisent à la jeunesse.

La pente de Jean Valjean était, on le sait, d'aller aux endroits peu fréquentés, aux recoins solitaires, aux lieux d'oubli. Il y avait alors aux environs des barrières de Paris des espèces de champs pauvres, presque mêlés à la ville, où il poussait, l'été, un blé maigre, et qui, l'automne après la récolte faite, n'avaient pas l'air moissonnés, mais pelés. Jean Valjean les hantait avec prédilection. Cosette ne s'y ennuyait point. C'était la solitude pour lui, la liberté pour elle. Là, elle redevenait petite fille, elle pouvait courir et presque jouer, elle ôtait son chapeau, le posait sur les genoux de Jean Valjean, et cueillait des bouquets. Elle regardait les papillons sur les fleurs, mais ne les prenait pas; les mansuétudes et les attendrissements naissent avec l'amour, et la jeune fille qui a en elle un idéal tremblant et fragile a pitié de l'aile du papillon. Elle tressait en guirlandes des coquelicots qu'elle mettait sur sa tête, et qui, traversés et pénétrés de soleil, empourprés jusqu'au flamboiement, faisaient à ce frais visage rose une couronne de braises.

Même après que leur vie avait été attristée, ils avaient conservé leur habitude de promenades matinales.

Donc un matin d'octobre, tentés par la sérénité parfaite de l'automne de 1831, ils étaient sortis, et ils se trouvaient au petit jour près de la barrière du Maine. Ce n'était pas l'aurore, c'était l'aube; minute ravissante et farouche. Quelques constellations çà et là dans l'azur pâle et profond, la terre toute noire, le ciel tout blanc, un frisson dans les brins d'herbe, partout le mystérieux saisissement du crépuscule. Une alouette, qui semblait mêlée aux étoiles, chantait à une hauteur prodigieuse, et l'on eût dit que cet hymne de la petitesse à l'infini calmait l'immensité. A l'orient, le Val-de-Grâce découpait, sur l'horizon clair d'une clarté d'acier, sa masse obscure; Vénus éblouissante montait derrière ce dôme et avait l'air d'une âme qui s'évade d'un édifice ténébreux.

Tout était paix et silence; personne sur la chaussée; dans les bas côtés, quelques rares ouvriers, à peine entrevus, se rendant à leur travail.

Jean Valjean s'était assis dans la contre-allée sur des charpentes déposées à la porte d'un chantier. Il avait le visage tourné vers la route, et le dos tourné au jour; il oubliait le soleil qui allait se lever; il était tombé dans une de ces absorptions profondes où tout l'esprit se concentre, qui emprisonnent même le regard et qui équivalent à quatre murs. Il y a des méditations qu'on pourrait nommer verticales; quand on est au fond, il faut du temps pour revenir sur la terre. Jean Valjean était descendu dans une de ces songeries-là. Il pensait à Cosette, au bonheur possible si rien ne se mettait entre elle et lui, à cette lumière dont elle remplissait sa vie, lumière qui était la respiration de son âme. Il était presque heureux dans cette rêverie. Cosette, debout près de lui, regardait les nuages devenir roses.

Tout à coup, Cosette s'écria : — Père, on dirait qu'on vient là-bas. — Jean Valjean leva les yeux.

Cosette avait raison. La chaussée qui mène à l'ancienne barrière du Maine prolonge, comme on sait, la rue de Sèvres, et est coupée à angle droit par le boulevard intérieur. Au coude de la chaussée et du boulevard, à l'endroit où se fait l'embranchement, on entendait un bruit difficile à expliquer à pareille heure, et une sorte d'encombrement confus apparaissait. On ne sait quoi d'informe qui venait du boulevard, entrait dans la chaussée.

Cela grandissait, cela semblait se mouvoir avec ordre, pourtant c'était hérissé et frémissant; cela semblait une voiture, mais on n'en pouvait distinguer le chargement. Il y avait des chevaux, des roues, des cris; des fouets claquaient. Par degrés les linéaments se fixèrent, quoique noyés de ténèbres. C'était une voiture, en effet, qui venait de tourner du boulevard sur la route et qui se dirigeait vers la barrière près de laquelle était Jean Valjean; une deuxième, du même aspect, la suivit, puis une troisième, puis une quatrième; sept chariots débouchèrent successivement, la tête des chevaux touchant l'arrière des voitures. Des silhouettes s'agitaient sur ces chariots, on voyait des étincelles dans le crépuscule comme s'il y avait des sabres nus, on entendait un cliquetis qui ressemblait à des chaînes remuées, cela avançait, les voix grossissaient, et c'était une chose formidable comme il en sort de la caverne des songes.

En approchant, cela prit forme, et s'ébaucha derrière les arbres avec le blêmissement de l'apparition; la masse blanchit; le jour qui se levait peu à peu plaquait une lueur blafarde sur ce fourmillement à la fois sépulcral et vivant, les têtes de silhouettes devinrent des faces de cadavres, et voici ce que c'était :

Sept voitures marchaient à la file sur la route. Les six premières avaient une structure singulière. Elles ressemblaient à des haquets de tonneliers; c'étaient des espèces de longues échelles posées sur deux roues et formant brancard à leur extrémité antérieure. Chaque haquet, disons mieux, chaque échelle était attelée de quatre chevaux bout à bout. Sur ces échelles étaient traînées d'étranges grappes d'hommes. Dans le peu de jour qu'il faisait, on ne voyait pas ces hommes, on les devinait. Vingt-quatre sur chaque voiture, douze de chaque côté, adossés les uns aux autres, faisant face aux passants, les jambes dans le vide, ces hommes cheminaient ainsi; et ils avaient derrière le dos quelque chose qui sonnait et qui était une chaîne et au cou quelque chose qui brillait et qui était un carcan. Chacun avait son carcan, mais la chaîne était pour tous; de façon que ces vingt-quatre hommes, s'il leur arrivait de descendre du haquet et de marcher, étaient saisis par une sorte d'unité inexorable et devaient serpenter sur le sol avec la chaîne pour vertèbre à peu près comme le mille-pieds. A l'avant et à l'arrière de chaque voiture, deux hommes, armés de fusils, se tenaient debout, ayant chacun une des extrémités de la chaîne sous son pied. Les carcans étaient carrés. La septième voiture, vaste fourgon à ridelles, mais sans capote, avait quatre roues et six chevaux, et portait un tas sonore de chaudières de fer, de marmites de fonte, de réchauds et de chaînes, où étaient mêlés quelques hommes garrottés et couchés tout de leur long, qui paraissaient malades. Ce fourgon, tout à claire-voie, était garni de claies délabrées qui semblaient avoir servi aux vieux supplices.

Ces voitures tenaient le milieu du pavé. Des deux côtés marchaient en double haie des gardes d'un aspect infâme, coiffés de tricornes-claques comme les soldats du Directoire, tachés, troués, sordides, affublés d'uniformes d'invalides et de pantalons de croque-morts, mi-partis gris et bleus, presque en lambeaux, avec des épaulettes rouges, des bandoulières jaunes, des coupe-choux, des fusils et des bâtons; espèces de soldats-goujats. Ces sbires semblaient composés de l'abjection du mendiant et de l'autorité du bourreau. Celui qui paraissait leur chef tenait à la main un fouet de poste. Tous ces détails, estompés par le crépuscule, se dessinaient de plus en plus dans le jour grandissant. En tête et en queue du convoi, marchaient des gendarmes à cheval, graves, le sabre au poing.

Ce cortége était si long qu'au moment où la première voiture atteignait la barrière, la dernière débouchait à peine du boulevard. Une foule, sortie on ne sait d'où et formée en un clin d'œil, comme cela est fréquent à Paris, se pressait des deux côtés de la chaussée et regardait. On entendait dans les ruelles voisines des cris de gens qui s'appelaient et les sabots des maraîchers qui accouraient pour voir.

Les hommes entassés sur les haquets se laissaient cahoter en silence. Ils étaient livides du frisson du matin. Ils avaient tous des pantalons de toile et les pieds nus dans des sabots. Le reste du costume était à la fantaisie de la misère. Leurs accoutrements étaient hideusement disparates; rien n'est plus funèbre que l'arlequin des guenilles. Feutres défoncés, casquettes goudronnées, d'affreux bonnets de laine, et, près du bourgeron, l'habit noir crevé aux coudes; plusieurs avaient des chapeaux de femme; d'autres étaient coiffés d'un panier; on voyait des poitrines velues, et, à travers les déchirures des vêtements, on distinguait des tatouages; des temples de l'Amour, des cœurs enflammés, des Cupidons. On apercevait aussi des dartres et des rougeurs malsaines. Deux ou trois avaient une corde de paille fixée aux traverses du haquet, et suspendue au-dessous d'eux comme un étrier, qui leur soutenait les pieds. L'un d'eux tenait à la main et portait à sa bouche quelque chose qui avait l'air d'une pierre noire et qu'il semblait mordre; c'était du pain qu'il mangeait. Il n'y avait là que des yeux secs, éteints, ou lumineux d'une mauvaise lumière. La troupe d'escorte maugréait, les enchaînés ne soufflaient pas; de temps en temps on entendait le bruit d'un coup de bâton sur les omoplates ou sur les têtes; quelques-uns de ces hommes bâillaient; les haillons étaient terribles; les pieds pendaient, les épaules oscillaient, les têtes s'entre-heurtaient, les fers tintaient, les prunelles flambaient férocement, les poings se crispaient ou s'ouvraient inertes comme des mains de morts; derrière le convoi, une troupe d'enfants éclatait de rire.

Cette file de voitures, quelle qu'elle fût, était lugubre. Il était évident que demain, que dans une heure, une averse pouvait éclater, qu'elle serait suivie d'une autre, et d'une autre, et que les vêtements délabrés seraient traversés, qu'une fois mouillés, ces hommes ne se sécheraient plus, qu'une fois glacés, ils ne se réchaufferaient plus, que leurs pantalons de toile seraient collés par l'ondée sur leurs os, que l'eau emplirait leurs sabots, que les coups de fouet ne pourraient empêcher le claquement des mâchoires, que la chaîne continuerait de les tenir par le cou, que leurs pieds continueraient de pendre; et il était impossible de ne pas frémir en voyant ces créatures humaines liées ainsi et passives sous les froides nuées d'automne, et livrées à la pluie, à la bise, à toutes les furies de l'air, comme des arbres et comme des pierres.

Les coups de bâton n'épargnaient pas même les malades, qui gisaient noués de cordes et sans mouvement sur la septième voiture et qu'on semblait avoir jetés là comme des sacs pleins de misère.

Brusquement, le soleil parut; l'immense rayon de l'orient jaillit, et l'on eût dit qu'il mettait le feu à toutes ces têtes farouches. Les langues se délièrent; un incendie de ricanements, de jurements et de chansons fit explosion. La large lumière horizontale coupa en deux toute la file, illuminant les têtes et les torses, laissant les pieds et les roues dans l'obscurité. Les pensées apparurent sur les visages; ce moment fut épouvantable; des démons visibles à masques tombés, des âmes féroces toutes nues. Éclairée, cette cohue resta ténébreuse.

Quelques-uns, gais, avaient à la bouche des tuyaux de plume d'où ils soufflaient de la vermine sur la foule, choisissant les femmes; l'aurore accentuait par la noirceur des ombres ces profils lamentables; pas un de ces êtres qui ne fût difforme à force de misère; et c'était si monstrueux qu'on eût dit que cela changeait la clarté du soleil en lueur d'éclair. La voiturée qui ouvrait le cortége avait entonné et psalmodiait à tue-tête avec une jovialité hagarde un pot-pourri de Désaugiers, alors fameux, *la Vestale*; les arbres frémissaient lugubrement; dans les contre-allées, des faces de bourgeois écoutaient avec une béatitude idiote ces gaudrioles chantées par des spectres.

Toutes les détresses étaient dans ce cortége comme un chaos; il y avait là l'angle facial de toutes les bêtes, des vieillards, des adolescents, des crânes nus, des barbes grises, des monstruosités cyniques, des résignations hargneuses, des rictus sauvages, des attitudes insensées, des groins coiffés de casquettes, des espèces de têtes de jeunes filles avec des tire-bouchons sur les tempes, des visages enfantins et, à cause de cela, horribles, de maigres faces de squelettes auxquelles il ne manquait que la mort. On voyait sur la première voiture un nègre, qui, peut-être, avait été esclave et qui pouvait comparer les chaînes. L'effrayant niveau d'en bas, la honte, avait passé sur ces fronts; à ce degré d'abaissement, les dernières transformations étaient subies par tous dans les dernières profondeurs, et l'ignorance, changée en hébétement, était l'égale de l'intelligence changée en désespoir. Pas de choix possible entre ces hommes qui apparaissaient aux regards comme l'élite de la boue. Il était clair que l'ordonnateur quelconque de cette procession immonde ne les avait pas classés. Ces êtres avaient été liés et accouplés pêle-mêle, dans le désordre alphabétique probablement, et chargés au hasard sur ces voitures. Cependant des horreurs groupées finissent toujours par dégager une résultante; toute addition de malheureux donne un total, il sortait de chaque chaîne une âme commune, et chaque charretée avait sa physionomie. A côté de celle qui chantait, il y en avait une qui hurlait; une troisième mendiait; on en voyait une qui grinçait des dents; une autre menaçait les passants, une autre blasphémait Dieu; la dernière se taisait comme la tombe. Dante eût cru voir les sept cercles de l'enfer en marche. Marche des damnations vers les supplices, faite sinistrement, non sur le formidable char fulgurant de l'apocalypse, mais, chose plus sombre, sur la charrette des gémonies.

Un des gardes, qui avait un crochet au bout de son bâton, faisait de temps en temps mine de remuer ces tas d'ordures humains. Une vieille femme dans la foule les montrait du doigt à un petit garçon de cinq ans, et lui disait : *Gredin, cela t'apprendra!*

Comme les chants et les blasphèmes grossissaient, celui qui semblait le capitaine de l'escorte fit claquer son fouet, et, à ce signal, une effroyable bastonnade sourde et aveugle qui faisait le bruit de la grêle tomba sur les sept voiturées ; beaucoup rugirent et écumèrent ; ce qui redoubla la joie des gamins accourus, nuée de mouches sur ces plaies.

L'œil de Jean Valjean était devenu effrayant. Ce n'était plus une prunelle ; c'était cette vitre profonde qui remplace le regard chez certains infortunés, qui semble inconsciente de la réalité, et où flamboie la réverbération des épouvantes et des catastrophes. Il ne regardait pas un spectacle ; il subissait une vision. Il voulut se lever, fuir, échapper ; il ne put remuer un pied. Quelquefois les choses qu'on voit vous saisissent et vous tiennent. Il demeura cloué, pétrifié, stupide, se demandant, à travers une confuse angoisse inexprimable, ce que signifiait cette persécution sépulcrale, et d'où sortait ce pandémonium qui le poursuivait. Tout à coup il porta la main à son front, geste habituel de ceux auxquels la mémoire revient subitement ; il se souvint que c'était là l'itinéraire en effet, que ce détour était d'usage pour éviter les rencontres royales toujours possibles sur la route de Fontainebleau, et que, trente-cinq ans auparavant, il avait passé par cette barrière-là.

Cosette, autrement épouvantée, ne l'était pas moins. Elle ne comprenait pas ; le souffle lui manquait ; ce qu'elle voyait ne lui semblait pas possible ; enfin elle s'écria :

— Père ! qu'est-ce qu'il y a donc dans ces voitures-là ?

Jean Valjean répondit : — Des forçats.

— Où donc est-ce qu'ils vont ?

— Aux galères.

En ce moment la bastonnade, multipliée par cent mains, fit du zèle, les coups de plat de sabre s'en mêlèrent, ce fut comme une rage de fouets et de bâtons ; les galériens se courbèrent, une obéissance hideuse se dégagea du supplice, et tous se turent avec des regards de loups enchaînés.

Cosette tremblait de tous ses membres ; elle reprit :

— Père, est-ce que ce sont encore des hommes?
— Quelquefois, dit le misérable.

C'était la Chaîne en effet qui, partie avant le jour de Bicêtre, prenait la route du Mans pour éviter Fontainebleau où était alors le roi. Ce détour faisait durer l'épouvantable voyage trois ou quatre jours de plus; mais pour épargner à la personne royale la vue d'un supplice on peut bien le prolonger.

Jean Valjean rentra accablé. De telles rencontres sont des chocs et le souvenir qu'elles laissent ressemble à un ébranlement.

Pourtant Jean Valjean, en regagnant avec Cosette la rue de Babylone, ne remarqua point qu'elle lui fît d'autres questions au sujet de ce qu'ils venaient de voir; peut-être était-il trop absorbé lui-même dans son accablement pour percevoir ses paroles et pour lui répondre. Seulement le soir, comme Cosette le quittait pour s'aller coucher, il l'entendit qui disait à demi-voix et comme se parlant à elle-même:
— Il me semble que si je trouvais sur mon chemin un de ces hommes-là, ô mon Dieu, je mourrais rien que de le voir de près!

Heureusement, le hasard fit que le lendemain de ce jour tragique il y eut, à propos de je ne sais plus quelle solennité officielle, des fêtes dans Paris, revue au Champ-de-Mars, joutes sur la Seine, théâtres aux Champs-Élysées, feu d'artifice à l'Étoile, illuminations partout. Jean Valjean, faisant violence à ses habitudes, conduisit Cosette à ces réjouissances, afin de la distraire du souvenir de la veille et d'effacer sous le riant tumulte de tout Paris la chose abominable qui avait passé devant elle. La revue, qui assaisonnait la fête, faisait toute naturelle la circulation des uniformes; Jean Valjean mit son habit de garde national avec le vague sentiment intérieur d'un homme qui se réfugie. Du reste, le but de cette promenade sembla atteint. Cosette, qui se faisait une loi de complaire à son père et pour qui d'ailleurs tout spectacle était nouveau, accepta la distraction avec la bonne grâce facile et légère de l'adolescence, et ne fit pas une moue trop dédaigneuse devant cette gamelle de joie qu'on appelle une fête publique; si bien que Jean Valjean put croire qu'il avait réussi, et qu'il ne restait plus trace de la hideuse vision.

Quelques jours après, un matin, comme il faisait beau soleil et qu'ils étaient tous deux sur le perron du jardin, autre infraction aux règles que semblait s'être imposées Jean Valjean, et à l'habitude de rester dans sa chambre que la tristesse avait fait prendre à Cosette,

Cosette, en peignoir, se tenait debout dans ce négligé de la première heure qui enveloppe adorablement les jeunes filles et qui a l'air du nuage sur l'astre; et, la tête dans la lumière, rose d'avoir bien dormi, regardée doucement par le bonhomme attendri, elle effeuillait une pâquerette. Cosette ignorait la ravissante légende *je t'aime un peu, passionnément,* etc.; qui la lui eût apprise? Elle maniait cette fleur, d'instinct, innocemment, sans se douter qu'effeuiller une pâquerette, c'est éplucher un cœur. S'il y avait une quatrième Grâce appelée la Mélancolie, et souriante, elle eût eu l'air de cette Grâce-là. Jean Valjean était fasciné par la contemplation de ces petits doigts sur cette fleur, oubliant tout dans le rayonnement que cette enfant avait. Un rouge-gorge chuchotait dans la broussaille d'à côté. Des nuées blanches traversaient le ciel si gaiement qu'on eût dit qu'elles venaient d'être mises en liberté. Cosette continuait d'effeuiller sa fleur attentivement; elle semblait songer à quelque chose; mais cela devait être charmant; tout à coup elle tourna la tête sur son épaule avec la lenteur délicate du cygne, et dit à Jean Valjean : — Père, qu'est-ce que c'est donc que cela, les galères?

SECOURS D'EN BAS PEUT ÊTRE SECOURS D'EN HAUT

# LIVRE QUATRIÈME

SECOURS D'EN BAS PEUT ÊTRE SECOURS D'EN HAUT

## I

BLESSURE AU DEHORS, GUÉRISON AU DEDANS

Leur vie s'assombrissait ainsi par degrés.

Il ne leur restait plus qu'une distraction qui avait été autrefois un bonheur, c'était d'aller porter du pain à ceux qui avaient faim et des vêtements à ceux qui avaient froid. Dans ces visites aux pauvres où Cosette accompagnait souvent Jean Valjean, ils retrouvaient quelque reste de leur ancien épanchement; et, parfois, quand la journée avait été bonne, quand il y avait eu beaucoup de détresses secourues et beaucoup de petits enfants ranimés et réchauffés, Cosette, le soir, était un peu gaie. Ce fut à cette époque qu'ils firent visite au bouge Jondrette.

Le lendemain même de cette visite, Jean Valjean parut le matin dans le pavillon, calme comme à l'ordinaire, mais avec une large blessure au bras gauche, fort enflammée, fort venimeuse, qui ressemblait à une brûlure et qu'il expliqua d'une façon quelconque. Cette blessure fit qu'il fut plus d'un mois avec la fièvre sans sortir. Il ne voulut voir aucun médecin. Quand Cosette l'en pressait :
— Appelle le médecin des chiens, disait-il.

Cosette le pansait matin et soir avec un air si divin et un si angélique bonheur de lui être utile, que Jean Valjean sentait toute sa vieille joie lui revenir, ses craintes et ses anxiétés se dissiper, et contemplait Cosette en disant : Oh! la bonne blessure! Oh! le bon mal!

Cosette, voyant son père malade, avait déserté le pavillon et avait repris goût à la petite logette et à l'arrière-cour. Elle passait presque toutes les journées près de Jean Valjean, et lui lisait les livres qu'il voulait. En général, des livres de voyages. Jean Valjean renaissait; son bonheur revivait avec des rayons ineffables; le Luxembourg, le jeune rôdeur inconnu, le refroidissement de Cosette, toutes ces nuées de son âme s'effaçaient. Il en venait à se dire : J'ai imaginé tout cela. Je suis un vieux fou.

Son bonheur était tel, que l'affreuse trouvaille des Thénardier, faite au bouge Jondrette, et si inattendue, avait en quelque sorte glissé sur lui. Il avait réussi à s'échapper; sa piste, à lui, était perdue, que lui importait le reste! il n'y songeait que pour plaindre ces misérables. — Les voilà en prison, et désormais hors d'état de nuire, pensait-il, mais quelle lamentable famille en détresse!

Quant à la hideuse vision de la barrière du Maine, Cosette n'en avait plus reparlé.

Au couvent, sœur Sainte-Mechtilde avait appris la musique à Cosette. Cosette avait la voix d'une fauvette qui aurait une âme, et quelquefois le soir, dans l'humble logis du blessé, elle chantait des chansons tristes qui réjouissaient Jean Valjean.

Le printemps arrivait, le jardin était si admirable dans cette saison de l'année, que Jean Valjean dit à Cosette :

— Tu n'y vas jamais, je veux que tu t'y promènes.

— Comme vous voudrez, père, dit Cosette.

Et, pour obéir à son père, elle reprit ses promenades dans son jardin, le plus souvent seule, car, comme nous l'avons indiqué, Jean Valjean, qui probablement craignait d'être aperçu par la grille, n'y venait presque jamais.

La blessure de Jean Valjean avait été une diversion.

Quand Cosette vit que son père souffrait moins, et qu'il guérissait, et qu'il semblait heureux, elle eut un contentement qu'elle ne remarqua même pas, tant il vint doucement et naturellement. Puis c'était le mois de mars, les jours allongeaient, l'hiver s'en allait, l'hiver emporte toujours avec lui quelque chose de nos tristesses; puis vint avril, ce point du jour de l'été, frais comme toutes les aubes, gai comme toutes les enfances; un peu pleureur parfois comme un nouveau-né qu'il est. La nature en ce mois-là a des lueurs charmantes qui passent du ciel, des nuages, des arbres, des prairies et des fleurs, au cœur de l'homme.

Cosette était trop jeune encore pour que cette joie d'avril qui lui ressemblait ne la pénétrât pas. Insensiblement, et sans qu'elle s'en doutât, le noir s'en alla de son esprit. Au printemps, il fait clair dans les âmes tristes, comme à midi il fait clair dans les caves. Cosette même n'était déjà plus très triste. Du reste, cela était ainsi, mais elle ne s'en rendait pas compte. Le matin, vers dix heures, après déjeuner, lorsqu'elle avait réussi à entraîner son père pour un quart d'heure dans le jardin, et qu'elle le promenait au soleil devant le perron en lui soutenant son bras malade, elle ne s'apercevait point qu'elle riait à chaque instant et qu'elle était heureuse.

Jean Valjean, enivré, la voyait redevenir vermeille et fraîche.

— Oh! la bonne blessure, répétait-il tout bas.

Et il était reconnaissant aux Thénardier.

Une fois sa blessure guérie, il avait repris ses promenades solitaires et crépusculaires.

Ce serait une erreur de croire qu'on peut se promener de la sorte seul dans les régions inhabitées de Paris sans rencontrer quelque aventure.

## II

LA MÈRE PLUTARQUE N'EST PAS EMBARRASSÉE POUR EXPLIQUER
UN PHÉNOMÈNE

Un soir le petit Gavroche n'avait point mangé; il se souvint qu'il n'avait pas non plus dîné la veille; cela devenait fatigant. Il prit la résolution d'essayer de souper. Il s'en alla rôder au delà de la Salpêtrière, dans les lieux déserts; c'est là que sont les aubaines; où il n'y a personne, on trouve quelque chose. Il parvint jusqu'à une peuplade qui lui parut être le village d'Austerlitz.

Dans une de ses précédentes flâneries, il avait remarqué là un vieux jardin hanté d'un vieux homme et d'une vieille femme, et dans ce jardin un pommier passable. A côté de ce pommier, il y avait une espèce de fruitier mal clos où l'on pouvait conquérir une pomme. Une pomme, c'est un souper; une pomme, c'est la vie. Ce qui a perdu Adam pouvait sauver Gavroche. Le jardin côtoyait une ruelle solitaire non pavée et bordée de broussailles en attendant les maisons; une haie l'en séparait.

Gavroche se dirigea vers le jardin; il retrouva la ruelle, il reconnut le pommier, il constata le fruitier, il examina la haie; une haie, c'est une enjambée. Le jour déclinait, pas un chat dans la ruelle, l'heure était bonne. Gavroche ébaucha l'escalade, puis s'arrêta tout à coup. On parlait dans le jardin. Gavroche regarda par une des claires-voies de la haie.

A deux pas de lui, au pied de la haie et de l'autre côté, précisément au point où l'eût fait déboucher la trouée qu'il méditait, il y avait une pierre couchée qui faisait une espèce de banc, et sur ce banc était assis le vieux homme du jardin, ayant devant lui la vieille femme debout. La vieille bougonnait. Gavroche, peu discret, écouta.

— Monsieur Mabeuf! disait la vieille.

— Mabeuf! pensa Gavroche, ce nom est farce.

Le vieillard interpellé ne bougeait point. La vieille répéta :

— Monsieur Mabeuf!

Le vieillard, sans quitter la terre des yeux, se décida à répondre :

— Quoi, mère Plutarque?

— Mère Plutarque! pensa Gavroche, autre nom farce.

La mère Plutarque reprit, et force fut au vieillard d'accepter la conversation :

— Le propriétaire n'est pas content.

— Pourquoi?

— On lui doit trois termes.

— Dans trois mois on lui en devra quatre.

— Il dit qu'il vous enverra coucher dehors.

— J'irai.

— La fruitière veut qu'on la paye. Elle ne lâche plus ses falourdes. Avec quoi vous chaufferez-vous cet hiver? Nous n'aurons point de bois.

— Il y a le soleil.

— Le boucher refuse crédit, il ne veut plus donner de viande.

— Cela se trouve bien. Je digère mal la viande. C'est trop lourd.

— Qu'est-ce qu'on aura pour dîner?

— Du pain.

— Le boulanger exige un à-compte, et dit que pas d'argent, pas de pain.

— C'est bon.

— Qu'est-ce que vous mangerez?

— Nous avons les pommes du pommier.

— Mais, monsieur, on ne peut pourtant pas vivre comme ça sans argent.

— Je n'en ai pas.

La vieille s'en alla, le vieillard resta seul. Il se mit à songer. Gavroche songeait de son côté. Il faisait presque nuit.

Le premier résultat de la songerie de Gavroche, ce fut qu'au lieu d'escalader la haie il s'accroupit dessous. Les branches s'écartaient un peu au bas de la broussaille.

— Tiens, s'écria intérieurement Gavroche, une alcôve! et il s'y blottit. Il était presque adossé au banc du père Mabeuf. Il entendait l'octogénaire respirer.

Alors, pour dîner, il tâcha de dormir.

Sommeil de chat, sommeil d'un œil. Tout en s'assoupissant Gavroche guettait.

La blancheur du ciel crépusculaire blanchissait la terre, et la ruelle faisait une ligne livide entre deux rangées de buissons obscurs.

Tout à coup, sur cette bande blanchâtre deux silhouettes parurent. L'une venait devant, l'autre, à quelque distance, derrière.

— Voilà deux êtres, grommela Gavroche.

La première silhouette semblait quelque vieux bourgeois courbé et pensif, vêtu plus que simplement, marchant lentement à cause de l'âge, et flânant le soir aux étoiles.

La seconde était droite, ferme, mince. Elle réglait son pas sur le pas de la première; mais dans la lenteur volontaire de l'allure on sentait de la souplesse et de l'agilité. Cette silhouette avait, avec on ne sait quoi de farouche et d'inquiétant, toute la tournure de ce qu'on appelait alors un élégant; le chapeau était d'une bonne forme, la redingote était noire, bien coupée, probablement de beau drap, et serrée à la taille. La tête se dressait avec une sorte de grâce robuste, et, sous le chapeau, on entrevoyait dans le crépuscule un pâle profil d'adolescent. Ce profil avait une rose à la bouche. Cette seconde silhouette était bien connue de Gavroche; c'était Montparnasse.

Quant à l'autre, il n'en eût rien pu dire, sinon que c'était un vieux bonhomme.

Gavroche entra sur-le-champ en observation.

L'un de ces deux passants avait évidemment des projets sur l'autre. Gavroche était bien situé pour voir la suite. L'alcôve était fort à propos devenue cachette.

Montparnasse à la chasse, à une pareille heure, en un pareil lieu, cela était menaçant. Gavroche sentait ses entrailles de gamin s'émouvoir de pitié pour le vieux.

Que faire? intervenir? une faiblesse en secourant une autre! C'était de quoi rire pour Montparnasse. Gavroche ne se dissimulait pas que, pour ce redoutable bandit de dix-huit ans, le vieillard d'abord, l'enfant ensuite, c'étaient deux bouchées.

Pendant que Gavroche délibérait, l'attaque eut lieu, brusque et hideuse. Attaque de tigre à l'onagre, attaque d'araignée à la mouche. Montparnasse, à l'improviste, jeta la rose, bondit sur le vieillard, le colleta, l'empoigna et s'y cramponna, et Gavroche eut de la peine à retenir un cri. Un moment après, l'un de ces hommes était sous l'autre, accablé, râlant, se débattant, avec un genou de marbre sur la poitrine. Seulement ce n'était pas tout à fait ce à quoi Gavroche s'était attendu. Celui qui était à terre, c'était Montparnasse; celui qui était dessus, c'était le bonhomme. Tout ceci se passait à quelques pas de Gavroche.

Le vieillard avait reçu le choc, et l'avait rendu, et rendu si terriblement qu'en un clin d'œil l'assaillant et l'assailli avaient changé de rôle.

— Voilà un fier invalide! pensa Gavroche.

Et il ne put s'empêcher de battre des mains. Mais ce fut un battement de mains perdu. Il n'arriva pas jusqu'aux deux combattants, absorbés et assourdis l'un par l'autre et mêlant leurs souffles dans la lutte.

Le silence se fit. Montparnasse cessa de se débattre. Gavroche eut cet aparté : Est-ce qu'il est mort!

Le bonhomme n'avait pas prononcé un mot ni jeté un cri. Il se redressa, et Gavroche l'entendit qui disait à Montparnasse :
— Relève-toi.

Montparnasse se releva, mais le bonhomme le tenait. Montparnasse avait l'attitude humiliée et furieuse d'un loup qui serait happé par un mouton.

Gavroche regardait et écoutait, faisant effort pour doubler ses yeux par ses oreilles. Il s'amusait énormément.

Il fut récompensé de sa consciencieuse anxiété de spectateur. Il put saisir au vol ce dialogue qui empruntait à l'obscurité on ne sait quel accent tragique. Le bonhomme questionnait. Montparnasse répondait.

— Quel âge as-tu?
— Dix-neuf ans.
— Tu es fort et bien portant. Pourquoi ne travailles-tu pas?
— Ça m'ennuie.
— Quel est ton état?
— Fainéant.
— Parle sérieusement. Peut-on faire quelque chose pour toi? Qu'est-ce que tu veux être?
— Voleur.

Il y eut un silence. Le vieillard semblait profondément pensif. Il était immobile et ne lâchait point Montparnasse.

De moment en moment, le jeune bandit, vigoureux et leste, avait des soubresauts de bête prise au piége. Il donnait une secousse, essayait un croc-en-jambe, tordait éperdument ses membres, tâchait de s'échapper.

Le vieillard n'avait pas l'air de s'en apercevoir, et lui tenait les deux bras d'une seule main avec l'indifférence souveraine d'une force absolue.

La rêverie du vieillard dura quelque temps, puis, regardant fixement Montparnasse, il éleva doucement la voix et lui adressa, dans cette ombre où ils étaient, une sorte d'allocution solennelle dont Gavroche ne perdit pas une syllabe :

— Mon enfant, tu entres par paresse dans la plus laborieuse des existences. Ah! tu te déclares fainéant! prépare-toi à travailler. As-tu vu une machine qui est redoutable? cela s'appelle le laminoir. Il faut y prendre garde, c'est une chose sournoise et féroce; si elle vous attrape le pan de votre habit, vous y passez tout entier. Cette machine, c'est l'oisiveté. Arrête-toi, pendant qu'il en est temps encore, et sauve-toi! Autrement, c'est fini; avant peu, tu seras dans l'engrenage. Une fois pris, n'espère plus rien. A la fatigue, paresseux! plus de repos. La main de fer du travail implacable t'a saisi. Gagner ta vie, avoir une tâche, accomplir un devoir, tu ne veux pas! être comme les autres, cela t'ennuie! Eh bien! tu seras autrement. Le travail est la loi; qui le repousse ennui l'aura supplice. Tu ne veux pas être ouvrier, tu seras esclave. Le travail ne vous lâche d'un côté que pour vous reprendre de l'autre; tu ne veux pas être son ami, tu seras son nègre. Ah ! tu n'as pas voulu de la lassitude honnête des hommes, tu vas avoir la sueur des damnés. Où les autres chantent, tu râleras. Tu verras de loin, d'en bas, les autres hommes travailler; il te semblera qu'ils se reposent. Le laboureur, le moissonneur, le matelot, le forgeron, t'apparaîtront dans la lumière comme les bienheureux d'un paradis. Quel rayonnement dans l'enclume ! Mener la charrue, lier la gerbe, c'est de la joie. La barque en liberté dans le vent, quelle fête ! Toi, paresseux, pioche, traîne, roule, marche ! Tire ton licou, te voilà bête de somme dans l'attelage de l'enfer ! Ah ! ne rien faire, c'était là ton but. Eh bien ! pas une semaine, pas une journée, pas une heure sans accablement. Tu ne pourras rien soulever qu'avec angoisse. Toutes les minutes qui passeront feront craquer tes muscles. Ce qui sera plume pour les autres sera pour toi rocher. Les choses les plus simples s'escarperont. La vie se fera monstre autour de toi. Aller, venir, respirer, autant de travaux terribles. Ton poumon te fera l'effet d'un poids de cent livres. Marcher ici plutôt que là, ce sera un problème à résoudre. Le premier venu qui veut sortir pousse sa porte, c'est fait, le voilà dehors. Toi si tu veux sortir, il te faudra percer ton mur. Pour aller dans la rue, qu'est-ce que tout le monde fait ? Tout le monde descend l'escalier; toi, tu déchireras tes draps de lit, tu en feras brin à brin une corde, puis tu passeras par ta fenêtre et tu te suspendras à ce fil sur un abîme, et ce sera la nuit, dans l'orage, dans la pluie, dans l'ouragan, et, si la corde est trop courte, tu n'auras plus qu'une manière de descendre, tomber. Tomber au hasard, dans le gouffre, d'une hauteur quelconque, sur quoi ? Sur ce qui est en bas, sur l'inconnu. Ou tu grimperas par un tuyau de cheminée, au risque de t'y brûler; ou tu ramperas par un conduit de latrines, au risque de t'y noyer. Je ne te parle pas des trous qu'il faut masquer, des pierres qu'il faut ôter et remettre vingt fois par jour, des plâtras qu'il faut cacher dans sa paillasse. Une serrure se présente; le bourgeois a dans sa poche sa clef fabriquée par un serrurier. Toi, si tu veux passer outre, tu es condamné à faire un chef-d'œuvre effrayant; tu prendras un gros sou, tu le couperas en deux lames; avec quels outils ? tu les inventeras. Cela te regarde. Puis tu creuseras l'intérieur de ces deux lames, en ménageant soigneusement le dehors, et tu pratiqueras sur le bord tout autour un pas de vis, de façon qu'elles s'ajustent étroitement l'une sur l'autre comme un fond et comme un couvercle. Le dessous et le dessus ainsi vissés, on n'y devinera rien. Pour les surveillants, car tu seras guetté, ce sera un gros sou ; pour toi, ce sera une boîte. Que mettras-tu dans cette boîte ? Un petit morceau d'acier. Un ressort de montre auquel tu auras fait des dents et qui sera une scie. Avec cette scie, longue comme une épingle et cachée dans un sou, tu devras couper le pène de la serrure, la mèche du verrou, l'anse du cadenas, et le barreau que tu auras à ta fenêtre, et la manille que tu auras à ta jambe. Ce chef-d'œuvre fait, ce prodige accompli, tous ces miracles d'art, d'adresse, d'habileté, de patience, exécutés, si l'on vient à savoir que tu en es l'auteur, quelle sera ta récompense ? le cachot. Voilà l'avenir. La paresse, le plaisir, quels précipices ! Ne rien faire, c'est un lugubre parti-pris, sais-tu bien ? Vivre oisif de la subsistance sociale ! être inutile, c'est-à-dire nuisible ! Cela mène droit au fond de la misère. Malheur à qui veut être parasite ! il sera vermine. Ah ! il ne te plaît pas de travailler ? Ah ! tu n'as qu'une pensée, bien boire, bien manger, bien dormir. Tu boiras de l'eau, tu mangeras du pain noir, tu dormiras sur une planche avec une ferraille rivée à tes membres et dont tu sentiras la nuit le froid sur ta chair. Tu briseras cette ferraille, tu t'enfuiras. C'est bon. Tu te traîneras sur le ventre dans les broussailles et tu mangeras de l'herbe comme les brutes des bois. Et tu seras repris. Et alors tu passeras des années dans une basse-fosse, scellé à une muraille, tâtonnant pour boire à ta cruche, mordant dans un affreux pain de ténèbres dont les chiens ne voudraient pas, mangeant des fèves que les vers auront mangées avant toi. Tu seras cloporte dans une cave. Ah ! aie pitié de toi-même, misérable enfant, tout jeune, qui tétais ta nourrice il n'y a pas vingt ans, et qui as sans doute encore ta mère ! je t'en conjure, écoute-moi. Tu veux de fin drap noir, des escarpins vernis, te friser, te mettre dans tes boucles de l'huile qui sent bon, plaire aux créatures, être joli. Tu seras tondu ras avec une casaque rouge et des sabots. Tu veux une bague au doigt, tu auras un carcan au cou. Et si tu regardes une femme, un coup de bâton. Et tu entreras là à vingt ans, et tu en sortiras à cinquante ! Tu entreras jeune, rose, frais, avec tes yeux brillants et toutes tes dents blanches, et ta belle chevelure d'adolescent, tu sortiras cassé, courbé, ridé, édenté, horrible, en cheveux blancs ! Ah ! mon pauvre enfant, tu fais fausse route, la fainéantise te conseille mal ; le plus rude des travaux, c'est le vol. Crois-moi, n'entreprends pas cette pénible besogne d'être un paresseux. Devenir un coquin, ce n'est pas commode. Il est moins malaisé

d'être honnête homme. Va maintenant, et pense à ce que je t'ai dit. A propos, que voulais-tu de moi? ma bourse? La voici.

Et le vieillard, lâchant Montparnasse, lui mit dans la main sa bourse, que Montparnasse soupesa un moment; après quoi, avec la même précaution machinale que s'il l'eût volée, Montparnasse la laissa glisser doucement dans la poche de derrière de sa redingote.

Tout cela dit et fait, le bonhomme tourna le dos et reprit tranquillement sa promenade.

— Ganache! murmura Montparnasse.

Qui était ce bonhomme? le lecteur l'a sans doute deviné.

Montparnasse stupéfait, le regarda disparaître dans le crépuscule. Cette contemplation lui fut fatale.

Tandis que le vieillard s'éloignait, Gavroche s'approchait.

Gavroche, d'un coup d'œil de côté, s'était assuré que le père Mabeuf, endormi peut-être, était toujours assis sur le banc. Puis le gamin était sorti de sa broussaille, et s'était mis à ramper dans l'ombre en arrière de Montparnasse immobile. Il parvint ainsi jusqu'à Montparnasse sans en être vu ni entendu, insinua doucement sa main dans la poche de derrière de la redingote de fin drap noir, saisit la bourse, retira sa main, et, se remettant à ramper, fit une évasion de couleuvre dans les ténèbres. Montparnasse, qui n'avait aucune raison d'être sur ses gardes et qui songeait pour la première fois de sa vie, ne s'aperçut de rien. Gavroche, quand il fut revenu au point où était le père Mabeuf, jeta la bourse par-dessus la haie, et s'enfuit à toutes jambes.

La bourse tomba sur le pied du père Mabeuf. Cette commotion le réveilla.

Il se pencha, et ramassa la bourse.

Il n'y comprit rien et l'ouvrit.

C'était une bourse à deux compartiments; dans l'un, il y avait quelque monnaie; dans l'autre, il y avait six napoléons.

M. Mabeuf, fort effaré, porta la chose à sa gouvernante.

— Cela tombe du ciel, dit la mère Plutarque.

LIVRE V<sup>ième</sup>
DONT LA FIN NE RESSEMBLE PAS AU COMMENCEMENT

# LIVRE CINQUIÈME

### DONT LA FIN NE RESSEMBLE PAS AU COMMENCEMENT

## I

#### LA SOLITUDE ET LA CASERNE COMBINÉES

La douleur de Cosette, si poignante encore et si vive quatre ou cinq mois auparavant, était, à son insu même, entrée en convalescence. La nature, le printemps, la jeunesse, l'amour pour son père, la gaieté des oiseaux et des fleurs faisaient filtrer peu à peu, jour à jour, goutte à goutte, dans cette âme si vierge et si jeune, on ne sait quoi qui ressemblait presque à l'oubli. Le feu s'y éteignait-il tout à fait? ou s'y formait-il seulement des couches de cendre? Le fait est qu'elle ne se sentait presque plus de point douloureux et brûlant.

Un jour elle pensa tout à coup à Marius : — Tiens! dit-elle, je n'y pense plus.

Dans cette même semaine elle remarqua, passant devant la grille du jardin, un fort bel officier de lanciers, taille de guêpe, ravissant uniforme, joues de jeune fille, sabre sous le bras, moustaches cirées, schapska verni. Du reste, cheveux blonds, yeux bleus à fleur de tête, figure ronde, vaine, insolente et jolie; tout le contraire de Marius. Un cigare à la bouche. — Cosette songea que cet officier était sans doute du régiment caserné rue de Babylone.

Le lendemain elle le vit encore passer. Elle remarqua l'heure.

A dater de ce moment, était-ce le hasard? presque tous les jours elle le vit passer.

Les camarades de l'officier s'aperçurent qu'il y avait là, dans ce jardin « mal tenu, » derrière cette méchante grille rococo, une assez jolie créature qui se trouvait presque toujours là au passage du beau lieutenant, lequel n'est point inconnu du lecteur et s'appelait Théodule Gillenormand.

— Tiens! lui disaient-ils, il y a une petite qui te fait l'œil, regarde donc.

— Est-ce que j'ai le temps, répondait le lancier, de regarder toutes les filles qui me regardent?

C'était précisément l'instant où Marius descendait gravement vers l'agonie et disait : — Si je pouvais seulement la revoir avant de mourir! — Si son souhait eût été réalisé, s'il eût vu en ce moment-là Cosette regardant un lancier, il n'eût pas pu prononcer une parole et il eût expiré de douleur.

A qui la faute? À personne.

Marius était de ces tempéraments qui s'enfoncent dans le chagrin et qui y séjournent; Cosette était de ceux qui s'y plongent et qui en sortent.

Cosette, du reste, traversait ce moment dangereux, phase fatale de la rêverie féminine abandonnée à elle-même, où le cœur d'une jeune fille isolée ressemble à ces vrilles de la vigne qui s'accrochent, selon le hasard, au chapiteau d'une colonne de marbre ou au poteau d'un cabaret. Moment rapide et décisif, critique pour toute orpheline, qu'elle soit pauvre ou qu'elle soit riche, car la richesse ne défend pas du mauvais choix; on se mésallie très-haut, la vraie mésalliance est celle des âmes; et, de même que plus d'un jeune homme inconnu, sans nom, sans naissance, sans fortune, est un chapiteau de marbre qui soutient un temple de grands sentiments et de grandes idées, de même tel homme du monde satisfait et opulent, qui a des bottes polies et des paroles vernies, si l'on regarde, non le dehors, mais le dedans, c'est-à-dire ce qui est réservé à la femme, n'est autre chose qu'un soliveau stupide obscurément hanté par les passions violentes, immondes et avinées; le poteau d'un cabaret.

Qu'y avait-il dans l'âme de Cosette? De la passion calmée ou endormie; de l'amour à l'état flottant; quelque chose qui était limpide, brillant, trouble à une certaine profondeur, sombre plus bas. L'image du bel officier se reflétait à la surface. Y avait-il un souvenir au fond? — tout au fond? — Peut-être. Cosette ne savait pas.

Il survint un incident singulier.

## II

#### PEURS DE COSETTE

Dans la première quinzaine d'avril, Jean Valjean fit un voyage. Cela, on le sait, lui arrivait de temps en temps, à de très-longs intervalles. Il restait absent un ou deux jours au plus. Où allait-il? personne ne le savait, pas même Cosette. Une fois seulement, à un de ces départs, elle l'avait accompagné en fiacre jusqu'au coin d'un petit cul-de-sac sur l'angle duquel elle avait lu : *Impasse de la Planchette*. Là il était descendu, et le fiacre avait ramené Cosette rue de Babylone. C'était en général quand l'argent manquait à la maison que Jean Valjean faisait ces petits voyages.

Jean Valjean était donc absent. Il avait dit : Je reviendrai dans trois jours.

Le soir, Cosette était seule dans le salon. Pour se désennuyer, elle avait ouvert son piano-orgue et elle s'était mise à chanter, en s'accompagnant, le chœur d'Euryanthe : *Chasseurs égarés dans les bois!* qui est peut-être ce qu'il y a de plus beau dans toute la musique. Quand elle eut fini, elle demeura pensive.

Tout à coup il lui sembla qu'elle entendait marcher dans le jardin.

Ce ne pouvait être son père, il était absent; ce ne pouvait être Toussaint, elle était couchée, il était dix heures du soir.

Elle alla près du volet du salon qui était fermé et y colla son oreille.

Il lui parut que c'était le pas d'un homme, et qu'on marchait très doucement.

Elle monta rapidement au premier, dans sa chambre, ouvrit un vasistas percé dans son volet, et regarda dans le jardin. C'était le moment de la pleine lune. On y voyait comme s'il eût fait jour.

Il n'y avait personne.

Elle ouvrit la fenêtre. Le jardin était absolument calme, et tout ce qu'on apercevait de la rue était désert comme toujours.

Cosette pensa qu'elle s'était trompée. Elle avait cru entendre ce bruit. C'était une hallucination produite par le sombre et prodigieux chœur de Weber qui ouvre devant l'esprit des profondeurs effarées, qui tremble au regard comme une forêt vertigineuse, et où l'on entend le craquement des branches mortes sous le pas inquiet des chasseurs entrevus dans le crépuscule.

Elle n'y songea plus.

D'ailleurs Cosette de sa nature n'était pas très effrayée. Il y avait dans ses veines du sang de bohémienne et d'aventurière qui va pieds nus. On s'en souvient, elle était plutôt alouette que colombe. Elle avait un fond farouche et brave.

Le lendemain, moins tard, à la tombée de la nuit, elle se promenait dans le jardin. Au milieu des pensées confuses qui l'occupaient, elle croyait bien percevoir par instant un bruit pareil au bruit de la veille, comme de quelqu'un qui marcherait dans l'obscurité sous les arbres pas très-loin d'elle; mais elle se disait que rien ne ressemble à un pas qui marche dans l'herbe comme le froissement de deux branches qui se déplacent d'elles-mêmes, et elle n'y prenait pas garde. Elle ne voyait rien d'ailleurs.

Elle sortit de « la broussaille »; il lui restait à traverser une petite pelouse verte pour regagner le perron. La lune qui venait de se lever derrière elle projeta, comme Cosette sortait du massif, son ombre devant elle sur cette pelouse.

Cosette s'arrêta terrifiée.

A côté de son ombre, la lune découpait distinctement sur le gazon une autre ombre singulièrement effrayante et terrible, une ombre qui avait un chapeau rond.

C'était comme l'ombre d'un homme qui eût été debout sur la lisière du massif à quelques pas en arrière de Cosette.

Elle fut une minute sans pouvoir parler, ni crier, ni appeler, ni bouger, ni tourner la tête.

Enfin elle rassembla tout son courage et se retourna résolûment.

Il n'y avait personne.

Elle regarda à terre. L'ombre avait disparu.

Elle rentra dans la broussaille, fureta hardiment dans les coins, alla jusqu'à la grille, et ne trouva rien.

Elle se sentit vraiment glacée. Était-ce encore une hallucination? Quoi! deux jours de suite! Une hallucination, passe, mais deux

hallucinations? Ce qui était inquiétant, c'est que l'ombre n'était assurément pas un fantôme. Les fantômes ne portent guère de chapeaux ronds.

Le lendemain Jean Valjean revint. Cosette lui conta ce qu'elle avait cru entendre et voir. Elle s'attendait à être rassurée et que son père hausserait les épaules et lui dirait : Tu es une petite folle.

Jean Valjean devint soucieux.

— Ce ne peut être rien, lui dit-il.

Il la quitta sous un prétexte et alla dans le jardin, et elle l'aperçut qui examinait la grille avec beaucoup d'attention.

Dans la nuit elle se réveilla : cette fois elle était sûre, et elle entendait distinctement marcher tout près du perron au-dessous de sa fenêtre. Elle courut à son vasistas et l'ouvrit. Il y avait en effet dans le jardin un homme qui tenait un gros bâton à la main. Au moment où elle allait crier, la lune éclaira le profil de l'homme. C'était son père. Elle se recoucha en se disant : — Il est donc bien inquiet!

Jean Valjean passa dans le jardin cette nuit-là et les deux nuits qui suivirent. Cosette le vit par le trou de son volet.

La troisième nuit, la lune décroissait et commençait à se lever plus tard, il pouvait être une heure du matin, elle entendit un grand éclat de rire et la voix de son père qui l'appelait :

— Cosette!

Elle se jeta à bas du lit, passa sa robe de chambre et ouvrit sa fenêtre.

Son père était en bas sur la pelouse.

— Je te réveille pour te rassurer, dit-il, regarde. Voici ton ombre en chapeau rond.

Et il lui montrait sur le gazon une ombre portée que la lune dessinait et qui ressemblait en effet assez bien au spectre d'un homme qui eût eu un chapeau rond. C'était une silhouette produite par un tuyau de cheminée en tôle, à chapiteau, qui s'élevait au-dessus d'un toit voisin.

Cosette aussi se mit à rire, toutes ses suppositions lugubres tombèrent, et le lendemain, en déjeunant avec son père, elle s'égaya du sinistre jardin hanté par des ombres de tuyaux de poêle.

Jean Valjean redevint tout à fait tranquille; quant à Cosette, elle ne remarqua pas beaucoup si le tuyau de poêle était bien dans la direction de l'ombre qu'elle avait vue ou cru voir, et si la lune se trouvait au même point du ciel. Elle ne s'interrogea point sur cette singularité d'un tuyau de poêle qui craint d'être pris en flagrant délit et qui se retire quand on regarde son ombre, car l'ombre s'était effacée quand Cosette s'était retournée et Cosette avait bien cru en être sûre. Cosette se rasséréna pleinement. La démonstration lui parut complète, et qu'il pût y avoir quelqu'un qui marchait le soir ou la nuit dans le jardin, ceci lui sortit de la tête.

A quelques jours de là cependant un nouvel incident se produisit.

## III

#### ENRICHIES DES COMMENTAIRES DE TOUSSAINT

Dans le jardin, près de la grille sur la rue, il y avait un banc de pierre défendu par une charmille du regard des curieux, mais auquel pourtant, à la rigueur, le bras d'un passant pouvait atteindre à travers la grille et la charmille.

Un soir de ce même mois d'avril, Jean Valjean était sorti; Cosette, après le soleil couché, s'était assise sur ce banc. Le vent fraîchissait dans les arbres, Cosette songeait; une tristesse sans objet la gagnait peu à peu, cette tristesse invincible que donne le soir et qui vient peut-être, qui sait? du mystère de la tombe entr'ouvert à cette heure-là.

Fantine était peut-être dans cette ombre.

Cosette se leva, fit lentement le tour du jardin, marchant dans l'herbe inondée de rosée et se disant à travers l'espèce de somnambulisme mélancolique où elle était plongée : — Il faudrait vraiment des sabots pour le jardin à cette heure-ci. On s'enrhume.

Elle revint au banc.

Au moment de s'y rasseoir, elle remarqua à la place qu'elle avait quittée une assez grosse pierre qui n'y était évidemment pas l'instant d'auparavant.

Cosette considéra cette pierre, se demandant ce que cela voulait dire. Tout à coup l'idée que cette pierre n'était point venue sur ce banc toute seule, que quelqu'un l'avait mise là, qu'un bras avait passé à travers cette grille, cette idée lui apparut et lui fit peur. Cette fois ce fut une vraie peur; la pierre était là. Pas de doute possible; elle n'y toucha pas, s'enfuit sans oser regarder derrière elle, se réfugia dans la maison, et ferma tout de suite au volet, à la barre et au verrou la porte-fenêtre du perron. Elle demanda à Toussaint :

— Mon père est-il rentré?

— Pas encore, mademoiselle.

(Nous avons indiqué une fois pour toutes le bégayement de Toussaint. Qu'on nous permette de ne plus l'accentuer. Nous répugnons à la notation musicale d'une infirmité.)

Jean Valjean, homme pensif et promeneur nocturne, ne rentrait souvent qu'assez tard dans la nuit.

— Toussaint, reprit Cosette, vous avez soin de bien barricader le soir les volets sur le jardin au moins, avec les barres, et de bien mettre les petites choses en fer dans les petits anneaux qui ferment?

— Oh! soyez tranquille, mademoiselle.

Toussaint n'y manquait pas, et Cosette le savait bien, mais elle ne put s'empêcher d'ajouter :

— C'est que c'est si désert par ici !

— Pour ça, dit Toussaint, c'est vrai. On serait assassiné avant d'avoir le temps de dire ouf ! Avec cela que monsieur ne couche pas dans la maison. Mais ne craignez rien, mademoiselle, je ferme les fenêtres comme des bastilles. Des femmes seules ! je crois bien que cela fait frémir ! Vous figurez-vous? voir entrer la nuit des hommes dans la chambre qui vous disent : « Tais-toi! » et qui se mettent à vous couper le cou. Ce n'est pas tant de mourir, on meurt, c'est bon, on sait bien qu'il faut qu'on meure, mais c'est l'abomination de sentir ces gens-là vous toucher. Et puis leurs couteaux, ça doit mal couper! Ah Dieu!

— Taisez-vous, dit Cosette. Fermez bien tout.

Cosette, épouvantée du mélodrame improvisé par Toussaint et peut-être aussi du souvenir des apparitions de l'autre semaine qui lui revenaient, n'osa même pas lui dire : — Allez donc voir la pierre qu'on a mise sur le banc ! de peur de rouvrir la porte du jardin, et que « les hommes » n'entrassent. Elle fit clore soigneusement partout les portes et les fenêtres, fit visiter par Toussaint toute la maison de la cave au grenier, s'enferma dans sa chambre, mit ses verrous, regarda sous son lit, se coucha et dormit mal. Toute la nuit elle vit la pierre grosse comme une montagne et pleine de cavernes.

Au soleil levant, — le propre du soleil levant est de nous faire rire de toutes nos terreurs de la nuit, et le rire qu'on a est toujours proportionné à la peur qu'on a eue, — au soleil levant Cosette, en s'éveillant, vit son effroi comme un cauchemar, et se dit : — A quoi ai-je été songer? C'est comme ces pas que j'avais cru entendre l'autre

semaine dans le jardin la nuit! c'est comme l'ombre du tuyau de poêle! Est-ce que je vais devenir poltronne à présent? — Le soleil, qui rutilait aux fentes de ses volets, et faisait de pourpre les rideaux de damas, la rassura tellement que tout s'évanouit dans sa pensée, même la pierre.

— Il n'y avait pas plus de pierre sur le banc qu'il n'y avait d'homme en chapeau rond dans le jardin; j'ai rêvé la pierre comme le reste.

Elle s'habilla, descendit au jardin, courut au banc, et se sentit une sueur froide. La pierre y était.

Mais ce ne fut qu'un moment. Ce qui est frayeur la nuit est curiosité le jour.

— Bah! dit-elle, voyons donc.

Elle souleva cette pierre, qui était assez grosse. Il y avait dessous quelque chose qui ressemblait à une lettre.

C'était une enveloppe de papier blanc. Cosette s'en saisit. Il n'y avait pas d'adresse d'un côté, pas de cachet de l'autre. Cependant l'enveloppe, quoique ouverte, n'était point vide. On entrevoyait des papiers dans l'intérieur.

Cosette fouilla. Ce n'était plus de la frayeur, ce n'était plus de la curiosité; c'était un commencement d'anxiété.

Cosette tira de l'enveloppe ce qu'elle contenait, un petit cahier de papier, dont chaque page était numérotée et portait quelques lignes écrites d'une écriture assez jolie, pensa Cosette, et très fine.

Cosette chercha un nom, il n'y en avait pas; une signature, il n'y en avait pas. A qui cela était-il adressé? à elle probablement, puisqu'une main avait déposé le paquet sur son banc. De qui cela venait-il? Une fascination irrésistible s'empara d'elle, elle essaya de détourner ses yeux de ces feuillets qui tremblaient dans sa main, elle regarda le ciel, la rue, les acacias tout trempés de lumière, des pigeons qui volaient sur un toit voisin, puis tout à coup son regard s'abaissa vivement sur le manuscrit, et elle se dit qu'il fallait qu'elle sût ce qu'il y avait là dedans.

Voici ce qu'elle lut :

## IV

#### UN CŒUR SOUS UNE PIERRE

La réduction de l'univers à un seul être, la dilatation d'un seul être jusqu'à Dieu, voilà l'amour.

———

L'amour, c'est la salutation des anges aux astres.

———

Comme l'âme est triste quand elle est triste par l'amour!

———

Quel vide que l'absence de l'être qui à lui seul remplit le monde! Oh! comme il est vrai que l'être aimé devient Dieu. On comprendrait que Dieu en fût jaloux si le Père de tout n'avait pas évidemment fait la création pour l'âme, et l'âme pour l'amour.

Il suffit d'un sourire entrevu là-bas sous un chapeau de crêpe blanc à bavolet lilas, pour que l'âme entre dans le palais des rêves.

Dieu est derrière tout, mais tout cache Dieu. Les choses sont noires, les créatures sont opaques. Aimer un être, c'est le rendre transparent.

De certaines pensées sont des prières. Il y a des moments où, quelle que soit l'attitude du corps, l'âme est à genoux.

Les amants séparés trompent l'absence par mille choses chimériques qui ont pourtant leur réalité. On les empêche de se voir, ils ne peuvent s'écrire; ils trouvent une foule de moyens mystérieux de correspondre. Ils s'envoient le chant des oiseaux, le parfum des fleurs, le rire des enfants, la lumière du soleil, les soupirs du vent, les rayons des étoiles, toute la création. Et pourquoi non? Toutes les œuvres de Dieu sont faites pour servir l'amour. L'amour est assez puissant pour charger la nature entière de ses messages.

O printemps! tu es une lettre que je lui écris.

L'avenir appartient encore bien plus aux cœurs qu'aux esprits. Aimer, voilà la seule chose qui puisse occuper et remplir l'éternité. A l'infini, il faut l'inépuisable.

L'amour participe de l'âme même. Il est de même nature qu'elle. Comme elle il est étincelle divine, comme elle il est incorruptible, indivisible, impérissable. C'est un point de feu qui est en nous, qui est immortel et infini, que rien ne peut borner et que rien ne peut éteindre. On le sent brûler jusque dans la moelle des os et on le voit rayonner jusqu'au fond du ciel.

O amour! adorations! volupté de deux esprits qui se comprennent, de deux cœurs qui s'échangent, de deux regards qui se pénètrent! Vous me viendrez, n'est-ce pas, bonheurs! promenades à deux dans les solitudes! journées bénies et rayonnantes! J'ai quelquefois rêvé que de temps en temps des heures se détachaient de la vie des anges et venaient ici-bas traverser la destinée des hommes.

Dieu ne peut rien ajouter au bonheur de ceux qui s'aiment que de leur donner la durée sans fin. Après une vie d'amour, une éternité d'amour, c'est une augmentation en effet; mais accroître en son intensité même la félicité ineffable que l'amour donne à l'âme dès ce monde, c'est impossible, même à Dieu. Dieu, c'est la plénitude du ciel; l'amour, c'est la plénitude de l'homme.

Vous regardez une étoile pour deux motifs, parce qu'elle est lumineuse et parce qu'elle est impénétrable. Vous avez auprès de vous un plus doux rayonnement et un plus grand mystère, la femme.

Tous, qui que nous soyons, nous avons nos êtres respirables. S'ils nous manquent, l'air nous manque, nous étouffons. Alors on meurt. Mourir par manque d'amour, c'est affreux. L'asphyxie de l'âme.

Quand l'amour a fondu et mêlé deux êtres dans une unité angélique et sacrée, le secret de la vie est trouvé pour eux; ils ne sont plus que les deux termes d'une même destinée; ils ne sont plus que les deux ailes d'un même esprit. Aimez, planez!

Le jour où une femme qui passe devant vous dégage de la lumière en marchant, vous êtes perdu, vous aimez. Vous n'avez plus qu'une chose à faire : penser à elle si fixement qu'elle soit contrainte de penser à vous.

Ce que l'amour commence ne peut être achevé que par Dieu.

L'amour vrai se désole et s'enchante pour un gant perdu ou pour un mouchoir trouvé, et il a besoin de l'éternité pour son dévouement et ses espérances. Il se compose à la fois de l'infiniment grand et de l'infiniment petit.

Si vous êtes pierre, soyez aimant; si vous êtes plante, soyez sensitive; si vous êtes homme, soyez amour.

Rien ne suffit à l'amour. On a le bonheur, on veut le paradis; on a le paradis, on veut le ciel.

O vous qui vous aimez, tout cela est dans l'amour. Sachez l'y trouver. L'amour a autant que le ciel la contemplation, et, de plus que le ciel, la volupté.

— Vient-elle encore au Luxembourg? — Non, monsieur. — C'est dans cette église qu'elle entend la messe, n'est-ce pas? — Elle n'y vient plus. — Habite-t-elle toujours cette maison? — Elle est déménagée. — Où est-elle allée demeurer? — Elle ne l'a pas dit.

Quelle chose sombre de ne pas savoir l'adresse de son âme!

L'amour a des enfantillages, les autres passions ont des petitesses. Honte aux passions qui rendent l'homme petit! Honneur à celle qui le fait enfant!

C'est une chose étrange, savez-vous cela? Je suis dans la nuit. Il y a un être qui en s'en allant a emporté le ciel.

Oh! être couchés côte à côte dans le même tombeau la main dans la main, et de temps en temps, dans les ténèbres, nous caresser doucement un doigt, cela suffirait à mon éternité.

Vous qui souffrez parce que vous aimez, aimez plus encore. Mourir d'amour, c'est en vivre.

Aimez. Une sombre transfiguration étoilée est mêlée à ce supplice. Il y a de l'extase dans l'agonie.

O joie des oiseaux! c'est parce qu'ils ont le nid qu'ils ont le chant.

L'amour est une respiration céleste de l'air du paradis.

Cœurs profonds, esprits sages, prenez la vie comme Dieu l'a faite; c'est une longue épreuve, une préparation inintelligible à la destinée inconnue. Cette destinée, la vraie, commence pour l'homme à la première marche de l'intérieur du tombeau. Alors il lui apparaît quelque chose, et il commence à distinguer le définitif. Le définitif, songez à ce mot. Les vivants voient l'infini; le définitif ne se laisse voir qu'aux morts. En attendant, aimez et souffrez, espérez et contemplez. Malheur, hélas! à qui n'aura aimé que des corps, des formes, des apparences! La mort lui ôtera tout. Tâchez d'aimer des âmes, vous les retrouverez.

J'ai rencontré dans la rue un jeune homme très pauvre qui aimait. Son chapeau était vieux, son habit était usé; il avait les coudes troués; l'eau passait à travers ses souliers et les astres à travers son âme.

Quelle grande chose, être aimé! Quelle chose plus grande encore, aimer! Le cœur devient héroïque à force de passion. Il ne se compose plus de rien que de pur; il ne s'appuie plus sur rien que d'élevé et de grand. Une pensée indigne n'y peut pas plus germer qu'une ortie sur un glacier. L'âme haute et sereine, inaccessible aux passions et aux émotions vulgaires, dominant les nuées et les ombres de ce monde, les folies, les mensonges, les haines, les vanités, les misères, habite le bleu du ciel, et ne sent plus que les ébranlements profonds et souterrains de la destinée, comme le haut des montagnes sent les tremblements de terre.

S'il n'y avait pas quelqu'un qui aime, le soleil s'éteindrait.

## V

#### COSETTE APRÈS LA LETTRE

Pendant cette lecture, Cosette entrait peu à peu en rêverie. Au moment où elle levait les yeux de la dernière ligne du cahier, le bel officier, c'était son heure, passa triomphant devant la grille. Cosette le trouva hideux.

Elle se remit à contempler le cahier. Il était écrit d'une écriture ravissante, pensa Cosette; de la même main, mais avec des encres diverses, tantôt très-noires, tantôt blanchâtres, comme lorsqu'on met de l'encre dans l'encrier, et par conséquent à des jours différents. C'était donc une pensée qui s'était épanchée là, soupir à soupir, irrégulièrement, sans ordre, sans choix, sans but, au hasard. Cosette n'avait jamais rien lu de pareil. Ce manuscrit, où elle voyait plus de clarté encore que d'obscurité, lui faisait l'effet d'un sanctuaire entr'ouvert. Chacune de ces lignes mystérieuses resplendissait à ses yeux et lui inondait le cœur d'une lumière étrange. L'éducation qu'elle avait reçue lui avait parlé toujours de l'âme et jamais de l'amour, à peu près comme qui parlerait du tison et point de la flamme. Ce manuscrit de quinze pages lui révélait brusquement et doucement tout l'amour, la douleur, la destinée, la vie, l'éternité, le commencement, la fin. C'était comme une main qui se serait ouverte et lui aurait jeté subitement une poignée de rayons. Elle sentait dans ces quelques lignes une nature passionnée, ardente, généreuse, honnête, une volonté sacrée, une immense douleur et un espoir immense, un cœur serré, une extase épanouie. Qu'était-ce que ce manuscrit? une lettre. Lettre sans adresse, sans nom, sans date, sans signature, pressante et désintéressée, énigme composée de vérités, message d'amour fait pour être apporté par un ange et lu par une vierge, rendez-vous donné hors de la terre, billet doux d'un fantôme à une ombre. C'était un absent tranquille et accablé qui semblait prêt à se réfugier dans la mort et qui envoyait à l'absente le secret de la destinée, la clef de la vie, l'amour. Cela avait été écrit le pied dans le tombeau et le doigt dans le ciel. Ces lignes, tombées une à une sur le papier, étaient ce qu'on pourrait appeler des gouttes d'âme.

Maintenant ces pages, de qui pouvaient-elles venir? qui pouvait les les avoir écrites?

Cosette n'hésita pas une minute. Un seul homme.

Lui !

Le jour s'était refait dans son esprit; tout avait reparu. Elle éprouvait une joie inouïe et une angoisse profonde. C'était lui! lui qui écrivait! lui qui était là! lui dont le bras avait passé à travers cette grille! Pendant qu'elle l'oubliait, il l'avait retrouvée! Mais est-ce qu'elle l'avait oublié? Non, jamais! Elle était folle d'avoir cru cela un moment. Elle l'avait toujours aimé, toujours adoré. Le feu s'était couvert et avait couvé quelque temps, mais, elle le voyait bien, il n'avait fait que creuser plus avant, et maintenant il éclatait de nouveau et l'embrasait tout entière. Ce cahier était comme une flammèche tombée de cette autre âme dans la sienne. Elle sentait recommencer l'incendie.

Elle se pénétrait de chaque mot du manuscrit : — Oh oui ! disait-elle, comme je reconnais tout cela ! C'est tout ce que j'avais déjà lu dans ses yeux.

Comme elle l'achevait pour la troisième fois, le lieutenant Théodule revint devant la grille et fit sonner ses éperons sur le pavé. Force fut à Cosette de lever les yeux. Elle le trouva fade, niais, sot, inutile, fat, déplaisant, impertinent, et très-laid. L'officier crut devoir lui sourire.

Elle se détourna honteuse et indignée. Elle lui aurait volontiers jeté quelque chose à la tête.

Elle s'enfuit, rentra dans la maison et s'enferma dans sa chambre pour relire le manuscrit, pour l'apprendre par cœur, et pour songer. Quand elle l'eut bien lu, elle le baisa et le mit dans son corset.

C'en était fait, Cosette était retombée dans le profond amour séraphique. L'abîme Éden venait de se rouvrir.

Toute la journée, Cosette fut dans une sorte d'étourdissement. Elle pensait à peine, ses idées étaient à l'état d'écheveau brouillé dans son cerveau, elle ne parvenait à rien conjecturer, elle espérait à travers un tremblement, quoi? des choses vagues. Elle n'osait rien se promettre, et ne voulait rien se refuser. Des pâleurs lui passaient sur le visage et des frissons sur le corps. Il lui semblait par moments qu'elle entrait dans le chimérique; elle se disait : Est-ce réel? Alors elle tâtait le papier bien-aimé sous sa robe, elle le pressait contre son cœur, elle en sentait les angles sur sa chair, et si Jean Valjean l'eût vue en ce moment, il eût frémi devant cette joie lumineuse et inconnue qui lui débordait des paupières. — Oh oui ! pensait-elle, c'est bien lui ! ceci vient de lui pour moi !

Et elle se disait qu'une intervention des anges, qu'un hasard céleste, le lui avait rendu.

O transfigurations de l'amour ! ô rêves ! ce hasard céleste, cette intervention des anges, c'était cette boulette de pain lancée par un voleur à un autre voleur, de la cour Charlemagne à la Fosse-aux-Lions, par-dessus les toits de la Force.

## VI

**LES VIEUX SONT FAITS POUR SORTIR A PROPOS**

Le soir venu, Jean Valjean sortit; Cosette s'habilla. Elle arrangea ses cheveux de la manière qui lui allait le mieux, et elle mit une robe dont le corsage, qui avait reçu un coup de ciseau de trop, et qui, par cette échancrure, laissait voir la naissance du cou, était, comme disent les jeunes filles, « un peu indécent. » Ce n'était pas le moins du monde indécent, mais c'était plus joli qu'autrement. Elle fit toute cette toilette sans savoir pourquoi.

Voulait-elle sortir? non.

Attendait-elle une visite? non.

A la brune, elle descendit au jardin. Toussaint était occupée à sa cuisine qui donnait sur l'arrière-cour.

Elle se mit à marcher sous les branches, les écartant de temps en temps avec la main, parce qu'il y en avait de très-basses.

Elle arriva ainsi au banc.

La pierre y était restée.

Elle s'assit, et posa sa douce main blanche sur cette pierre comme si elle voulait la caresser et la remercier.

Tout à coup, elle eut cette impression indéfinissable qu'on éprouve, même sans voir, lorsqu'on a quelqu'un debout derrière soi.

Elle tourna la tête et se dressa.

C'était lui.

Il était tête nue. Il paraissait pâle et amaigri. On distinguait à peine son vêtement noir. Le crépuscule blêmissait son beau front et couvrait ses yeux de ténèbres. Il avait, sous un voile d'incomparable douceur, quelque chose de la mort et de la nuit. Son visage était éclairé par la clarté du jour qui se meurt et par la pensée d'une âme qui s'en va.

Il semblait que ce n'était pas encore le fantôme et que ce n'était déjà plus l'homme.

Son chapeau était jeté à quelques pas dans les broussailles.

Cosette, prête à défaillir, ne poussa pas un cri. Elle reculait lentement, car elle se sentait attirée. Lui ne bougeait point. A je ne sais quoi d'ineffable et de triste qui l'enveloppait, elle sentait le regard de ses yeux qu'elle ne voyait pas.

Cosette, en reculant, rencontra un arbre et s'y adossa. Sans cet arbre, elle fût tombée.

Alors elle entendit sa voix, cette voix qu'elle n'avait vraiment jamais entendue, qui s'élevait à peine au-dessus du frémissement des feuilles et qui murmurait:

— Pardonnez-moi, je suis là. J'ai le cœur gonflé, je ne pouvais pas vivre comme j'étais, je suis venu. Avez-vous lu ce que j'avais mis là, sur ce banc? Me reconnaissez-vous un peu? N'ayez pas peur de moi. Voilà du temps déjà, vous rappelez-vous le jour où vous m'avez regardé? c'était dans le Luxembourg, près du Gladiateur. Et le jour où vous avez passé devant moi? c'était le 16 juin et le 2 juillet. Il va y avoir un an. Depuis bien longtemps, je ne vous ai plus vue. J'ai demandé à la loueuse de chaises, elle m'a dit qu'elle ne vous voyait plus. Vous demeuriez rue de l'Ouest au troisième sur le devant dans une maison neuve, vous voyez que je sais! Je vous suivais, moi. Qu'est-ce que j'avais à faire? Et puis vous avez disparu. J'ai cru vous voir passer une fois que je lisais les journaux sous les arcades de l'Odéon. J'ai couru. Mais non. C'était une personne qui avait un chapeau comme vous. La nuit, je viens ici. Ne craignez pas, personne ne me voit. Je viens regarder vos fenêtres de près. Je marche bien doucement pour que vous n'entendiez pas, car vous auriez peut-être peur. L'autre soir, j'étais derrière vous, vous vous êtes retournée, je me suis enfui. Une fois je vous ai entendue chanter. J'étais heureux. Est-ce que cela vous fait quelque chose que je vous entende chanter à travers le volet? cela ne peut rien vous faire. Non, n'est-ce pas? Voyez-vous, vous êtes mon ange! laissez-moi venir un peu; je crois que je vais mourir. Si vous saviez! je vous adore, moi. Pardonnez-moi, je vous parle, je ne sais pas ce que je vous dis, je vous fâche peut-être, est-ce que je vous fâche?

— O ma mère! dit-elle.

Et elle s'affaissa sur elle-même comme si elle se mourait.

Il la prit, elle tombait, il la prit dans ses bras, il la serra étroitement sans avoir conscience de ce qu'il faisait. Il la soutenait tout en chancelant. Il était comme s'il avait la tête pleine de fumée; des éclairs lui passaient entre les cils; ses idées s'évanouissaient; il lui semblait qu'il accomplissait un acte religieux et qu'il commettait une profanation. Du reste, il n'avait pas le moindre désir de cette femme ravissante dont il sentait la forme contre sa poitrine. Il était éperdu d'amour.

Elle lui prit une main et la posa sur son cœur. Il sentit le papier qui y était, il balbutia :

— Vous m'aimez donc?

Elle répondit d'une voix si basse que ce n'était plus qu'un souffle qu'on entendait à peine :

— Tais-toi! tu le sais!

Et elle cacha sa tête rouge dans le sein du jeune homme superbe et enivré.

Il tomba sur le banc, elle près de lui. Ils n'avaient plus de paroles.

Les étoiles commençaient à rayonner. Comment se fit-il que leurs lèvres se rencontrèrent? Comment se fait-il que l'oiseau chante, que la neige se fonde, que la rose s'ouvre, que mai s'épanouisse, que l'aube blanchisse derrière les arbres noirs au sommet frissonnant des collines?

Un baiser, et ce fut tout.

Tous deux tressaillirent, et ils se regardèrent dans l'ombre avec des yeux éclatants.

Ils ne sentaient ni la nuit fraîche, ni la pierre froide, ni la terre humide, ni l'herbe mouillée, ils se regardaient et ils avaient le cœur plein de pensées. Ils s'étaient pris les mains, sans savoir.

Elle ne lui demandait pas, elle n'y songeait pas même, par où il était entré et comment il avait pénétré dans le jardin. Cela lui paraissait si simple qu'il fût là!

De temps en temps le genou de Marius touchait le genou de Cosette, et tous deux frémissaient.

Par intervalles, Cosette bégayait une parole. Son âme tremblait à ses lèvres comme une goutte de rosée à une fleur.

Peu à peu ils se parlèrent. L'épanchement succéda au silence qui est la plénitude. La nuit était sereine et splendide au-dessus de leur tête. Ces deux êtres, purs comme des esprits, se dirent tout, leurs songes, leurs ivresses, leurs extases, leurs chimères, leurs défaillances, comme ils s'étaient adorés de loin, comme ils s'étaient souhaités, leur désespoir quand ils avaient cessé de s'apercevoir. Ils se confièrent dans une intimité idéale, que rien déjà ne pouvait plus accroître, ce qu'ils avaient de plus caché et de plus mystérieux. Ils se racontèrent, avec une foi candide dans leurs illusions, tout ce que l'amour, la jeunesse et ce reste d'enfance qu'ils avaient, leur mettaient dans la pensée. Ces deux cœurs se versèrent l'un dans l'autre, de sorte qu'au bout d'une heure, c'était le jeune homme qui avait l'âme de la jeune fille et la jeune fille qui avait l'âme du jeune homme. Ils se pénétrèrent, ils s'enchantèrent, ils s'éblouirent.

Quand ils eurent fini, quand ils se furent tout dit, elle posa sa tête sur son épaule et lui demanda :

— Comment vous appelez-vous?

— Je m'appelle Marius, dit-il. Et vous?

— Je m'appelle Cosette.

Le petit Gavroche

# LIVRE SIXIÈME

## LE PETIT GAVROCHE

### I

#### MÉCHANTE ESPIÈGLERIE DU VENT

Depuis 1823, tandis que la gargote de Montfermeil sombrait et s'engloutissait peu à peu, non dans l'abîme d'une banqueroute, mais dans le cloaque des petites dettes, les mariés Thénardier avaient eu deux autres enfants; mâles tous deux. Cela faisait cinq; deux filles et trois garçons. C'était beaucoup.

La Thénardier s'était débarrassée des deux derniers, encore en bas âge et tout petits, avec un bonheur singulier.

Débarrassée est le mot. Il n'y avait chez cette femme qu'un fragment de nature. Phénomène dont il y a du reste plus d'un exemple. Comme la maréchale de La Mothe-Houdancourt, la Thénardier n'était mère que jusqu'à ses filles. Sa maternité finissait là. Sa haine du genre humain commençait à ses garçons. Du côté de ses fils sa méchanceté était à pic, et son cœur avait à cet endroit un lugubre escarpement. Comme on l'a vu, elle détestait l'aîné; elle exécrait les deux autres. Pourquoi? Parce que. Le plus terrible des motifs et la plus indiscutable des réponses : Parce que. — Je n'ai pas besoin d'une tiaulée d'enfants, disait cette mère.

Expliquons comment les Thénardier étaient parvenus à s'exonérer de leurs deux derniers enfants; et même à en tirer profit.

Cette fille Magnon, dont il a été question quelques pages plus haut, était la même qui avait réussi à faire renter par le bonhomme Gillenormand les deux enfants qu'elle avait. Elle demeurait quai des Célestins, à l'angle de cette antique rue du Petit-Musc qui a fait ce qu'elle a pu pour changer en bonne odeur sa mauvaise renommée. On se souvient de la grande épidémie de croup qui désola, il y a trente-cinq ans, les quartiers riverains de la Seine à Paris, et dont la science profita pour expérimenter sur une large échelle l'efficacité des insufflations d'alun, si utilement remplacées aujourd'hui par la teinture externe d'iode. Dans cette épidémie, la Magnon perdit le même jour, l'un le matin, l'autre le soir, ses deux garçons, encore en très-bas âge. Ce fut un coup. Ces enfants étaient précieux à leur mère; ils représentaient quatrevingts francs par mois. Ces quatrevingts francs étaient fort exactement soldés, au nom de M. Gillenormand, par son receveur de rentes, M. Barge, huissier retiré, rue du Roi-de-Sicile. Les enfants morts, la rente était enterrée. La Magnon chercha un expédient. Dans cette ténébreuse maçonnerie du mal dont elle faisait partie, on sait tout, on se garde le secret, et l'on s'entr'aide. Il fallait deux enfants à la Magnon ; la Thénardier en avait deux. Même sexe, même âge. Bon arrangement pour l'une, bon placement pour l'autre. Les petits Thénardier devinrent les petits Magnon. La Magnon quitta le quai des Célestins et alla demeurer rue Clocheperce. A Paris, l'identité qui lie un individu à lui-même se rompt d'une rue à l'autre.

L'état civil, n'étant averti par rien, ne réclama pas, et la substitution se fit le plus simplement du monde. Seulement le Thénardier exigea, pour ce prêt d'enfants, dix francs par mois que la Magnon promit et même paya. Il va sans dire que M. Gillenormand continua de s'exécuter. Il venait tous les six mois voir les petits. Il ne s'aperçut pas du changement. — Monsieur, lui disait la Magnon, comme ils vous ressemblent!

Thénardier, à qui les avatars étaient aisés, saisit cette occasion de devenir Jondrette. Ses deux filles et Gavroche avaient à peine eu le temps de s'apercevoir qu'ils avaient deux petits frères. A un certain degré de misère, on est gagné par une sorte d'indifférence spectrale, et l'on voit les êtres comme des larves. Vos plus proches ne sont souvent pour vous que de vagues formes de l'ombre, à peine distinctes du fond nébuleux de la vie et facilement remêlées à l'invisible.

Le soir du jour où elle avait fait livraison de ses deux petits à la

Magnon, avec la volonté bien expresse d'y renoncer à jamais, la Thénardier avait eu, ou fait semblant d'avoir, un scrupule. Elle avait dit à son mari : — Mais c'est abandonner ses enfants, cela ! Thénardier, magistral et flegmatique, cautérisa le scrupule avec ce mot : Jean-Jacques Rousseau a fait mieux ! Du scrupule la mère avait passé à l'inquiétude : — Mais si la police allait nous tourmenter ? Ce que nous avons fait là, monsieur Thénardier, dis donc, est-ce que c'est permis ? — Thénardier répondit : — Tout est permis. Personne n'y verra que de l'azur. D'ailleurs, dans des enfants qui n'ont pas le sou, nul n'a intérêt à y regarder de si près.

La Magnon était une sorte d'élégante du crime. Elle faisait de la toilette. Elle partageait son logis, meublé d'une façon maniérée et misérable, avec une savante voleuse anglaise francisée. Cette anglaise naturalisée parisienne, recommandable par des relations fort riches, intimement liée avec les médailles de la bibliothèque et les diamants de mademoiselle Mars, fut plus tard célèbre dans les sommiers judiciaires. On l'appelait *mamselle Miss*.

Les deux petits échus à la Magnon n'eurent pas à se plaindre. Recommandés par les quatrevingts francs, ils étaient ménagés, comme tout ce qui est exploité ; point mal vêtus, point mal nourris, traités presque comme de « petits messieurs », mieux avec la fausse mère qu'avec la vraie. La Magnon faisait la dame et ne parlait pas argot devant eux.

Ils passèrent ainsi quelques années. Le Thénardier en augurait bien. Il lui arriva un jour de dire à la Magnon qui lui remettait ses dix francs mensuels : — Il faudra que « le père » leur donne de l'éducation.

Tout à coup, ces deux pauvres enfants, jusque-là assez protégés, même par leur mauvais sort, furent brusquement jetés dans la vie, et forcés de la commencer.

Une arrestation en masse de malfaiteurs comme celle du galetas Jondrette, nécessairement compliquée de perquisitions et d'incarcérations ultérieures, est un véritable désastre pour cette hideuse contre-société occulte qui vit sous la société publique ; une aventure de ce genre entraîne toute sorte d'écroulements dans ce monde sombre. La catastrophe des Thénardier produisit la catastrophe de la Magnon.

Un jour, peu de temps après que la Magnon eut remis à Éponine le billet relatif à la rue Plumet, il se fit rue Clocheperce une subite descente de police; la Magnon fut saisie, ainsi que mamselle Miss; et toute la maisonnée, qui était suspecte, passa dans le coup de filet. Les deux petits garçons jouaient pendant ce temps-là dans une arrière-cour et ne virent rien de la razzia. Quand ils voulurent rentrer, ils trouvèrent la porte fermée et la maison vide. Un savetier d'une échoppe en face les appela et leur remit un papier que « leur mère » avait laissé pour eux. Sur le papier il y avait une adresse : M. Barge, receveur de rentes, rue du Roi-de-Sicile, n° 8. L'homme de l'échoppe leur dit : — Vous ne demeurez plus ici. Allez là. C'est tout près. La première rue à gauche. Demandez votre chemin avec ce papier-ci.

Les enfants partirent, l'aîné menant le cadet, et tenant à la main le papier qui devait les guider. Il avait froid, et ses petits doigts engourdis serraient peu et tenaient mal ce papier. Au détour de la rue Clocheperce, un coup de vent le lui arracha, et, comme la nuit tombait, l'enfant ne put le retrouver.

Ils se mirent à errer au hasard dans les rues.

## II

#### OÙ LE PETIT GAVROCHE TIRE PARTI DE NAPOLÉON LE GRAND

Le printemps à Paris est assez souvent traversé par des bises aigres et dures dont on est, non pas précisément glacé, mais gelé; ces bises qui attristent les plus belles journées font exactement l'effet de ces souffles d'air froid qui entrent dans une chambre chaude par les fentes d'une fenêtre ou d'une porte mal fermée. Il semble que la sombre porte de l'hiver soit restée entre-bâillée et qu'il vienne du vent par là. Au printemps de 1832, époque où éclata la première grande épidémie de ce siècle en Europe, ces bises étaient plus âpres et plus poignantes que jamais. C'était une porte plus glaciale encore que celle de l'hiver qui était entr'ouverte. C'était la porte du sépulcre. On sentait dans ces bises le souffle du choléra.

Au point de vue météorologique, ces vents froids avaient cela de particulier qu'ils n'excluaient point une forte tension électrique. De

fréquents orages, accompagnés d'éclairs et de tonnerre, éclatèrent à cette époque.

Un soir que ces bises soufflaient rudement, au point que janvier semblait revenu et que les bourgeois avaient repris les manteaux, le petit Gavroche, toujours grelottant gaiement sous ses loques, se tenait debout et comme en extase devant la boutique d'un perruquier des environs de l'Orme-Saint-Gervais. Il était orné d'un châle de femme en laine, cueilli on ne sait où, dont il s'était fait un cache-nez. Le petit Gavroche avait l'air d'admirer profondément une mariée en cire, décolletée et coiffée de fleurs d'oranger, qui tournait derrière la vitré, montrant, entre deux quinquets, son sourire aux passants; mais en réalité il observait la boutique afin de voir s'il ne pourrait pas « chiper » dans la devanture un pain de savon, qu'il irait ensuite revendre un sou à un « coiffeur » de la banlieue. Il lui arrivait souvent de déjeuner d'un de ces pains-là. Il appelait ce genre de travail, pour lequel il avait du talent, « faire la barbe aux barbiers ».

Tout en contemplant la mariée et tout en lorgnant le pain de savon, il grommelait entre ses dents ceci : — Mardi. — Ce n'est pas mardi. — Est-ce mardi? — C'est peut-être mardi. — Oui, c'est mardi.

On n'a jamais su à quoi avait trait ce monologue.

Si, par hasard, ce monologue se rapportait à la dernière fois où il avait dîné, il y avait trois jours, car on était au vendredi.

Le barbier, dans sa boutique chauffée d'un bon poêle, rasait une pratique et jetait de temps en temps un regard de côté à cet ennemi, à ce gamin gelé et effronté qui avait les deux mains dans ses poches, mais l'esprit évidemment hors du fourreau.

Pendant que Gavroche examinait la mariée, le vitrage et les Windsor-soap, deux enfants de taille inégale, assez proprement vêtus, et encore plus petits que lui, paraissant l'un sept ans, l'autre cinq, tournèrent timidement le bec de canne et entrèrent dans la boutique en demandant on ne sait quoi, la charité peut-être, dans un murmure plaintif et qui ressemblait plutôt à un gémissement qu'à une prière. Ils parlaient tous deux à la fois, et leurs paroles étaient inintelligibles parce que les sanglots coupaient la voix du plus jeune et que le froid faisait claquer les dents de l'aîné. Le barbier se tourna avec un visage furieux, et, sans quitter son rasoir, refoulant l'aîné de la main gauche et le petit du genou, les poussa dans la rue, et referma sa porte en disant : — Venir refroidir le monde pour rien!

Les deux enfants se remirent en marche en pleurant. Cependant une nuée était venue; il commençait à pleuvoir.

Le petit Gavroche courut après eux et les aborda :

— Qu'est-ce que vous avez donc, moutards?

— Nous ne savons pas où coucher, répondit l'aîné.

— C'est ça? dit Gavroche. Voilà grand'chose. Est-ce qu'on pleure pour ça? Sont-ils serins donc!

Et prenant, à travers sa supériorité un peu goguenarde, un accent d'autorité attendrie et de protection douce :

— Momacques, venez avec moi.

— Oui, monsieur, fit l'aîné.

Et les deux enfants le suivirent comme ils auraient suivi un archevêque. Ils avaient cessé de pleurer.

Gavroche leur fit monter la rue Saint-Antoine dans la direction de la Bastille.

Gavroche, tout en cheminant, jeta un coup d'œil indigné et rétrospectif à la boutique du barbier.

— Ça n'a pas de cœur, ce merlan-là, grommela-t-il. C'est un angliche.

Une fille, les voyant marcher à la file tous les trois, Gavroche en tête, partit d'un rire bruyant. Ce rire manquait de respect au groupe.

— Bonjour, mamselle Omnibus, lui dit Gavroche.

Un instant après, le perruquier lui revenant, il ajouta :

— Je me trompe de bête; ce n'est pas un merlan, c'est un serpent. Perruquier, j'irai chercher un serrurier, et je te ferai mettre une sonnette à la queue.

Ce perruquier l'avait rendu agressif. Il apostropha, en enjambant un ruisseau, une portière barbue et digne de rencontrer Faust sur le Brocken, laquelle avait son balai à la main.

— Madame, lui dit-il, vous sortez donc avec votre cheval?

Et sur ce, il éclaboussa les bottes vernies d'un passant.

— Drôle! cria le passant furieux.

Gavroche leva le nez par-dessus son châle.

— Monsieur se plaint?

— De toi! fit le passant.

— Le bureau est fermé, dit Gavroche, je ne reçois plus de plaintes.

Cependant, en continuant de monter la rue, il avisa, toute glacée sous une porte cochère, une mendiante de treize ou quatorze ans, si court-vêtue qu'on voyait ses genoux. La petite commençait à être trop grande fille pour cela. La croissance vous joue de ces tours. La jupe devient courte au moment où la nudité devient indécente.

— Pauvre fille! dit Gavroche. Ça n'a même pas de culotte. Tiens, prends toujours ça.

Et, défaisant toute cette bonne laine qu'il avait autour du cou, il la jeta sur les épaules maigres et violettes de la mendiante, où le cache-nez redevint châle.

La petite le considéra d'un air étonné et reçut le châle en silence. A un certain degré de détresse, le pauvre, dans sa stupeur, ne gémit plus du mal et ne remercie plus du bien.

Cela fait : — Brrr! dit Gavroche plus frissonnant que saint Martin qui, lui du moins, avait gardé la moitié de son manteau.

Sur ce brrr! l'averse, redoublant d'humeur, fit rage. Ces mauvais ciels-là punissent les bonnes actions.

— Ah çà, s'écria Gavroche, qu'est-ce que cela signifie? Il repleut! Bon Dieu, si cela continue, je me désabonne.

Et il se remit en marche.

— C'est égal, reprit-il en jetant un coup d'œil à la mendiante qui se pelotonnait sous le châle, en voilà une qui a une fameuse pelure.

Et regardant la nuée, il cria :

— Attrapé!

Les deux enfants emboîtaient le pas derrière lui.

Comme ils passaient devant un de ces épais treillis grillés qui indiquent la boutique d'un boulanger, car on met le pain comme l'or derrière des grillages de fer, Gavroche se tourna :

— Ah çà, mômes, avons-nous dîné?

— Monsieur, répondit l'aîné, nous n'avons pas mangé depuis tantôt ce matin.

— Vous êtes donc sans père ni mère? reprit majestueusement Gavroche.

— Faites excuse, monsieur, nous avons papa et maman, mais nous ne savons pas où ils sont.

— Des fois, cela vaut mieux que de le savoir, dit Gavroche qui était un penseur.

— Voilà, continua l'aîné, deux heures que nous marchons, nous avons cherché des choses au coin des bornes, mais nous ne trouvons rien.

— Je sais, fit Gavroche. C'est les chiens qui mangent tout.

Il reprit après un silence :

— Ah! nous avons perdu nos auteurs. Nous ne savons plus ce que nous en avons fait. Ça ne se doit pas, gamins. C'est bête d'égarer comme ça des gens d'âge. Ah çà! il faut licher pourtant.

Du reste, il ne leur fit pas de questions. Être sans domicile, quoi de plus simple?

L'aîné des deux mômes, presque entièrement revenu à la prompte insouciance de l'enfance, fit cette exclamation :

— C'est drôle tout de même. Maman qui avait dit qu'elle nous mènerait chercher du buis bénit le dimanche des Rameaux.

— Neurs, répondit Gavroche.

— Maman, reprit l'aîné, est une dame qui demeure avec mamselle Miss.

— Tanflûte, repartit Gavroche.

Cependant il s'était arrêté, et depuis quelques minutes il

tâtait et fouillait toutes sortes de recoins qu'il avait dans ses haillons.

Enfin il releva la tête d'un air qui ne voulait qu'être satisfait, mais qui était en réalité triomphant.

— Calmons-nous, les momignards. Voici de quoi souper pour trois.

Et il tira d'une de ses poches un sou.

Sans laisser aux deux petits le temps de s'ébahir, il les poussa tous deux devant lui dans la boutique du boulanger, et mit son sou sur le comptoir en criant :

— Garçon ! cinque centimes de pain.

Le boulanger, qui était le maître en personne, prit un pain et un couteau.

— En trois morceaux, garçon ! reprit Gavroche.

Et il ajouta avec dignité :

— Nous sommes trois.

Et voyant que le boulanger, après avoir examiné les trois soupeurs, avait pris un pain bis, il plongea profondément son doigt dans son nez avec une aspiration aussi impérieuse que s'il eût eu au bout du pouce la prise de tabac du grand Frédéric, et jeta au boulanger, en plein visage cette apostrophe indignée :

— Keksekça?

Ceux de nos lecteurs qui seraient tentés de voir dans cette interpellation de Gavroche au boulanger un mot russe ou polonais, ou l'un de ces cris sauvages que les Yoways et les Botocudos se lancent du bord d'un fleuve à l'autre à travers les solitudes, sont prévenus que c'est un mot qu'ils disent tous les jours (eux nos lecteurs) et qui tient lieu de cette phrase : Qu'est-ce que c'est que cela? Le boulanger comprit parfaitement et répondit :

— Eh mais! c'est du pain, du très bon pain de deuxième qualité.

— Vous voulez dire du larton brutal*, reprit Gavroche, calme et froidement dédaigneux. Du pain blanc, garçon ! du larton savonné! je régale.

Le boulanger ne put s'empêcher de sourire, et tout en coupant le pain blanc, il les considérait d'une façon compatissante qui choqua Gavroche.

* Pain noir.

# LE PETIT GAVROCHE.

— Ah çà, mitron! dit-il, qu'est-ce que vous avez donc à nous toiser comme ça?

Mis tous trois bout à bout, ils auraient à peine fait une toise.

Quand le pain fut coupé, le boulanger encaissa le sou, et Gavroche dit aux deux enfants :

— Morfilez.

Les petits garçons le regardèrent interdits.

Gavroche se mit à rire :

— Ah! tiens, c'est vrai, ça ne sait pas encore, c'est si petit.

Et il reprit :

— Mangez.

En même temps, il leur tendait à chacun un morceau de pain.

Et, pensant que l'aîné, qui lui paraissait plus digne de sa conversation, méritait quelque encouragement spécial et devait être débarrassé de toute hésitation à satisfaire son appétit, il ajouta en lui donnant la plus grosse part :

— Colle-toi ça dans le fusil.

Il y avait un morceau plus petit que les deux autres; il le prit pour lui.

Les pauvres enfants étaient affamés, y compris Gavroche. Tout en arrachant leur pain à belles dents, ils encombraient la boutique du boulanger qui, maintenant qu'il était payé, les regardait avec humeur.

— Rentrons dans la rue, dit Gavroche.

Ils reprirent la direction de la Bastille.

De temps en temps, quand ils passaient devant les devantures de boutiques éclairées, le plus petit s'arrêtait pour regarder l'heure à une montre en plomb suspendue à son cou par une ficelle.

— Voilà décidément un fort serin, disait Gavroche.

Puis, pensif, il grommelait entre ses dents :

— C'est égal, si j'avais des mômes, je les serrerais mieux que ça.

Comme ils achevaient leur morceau de pain et atteignaient l'angle de cette morose rue des Ballets au fond de laquelle on aperçoit le guichet bas et hostile de la Force :

— Tiens, c'est toi, Gavroche? dit quelqu'un.

— Tiens, c'est toi, Montparnasse? dit Gavroche.

C'était un homme qui venait d'aborder le gamin, et cet homme n'était autre que Montparnasse déguisé, avec des besicles bleues, mais reconnaissable pour Gavroche.

— Mâtin! poursuivit Gavroche, tu as une pelure couleur cataplasme de graine de lin et des lunettes bleues comme un médecin. Tu as du style, parole de vieux!

— Chut, fit Montparnasse, pas si haut.

Et il entraîna vivement Gavroche hors de la lumière des boutiques.

Les deux petits suivaient machinalement en se tenant par la main.

Quand ils furent sous l'archivolte noire d'une porte cochère à l'abri des regards et de la pluie :

— Sais-tu où je vas? demanda Montparnasse.
— A l'abbaye de Monte-à-Regret *, dit Gavroche.
— Farceur!
Et Montparnasse reprit :
— Je vas retrouver Babet.
— Ah! fit Gavroche, elle s'appelle Babet.
Montparnasse baissa la voix :
— Pas elle, lui.
— Ah! Babet!
— Oui, Babet.
— Je le croyais bouclé.
— Il a défait la boucle, répondit Montparnasse.

Et il conta rapidement au gamin que, le matin de ce même jour où ils étaient, Babet, ayant été transféré à la Conciergerie, s'était évadé en prenant à gauche au lieu de prendre à droite dans « le corridor de l'instruction ».

Gavroche admira l'habileté.
— Quel dentiste! dit-il.

Montparnasse ajouta quelques détails sur l'évasion de Babet et termina par :
— Oh! ce n'est pas tout.

Gavroche, tout en écoutant, s'était saisi d'une canne que Montparnasse tenait à la main, il en avait machinalement tiré la partie supérieure, et la lame d'un poignard avait apparu.
— Ah! fit-il en repoussant vivement le poignard, tu as emmené ton gendarme déguisé en bourgeois.

Montparnasse cligna de l'œil.
— Fichtre! reprit Gavroche, tu vas donc te colleter avec les cognes?
— On ne sait pas, répondit Montparnasse d'un air indifférent. Il est toujours bon d'avoir une épingle sur soi.

Gavroche insista :
— Qu'est-ce que tu vas donc faire cette nuit?

Montparnasse prit de nouveau la corde grave et dit en mangeant les syllabes : — Des choses.

Et changeant brusquement de conversation :

* A l'échafaud.

— A propos !
— Quoi ?
— Une histoire de l'autre jour. Figure-toi. Je rencontre un bourgeois. Il me fait cadeau d'un sermon et de sa bourse. Je mets ça dans ma poche. Une minute après, je fouille dans ma poche. Il n'y avait plus rien.

— Que le sermon, fit Gavroche.
— Mais toi, reprit Montparnase, où vas-tu donc maintenant ?

Gavroche montra ses deux protégés et dit :
— Je vas coucher ces enfants-là.
— Où ça coucher ?
— Chez moi.
— Où ça chez toi ?
— Chez moi.
— Tu loges donc ?
— Oui, je loge.
— Et où loges-tu ?
— Dans l'éléphant, dit Gavroche.

Montparnasse, quoique de sa nature peu étonné, ne put retenir une exclamation :
— Dans l'éléphant !
— Eh bien oui, dans l'éléphant ! repartit Gavroche. Kekçaa ?

Ceci est encore un mot de la langue que personne n'écrit et que tout le monde parle. Kekçaa signifie : Qu'est-ce que cela a ?

L'observation profonde du gamin ramena Montparnasse au calme et au bon sens. Il parut revenir à de meilleurs sentiments pour le logis de Gavroche.

— Au fait ! dit-il, oui, l'éléphant. Y est-on bien ?
— Très-bien, fit Gavroche. Là, vrai, chenument. Il n'y a pas de vents coulis comme sous les ponts.
— Comment y entres-tu ?
— J'entre.
— Il y a donc un trou ? demanda Montparnasse.
— Parbleu ! Mais il ne faut pas le dire. C'est entre les jambes de devant. Les coqueurs* ne l'ont pas vu.
— Et tu grimpes ? Oui, je comprends.

\* Mouchards, gens de police.

— Un tour de main, cric, crac, c'est fait, plus personne.

Après un silence, Gavroche ajouta :

— Pour ces petits, j'aurai une échelle.

Montparnasse se mit à rire :

— Où diable as-tu pris ces mions-là ?

Gavroche répondit avec simplicité :

— C'est des momichards dont un perruquier m'a fait cadeau.

Cependant Montparnasse était devenu pensif.

— Tu m'as reconnu bien aisément, murmura-t-il.

Il prit dans sa poche deux petits objets qui n'étaient autre chose que deux tuyaux de plume enveloppés de coton et s'en introduisit un dans chaque narine. Ceci lui faisait un autre nez.

— Ça te change, dit Gavroche, tu es moins laid, tu devrais garder toujours ça.

Montparnasse était joli garçon, mais Gavroche était railleur.

— Sans rire, demanda Montparnassse, comment me trouves-tu ?

C'était aussi un autre son de voix. En un clin d'œil Montparnasse était devenu méconnaissable.

— Oh ! fais-nous Porrichinelle ! s'écria Gavroche.

Les deux petits, qui n'avaient rien écouté jusque-là, occupés qu'ils étaient eux-mêmes à fourrer leurs doigts dans leur nez, s'approchèrent à ce nom et regardèrent Montparnasse avec un commencement de joie et d'admiration.

Malheureusement Montparnasse était soucieux.

Il posa sa main sur l'épaule de Gavroche et lui dit en appuyant sur les mots :

— Écoute ce que je te dis, garçon, si j'étais sur la place, avec mon dogue, ma dague et ma digue, et si vous me prodiguiez dix gros sous, je ne refuserais pas d'y goupiner\*, mais nous ne sommes pas le mardi gras.

Cette phrase bizarre produisit sur le gamin un effet singulier. Il se retourna vivement, promena avec une attention profonde ses petits yeux brillants autour de lui et aperçut, à quelques pas, un sergent de ville qui leur tournait le dos. Gavroche laissa échapper un : Ah, bon ! qu'il réprima sur-le-champ, et, secouant la main de Montparnasse :

\* Travailler.

— Eh bien, bonsoir, fit-il, je m'en vas à mon éléphant avec mes mômes. Une supposition que tu aurais besoin de moi une nuit, tu viendrais me trouver là. Je loge à l'entre-sol. Il n'y a pas de portier. Tu demanderais monsieur Gavroche.

— C'est bon, dit Montparnasse.

Et ils se séparèrent, Montparnasse cheminant vers la Grève et Gavroche vers la Bastille. Le petit de cinq ans, traîné par son frère que traînait Gavroche, tourna plusieurs fois la tête en arrière pour voir s'en aller « Porrichinelle. »

La phrase amphigourique par laquelle Montparnasse avait averti Gavroche de la présence du sergent de ville ne contenait pas d'autre talisman que l'assonance *dig* répétée cinq ou six fois sous des formes variées. Cette syllabe *dig*, non prononcée isolément, mais artistement mêlée aux mots d'une phrase, veut dire : — *Prenons garde, on ne peut pas parler librement.* — Il y avait en outre dans la phrase de Montparnasse une beauté littéraire qui échappa à Gavroche, c'est *mon dogue, ma dague et ma digue,* locution de l'argot du Temple qui signifie *mon chien, mon couteau et ma femme,* fort usitée parmi les pitres et les queues rouges du grand siècle où Molière écrivait et où Callot dessinait.

Il y a vingt ans, on voyait encore dans l'angle sud-est de la place de la Bastille, près de la gare du canal creusée dans l'ancien fossé de la prison-citadelle, un monument bizarre qui s'est effacé déjà de la mémoire des Parisiens, et qui méritait d'y laisser quelque trace, car c'était une pensée du « membre de l'Institut, général en chef de l'armée d'Égypte ».

Nous disons monument, quoique ce ne fût qu'une maquette. Mais cette maquette elle-même, ébauche prodigieuse, cadavre grandiose d'une idée de Napoléon que deux ou trois coups de vent successifs avaient emportée et jetée à chaque fois plus loin de nous, était devenue historique, et avait pris je ne sais quoi de définitif qui contrastait avec son aspect provisoire. C'était un éléphant de quarante pieds de haut, construit en charpente et en maçonnerie, portant sur son dos sa tour qui ressemblait à une maison, jadis peint en vert par un badigeonneur quelconque, maintenant peint en noir par le ciel, la pluie et le temps. Dans cet angle désert et découvert de la place, le large front du colosse, sa trompe, ses défenses, sa tour, sa croupe énorme, ses quatre pieds pareils à des colonnes faisaient, la nuit, sur le ciel étoilé, une silhouette surprenante et terrible. On ne savait ce que cela voulait dire. C'était une sorte de symbole de la force populaire. C'était sombre, énigmatique et immense. C'était on ne sait quel fantôme puissant visible et debout à côté du spectre invisible de la Bastille.

Peu d'étrangers visitaient cet édifice, aucun passant ne le regardait. Il tombait en ruine ; à chaque saison, des plâtras qui se détachaient de ses flancs lui faisaient des plaies hideuses. « Les édiles », comme on dit en patois élégant, l'avaient oublié depuis 1814. Il était là dans son coin, morne, malade, croulant, entouré d'une palissade pourrie souillée à chaque instant par des cochers ivres ; des crevasses lui lézardaient le ventre, une latte lui sortait de la queue, les hautes herbes lui poussaient entre les jambes ; et comme le niveau de la place s'élevait depuis trente ans tout autour par ce mouvement lent et continu qui exhausse insensiblement le sol des grandes villes, il était dans un creux et il semblait que la terre s'enfonçât sous lui. Il était immonde, méprisé, repoussant et superbe, laid aux yeux du bourgeois, mélancolique aux yeux du penseur. Il avait quelque chose d'une ordure qu'on va balayer et quelque chose d'une majesté qu'on va décapiter.

Comme nous l'avons dit, la nuit, l'aspect changeait. La nuit est le véritable milieu de tout ce qui est ombre. Dès que tombait le crépuscule, le vieil éléphant se transfigurait ; il prenait une figure tranquille et redoutable dans la formidable sérénité des ténèbres. Étant du passé, il était de la nuit ; et cette obscurité allait à sa grandeur.

Ce monument, rude, trapu, pesant, âpre, austère, presque difforme, mais à coup sûr majestueux et empreint d'une sorte de gravité magnifique et sauvage, a disparu pour laisser régner en paix l'espèce de poêle gigantesque, orné de son tuyau, qui a remplacé la sombre forteresse à neuf tours, à peu près comme la bourgeoisie remplace la féodalité. Il est tout simple qu'un poêle soit le symbole d'une époque dont une marmite contient la puissance. Cette époque passera, elle passe déjà ; on commence à comprendre que, s'il peut y avoir de la force dans une chaudière, il ne peut y avoir de puissance que dans un cerveau ; en d'autres termes, que ce qui mène et entraîne le monde, ce ne sont pas les locomotives, ce sont les idées. Attelez les locomotives aux idées, c'est bien ; mais ne prenez pas le cheval pour le cavalier.

Quoi qu'il en soit, pour revenir à la place de la Bastille, l'archi-

tecte de l'éléphant avec du plâtre était parvenu à faire du grand; l'architecte du tuyau de poêle a réussi à faire du petit avec du bronze.

Ce tuyau de poêle, qu'on a baptisé d'un nom sonore et nommé la colonne de Juillet, ce monument manqué d'une révolution avortée, était encore enveloppé en 1832 d'une immense chemise en charpente que nous regrettons pour notre part, et d'un vaste enclos en planches, qui achevait d'isoler l'éléphant.

Ce fut vers ce coin de la place, à peine éclairé du reflet d'un réverbère éloigné, que le gamin dirigea les deux « mômes ».

Qu'on nous permette de nous interrompre ici et de rappeler que nous sommes dans la simple réalité, et qu'il y a vingt ans les tribunaux correctionnels eurent à juger, sous prévention de vagabondage et de bris d'un monument public, un enfant qui avait été surpris couché dans l'intérieur même de l'éléphant de la Bastille. Ce fait constaté, nous continuons.

En arrivant près du colosse, Gavroche comprit l'effet que l'infiniment grand peut produire sur l'infiniment petit, et dit :

— Moutards ! n'ayez pas peur.

Puis il entra par une lacune de la palissade dans l'enceinte de l'éléphant et aida les mômes à enjamber la brèche. Les deux enfants, un peu effrayés, suivaient sans dire mot Gavroche et se confiaient à cette petite providence en guenilles qui leur avait donné du pain et leur avait promis un gîte.

Il y avait là, couchée le long de la palissade, une échelle qui servait le jour aux ouvriers du chantier voisin. Gavroche la souleva avec une singulière vigueur, et l'appliqua contre une des jambes de devant de l'éléphant. Vers le point où l'échelle allait aboutir, on distinguait une espèce de trou noir dans le ventre du colosse.

Gavroche montra l'échelle et le trou à ses hôtes et leur dit :

— Montez et entrez.

Les deux petits garçons se regardèrent terrifiés.

— Vous avez peur, mômes ! s'écria Gavroche.

Et il ajouta :

— Vous allez voir.

Il étreignit le pied rugueux de l'éléphant, et en un clin d'œil, sans daigner se servir de l'échelle, il arriva à la crevasse. Il y entra comme une couleuvre qui se glisse dans une fente, et s'y enfonça, et un moment après les deux enfants virent vaguement apparaître, comme une forme blanchâtre et blafarde, sa tête pâle au bord du trou plein de ténèbres.

— Eh bien, cria-t-il, montez donc, les momignards ! vous allez voir comme on est bien ! — Monte, toi ! dit-il à l'aîné, je te tends la main.

Les petits se poussèrent de l'épaule, le gamin leur faisait peur et les rassurait à la fois, et puis il pleuvait bien fort. L'aîné se risqua. Le plus jeune, en voyant monter son frère et lui resté tout seul entre les pattes de cette grosse bête, avait bien envie de pleurer, mais il n'osait.

L'aîné gravissait, tout en chancelant, les barreaux de l'échelle ; Gavroche, chemin faisant, l'encourageait par des exclamations de maître d'armes à ses écoliers ou de muletier à ses mules :

— Aye pas peur !

— C'est ça !

— Va toujours !

— Mets ton pied là !

— Ta main ici !

— Hardi !

Et quand il fut à sa portée, il l'empoigna brusquement et vigoureusement par le bras et le tira à lui.

— Gobé ! dit-il.

Le môme avait franchi la crevasse.

— Maintenant, fit Gavroche, attends-moi. Monsieur, prenez la peine de vous asseoir.

Et, sortant de la crevasse comme il y était entré, il se laissa glisser avec l'agilité d'un ouistiti le long de la jambe de l'éléphant, il tomba debout sur ses pieds dans l'herbe, saisit le petit de cinq ans à bras-le-corps et le planta au beau milieu de l'échelle, puis il se mit à monter derrière lui en criant à l'aîné :

— Je vas le pousser, tu vas le tirer.

En un instant le petit fut monté, poussé, traîné, tiré, bourré, fourré dans le trou sans avoir eu le temps de se reconnaître, et Gavroche entrant après lui, repoussant d'un coup de talon l'échelle qui tomba sur le gazon, se mit à battre des mains et cria :

— Nous y v'là ! Vive le général Lafayette !

Cette explosion passée, il ajouta :

— Les mioches, vous êtes chez moi.

Gavroche était en effet chez lui.

O utilité inattendue de l'inutile ! charité des grandes choses ! bonté des géants ! Ce monument démesuré qui avait contenu une pensée de l'empereur était devenu la boîte d'un gamin. Le môme avait été accepté et abrité par le colosse. Les bourgeois endimanchés qui passaient devant l'éléphant de la Bastille disaient volontiers en le toisant d'un air de mépris avec leurs yeux à fleur de tête : — A quoi cela sert-il ? — Cela servait à sauver du froid, du givre, de la grêle, de la pluie, à garantir du vent d'hiver, à préserver du sommeil dans la boue qui donne la fièvre et du sommeil dans la neige qui donne la mort, un petit être sans père ni mère, sans pain, sans vêtement, sans asile. Cela servait à recueillir l'innocent que la société repoussait. Cela servait à diminuer la faute publique. C'était une tanière ouverte à celui auquel toutes les portes étaient fermées. Il semblait que le vieux mastodonte misérable, envahi par la vermine et par l'oubli, couvert de verrues, de moisissures et d'ulcères, chancelant, vermoulu, abandonné, condamné, espèce de mendiant colossal demandant en vain l'aumône d'un regard bienveillant au milieu du carrefour, avait eu pitié, lui, de cet autre mendiant, du pauvre pygmée qui s'en allait sans souliers aux pieds, sans plafond sur la tête, soufflant dans ses doigts, vêtu de chiffons, nourri de ce qu'on jette. Voilà à quoi servait l'éléphant de la Bastille. Cette idée de Napoléon, dédaignée par les hommes, avait été reprise par Dieu. Ce qui n'eût été qu'illustre était devenu auguste. Il eût fallu à l'empereur, pour réaliser ce qu'il méditait, le porphyre, l'airain, le fer, l'or, le marbre ; à Dieu le vieil assemblage de planches, de solives et de plâtras suffisait. L'empereur avait eu un rêve de génie ; dans cet éléphant titanique, armé, prodigieux, dressant sa trompe, portant sa tour, et faisant jaillir de toute part autour de lui des eaux joyeuses et vivifiantes, il voulait incarner le peuple ; Dieu en avait fait une chose plus grande, il y logeait un enfant.

Le trou par où Gavroche était entré était une brèche à peine visible du dehors, cachée qu'elle était, nous l'avons dit, sous le ventre de l'éléphant, et si étroite qu'il n'y avait guère que des chats et des mômes qui pussent y passer.

— Commençons, dit Gavroche, par dire au portier que nous n'y sommes pas.

Et plongeant dans l'obscurité avec certitude comme quelqu'un qui connaît son appartement, il prit une planche et en boucha le trou.

Gavroche replongea dans l'obscurité. Les enfants entendirent le reniflement de l'allumette enfoncée dans la bouteille phosphorique. L'allumette chimique n'existait pas encore ; le briquet Fumade représentait à cette époque le progrès.

Une clarté subite leur fit cligner les yeux ; Gavroche venait d'allumer un de ces bouts de ficelle trempés dans la résine qu'on appelle rats de cave. Le rat de cave, qui fumait plus qu'il n'éclairait, rendait confusément visible le dedans de l'éléphant.

Les deux hôtes de Gavroche regardèrent autour d'eux et éprouvèrent quelque chose de pareil à ce qu'éprouverait quelqu'un qui serait enfermé dans la grosse tonne de Heidelberg, ou, mieux encore, à ce que dut éprouver Jonas dans le ventre biblique de la baleine. Tout un squelette gigantesque leur apparaissait et les enveloppait. En haut, une longue poutre brune d'où partaient de distance en distance de massives membrures cintrées figurait la colonne vertébrale avec les côtes, des stalactites de plâtre y pendaient comme des viscères, et d'une côte à l'autre de vastes toiles d'araignées faisaient des diaphragmes poudreux. On voyait çà et là dans les coins de grosses taches noirâtres qui avaient l'air de vivre et qui se déplaçaient rapidement avec un mouvement brusque et effaré.

Les débris tombés du dos de l'éléphant sur son ventre en avaient comblé la concavité, de sorte qu'on pouvait y marcher comme sur un plancher.

Le plus petit se rencogna contre son frère et dit à demi-voix :

— C'est noir.

Ce mot fit exclamer Gavroche. L'air pétrifié des deux mômes rendait une secousse nécessaire.

— Qu'est-ce que vous me fichez? s'écria-t-il. Blaguons-nous? faisons-nous les dégoûtés? vous faut-il pas les Tuileries? Seriez-vous des brutes? Dites-le. Je vous préviens que je ne suis pas du régiment des godiches. Ah çà, est-ce que vous êtes les moutards du moutardier du pape?

Un peu de rudoiement est bon dans l'épouvante. Cela rassure. Les deux enfants se rapprochèrent de Gavroche.

Gavroche, paternellement attendri de cette confiance, passa « du grave au doux », et s'adressant au plus petit :

— Bêta, lui dit-il en accentuant l'injure d'une nuance caressante, c'est dehors que c'est noir. Dehors il pleut, ici il ne pleut pas; dehors il fait froid, ici il n'y a pas une miette de vent; dehors il y a des tas de monde, ici il n'y a personne; dehors il n'y a pas même la lune, ici il y a ma chandelle, nom d'unch!

Les deux enfants commençaient à regarder l'appartement avec moins d'effroi; mais Gavroche ne leur laissa pas plus longtemps le loisir de la contemplation.

— Vite, dit-il.

Et il les poussa vers ce que nous sommes très heureux de pouvoir appeler le fond de la chambre.

Là était son lit.

Le lit de Gavroche était complet; c'est-à-dire qu'il y avait un matelas, une couverture et une alcôve avec rideaux.

Le matelas était une natte de paille, la couverture un assez vaste pagne de grosse laine grise fort chaude et presque neuve. Voici ce que c'était que l'alcôve.

Trois échalas assez longs enfoncés et consolidés dans les gravois du sol, c'est-à-dire du ventre de l'éléphant, deux en avant, un en arrière, et réunis par une corde à leur sommet, de manière à former un faisceau pyramidal. Ce faisceau supportait un treillage de fil de laiton qui était simplement posé dessus, mais artistement appliqué et maintenu par des attaches de fil de fer, de sorte qu'il enveloppait entièrement les trois échalas. Un cordon de grosses pierres fixait tout autour ce treillage sur le sol de manière à ne rien laisser passer. Ce treillage n'était autre chose qu'un morceau de ces grillages de cuivre dont on revêt les volières dans les ménageries. Le lit de Gavroche était sous ce grillage comme dans une cage. L'ensemble ressemblait à une tente d'esquimau.

C'est ce grillage qui tenait lieu de rideaux.

Gavroche dérangea un peu les pierres qui assujettissaient le grillage par devant, les deux pans du treillage qui retombaient l'un sur l'autre s'écartèrent.

— Mômes, à quatre pattes! dit Gavroche.

Il fit entrer avec précaution ses hôtes dans la cage, puis il y entra après eux, en rampant, rapprocha les pierres et referma hermétiquement l'ouverture.

Ils s'étaient étendus tous trois sur la natte.

Si petits qu'ils fussent, aucun d'eux n'eût pu se tenir debout dans l'alcôve. Gavroche avait toujours le rat de cave à sa main.

— Maintenant, dit-il, pioncez! Je vas supprimer le candélabre.

— Monsieur, demanda l'aîné des deux frères à Gavroche en montrant le grillage, qu'est-ce que c'est donc que ça?

— Ça, dit Gavroche gravement, c'est pour les rats. Pioncez!

Cependant il se crut obligé d'ajouter quelques paroles pour l'instruction de ces êtres en bas âge, et il continua :

— C'est des choses du Jardin des Plantes. Ça sert aux animaux féroces. Gniena (il y en a) plein un magasin. Gnia (il n'y a) qu'à monter par-dessus un mur, qu'à grimper par une fenêtre et qu'à passer sous une porte. On en a tant qu'on veut.

Tout en parlant, il enveloppait d'un pan de la couverture le tout petit qui murmura :

— Oh! c'est bon! c'est chaud!

Gavroche fixa un œil satisfait sur la couverture.

— C'est encore du Jardin des Plantes, dit-il. J'ai pris cela aux singes.

Et, montrant à l'aîné la natte sur laquelle il était couché, natte fort épaisse et admirablement travaillée, il ajouta :

— Ça, c'était à la girafe.

Après une pause, il poursuivit :

— Les bêtes avaient tout ça. Je le leur ai pris. Ça ne les a pas fâchées. Je leur ai dit : C'est pour l'éléphant.

Il fit encore un silence et reprit :

— On passe par-dessus les murs et on se fiche du gouvernement. V'là.

Les deux enfants considéraient avec un respect craintif et stupéfait cet être intrépide et inventif, vagabond comme eux, isolé comme eux, chétif comme eux, qui avait quelque chose d'admirable et de tout puissant, qui leur semblait surnaturel, et dont la physionomie se composait de toutes les grimaces d'un vieux saltimbanque mêlées au plus naïf et au plus charmant sourire.

— Monsieur, fit timidement l'aîné, vous n'avez donc pas peur des sergents de ville?

Gavroche se borna à répondre :

— Môme! on ne dit pas les sergents de ville, on dit les cognes.

Le tout petit avait les yeux ouverts, mais il ne disait rien. Comme il était au bord de la natte, l'aîné étant au milieu, Gavroche lui borda la couverture comme eût fait une mère et exhaussa la natte sous sa tête avec de vieux chiffons de manière à faire au môme un oreiller. Puis il se tourna vers l'aîné :

— Hein? on est joliment bien, ici!

— Ah oui! répondit l'aîné en regardant Gavroche avec une expression d'ange sauvé.

Les deux pauvres petits enfants tout mouillés commençaient à se réchauffer.

— Ah çà, continua Gavroche, pourquoi donc est-ce que vous pleuriez?

Et montrant le petit à son frère :

— Un mioche comme ça, je ne dis pas, mais un grand comme toi, pleurer, c'est crétin; on a l'air d'un veau.

— Dame, fit l'enfant, nous n'avions plus du tout de logement où aller.

— Moutard! reprit Gavroche, on ne dit pas un logement, on dit une piolle.

— Et puis nous avions peur d'être tout seuls comme ça la nuit.
— On ne dit pas la nuit, on dit la sorgue.
— Merci, monsieur, dit l'enfant.
— Écoute, repartit Gavroche, il ne faut plus geindre jamais pour rien. J'aurai soin de vous. Tu verras comme on s'amuse. L'été, nous irons à la Glacière avec Navet, un camarade à moi, nous nous baignerons à la Gare, nous courrons tout nus sur les trains devant le pont d'Austerlitz, ça fait rager les blanchisseuses. Elles crient, elles bisquent, si tu savais comme elles sont farces! Nous irons voir l'homme-squelette. Il est en vie. Aux Champs-Élysées. Il est maigre comme tout, ce paroissien-là. Et puis je vous conduirai au spectacle. Je vous mènerai à Frédérick-Lemaître. J'ai des billets, je connais des acteurs, j'ai même joué une fois dans une pièce. Nous étions des mômes comme ça, on courait sous une toile, ça faisait la mer. Je vous ferai engager à mon théâtre. Nous irons voir les sauvages. Ce n'est pas vrai, ces sauvages-là. Ils ont des maillots roses qui font des plis, et on leur voit aux coudes des reprises en fil blanc. Après ça, nous irons à l'Opéra. Nous entrerons avec les claqueurs. La claque à l'Opéra est très bien composée. Je n'irais pas avec la claque sur les boulevards. A l'Opéra, figure-toi, il y en a qui payent vingt sous, mais c'est des bêtas. On les appelle des lavettes. — Et puis nous irons voir guillotiner. Je vous ferai voir le bourreau. Il demeure rue des Marais. Monsieur Sanson. Il y a une boîte aux lettres à la porte. Ah! on s'amuse fameusement!

En ce moment, une goutte de cire tomba sur le doigt de Gavroche et le rappela aux réalités de la vie.

— Bigre! dit-il, v'là la mèche qui s'use. Attention! je ne peux pas mettre plus d'un sou par mois à mon éclairage. Quand on se couche, il faut dormir. Nous n'avons pas le temps de lire des romans de M. Paul de Kock. Avec ça que la lumière pourrait passer par les fentes de la porte cochère, et les cognes n'auraient qu'à voir.

— Et puis, observa timidement l'aîné qui seul osait causer avec Gavroche et lui donner la réplique, un fumeron pourrait tomber dans la paille, il faut prendre garde de brûler la maison.

— On ne dit pas brûler la maison, fit Gavroche, on dit riffauder le bocard.

L'orage redoublait. On entendait, à travers des roulements de tonnerre, l'averse battre le dos du colosse.

— Enfoncé, la pluie! dit Gavroche. Ça m'amuse d'entendre couler la carafe le long des jambes de la maison. L'hiver est une bête; il perd sa marchandise, il perd sa peine, il ne peut pas nous mouiller, et ça le fait bougonner, ce vieux porteur d'eau-là!

Cette allusion au tonnerre, dont Gavroche, en sa qualité de philosophe du dix-neuvième siècle, acceptait toutes les conséquences, fut suivie d'un large éclair, si éblouissant que quelque chose en entra par la crevasse dans le ventre de l'éléphant. Presque en même temps la foudre gronda, et très-furieusement. Les deux petits poussèrent un cri, et se soulevèrent si vivement que le treillage en fut presque écarté; mais Gavroche tourna vers eux sa face hardie et profita du coup de tonnerre pour éclater de rire.

— Du calme, enfants. Ne bousculons pas l'édifice. Voilà du beau tonnerre; à la bonne heure. Ce n'est pas là de la gnognotte d'éclair. Bravo le bon Dieu! nom d'unch! c'est presque aussi bien qu'à l'Ambigu.

Cela dit, il refit l'ordre dans le treillage, poussa doucement les deux enfants sur le chevet du lit, pressa leurs genoux pour les bien étendre tout de leur long, et s'écria :

— Puisque le bon Dieu allume sa chandelle, je peux souffler la mienne. Les enfants, il faut dormir, mes jeunes humains. C'est très mauvais de ne pas dormir. Ça vous ferait schlinguer du couloir, ou, comme on dit dans le grand monde, puer de la gueule. Entortillez-vous bien de la pelure! je vas éteindre. Y êtes-vous?

— Oui, murmura l'aîné, je suis bien. J'ai comme de la plume sous la tête.

— On ne dit pas la tête, cria Gavroche, on dit la tronche.

Les deux enfants se serrèrent l'un contre l'autre. Gavroche acheva de les arranger sur la natte et leur monta la couverture jusqu'aux oreilles, puis répéta pour la troisième fois l'injonction en langue hiératique :

— Pioncez!

Et il souffla le lumignon.

A peine la lumière était-elle éteinte qu'un tremblement singulier commença à ébranler le treillage sous lequel les trois enfants étaient couchés.

C'était une multitude de frottements sourds qui rendaient un son métallique, comme si des griffes et des dents grinçaient sur le fil de cuivre. Cela était accompagné de toutes sortes de petits cris aigus.

Le petit garçon de cinq ans, entendant ce vacarme au-dessus de sa tête et glacé d'épouvante, poussa du coude son frère aîné, mais le frère aîné « pionçait » déjà, comme Gavroche le lui avait ordonné. Alors le petit, n'en pouvant plus de peur, osa interpeller Gavroche, mais tout bas, en retenant son haleine :

— Monsieur?

— Hein? fit Gavroche, qui venait de fermer les paupières.

— 'Qu'est-ce que c'est donc, ça?

— C'est les rats, répondit Gavroche.

Et il remit sa tête sur la natte.

Les rats, en effet, qui pullulaient par milliers dans la carcasse de l'éléphant et qui étaient ces taches noires vivantes dont nous avons parlé, avaient été tenus en respect par la flamme de la bougie tant qu'elle avait brillé; mais dès que cette caverne, qui était comme leur cité, avait été rendue à la nuit, sentant là ce que le bon conteur Perrault appelle « de la chair fraîche », ils s'étaient rués en foule sur la tente de Gavroche, avaient grimpé jusqu'au sommet, et en mordaient les mailles comme s'ils cherchaient à percer cette zinzelière d'un nouveau genre.

Cependant le petit ne dormait pas.

— Monsieur? reprit-il.

— Hein? fit Gavroche.

— Qu'est-ce que c'est donc que les rats?

— C'est des souris.

Cette explication rassura un peu l'enfant. Il avait vu dans sa vie des souris blanches et il n'en avait pas eu peur. Pourtant il éleva encore la voix :

— Monsieur?

— Hein? reprit Gavroche.

— Pourquoi n'avez-vous pas un chat?

— J'en ai eu un, répondit Gavroche, j'en ai apporté un, mais ils me l'ont mangé.

Cette seconde explication défit l'œuvre de la première, et le petit recommença à trembler.

Le dialogue entre lui et Gavroche reprit pour la quatrième fois.

— Monsieur?
— Hein?
— Qui ça qui a été mangé?
— Le chat.
— Qui ça qui a mangé le chat?
— Les rats.
— Les souris?
— Oui, les rats.

L'enfant, consterné de ces souris qui mangent les chats, poursuivit :

— Monsieur, est-ce qu'elles nous mangeraient, ces souris-là?
— Pardi! fit Gavroche.

La terreur de l'enfant était au comble. Mais Gavroche ajouta :

— N'eille pas peur! ils ne peuvent pas entrer. Et puis je suis là! Tiens, prends ma main. Tais-toi, et pionce!

Gavroche en même temps prit la main du petit par-dessus son frère. L'enfant serra cette main contre lui et se sentit rassuré. Le courage et la force ont de ces communications mystérieuses. Le silence s'était refait autour d'eux, le bruit des voix avait effrayé et éloigné les rats; au bout de quelques minutes ils eurent beau revenir et faire rage, les trois mômes, plongés dans le sommeil, n'entendaient plus rien.

Les heures de la nuit s'écoulèrent. L'ombre couvrait l'immense place de la Bastille, un vent d'hiver qui se mêlait à la pluie soufflait par bouffées, les patrouilles furetaient les portes, les allées, les enclos, les coins obscurs, et, cherchant les vagabonds nocturnes, passaient silencieusement devant l'éléphant; le monstre, debout, immobile, les yeux ouverts dans les ténèbres, avait l'air de rêver comme satisfait de sa bonne action, et abritait du ciel et des hommes les trois pauvres enfants endormis.

Pour comprendre ce qui va suivre, il faut se souvenir qu'à cette époque le corps de garde de la Bastille était situé à l'autre extrémité de la place, et que ce qui se passait près de l'éléphant ne pouvait être ni aperçu, ni entendu par la sentinelle.

Vers la fin de cette heure qui précède immédiatement le point du jour, un homme déboucha de la rue Saint-Antoine en courant, traversa la place, tourna le grand enclos de la colonne de Juillet, et se glissa entre les palissades jusque sous le ventre de l'éléphant. Si une lumière quelconque eût éclairé cet homme, à la manière profonde dont il était mouillé, on eût deviné qu'il avait passé la nuit sous la pluie. Arrivé sous l'éléphant, il fit entendre un cri bizarre qui n'appartient à aucune langue humaine et qu'une perruche seule pourrait reproduire. Il répéta deux fois ce cri dont l'orthographe que voici donne à peine quelque idée.

— Kirikikiou!

Au second cri, une voix claire, gaie et jeune, répondit du ventre de l'éléphant :

— Oui!

Presque immédiatement, la planche qui fermait le trou se dérangea et donna passage à un enfant qui descendit le long du pied de l'éléphant et vint lestement tomber près de l'homme. C'était Gavroche. L'homme était Montparnasse.

Quant à ce cri, *kirikikiou*, c'était là sans doute ce que l'enfant voulait dire par : *Tu demanderas monsieur Gavroche.*

En l'entendant, il s'était réveillé en sursaut, avait rampé hors de son « alcôve », en écartant un peu le grillage qu'il avait ensuite refermé soigneusement, puis il avait ouvert la trappe et était descendu.

L'homme et l'enfant se reconnurent silencieusement dans la nuit; Montparnasse se borna à dire :

— Nous avons besoin de toi. Viens nous donner un coup de main.

Le gamin ne demanda pas d'autre éclaircissement.

— Me v'là, dit-il.

Et tous deux se dirigèrent vers la rue Saint-Antoine d'où sortait Montparnasse, serpentant rapidement à travers la longue file des charrettes de maraîchers qui descendent à cette heure-là vers la halle.

Les maraîchers, accroupis dans leurs voitures parmi les salades et les légumes, à demi assoupis, enfouis jusqu'aux yeux dans leurs roulières à cause de la pluie battante, ne regardaient même pas ces étranges passants.

## III

### LES PÉRIPÉTIES DE L'ÉVASION

Voici ce qui avait eu lieu cette même nuit à la Force :

Une évasion avait été concertée entre Babet, Brujon, Gueulemer et Thénardier, quoique Thénardier fût au secret. Babet avait fait l'affaire pour son compte, le jour même, comme on a vu d'après le récit de Montparnasse à Gavroche. Montparnasse devait les aider du dehors.

Brujon, ayant passé un mois dans une chambre de punition, avait eu le temps, premièrement, d'y tresser une corde, deuxièmement, d'y mûrir un plan. Autrefois ces lieux sévères, où la discipline de la prison livre le condamné à lui-même, se composaient de quatre murs de pierre, d'un plafond de pierre, d'un pavé de dalles, d'un lit de camp, d'une lucarne grillée, d'une porte doublée de fer, et s'appelaient *cachots;* mais le cachot a été jugé trop horrible; maintenant cela se compose d'une porte de fer, d'une lucarne grillée, d'un lit de camp, d'un pavé de dalles, d'un plafond de pierre, de quatre murs de pierre, et cela s'appelle *chambre de punition.* Il y fait un peu jour vers midi. L'inconvénient de ces chambres qui, comme on voit, ne sont pas des cachots, c'est de laisser songer des êtres qu'il faudrait faire travailler.

Brujon donc avait songé, et il était sorti de la chambre de punition avec une corde. Comme on le réputait fort dangereux dans la cour Charlemagne, on le mit dans le Bâtiment-Neuf. La première chose qu'il trouva dans le Bâtiment-Neuf, ce fut Gueulemer, la seconde, ce fut un clou; Gueulemer, c'est-à-dire le crime, un clou, c'est-à-dire la liberté.

Brujon, dont il est temps de se faire une idée complète, était, avec une apparence de complexion délicate et une langueur profondément préméditée, un gaillard poli, intelligent et voleur, qui avait le regard caressant et le sourire atroce. Son regard résultait de sa volonté et son sourire résultait de sa nature. Ses premières études dans son art s'étaient dirigées vers les toits; il avait fait faire de grands progrès à l'industrie des arracheurs de plomb, qui dépouillent les toitures et dépiautent les gouttières par le procédé dit : *au grasdouble.*

Ce qui achevait de rendre l'instant favorable pour une tentative d'évasion, c'est que les couvreurs remaniaient et rejointoyaient, en ce moment-là même, une partie des ardoises de la prison. La cour Saint-Bernard n'était plus absolument isolée de la cour Charlemagne et de la cour Saint-Louis. Il y avait par là-haut des échafaudages et des échelles; en d'autres termes, des ponts et des escaliers du côté de la délivrance.

Le Bâtiment-Neuf, qui était tout ce qu'on pouvait voir au monde de plus lézardé et de plus décrépit, était le point faible de la prison. Les murs en étaient à ce point rongés par le salpêtre qu'on avait été obligé de revêtir d'un parement de bois les voûtes des dortoirs, parce qu'il s'en détachait des pierres qui tombaient sur les prisonniers dans leurs lits. Malgré cette vétusté, on faisait la faute d'enfermer dans le Bâtiment-Neuf les accusés les plus inquiétants, d'y mettre « les fortes causes », comme on dit en langage de prison.

Le Bâtiment-Neuf contenait quatre dortoirs superposés et un comble qu'on appelait le Bel-Air. Un large tuyau de cheminée, probablement de quelque ancienne cuisine des ducs de La Force, partait du rez-de-chaussée, traversait les quatre étages, coupait en deux tous les dortoirs où il figurait une façon de pilier aplati, et allait trouver le toit.

Gueulemer et Brujon étaient dans le même dortoir. On les avait mis par précaution dans l'étage d'en bas. Le hasard faisait que la tête de leurs lits s'appuyait au tuyau de la cheminée.

Thénardier se trouvait précisément au-dessus de leur tête dans ce comble qualifié le Bel-Air.

Le passant qui s'arrête rue Culture-Sainte-Catherine, après la caserne des pompiers, devant la porte cochère de la maison des bains, voit une cour pleine de fleurs et d'arbustes en caisses, au fond de laquelle se développe, avec deux ailes, une petite rotonde blanche égayée par des contrevents verts, le rêve bucolique de Jean-Jacques. Il n'y a pas plus de dix ans, au-dessus de cette rotonde s'élevait un mur noir, énorme, affreux, nu, auquel elle était adossée. C'était le mur du chemin de ronde de la Force.

Ce mur derrière cette rotonde, c'était Milton entrevu derrière Berquin.

Si haut qu'il fût, ce mur était dépassé par un toit plus noir encore qu'on apercevait au delà. C'était le toit du Bâtiment-Neuf. On y remarquait quatre lucarnes-mansardes armées de barreaux ; c'étaient les fenêtres du Bel-Air.

Une cheminée perçait le toit ; c'était la cheminée qui traversait les dortoirs.

Le Bel-Air, ce comble du Bâtiment-Neuf, était une espèce de grande halle mansardée, fermée de triples grilles et de portes doublées de tôle que constellaient des clous démesurés. Quand on y entrait par l'extrémité nord, on avait à sa gauche les quatre lucarnes, et à sa droite, faisant face aux lucarnes, quatre cages carrées assez vastes, espacées, séparées par des couloirs étroits, construites jusqu'à hauteur d'appui en maçonnerie et le reste jusqu'au toit en barreaux de fer.

Thénardier était au secret dans une de ces cages depuis la nuit du 3 février. On n'a jamais pu découvrir comment, et par quelle connivence, il avait réussi à s'y procurer et à y cacher une bouteille de ce vin inventé, dit-on, par Desrues, auquel se mêle un narcotique et que la bande des *Endormeurs* a rendu célèbre.

Il y a dans beaucoup de prisons des employés traîtres, mi-partis geôliers et voleurs, qui aident aux évasions, qui vendent à la police une domesticité infidèle, et qui font danser l'anse du panier à salade.

Dans cette même nuit donc, où le petit Gavroche avait recueilli les deux enfants errants, Brujon et Gueulemer, qui savaient que Babet, évadé le matin même, les attendait dans la rue ainsi que Montparnasse, se levèrent doucement et se mirent à percer avec le clou que Brujon avait trouvé le tuyau de cheminée auquel leurs lits touchaient. Les gravois tombaient sur le lit de Brujon, de sorte qu'on ne les entendait pas. Les giboulées mêlées de tonnerre ébranlaient les portes sur leurs gonds et faisaient dans la prison un vacarme affreux et utile. Ceux des prisonniers qui se réveillèrent firent semblant de se rendormir et laissèrent faire Gueulemer et Brujon. Brujon était adroit; Gueulemer était vigoureux. Avant qu'aucun bruit fût parvenu au surveillant couché dans la cellule grillée qui avait jour sur le dortoir, le mur était percé, la cheminée escaladée, le treillis de fer qui fermait l'orifice supérieur du tuyau forcé, et les deux redoutables bandits sur le toit. La pluie et le vent redoublaient; le toit glissait.

— Quelle bonne sorgue pour une crampe*! dit Brujon.

Un abîme de six pieds de large et de quatrevingts pieds de profondeur les séparait du mur de ronde. Au fond de cet abîme ils voyaient reluire dans l'obscurité le fusil d'un factionnaire. Ils attachèrent par un bout aux tronçons des barreaux de la cheminée qu'ils venaient de tordre la corde que Brujon avait filée dans son cachot, lancèrent l'autre bout par-dessus le mur de ronde, franchirent d'un bond l'abîme, se cramponnèrent au chevron du mur, l'enjambèrent, se laissèrent glisser l'un après l'autre le long de la corde sur un petit toit qui touche à la maison des bains, ramenèrent leur corde à eux sautèrent dans la cour des bains, la traversèrent, poussèrent le vasistas du portier, auprès duquel pendait son cordon, tirèrent le cordon, ouvrirent la porte cochère, et se trouvèrent dans la rue.

* Quelle bonne nuit pour une évasion!

Il n'y avait pas trois quarts d'heure qu'ils s'étaient levés debout sur leurs lits dans les ténèbres, leur clou à la main, leur projet dans la tête.

Quelques instants après ils avaient rejoint Babet et Montparnasse qui rôdaient dans les environs.

En tirant la corde à eux, ils l'avaient cassée, et il en était resté un morceau attaché à la cheminée sur le toit. Ils n'avaient du reste d'autre avarie que de s'être à peu près entièrement enlevé la peau des mains.

Cette nuit-là, Thénardier était prévenu, sans qu'on ait pu éclaircir de quelle façon, et ne dormait pas.

Vers une heure du matin, la nuit étant très noire, il vit passer sur le toit, dans la pluie et dans la bourrasque, devant la lucarne qui était vis-à-vis de sa cage, deux ombres. L'une s'arrêta à la lucarne le temps d'un regard. C'était Brujon. Thénardier le reconnut, et comprit. Cela lui suffit.

Thénardier, signalé comme escarpe et détenu sous prévention de guet-apens nocturne à main armée, était gardé à vue. Un factionnaire, qu'on relevait de deux heures en deux heures, se promenait le fusil chargé devant sa cage. Le Bel-Air était éclairé par une applique. Le prisonnier avait aux pieds une paire de fers du poids de cinquante livres. Tous les jours à quatre heures de l'après-midi, un gardien escorté de deux dogues, — cela se faisait encore ainsi à cette époque, — entrait dans sa cage, déposait près de son lit un pain noir de deux livres, une cruche d'eau et une écuelle pleine d'un bouillon assez maigre où nageaient quelques gourganes, visitait ses fers et frappait sur les barreaux. Cet homme avec ses dogues revenait deux fois dans la nuit.

Thénardier avait obtenu la permission de conserver une espèce de cheville en fer dont il se servait pour clouer son pain dans une fente de la muraille, « afin, disait-il, de le préserver des rats ». Comme on gardait Thénardier à vue, on n'avait point trouvé d'inconvénient à cette cheville. Cependant on se souvint plus tard qu'un gardien avait dit : — Il vaudrait mieux ne lui laisser qu'une cheville en bois.

A deux heures du matin on vint changer le factionnaire qui était un vieux soldat, et on le remplaça par un conscrit. Quelques instants après, l'homme aux chiens fit sa visite, et s'en alla sans avoir rien remarqué, si ce n'est la trop grande jeunesse et « l'air paysan » du

« tourlourou ». Deux heures après, à quatre heures, quand on vint relever le conscrit, on le trouva endormi et tombé à terre comme un bloc près de la cage de Thénardier. Quant à Thénardier, il n'y était plus. Ses fers brisés étaient sur le carreau. Il y avait un trou au plafond de sa cage et au-dessus, un autre trou dans le toit. Une planche de son lit avait été arrachée et sans doute emportée, car on ne la retrouva point. On saisit aussi dans la cellule une bouteille à moitié vidée qui contenait le reste du vin stupéfiant avec lequel le soldat avait été endormi. La bayonnette du soldat avait disparu.

Au moment où ceci fut découvert, on crut Thénardier hors de toute atteinte. La réalité est qu'il n'était plus dans le Bâtiment-Neuf, mais qu'il était encore fort en danger.

Thénardier, en arrivant sur le toit du Bâtiment-Neuf, avait trouvé le reste de la corde de Brujon qui pendait aux barreaux de la trappe supérieure de la cheminée, mais, ce bout cassé étant beaucoup trop court, il n'avait pu s'évader par-dessus le chemin de ronde comme avaient fait Brujon et Gueulemer.

Quand on détourne de la rue des Ballets dans la rue du Roi-de-Sicile, on rencontre presque tout de suite à droite un enfoncement sordide. Il y avait là au siècle dernier une maison dont il ne reste plus que le mur de fond, véritable mur de masure qui s'élève à la hauteur d'un troisième étage entre les bâtiments voisins. Cette ruine est reconnaissable à deux grandes fenêtres carrées qu'on y voit encore; celle du milieu, la plus proche du pignon de droite, est barrée d'une solive vermoulue ajustée en chevron d'étai. A travers ces fenêtres on distinguait autrefois une haute muraille lugubre qui était un morceau de l'enceinte du chemin de ronde de la Force.

Le vide que la maison démolie a laissé sur la rue est à moitié rempli par une palissade en planches pourries contre-butée de cinq bornes de pierre. Dans cette clôture se cache une petite baraque appuyée à la ruine restée debout. La palissade a une porte qui, il y a quelques années, n'était fermée que d'un loquet.

C'est sur la crête de cette ruine que Thénardier était parvenu un peu après trois heures du matin.

Comment était-il arrivé là? C'est ce qu'on n'a jamais pu expliquer ni comprendre. Les éclairs avaient dû tout ensemble le gêner et l'aider. S'était-il servi des échelles et des échafaudages des couvreurs pour gagner de toit en toit, de clôture en clôture, de compartiment en compartiment, les bâtiments de la cour Charlemagne, puis les bâtiments de la cour Saint-Louis, le mur de ronde, et de là la masure sur la rue du Roi-de-Sicile? Mais il y avait dans ce trajet des solutions de continuité qui semblaient le rendre impossible. Avait-il posé la planche de son lit comme un pont du toit du Bel-Air au mur du chemin de ronde, et s'était-il mis à ramper à plat ventre sur le chevron du mur de ronde tout autour de la prison jusqu'à la masure? Mais le mur du chemin de ronde de la Force dessinait une ligne crénelée et inégale, il montait et descendait, il s'abaissait à la caserne des pompiers, il se relevait à la maison des bains, il était coupé par des constructions, il n'avait pas la même hauteur sur l'hôtel Lamoignon que sur la rue Pavée, il avait partout des chutes et des angles droits; et puis les sentinelles auraient dû voir la sombre silhouette du fugitif; de cette façon encore le chemin fait par Thénardier reste à peu près inexplicable. Des deux manières, fuite impossible. Thénardier, illuminé par cette effrayante soif de la liberté qui change les précipices en fossés, les grilles de fer en claies d'osier, un cul-de-jatte en athlète, un podagre en oiseau, la stupidité en instinct, l'instinct en intelligence, et l'intelligence en génie, Thénardier avait-il inventé et improvisé une troisième manière? On ne l'a jamais su.

On ne peut pas toujours se rendre compte des merveilles de l'évasion. L'homme qui s'échappe, répétons-le, est un inspiré; il y a de l'étoile et de l'éclair dans la mystérieuse lueur de la fuite; l'effort vers la délivrance n'est pas moins surprenant que le coup d'aile vers le sublime, et l'on dit d'un voleur évadé : Comment a-t-il fait pour escalader ce toit? de même qu'on dit de Corneille : Où a-t-il trouvé *qu'il mourût?*

Quoi qu'il en soit, ruisselant de sueur, trempé par la pluie, les vêtements en lambeaux, les mains écorchées, les coudes en sang, les genoux déchirés, Thénardier était arrivé sur ce que les enfants, dans leur langue figurée, appellent *le coupant* du mur de la ruine, il s'y était couché tout de son long, et là, la force lui avait manqué. Un escarpement à pic de la hauteur d'un troisième étage le séparait du pavé de la rue.

La corde qu'il avait était trop courte.

Il attendait là, pâle, épuisé, désespéré de tout l'espoir qu'il avait eu, encore couvert par la nuit, mais se disant que le jour allait venir, épouvanté de l'idée d'entendre avant quelques instants sonner à

l'horloge voisine de Saint-Paul quatre heures, heure où l'on viendrait relever la sentinelle et où on la trouverait endormie sous le toit percé, regardant avec stupeur, à une profondeur terrible, à la lueur des réverbères, le pavé mouillé et noir, ce pavé désiré et effroyable qui était la mort et qui était la liberté.

Il se demandait si ses trois complices d'évasion avaient réussi, s'ils l'avaient entendu, et s'ils viendraient à son aide. Il écoutait. Excepté une patrouille, personne n'avait passé dans la rue depuis qu'il était là. Presque toute la descente des maraîchers de Montreuil, de Charonne, de Vincennes et de Bercy à la halle se fait par la rue Saint-Antoine.

Quatre heures sonnèrent. Thénardier tressaillit. Peu d'instants après, cette rumeur effarée et confuse qui suit une évasion découverte éclata dans la prison. Le bruit des portes qu'on ouvre et qu'on ferme, le grincement des grilles sur leurs gonds, le tumulte du corps de garde, les appels rauques des guichetiers, le choc des crosses de fusil sur le pavé des cours, arrivaient jusqu'à lui. Des lumières montaient et descendaient aux fenêtres grillées des dortoirs, une torche courait sur le comble du Bâtiment-Neuf, les pompiers de la caserne d'à côté avaient été appelés. Leurs casques, que la torche éclairait dans la pluie, allaient et venaient le long des toits. En même temps Thénardier voyait du côté de la Bastille une nuance blafarde blanchir lugubrement le bas du ciel.

Lui était sur le haut d'un mur de dix pouces de large, étendu sous l'averse, avec deux gouffres à droite et à gauche, ne pouvant bouger, en proie au vertige d'une chute possible et à l'horreur d'une arrestation certaine, et sa pensée, comme le battant d'une cloche, allait de l'une de ces idées à l'autre : — Mort si je tombe, pris si je reste.

Dans cette angoisse, il vit tout à coup, la rue étant encore tout à fait obscure, un homme qui se glissait le long des murailles et qui venait du côté de la rue Pavée s'arrêter dans le renfoncement au-dessus duquel Thénardier était comme suspendu. Cet homme fut rejoint par un second qui marchait avec la même précaution, puis par un troisième, puis par un quatrième. Quand ces hommes furent réunis, l'un d'eux souleva le loquet de la porte de la palissade, et ils entrèrent tous quatre dans l'enceinte où est la baraque. Ils se trouvaient précisément au-dessous de Thénardier. Ces hommes avaient évidemment choisi ce renfoncement pour pouvoir causer sans être vus des passants ni de la sentinelle qui garde le guichet de la Force à quelques pas de là. Il faut dire aussi que la pluie tenait cette sentinelle bloquée dans sa guérite. Thénardier, ne pouvant distinguer leurs visages, prêta l'oreille à leurs paroles avec l'attention désespérée d'un misérable qui se sent perdu.

Thénardier vit passer devant ses yeux quelque chose qui ressemblait à l'espérance, ces hommes parlaient argot.

Le premier disait bas, mais distinctement :

— Décarrons. Qu'est-ce que nous maquillons icigo *?

* Allons-nous-en. Qu'est-ce que nous faisons ici?

Le second répondit :

— Il lansquine à éteindre le rifle du rabouin. Et puis les coqueurs vont passer, il y a là un grivier qui porte gaffe ; nous allons nous faire emballer icicaille *.

Ces deux mots, *icigo* et *icicaille*, qui tous deux veulent dire *ici*, et qui appartiennent, le premier à l'argot des barrières, le second à l'argot du Temple, furent des traits de lumière pour Thénardier. A icigo il reconnut Brujon, qui était rôdeur de barrières, et à icicaille Babet, qui, parmi tous ses métiers, avait été revendeur au Temple.

L'antique argot du grand siècle ne se parle plus qu'au Temple, et Babet était le seul même qui le parlât bien purement. Sans *icicaille*, Thénardier ne l'aurait point reconnu, car il avait tout à fait dénaturé sa voix.

Cependant le troisième était intervenu.

— Rien ne presse encore, attendons un peu. Qu'est-ce qui nous dit qu'il n'a pas besoin de nous?

A ceci, qui n'était que du français, Thénardier reconnut Montparnasse, lequel mettait son élégance à entendre tous les argots et à n'en parler aucun.

Quant au quatrième, il se taisait, mais ses vastes épaules le dénonçaient. Thénardier n'hésita pas. C'était Gueulemer.

Brujon répliqua presque impétueusement, mais toujours à voix basse :

— Qu'est-ce que tu nous bonnis là! Le tapissier n'aura pu tirer sa crampe. Il ne sait pas le truc, quoi! Bouliner sa limace et faucher ses empaffes pour maquiller une tortouse, caler des boulins aux lourdes, braser des faffes, maquiller des caroubles, faucher les durs, balancer sa tortouse dehors, se planquer, se camoufler, il faut être mariol! Le vieux n'aura pas pu, il ne sait pas goupiner **!

Babet ajouta, toujours dans ce sage argot classique que parlaient

---

\* Il pleut à éteindre le feu du diable. Et puis les gens de police vont passer. Il y a là un soldat qui fait sentinelle. Nous allons nous faire arrêter ici.

\*\* Qu'est-ce que tu nous dis là! L'aubergiste n'a pas pu s'évader. Il ne sait pas le métier, quoi! Déchirer sa chemise et couper ses draps de lit pour faire une corde, faire des trous aux portes, fabriquer des faux papiers, faire des fausses clefs, couper ses fers, suspendre sa corde dehors, se cacher, se déguiser, il faut être malin! Le vieux n'aura pas pu, il ne sait pas travailler.

Poulailler et Cartouche, et qui est à l'argot hardi, nouveau, coloré et risqué dont usait Brujon ce que la langue de Racine est à la langue d'André Chénier :

— Ton orgue tapissier aura été fait marron dans l'escalier. Il faut être arcasien. C'est un galifard. Il se sera laissé jouer l'harnache par un roussin, peut-être même par un roussi, qui lui aura battu comtois. Prête l'oche, Montparnasse, entends-tu ces criblements dans le collége ? Tu as vu toutes ces camoufles. Il est tombé, va ! Il en sera quitte pour tirer ses vingt longes. Je n'ai pas taf, je ne suis pas un taffeur, c'est colombé, mais il n'y a plus qu'à faire les lézards, ou autrement on nous la fera gambiller. Ne renaude pas, viens avec nousiergue. Allons picter une rouillarde encible*.

— On ne laisse pas les amis dans l'embarras, grommela Montparnasse.

— Je te bonnis qu'il est malade! reprit Brujon. A l'heure qui toque, le tapissier ne vaut pas une broque! Nous n'y pouvons rien. Décarrons. Je crois à tout moment qu'un cogne me cintre en pogne**!

Montparnasse ne résistait plus que faiblement; le fait est que ces quatre hommes, avec cette fidélité qu'ont les bandits de ne jamais s'abandonner entre eux, avaient rôdé toute la nuit autour de la Force, quel que fût le péril, dans l'espérance de voir surgir au haut de quelque muraille Thénardier. Mais la nuit qui devenait vraiment trop belle, c'était une averse à rendre toutes les rues désertes, le froid qui les gagnait, leurs vêtements trempés, leurs chaussures percées, le bruit inquiétant qui venait d'éclater dans la prison, les heures écoulées, les patrouilles rencontrées, l'espoir qui s'en allait, la peur qui revenait, tout cela les poussait à la retraite. Montparnasse lui-même,

---

* Ton aubergiste aura été pris sur le fait. Il faut être malin. C'est un apprenti. Il se sera laissé duper par un mouchard, peut-être même par un mouton qui aura fait le compère. Écoute, Montparnasse, entends-tu ces cris dans la prison? Tu as vu toutes ces chandelles. Il est repris, va! Il en sera quitte pour faire ses vingt ans. Je n'ai pas peur, je ne suis pas un poltron, c'est connu, mais il n'y a plus rien à faire, ou autrement on nous la fera danser. Ne te fâche pas, viens avec nous, allons boire une bouteille de vieux vin ensemble.

** Je te dis qu'il est repris. A l'heure qu'il est, l'aubergiste ne vaut pas un liard. Nous n'y pouvons rien. Allons-nous-en. Je crois à tout moment qu'un sergent de ville me tient dans sa main.

qui était peut-être un peu le gendre de Thénardier, cédait. Un moment de plus, ils étaient partis. Thénardier haletait sur son mur comme les naufragés de la *Méduse* sur leur radeau en voyant le navire apparu s'évanouir à l'horizon.

Il n'osait les appeler, un cri entendu pouvait tout perdre, il eut une idée, une dernière, une lueur; il prit dans sa poche le bout de la corde de Brujon qu'il avait détaché de la cheminée du Bâtiment-Neuf, et le jeta dans l'enceinte de la palissade.

Cette corde tomba à leurs pieds.

— Une veuve\*! dit Babet.

— Ma tortouse\*\*! dit Brujon.

— L'aubergiste est là, dit Montparnasse.

Ils levèrent les yeux. Thénardier avança un peu la tête.

— Vite! dit Montparnasse, as-tu l'autre bout de la corde, Brujon?

— Oui.

— Noue les deux bouts ensemble, nous lui jetterons la corde, il la fixera au mur, il en aura assez pour descendre.

Thénardier se risqua à élever la voix :

— Je suis transi.

— On te réchauffera.

— Je ne puis plus bouger.

— Tu te laisseras glisser, nous te recevrons.

— J'ai les mains gourdes.

— Noue seulement la corde au mur.

— Je ne pourrai pas.

— Il faut que l'un de nous monte, dit Montparnasse.

— Trois étages! fit Brujon.

Un ancien conduit en plâtre, lequel avait servi à un poêle qu'on allumait jadis dans la baraque, rampait le long du mur et montait presque jusqu'à l'endroit où l'on apercevait Thénardier. Ce tuyau, alors fort lézardé et tout crevassé, est tombé depuis, mais on en voit encore les traces.

Il était fort étroit.

— On pourrait monter par là, fit Montparnasse.

---

\* Une corde (argot du Temple).
\*\* Ma corde (argot des barrières).

— Par ce tuyau? s'écria Babet, un orgue*, jamais! il faudrait un mion**.

— Il faudrait un môme***, reprit Brujon.

— Où trouver un moucheron? dit Gueulemer.

— Attendez, dit Montparnasse. J'ai l'affaire.

Il entr'ouvrit doucement la porte de la palissade, s'assura qu'aucun passant ne traversait la rue, sortit avec précaution, referma la porte derrière lui, et partit en courant dans la direction de la Bastille.

Sept ou huit minutes s'écoulèrent, huit mille siècles pour Thénardier; Babet, Brujon et Gueulemer ne desserraient pas les dents; la porte se rouvrit enfin, et Montparnasse parut, essoufflé, et amenant Gavroche. La pluie continuait de faire la rue complétement déserte.

Le petit Gavroche entra dans l'enceinte et regarda ces figures de bandits d'un air tranquille. L'eau lui dégouttait des cheveux. Gueulemer lui adressa la parole :

— Mioche, es-tu un homme?

Gavroche haussa les épaules et répondit :

— Un môme comme mézig est un orgue et des orgues comme vousailles sont des mômes****.

— Comme le mion joue du crachoir*****! s'écria Babet.

— Le môme pantinois n'est pas maquillé de fertile lansquinée******, ajouta Brujon.

— Qu'est-ce qu'il vous faut? dit Gavroche.

Montparnasse répondit :

— Grimper par ce tuyau.

— Avec cette veuve*******, fit Babet.

— Et ligoter la tortouse********, continua Brujon.

— Au monté du montant*********, reprit Babet.

* Un homme.
** Un enfant (argot du Temple).
*** Un enfant (argot des barrières).
**** Un enfant comme moi est un homme et des hommes comme vous sont des enfants.
***** Comme l'enfant a la langue bien pendue!
****** L'enfant de Paris n'est pas fait en paille mouillée.
******* Cette corde.
******** Attacher la corde.
********* Au haut du mur.

— Au pieu de la vanterne\*, ajouta Brujon.
— Et puis? dit Gavroche.
— Voilà! dit Gueulemer.

Le gamin examina la corde, le tuyau, le mur, les fenêtres, et fit cet inexprimable et dédaigneux bruit des lèvres qui signifie :

— Que ça!
— Il y a un homme là-haut que tu sauveras, reprit Montparnasse.
— Veux-tu? reprit Brujon.
— Serin! répondit l'enfant comme si la question lui paraissait inouïe.

Et il ôta ses souliers.

Gueulemer saisit Gavroche d'un bras, le posa sur le toit de la baraque, dont les planches vermoulues pliaient sous le poids de l'enfant, et lui remit la corde que Brujon avait renouée pendant l'absence de Montparnasse. Le gamin se dirigea vers le tuyau où il était facile d'entrer grâce à une large crevasse qui touchait au toit. Au moment où il allait monter, Thénardier, qui voyait le salut et la vie s'approcher, se pencha au bord du mur; la première lueur du jour blanchissait son front inondé de sueur, ses pommettes livides, son nez effilé et sauvage, sa barbe grise toute hérissée, et Gavroche le reconnut :

— Tiens! dit-il, c'est mon père!... Oh! cela n'empêche pas.

Et prenant la corde dans ses dents, il commença résolument l'escalade.

Il parvint au haut de la masure, enfourcha le vieux mur comme un cheval, et noua solidement la corde à la traverse supérieure de la fenêtre.

Un moment après, Thénardier était dans la rue.

Dès qu'il eut touché le pavé, dès qu'il se sentit hors de danger, il ne fut plus ni fatigué, ni transi, ni tremblant; les choses terribles dont il sortait s'évanouirent comme une fumée, toute cette étrange et féroce intelligence se réveilla, et se trouva debout et libre, prête à marcher devant elle.

Voici quel fut le premier mot de cet homme :

— Maintenant, qui allons-nous manger?

\* A la traverse de la fenêtre.

Il est inutile d'expliquer le sens de ce mot affreusement transparent, qui signifie tout à la fois tuer, assassiner et dévaliser. *Manger*, sens vrai : *dévorer*.

— Rencognons-nous bien, dit Brujon. Finissons en trois mots, et nous nous séparerons tout de suite. Il y avait une affaire qui avait l'air bonne, rue Plumet, une rue déserte, une maison isolée, une vieille grille pourrie sur un jardin, des femmes seules.

— Eh bien! pourquoi pas? demanda Thénardier.

— Ta fée\*, Éponine, a été voir la chose, répondit Babet.

— Et elle a apporté un biscuit à Magnon, ajouta Gueulemer. Rien à maquiller là\*\*.

— La fée n'est pas loffe\*\*\*, fit Thénardier. Pourtant il faudra voir.

— Oui, oui, dit Brujon, il faudra voir.

Cependant aucun de ces hommes n'avait plus l'air de voir Gavroche qui, pendant ce colloque, s'était assis sur une des bornes de la palissade; il attendit quelques instants, peut-être que son père se tournât vers lui, puis il remit ses souliers, et dit :

— C'est fini? vous n'avez plus besoin de moi, les hommes? vous voilà tirés d'affaire. Je m'en vas. Il faut que j'aille lever mes mômes.

Et il s'en alla.

Les cinq hommes sortirent l'un après l'autre de la palissade.

Quand Gavroche eut disparu au tournant de la rue des Ballets, Babet prit Thénardier à part.

— As-tu regardé ce mion? lui demanda-t-il.

— Quel mion?

— Le mion qui a grimpé au mur et t'a porté la corde?

— Pas trop.

— Eh bien, je ne sais pas, mais il me semble que c'est ton fils.

— Bah! dit Thénardier, crois-tu?

\* Ta fille.
\*\* Rien à faire là.
\*\*\* Bête.

# LIVRE SEPTIÈME

## L'ARGOT

### I

#### ORIGINE

*Pigritia* est un mot terrible.

Il engendre un monde, *la pègre*, lisez *le vol*, et un enfer, *la pégrenne*, lisez *la faim*.

Ainsi la paresse est mère.

Elle a un fils, le vol, et une fille, la faim.

Où sommes-nous en ce moment? Dans l'argot.

Qu'est-ce que l'argot? C'est tout à la fois la nation et l'idiome; c'est le vol sous ses deux espèces : peuple et langue.

Lorsqu'il y a trente-quatre ans le narrateur de cette grave et sombre histoire introduisait au milieu d'un ouvrage écrit dans le même but que celui-ci* un voleur parlant argot, il y eut ébahissement et clameur. — Quoi! comment! l'argot! Mais l'argot est affreux! mais c'est la langue des chiourmes, des bagnes, des prisons, de tout ce que la société a de plus abominable! etc., etc., etc.

Nous n'avons jamais compris ce genre d'objections.

Depuis, deux puissants romanciers, dont l'un est un profond observateur du cœur humain, l'autre un intrépide ami du peuple, Balzac et Eugène Sue, ayant fait parler des bandits dans leur langue

* *Le Dernier Jour d'un condamné.*

naturelle, comme l'avait fait en 1828 l'auteur du *Dernier Jour d'un condamné*, les mêmes réclamations se sont élevées. On a répété : — Que nous veulent les écrivains avec ce révoltant patois! L'argot est odieux! l'argot fait frémir!

Qui le nie? Sans doute.

Lorsqu'il s'agit de sonder une plaie, un gouffre ou une société, depuis quand est-ce un tort de descendre trop avant, d'aller au fond? Nous avions toujours pensé que c'était quelquefois un acte de courage, et tout au moins une action simple et utile, digne de l'attention sympathique que mérite le devoir accepté et accompli. Ne pas tout explorer, ne pas tout étudier, s'arrêter en chemin, pourquoi? S'arrêter est le fait de la sonde et non du sondeur.

Certes, aller chercher dans les bas-fonds de l'ordre social, là où la terre finit et où la boue commence, fouiller dans ces vagues épaisses, poursuivre, saisir et jeter tout palpitant sur le pavé cet idiome abject qui ruisselle de fange ainsi tiré au jour, ce vocabulaire pustuleux dont chaque mot semble un anneau immonde d'un monstre de la vase et des ténèbres, ce n'est ni une tâche attrayante ni une tâche aisée. Rien n'est plus lugubre que de contempler ainsi à nu, à la lumière de la pensée, le fourmillement effroyable de l'argot. Il semble en effet que ce soit une sorte d'horrible bête faite pour la nuit qu'on vient d'arracher de son cloaque. On croit voir une affreuse broussaille vivante et hérissée qui tressaille, se meut, s'agite, redemande l'ombre, menace et regarde. Tel mot ressemble à une griffe, tel autre à un œil éteint et sanglant; telle phrase semble remuer comme une pince de crabe. Tout cela vit de cette vitalité hideuse des choses qui se sont organisées dans la désorganisation.

Maintenant, depuis quand l'horreur exclut-elle l'étude? depuis quand la maladie chasse-t-elle le médecin? Se figure-t-on un naturaliste qui refuserait d'étudier la vipère, la chauve-souris, le scorpion, la scolopendre, la tarentule, et qui les rejetterait dans leurs ténèbres en disant : « Oh! que c'est laid! » Le penseur qui se détournerait de l'argot ressemblerait à un chirurgien qui se détournerait d'un ulcère ou d'une verrue. Ce serait un philologue hésitant à examiner un fait de la langue, un philosophe hésitant à scruter un fait de l'humanité. Car, il faut bien le dire à ceux qui l'ignorent, l'argot est tout ensemble un phénomène littéraire et un résultat social. Qu'est-ce que l'argot proprement dit? L'argot est la langue de la misère.

# L'ARGOT.

On peut nous arrêter; on peut généraliser le fait, ce qui est quelquefois une manière de l'atténuer; on peut nous dire que tous les métiers, toutes les professions, on pourrait presque ajouter tous les accidents de la hiérarchie sociale et toutes les formes de l'intelligence, ont leur argot. Le marchand qui dit : *Montpellier disponible, Marseille belle qualité,* l'agent de change qui dit : *Report, prime fin courant,* le joueur qui dit : *Tiers et tout, refait de pique,* l'huissier des îles normandes qui dit : *L'affieffeur s'arrêtant à son fonds ne peut clâmer les fruits de ce fonds pendant la saisie héréditale des immeubles du renonciateur,* le vaudevilliste qui dit : *On a égayé l'ours\*,* le comédien qui dit : *J'ai fait four,* le philosophe qui dit : *Triplicité phénoménale,* le chasseur qui dit : *Voileci allais, voileci fuyant,* le phrénologue qui dit : *Amativité, combativité, sécrétivité,* le fantassin qui dit : *Ma clarinette,* le cavalier qui dit : *Mon poulet d'Inde,* le maître d'armes qui dit : *Tierce, quarte, rompez,* l'imprimeur qui dit : *Parlons batio,* tous, imprimeur, maître d'armes, cavalier, fantassin, phrénologue, chasseur, philosophe, comédien, vaudevilliste, huissier, joueur, agent de change, marchand, parlent argot.

Merlan.

Saute-Ruisseau.

Rapin.

Le peintre qui dit : *Mon rapin,* le notaire qui dit : *Mon saute-ruisseau,* le perruquier qui dit : *Mon merlan,* le savetier qui dit : *Mon*

\* On a sifflé la pièce.

Gniaf.

*gniaf*, parlent argot. A la rigueur, et si on le veut absolument, toutes ces façons diverses de dire la droite et la gauche, le matelot, *bâbord* et *tribord*, le machiniste, *côté-cour* et *côté-jardin*, le bedeau, *côté de l'épître* et *côté de l'évangile*, sont de l'argot. Il y a l'argot des mijaurées comme il y a eu l'argot des précieuses. L'hôtel de Rambouillet confinait quelque peu à la Cour des Miracles. Il y a l'argot des duchesses, témoin cette phrase écrite dans un billet doux par une très-grande dame et très-jolie femme de la Restauration : « Vous trouverez dans ces potains-là une foultitude de raisons pour que je me libertise*. » Les chiffres diplomatiques sont de l'argot; la chancellerie pontificale en disant 26 pour *Rome*, *grkztntgzyal* pour *envoi*, et *abfxustgrnogrkzu tu* xi pour *duc de Modène*, parle argot. Les médecins du moyen âge qui, pour dire carotte, radis et navet, disaient : *Opoponach, perfroschinum, reptitalmus, dracatholicum angelorum, postmegorum*, parlaient argot. Le fabricant de sucre qui dit : — *Vergeoise, tête, claircé, tape, lumps, mélis, bâtarde, commun, brûlé, plaque*; — cet honnête manufacturier parle argot. Une certaine école de critique d'il y a vingt ans qui disait : — *La moitié de Shakspeare est jeux de mots et calembours*, — parlait argot. Le poëte et l'artiste qui, avec un sens profond, qualifieront M. de Montmorency « un bourgeois », s'il ne se connaît pas en vers et en statues, parlent

* Vous trouverez dans ces commérages-là une multitude de raisons pour que je prenne ma liberté.

argot. L'académicien classique qui appelle les fleurs *Flore*, les fruits *Pomone*, la mer *Neptune*, l'amour *les feux*, la beauté *les appas*, un cheval *un coursier*, la cocarde blanche ou tricolore *la rose de Bellone*, le chapeau à trois cornes *le triangle de Mars*, l'académicien classique parle argot. L'algèbre, la médecine, la botanique, ont leur argot. La langue qu'on emploie à bord, cette admirable langue de la mer, si complète et si pittoresque, qu'ont parlée Jean Bart, Duquesne, Suffren et Duperré, qui se mêle au sifflement des agrès, au bruit des porte-voix, au choc des haches d'abordage, au roulis, au vent, à la rafale, au canon, est tout un argot héroïque et éclatant, qui est au farouche argot de la pègre ce que le lion est au chacal.

Sans doute. Mais, quoi qu'on en puisse dire, cette façon de comprendre le mot argot est une extension, que tout le monde même n'admettra pas. Quant à nous, nous conservons à ce mot sa vieille acception précise, circonscrite et déterminée, et nous restreignons l'argot à l'argot. L'argot véritable, l'argot par excellence, si ces deux mots peuvent s'accoupler, l'immémorial argot qui était un royaume, n'est autre chose, nous le répétons, que la langue laide, inquiète, sournoise, traître, venimeuse, cruelle, louche, vile, profonde, fatale, de la misère. Il y a, à l'extrémité de tous les abaissements et de toutes les infortunes, une dernière misère qui se révolte et qui se décide à entrer en lutte contre l'ensemble des faits heureux et des droits régnants; lutte affreuse où, tantôt rusée, tantôt violente, à la fois malsaine et féroce, elle attaque l'ordre social à coups d'épingle par le vice et à coups de massue par le crime. Pour les besoins de cette lutte, la misère a inventé une langue de combat qui est l'argot.

Faire surnager et soutenir au-dessus de l'oubli, au-dessus du gouffre, ne fût-ce qu'un fragment d'une langue quelconque que l'homme a parlée et qui se perdrait, c'est-à-dire un des éléments, bons ou mauvais, dont la civilisation se compose ou se complique, c'est étendre les données de l'observation sociale; c'est servir la civilisation même. Ce service, Plaute l'a rendu, le voulant ou ne le voulant pas, en faisant parler le phénicien à deux soldats carthaginois; ce service, Molière l'a rendu, en faisant parler le levantin et toutes sortes de patois à tant de ses personnages. Ici les objections se raniment. Le phénicien, à merveille! le levantin, à la bonne heure! même le patois, passe! ce sont des langues qui ont appartenu à des nations ou à des provinces; mais l'argot! à quoi bon conserver l'argot? à quoi bon « faire surnager » l'argot?

A cela nous ne répondrons qu'un mot. Certes, si la langue qu'a parlée une nation ou une province est digne d'intérêt, il est une chose plus digne encore d'attention et d'étude, c'est la langue qu'a parlée une misère.

C'est la langue qu'a parlée en France, par exemple, depuis plus de quatre siècles, non-seulement une misère, mais la misère, toute la misère humaine possible.

Et puis, nous y insistons, étudier les difformités et les infirmités sociales et les signaler pour les guérir, ce n'est point une besogne où le choix soit permis. L'historien des mœurs et des idées n'a pas une mission moins austère que l'historien des événements. Celui-ci a la surface de la civilisation, les luttes des couronnes, les naissances de princes, les mariages de rois, les batailles, les assemblées, les grands hommes publics, les révolutions au soleil, tout le dehors; l'autre historien a l'intérieur, le fond, le peuple qui travaille, qui souffre et qui attend, la femme accablée, l'enfant qui agonise, les guerres sourdes d'homme à homme, les férocités obscures, les préjugés, les iniquités convenues, les contre-coups souterrains de la loi, les évolutions secrètes des âmes, les tressaillements indistincts des multitudes, les meurt-de-faim, les va-nu-pieds, les bras-nus, les déshérités, les orphelins, les malheureux et les infâmes, toutes les larves qui errent dans l'obscurité. Il faut qu'il descende le cœur plein de charité et de sévérité à la fois, comme un frère et comme un juge, jusqu'à ces casemates impénétrables où rampent pêle-mêle ceux qui saignent et ceux qui frappent, ceux qui pleurent et ceux qui maudissent, ceux qui jeûnent et ceux qui dévorent, ceux qui endurent le mal et ceux qui le font. Ces historiens des cœurs et des âmes ont-ils des devoirs moindres que les historiens des faits extérieurs? Croit-on qu'Alighieri ait moins de choses à dire que Machiavel? Le dessous de la civilisation, pour être plus profond et plus sombre, est-il moins important que le dessus? Connaît-on bien la montagne quand on ne connaît pas la caverne?

Disons-le du reste en passant, de quelques mots de ce qui précède on pourrait inférer entre les deux classes d'historiens une séparation tranchée qui n'existe pas dans notre esprit. Nul n'est bon historien de la vie patente, visible, éclatante et publique des peuples s'il n'est en même temps, dans une certaine mesure, historien de leur vie profonde et cachée; et nul n'est bon historien du dedans s'il ne sait être, toutes les fois que besoin est, historien du dehors. L'histoire des mœurs et des idées pénètre l'histoire des événements, et réciproquement. Ce sont deux ordres de faits différents qui se répondent, qui s'enchaînent toujours et s'engendrent souvent. Tous les linéaments que la providence trace à la surface d'une nation ont leurs parallèles sombres, mais distincts, dans le fond, et toutes les convulsions du fond produisent des soulèvements à la surface. La vraie histoire étant mêlée à tout, le véritable historien se mêle de tout.

L'homme n'est pas un cercle à un seul centre; c'est une ellipse à deux foyers. Les faits sont l'un, les idées sont l'autre.

L'argot n'est autre chose qu'un vestiaire où la langue, ayant quelque mauvaise action à faire, se déguise. Elle s'y revêt de mots-masques et de métaphores-haillons. De la sorte elle devient horrible.

On a peine à la reconnaître. Est-ce bien la langue française, la grande langue humaine! La voilà prête à entrer en scène et à donner au crime la réplique, et propre à tous les emplois du répertoire du mal. Elle ne marche plus, elle clopine; elle boite sur la béquille de la Cour des Miracles, béquille métamorphosable en massue; elle se nomme truanderie; tous les spectres, ses habilleurs, l'ont grimée, elle se traîne et se dresse, double allure du reptile. Elle est apte à tous les rôles désormais, faite louche par le faussaire, vert-de-grisée par l'empoisonneur, charbonnée de la suie de l'incendiaire; et le meurtrier lui met son rouge.

Quand on écoute, du côté des honnêtes gens, à la porte de la société, on surprend le dialogue de ceux qui sont dehors. On distingue des demandes et des réponses. On perçoit, sans le comprendre, un murmure hideux, sonnant presque comme l'accent humain, mais plus voisin du hurlement que de la parole. C'est l'argot. Les mots sont difformes, et empreints d'on ne sait quelle bestialité fantastique. On croit entendre des hydres parler.

C'est l'inintelligible dans le ténébreux. Cela grince et cela chuchote, complétant le crépuscule par l'énigme. Il fait noir dans le malheur, il fait plus noir encore dans le crime; ces deux noirceurs amalgamées composent l'argot. Obscurité dans l'atmosphère, obscurité dans les actes, obscurité dans les voix. Épouvantable langue crapaude qui va, vient, sautelle, rampe, bave, et se meut monstrueusement dans cette immense brume grise faite de pluie, de nuit, de faim, de vice, de mensonge, d'injustice, de nudité, d'asphyxie et d'hiver, plein midi des misérables.

Ayons compassion des châtiés. Hélas! qui sommes-nous nous-mêmes? qui suis-je, moi qui vous parle? qui êtes-vous, vous qui m'écoutez? d'où venons-nous? et est-il bien sûr que nous n'ayons rien fait avant d'être nés? La terre n'est point sans ressemblance avec une geôle. Qui sait si l'homme n'est pas un repris de justice divine? Regardez la vie de près. Elle est ainsi faite qu'on y sent partout de la punition.

Êtes-vous ce qu'on appelle un heureux? Eh bien! vous êtes triste tous les jours. Chaque jour a son grand chagrin ou son petit souci. Hier, vous trembliez pour une santé qui vous est chère, aujourd'hui vous craignez pour la vôtre; demain ce sera une inquiétude d'argent, après-demain la diatribe d'un calomniateur, l'autre après-demain le malheur d'un ami; puis le temps qu'il fait, puis quelque chose de cassé ou de perdu, puis un plaisir que la conscience et la colonne vertébrale vous reprochent; une autre fois, la marche des affaires publiques. Sans compter les peines de cœur. Et ainsi de suite. Un nuage se dissipe, un autre se reforme. A peine un jour sur cent de pleine joie et de plein soleil. Et vous êtes de ce petit nombre qui a le bonheur! Quant aux autres hommes, la nuit stagnante est sur eux.

Les esprits réfléchis usent peu de cette locution : les heureux et les malheureux. Dans ce monde, vestibule d'un autre évidemment, il n'y a pas d'heureux.

La vraie division humaine est celle-ci : les lumineux et les ténébreux. Diminuer le nombre des ténébreux, augmenter le nombre des lumineux, voilà le but. C'est pourquoi nous crions : enseignement! science! Apprendre à lire, c'est allumer du feu; toute syllabe épelée étincelle.

Du reste qui dit lumière ne dit pas nécessairement joie. On souffre dans la lumière; l'excès brûle. La flamme est ennemie de l'aile. Brûler sans cesser de voler, c'est là le prodige du génie.

Quand vous connaîtrez et quand vous aimerez, vous souffrirez encore. Le jour naît en larmes. Les lumineux pleurent, ne fût-ce que sur les ténébreux.

## II

#### RACINES

L'argot, c'est la langue des ténébreux.

La pensée est émue dans ses plus sombres profondeurs, la philosophie sociale est sollicitée à ses méditations les plus poignantes, en présence de cet énigmatique dialecte à la fois flétri et révolté. C'est là qu'il y a du châtiment visible. Chaque syllabe y a l'air marquée. Les mots de la langue vulgaire y apparaissent comme froncés et racornis sous le fer rouge du bourreau. Quelques-uns semblent fumer encore. Telle phrase vous fait l'effet de l'épaule fleurdelysée d'un voleur brusquement mise à nu. L'idée refuse presque de se laisser exprimer par ces substantifs repris de justice. La métaphore y est parfois si effrontée qu'on sent qu'elle a été au carcan.

Du reste, malgré tout cela et à cause de tout cela, ce patois étrange a de droit son compartiment dans ce grand casier impartial où il y a place pour le liard oxydé comme pour la médaille d'or, et qu'on nomme la littérature. L'argot, qu'on y consente ou non, a sa syntaxe et sa poésie. C'est une langue. Si, à la difformité de certains vocables, on reconnaît qu'elle a été mâchée par Mandrin, à la splendeur de certaines métonymies, on sent que Villon l'a parlée.

Ce vers si exquis et si célèbre :

*Mais où sont les neiges d'antan?*

est un vers d'argot. Antan — *ante annum* — est un mot de l'argot de Thunes qui signifiait *l'an passé* et par extension *autrefois*. On pouvait encore lire il y a trente-cinq ans, à l'époque du départ de la grande chaîne de 1827, dans un des cachots de Bicêtre, cette maxime gravée au clou sur le mur par un roi de Thunes condamné aux galères : *Les dabs d'antan trimaient siempre pour la pierre du Coësre.* Ce qui veut dire : *Les rois d'autrefois allaient toujours se faire sacrer.* Dans la pensée de ce roi-là, le sacre c'était le bagne.

Le mot *décarade*, qui exprime le départ d'une lourde voiture au galop, est attribué à Villon, et il en est digne. Ce mot, qui fait feu des quatre pieds, résume dans une onomatopée magistrale tout l'admirable vers de La Fontaine :

Six forts chevaux tiraient un coche.

Au point de vue purement littéraire, peu d'études seraient plus curieuses et plus fécondes que celle de l'argot. C'est toute une langue dans la langue, une sorte d'excroissance maladive, une greffe malsaine qui a produit une végétation, un parasite qui a ses racines dans le vieux tronc gaulois et dont le feuillage sinistre rampe sur tout un côté de la langue. Ceci est ce qu'on pourrait appeler le premier aspect, l'aspect vulgaire de l'argot. Mais pour ceux qui étudient la langue ainsi qu'il faut l'étudier, c'est-à-dire comme les géologues étudient la terre, l'argot apparaît comme une véritable alluvion. Selon qu'on y creuse plus ou moins avant, on trouve dans l'argot, au-dessous du vieux français populaire, le provençal, l'espagnol, de l'italien, du levantin, cette langue des ports de la Méditerranée, de l'anglais et de l'allemand, du roman dans ses trois variétés, roman français, roman italien, roman roman, du latin, enfin du basque et du celte. Formation profonde et bizarre. Édifice souterrain bâti en commun par tous les misérables. Chaque race maudite a déposé sa couche, chaque souffrance a laissé tomber sa pierre, chaque cœur a donné son caillou. Une foule d'âmes mauvaises, basses ou irritées, qui ont traversé la vie et sont allées s'évanouir dans l'éternité, sont là presque entières et en quelque sorte visibles encore sous la forme d'un mot monstrueux.

Veut-on de l'espagnol? le vieil argot gothique en fourmille. Voici *boffette*, soufflet, qui vient de *bofeton*; *vantane*, fenêtre (plus tard vanterne), qui vient de *vantana*; *gat*, chat, qui vient de *gato*; *acite*, huile, qui vient de *aceyte*. Veut-on de l'italien? Voici *spade*, épée, qui vient de *spada*; *carvel*, bateau, qui vient de *caravella*. Veut-on de l'anglais? Voici le *bichot*, l'évêque, qui vient de *bishop*; *raille*, espion, qui vient de *rascal*, *rascalion*, coquin; *pilche*, étui, qui vient de *pilcher*, fourreau. Veut-on de l'allemand? Voici le *caleur*, le garçon, *kellner*; le *hers*, le maître, *herzog* (duc). Veut-on du latin? Voici *frangir*, casser, *frangere*; *affurer*, voler, *fur*; *cadène*, chaîne, *catena*; il y a un mot qui reparaît dans toutes les langues du continent avec une sorte de puissance et d'autorité mystérieuses, c'est le mot *magnus*; l'Écosse en fait son *mac*, qui désigne le chef du clan, Mac-Farlane, Mac-Callumore, le grand Farlane, le grand Callumore\*; l'argot en fait le *meck*, et plus tard, le *meg*, c'est-à-dire Dieu. Veut-on du basque? Voici *gahisto*, le diable, qui vient de *gaiztoa*, mauvais; *sorgabon*, bonne nuit, qui vient de *gabon*, bonsoir. Veut-on du celte? Voici *blavin*, mouchoir, qui vient de *blavet*, eau jaillissante; *ménesse*, femme (en mauvaise part), qui vient de *meinec*, plein de pierres; *barant*, ruisseau, de *baranton*, fontaine; *goffeur*, serrurier, de *goff*, forgeron; la *guédouze*, la mort, qui vient de *guenn-du*, blanche-noire. Veut-on de l'histoire enfin? L'argot appelle les écus *les maltèses*, souvenir de la monnaie qui avait cours sur les galères de Malte.

Outre les origines philologiques qui viennent d'être indiquées, l'argot a d'autres racines plus naturelles encore et qui sortent pour ainsi dire de l'esprit même de l'homme.

Premièrement, la création directe des mots. Là est le mystère des langues. Peindre par des mots qui ont, on ne sait comment ni pourquoi, des figures. Ceci est le fond primitif de tout langage humain, ce qu'on en pourrait nommer le granit. L'argot pullule de mots de ce genre, mots immédiats, créés de toute pièce on ne sait où ni par qui, sans étymologies, sans analogies, sans dérivés, mots solitaires, barbares, quelquefois hideux, qui ont une singulière puissance d'expression et qui vivent. — Le bourreau, *le taule*; — la forêt, *le sabri*; — la peur, la fuite, *taf*; — le laquais, *le larbin*; — le général, le préfet, le ministre, *pharos*; — le diable, *le rabouin*. Rien n'est plus étrange que ces mots qui masquent et qui montrent. Quelques-uns, *le rabouin*, par exemple, sont en même temps grotesques et terribles, et vous font l'effet d'une grimace cyclopéenne.

Deuxièmement, la métaphore. Le propre d'une langue qui veut tout dire et tout cacher, c'est d'abonder en figures. La métaphore est une énigme où se réfugie le voleur qui complote un coup, le prisonnier qui combine une évasion. Aucun idiome n'est plus métaphorique que l'argot, — *dévisser le coco*, tordre le cou; — *tortiller*, manger; — *être gerbé*, être jugé; — *un rat*, un voleur de pain; — *il lansquine*, il pleut, vieille figure frappante, qui porte en quelque sorte

---

\* Il faut observer pourtant que *mac*, en celte, veut dire fils.

sa date avec elle, qui assimile les longues lignes obliques de la pluie aux piques épaisses et penchées des lansquenets, et qui fait tenir dans un seul mot la métonymie populaire : *il pleut des hallebardes.* Quelquefois, à mesure que l'argot va de la première époque à la seconde, des mots passent de l'état sauvage et primitif au sens métaphorique. Le diable cesse d'être *le rabouin* et devient *le boulanger*, celui qui enfourne. C'est plus spirituel, mais moins grand; quelque chose comme Racine après Corneille, comme Euripide après Eschyle. Certaines phrases d'argot, qui participent des deux époques et ont à la fois le caractère barbare et le caractère métaphorique, ressemblent à des fantasmagories. — *Les sorgueurs vont solliciter des gails à la lune* (les rôdeurs vont voler des chevaux la nuit). — Cela passe devant l'esprit comme un groupe de spectres. On ne sait ce qu'on voit.

Troisièmement, l'expédient. L'argot vit sur la langue. Il en use à sa fantaisie, il y puise au hasard, et il se borne souvent, quand le besoin surgit, à la dénaturer sommairement et grossièrement. Parfois, avec les mots usuels ainsi déformés, et compliqués de mots d'argot pur, il compose des locutions pittoresques où l'on sent le mélange des deux éléments précédents, la création directe et la métaphore : — *Le cab jaspine, je marronne que la roulotte de Pantin trime dans le sabri,* le chien aboie, je soupçonne que la diligence de Paris passe dans le bois. — *Le dab est sinve, la dabuge est merloussière, la fée est bative,* le bourgeois est bête, la bourgeoise est rusée, la fille est jolie. — Le plus souvent, afin de dérouter les écouteurs, l'argot se borne à ajouter indistinctement à tous les mots de la langue une sorte de queue ignoble, une terminaison en aille, en orgue, en iergue ou en uche. Ainsi : *Vouziergue trouvaille bonorgue ce gigotmuche ?* Trouvez-vous ce gigot bon ? Phrase adressée par Cartouche à un guichetier, afin de savoir si la somme offerte pour l'évasion lui convenait.

La terminaison en *mar* a été ajoutée assez récemment.

L'argot, étant l'idiome de la corruption, se corrompt vite. En outre, comme il cherche toujours à se dérober, sitôt qu'il se sent compris, il se transforme. Au rebours de toute autre végétation, tout rayon de jour y tue ce qu'il touche. Aussi l'argot va-t-il se décomposant et se recomposant sans cesse; travail obscur et rapide qui ne s'arrête jamais. Il fait plus de chemin en dix ans que la langue en dix siècles. Ainsi le larton* devient le lartif; le gail** devient le gaye; la fertanche***, la fertille; le momignard, le momacque; les fiques****, les frusques; la chique*****, l'égrugeoir; le colabre******, le colas. Le diable est d'abord gahisto, puis le rabouin, puis le boulanger; le prêtre est le ratichon, puis le sanglier; le poignard est le vingt-deux, puis le surin, puis le lingre; les gens de police sont des railles, puis des roussins, puis des rousses, puis des marchands de lacets, puis des coqueurs, puis des cognes; le bourreau est le taule, puis Charlot, puis l'atigeur, puis le becquillard. Au dix-septième siècle, se battre, c'était *se donner du tabac*; au dix-neuvième, c'est *se chiquer la gueule*. Vingt locutions différentes ont passé entre ces deux extrêmes. Cartouche parlerait hébreu pour Lacenaire. Tous les mots de cette langue sont perpétuellement en fuite comme les hommes qui les prononcent.

Cependant, de temps en temps, et à cause de ce mouvement même, l'ancien argot reparaît et redevient nouveau. Il a ses chefs-lieux où il se maintient. Le Temple conservait l'argot du dix-septième siècle; Bicêtre, lorsqu'il était prison, conservait l'argot de Thunes. On y entendait la terminaison en *anche* des vieux thuneurs. *Boyanches-tu* (bois-tu?)? *il croyanche* (il croit). Mais le mouvement perpétuel n'en reste pas moins la loi.

Si le philosophe parvient à fixer un moment, pour l'observer, cette langue qui s'évapore sans cesse, il tombe dans de douloureuses et utiles méditations. Aucune étude n'est plus efficace et plus féconde en enseignements. Pas une métaphore, pas une étymologie de l'argot qui ne contienne une leçon. — Parmi ces hommes, *battre* veut dire *feindre*; on bat une maladie; la ruse est leur force.

Pour eux l'idée de l'homme ne se sépare pas de l'idée de l'ombre. La nuit se dit *la sorgue*; l'homme, *l'orgue*. L'homme est un dérivé de la nuit.

Ils ont pris l'habitude de considérer la société comme une atmosphère qui les tue, comme une force fatale, et ils parlent de leur

---

\* Pain.
\*\* Cheval.
\*\*\* Paille.
\*\*\*\* Hardes.
\*\*\*\*\* L'église.
\*\*\*\*\*\* Le cou.

liberté comme on parlerait de sa santé. Un homme arrêté est un *malade*; un homme condamné est un *mort*.

Ce qu'il y a de plus terrible pour le prisonnier dans les quatre murs de pierre qui l'ensevelissent, c'est une sorte de chasteté glaciale, il appelle le cachot le *castus*. — Dans ce lieu funèbre, c'est toujours sous son aspect le plus riant que la vie extérieure apparaît. Le prisonnier a des fers aux pieds; vous croyez peut-être qu'il songe que c'est avec les pieds qu'on marche? non, il songe que c'est avec les pieds qu'on danse; aussi, qu'il parvienne à scier ses fers, sa première idée est que maintenant il peut danser, et il appelle la scie un *bastringue*. — Un *nom* est un *centre*; profonde assimilation. — Le bandit a deux têtes, l'une qui raisonne ses actions et le mène pendant toute sa vie, l'autre qu'il a sur ses épaules le jour de sa mort; il appelle la tête qui lui conseille le crime la *sorbonne*, et la tête qui l'expie la *tronche*. — Quand un homme n'a plus que des guenilles sur le corps et des vices dans le cœur, quand il est arrivé à cette double dégradation matérielle et morale que caractérise dans ses deux acceptions le mot *gueux*, il est à point pour le crime; il est comme un couteau bien affilé; il a deux tranchants, sa détresse et sa méchanceté; aussi l'argot ne dit pas un gueux; il dit un *réguisé*. — Qu'est-ce que le bagne? un brasier de damnation, un enfer. Le forçat s'appelle *un fagot*. — Enfin, quel nom les malfaiteurs donnent-ils à la prison? *le collège*. Tout un système pénitentiaire peut sortir de ce mot.

Veut-on savoir où sont écloses la plupart des chansons de bagne, ces refrains appelés dans le vocabulaire spécial les *lirlonfa*?

Qu'on écoute ceci:

Il y avait au Châtelet de Paris une grande cave longue. Cette cave était à huit pieds en contre-bas au-dessous du niveau de la Seine. Elle n'avait ni fenêtres ni soupiraux, l'unique ouverture était la porte; les hommes pouvaient y entrer, l'air non. Cette cave avait pour plafond une voûte de pierre et pour plancher dix pouces de boue. Elle avait été dallée; mais, sous le suintement des eaux, le dallage s'était pourri et crevassé. A huit pieds au-dessus du sol, une longue poutre massive traversait ce souterrain de part en part; de cette poutre tombaient, de distance en distance, des chaînes de trois pieds de long, et à l'extrémité de ces chaînes il y avait des carcans. On mettait dans cette cave les hommes condamnés aux galères jus-

qu'au jour du départ pour Toulon. On les poussait sous cette poutre où chacun avait son ferrement oscillant dans les ténèbres, qui l'attendait.

Les chaînes, ces bras pendants, et les carcans, ces mains ouvertes, prenaient ces misérables par le cou. On les rivait, et on les laissait là. La chaîne étant trop courte, ils ne pouvaient se coucher. Ils restaient immobiles dans cette cave, dans cette nuit, sous cette poutre, presque pendus, obligés à des efforts inouïs pour atteindre au pain ou à la cruche, la voûte sur la tête, la boue jusqu'à mi-jambe, leurs excréments coulant sur leurs jarrets, écartelés de fatigue, ployant aux hanches et aux genoux, s'accrochant par les mains à la chaîne pour se reposer, ne pouvant dormir que debout, et réveillés à chaque instant par l'étranglement du carcan; quelques-uns ne se réveillaient pas. Pour manger, ils faisaient monter avec leur talon le long de leur tibia jusqu'à leur main leur pain qu'on leur jetait dans la boue.

Combien de temps demeuraient-ils ainsi? Un mois, deux mois, six mois quelquefois; un resta une année. C'était l'antichambre des galères. On était mis là pour un lièvre volé au roi. Dans ce sépulcre-enfer, que faisaient-ils? Ce qu'on peut faire dans un sépulcre, ils agonisaient, et ce qu'on peut faire dans un enfer, ils chantaient; car où il n'y a plus l'espérance, le chant reste. Dans les eaux de Malte, quand une galère approchait, on entendait le chant avant d'entendre les rames. Le pauvre braconnier Survincent qui avait traversé la prison-cave du Châtelet disait : *Ce sont les rimes qui m'ont soutenu.* Inutilité de la poésie. A quoi bon la rime?

C'est dans cette cave que sont nées presque toutes les chansons d'argot. C'est du cachot du Grand-Châtelet de Paris que vient le mélancolique refrain de la galère de Montgomery : *Timaloumisaine, timaloumison.* La plupart de ces chansons sont lugubres; quelques-unes sont gaies; une est tendre :

> Icicaille est le théâtre
> Du petit dardant*.

Vous aurez beau faire, vous n'anéantirez pas cet éternel reste du cœur de l'homme, l'amour.

Dans ce monde des actions sombres, on se garde le secret. Le secret, c'est la chose de tous. Le secret, pour ces misérables, c'est l'unité qui sert de base à l'union. Rompre le secret, c'est arracher à chaque membre de cette communauté farouche quelque chose de lui-même. Dénoncer, dans l'énergique langue d'argot, cela se dit : *Manger le morceau.* Comme si le dénonciateur tirait à lui un peu de la substance de tous et se nourrissait d'un morceau de la chair de chacun.

Qu'est-ce que recevoir un soufflet? La métaphore banale répond :

\* Archer. Cupidon.

*C'est voir trente-six chandelles.* Ici l'argot intervient, et reprend : *Chandelle, camoufle.* Sur ce, le langage usuel donne au soufflet pour synonyme *camouflet.* Ainsi, par une sorte de pénétration de bas en haut, la métaphore, cette trajectoire incalculable, aidant, l'argot monte de la caverne à l'académie; et Poulailler disant : *J'allume ma camoufle* fait écrire à Voltaire : *Langleviel La Baumelle mérite cent camouflets.*

Une fouille dans l'argot, c'est la découverte à chaque pas. L'étude et l'approfondissement de cet étrange idiome mènent au mystérieux point d'intersection de la société régulière avec la société maudite.

Le voleur a lui aussi sa chair à canon, la matière volable, vous, moi, quiconque passe; le *pantre.* (*Pan*, tout le monde.)

L'argot, c'est le verbe devenu forçat.

Que le principe pensant de l'homme puisse être refoulé si bas, qu'il puisse être traîné et garrotté là par les obscures tyrannies de la fatalité, qu'il puisse être lié à on ne sait quelles attaches dans ce précipice, cela consterne.

O pauvre pensée des misérables!

Hélas! personne ne viendra-t-il au secours de l'âme humaine dans cette ombre? Sa destinée est-elle d'y attendre à jamais l'esprit, le libérateur, l'immense chevaucheur des pégases et des hippogriffes, le combattant couleur d'aurore qui descend de l'azur entre deux ailes, le radieux chevalier de l'avenir? Appellera-t-elle toujours en vain à son secours la lance de lumière de l'idéal? est-elle condamnée à entendre venir épouvantablement dans l'épaisseur du gouffre le Mal, et à entrevoir, de plus en plus près d'elle, sous l'eau hideuse, cette tête draconienne, cette gueule mâchant l'écume, et cette ondulation serpentante de griffes, de gonflements et d'anneaux? Faut-il qu'elle reste là, sans une lueur, sans espoir, livrée à cette approche formidable, vaguement flairée du monstre, frissonnante, échevelée, se tordant les bras, à jamais enchaînée au rocher de la nuit, sombre Andromède blanche et nue dans les ténèbres!

## III

### ARGOT QUI PLEURE ET ARGOT QUI RIT

Comme on le voit, l'argot tout entier, l'argot d'il y a quatre cents ans comme l'argot d'aujourd'hui, est pénétré de ce sombre esprit symbolique qui donne à tous les mots tantôt une allure dolente, tantôt un air menaçant. On y sent la vieille tristesse farouche de ces truands de la Cour des Miracles qui jouaient aux cartes avec des jeux à eux, dont quelques-uns nous ont été conservés. Le huit de trèfle, par exemple, représentait un grand arbre portant huit énormes feuilles de trèfle, sorte de personnification fantastique de la forêt. Au pied de cet arbre on voyait un feu allumé où trois lièvres faisaient rôtir un chasseur à la broche, et derrière, sur un autre feu, une marmite fumante d'où sortait la tête d'un chien. Rien de plus lugubre que ces représailles en peinture, sur un jeu de cartes, en présence des bûchers à rôtir les contrebandiers et de la chaudière à bouillir les faux-monnayeurs. Les diverses formes que prenait la pensée dans le royaume d'argot, même la chanson, même la raillerie, même la menace, avaient toutes ce caractère impuissant et accablé. Tous les chants, dont quelques mélodies ont été recueillies, étaient humbles et lamentables à pleurer. Le pègre s'appelle *le pauvre pègre*, et il est toujours le lièvre qui se cache, la souris qui se sauve, l'oiseau qui s'enfuit. A peine réclame-t-il, il se borne à soupirer ; un de ses gémissements est venu jusqu'à nous : — *Je n'entrave que le dail comment meck, le daron des orgues, peut atiger ses mômes et ses momignards et les locher criblant sans être agité lui-même*\*. — Le misérable, toutes les fois qu'il a le temps de penser, se fait petit devant la loi et chétif devant la société; il se couche à plat ventre, il supplie, il se tourne du côté de la pitié; on sent qu'il se sait dans son tort.

Vers le milieu du dernier siècle, un changement se fit. Les chants

---

\* Je ne comprends pas comment Dieu, le père des hommes, peut torturer ses enfants et ses petits-enfants et les entendre crier sans être torturé lui-même.

de prisons, les ritournelles de voleurs prirent, pour ainsi parler, un geste insolent et jovial. Le plaintif *maluré* fut remplacé par *larifla*. On retrouve au dix-huitième siècle, dans presque toutes les chansons des galères, des bagnes et des chiourmes, une gaîté diabolique et énigmatique. On y entend ce refrain strident et sautant qu'on dirait éclairé d'une lueur phosphorescente et qui semble jeté dans la forêt par un feu follet jouant du fifre :

> Mirlababi surlababo.
> Mirliton ribonribette
> Surlababi mirlababo
> Mirliton ribonribo.

Cela se chantait en égorgeant un homme dans une cave ou au coin d'un bois.

Symptôme sérieux. Au dix-huitième siècle l'antique mélancolie de ces classes mornes se dissipe. Elles se mettent à rire. Elles raillent le grand meg et le grand dab. Louis XV étant donné, elles appellent le roi de France « le marquis de Pantin ». Les voilà presque gaies. Une sorte de lumière légère sort de ces misérables comme si la conscience ne leur pesait plus. Ces lamentables tribus de l'ombre n'ont plus seulement l'audace désespérée des actions, elles ont l'audace insouciante de l'esprit. Indice qu'elles perdent le sentiment de leur criminalité, et qu'elles se sentent jusque parmi les penseurs et les songeurs je ne sais quels appuis qui s'ignorent eux-mêmes. Indice que le vol et le pillage commencent à s'infiltrer jusque dans des doctrines et des sophismes, de manière à perdre un peu de leur laideur en en donnant beaucoup aux sophismes et aux doctrines. Indice enfin, si aucune diversion ne surgit, de quelque éclosion prodigieuse et prochaine.

Arrêtons-nous un moment. Qui accusons-nous ici? est-ce le dix-huitième siècle? est-ce sa philosophie? Non certes. L'œuvre du dix-huitième siècle est saine et bonne. Les encyclopédistes, Diderot en tête, les physiocrates, Turgot en tête, les philosophes, Voltaire en tête, les utopistes, Rousseau en tête; ce sont là quatre légions sacrées. L'immense avance de l'humanité vers la lumière leur est due. Ce sont les quatre avant-gardes du genre humain allant aux quatre points cardinaux du progrès, Diderot vers le beau, Turgot vers l'utile, Voltaire vers le vrai, Rousseau vers le juste. Mais à côté et au-dessous des philosophes, il y avait les sophistes, végétation vénéneuse mêlée à la croissance salubre, ciguë dans la forêt vierge. Pendant que le bourreau brûlait sur le maître-escalier du Palais de Justice les grands livres libérateurs du siècle, des écrivains aujourd'hui oubliés publiaient, avec privilége du roi, on ne sait quels écrits étrangement désorganisateurs, avidement lus des misérables. Quelques-unes de ces publications, détail bizarre, patronnées par un prince, se retrouvent dans la *Bibliothèque secrète*. Ces faits, profonds mais ignorés, étaient inaperçus à la surface. Parfois, c'est l'obscurité même d'un fait qui est son danger. Il est obscur parce qu'il est souterrain. De tous les écrivains, celui peut-être qui creusa alors dans les masses la galerie la plus malsaine, c'est Restif de La Bretonne.

Ce travail, propre à toute l'Europe, fit plus de ravage en Allemagne que partout ailleurs. En Allemagne, pendant une certaine période, résumée par Schiller dans son drame fameux *les Brigands*, le vol et le pillage s'érigeaient en protestation contre la propriété et le travail, s'assimilaient de certaines idées élémentaires, spécieuses et fausses, justes en apparence, absurdes en réalité, s'enveloppaient de ces idées, y disparaissaient en quelque sorte, prenaient un nom abstrait et passaient à l'état de théorie, et de cette façon circulaient dans les foules laborieuses, souffrantes et honnêtes, à l'insu même des chimistes imprudents qui avaient préparé la mixture, à l'insu même des masses qui l'acceptaient. Toutes les fois qu'un fait de ce genre se produit, il est grave. La souffrance engendre la colère; et tandis que les classes prospères s'aveuglent, ou s'endorment, ce qui est toujours fermer les yeux, la haine des classes malheureuses allume sa torche à quelque esprit chagrin ou mal fait qui rêve dans un coin, et elle se met à examiner la société. L'examen de la haine, chose terrible!

De là, si le malheur des temps le veut, ces effrayantes commotions qu'on nommait jadis *jacqueries*, près desquelles les agitations purement politiques sont des jeux d'enfants, qui ne sont plus la lutte de l'opprimé contre l'oppresseur, mais la révolte du malaise contre le bien-être. Tout s'écroule alors.

Les jacqueries sont des tremblements de peuple.

C'est à ce péril, imminent peut-être en Europe vers la fin du dix-huitième siècle, que vint couper court la révolution française, cet immense acte de probité.

La révolution française, qui n'est pas autre chose que l'idéal armé du glaive, se dressa, et, du même mouvement brusque, ferma la porte du mal et ouvrit la porte du bien.

Elle dégagea la question, promulgua la vérité, chassa le miasme, assainit le siècle, couronna le peuple.

On peut dire d'elle qu'elle a créé l'homme une deuxième fois, en lui donnant une seconde âme, le droit.

Le dix-neuvième siècle hérite et profite de son œuvre, et aujourd'hui la catastrophe sociale que nous indiquions tout à l'heure est simplement impossible. Aveugle qui la dénonce! niais qui la redoute! la révolution est la vaccine de la jacquerie.

Grâce à la révolution, les conditions sociales sont changées. Les maladies féodales et monarchiques ne sont plus dans notre sang. Il n'y a plus de moyen âge dans notre constitution. Nous ne sommes plus aux temps où d'effroyables fourmillements intérieurs faisaient irruption, où l'on entendait sous ses pieds la course obscure d'un bruit sourd, où apparaissaient à la surface de la civilisation on ne sait quels soulèvements de galeries de taupes, où le sol se crevassait, où le dessus des cavernes s'ouvrait, et où l'on voyait tout à coup sortir de terre des têtes monstrueuses.

Le sens révolutionnaire est un sens moral. Le sentiment du droit, développé, développe le sentiment du devoir. La loi de tous, c'est la liberté, qui finit où commence la liberté d'autrui, selon l'admirable définition de Robespierre. Depuis 89, le peuple tout entier se dilate dans l'individu sublimé; il n'y a pas de pauvre qui, ayant son droit, n'ait son rayon; le meurt-de-faim sent en lui l'honnêteté de la France; la dignité du citoyen est une armure intérieure; qui est libre est scrupuleux; qui vote règne. De là l'incorruptibilité; de là l'avortement des convoitises malsaines; de là les yeux héroïquement baissés devant les tentations. L'assainissement révolutionnaire est tel qu'un jour de délivrance, un 14 juillet, un 10 août, il n'y a plus de populace. Le premier cri des foules illuminées et grandissantes c'est : Mort aux voleurs! Le progrès est honnête homme; l'idéal et l'absolu ne font pas le mouchoir. Par qui furent escortés en 1848 les fourgons qui contenaient les richesses des Tuileries? par les chiffonniers du faubourg Saint-Antoine. Le haillon monta la garde devant le trésor. La vertu fit ces déguenillés resplendissants. Il y avait là, dans ces fourgons, dans des caisses à peine fermées, quelques-unes même

entr'ouvertes, parmi cent écrins éblouissants, cette vieille couronne de France toute en diamants, surmontée de l'escarboucle de la royauté, du régent, qui valait trente millions. Ils gardaient, pieds nus, cette couronne.

Donc plus de jacquerie. J'en suis fâché pour les habiles. C'est là de la vieille peur qui a fait son dernier effet et qui ne pourrait plus désormais être employée en politique. Le grand ressort du spectre rouge est cassé. Tout le monde le sait maintenant. L'épouvantail n'épouvante plus. Les oiseaux prennent des familiarités avec le mannequin, les stercoraires s'y posent, les bourgeois rient dessus.

# IV

### LES DEUX DEVOIRS : VEILLER ET ESPÉRER

Cela étant, tout danger social est-il dessipé? non certes. Point de jacquerie, la société peut se rassurer de ce côté; le sang ne lui portera plus à la tête. Mais qu'elle se préoccupe de la façon dont elle respire. L'apoplexie n'est plus à craindre, mais la phthisie est là. La phthisie sociale s'appelle misère.

On meurt miné aussi bien que foudroyé.

Ne nous lassons pas de le répéter, songer avant tout aux foules déshéritées et douloureuses, les soulager, les aérer, les éclairer, les aimer, leur élargir magnifiquement l'horizon, leur prodiguer sous toutes les formes l'éducation, leur offrir l'exemple du labeur, jamais l'exemple de l'oisiveté, amoindrir le poids du fardeau individuel en accroissant la notion du but universel, limiter la pauvreté sans limiter la richesse, créer de vastes champs d'activité publique et populaire, avoir comme Briarée cent mains à tendre de toutes parts aux accablés et aux faibles, employer la puissance collective à ce grand devoir d'ouvrir des ateliers à tous les bras, des écoles à toutes les aptitudes et des laboratoires à toutes les intelligences, augmenter le salaire, diminuer la peine, balancer le doit et l'avoir, c'est-à-dire proportionner la jouissance à l'effort et l'assouvissement au besoin, en un mot, faire dégager à l'appareil social, au profit de ceux qui souffrent et de ceux qui ignorent, plus de clarté et plus de bien-être, c'est là, que les âmes sympathiques ne l'oublient pas, la première des obligations fraternelles, c'est là, que les cœurs égoïstes le sachent, la première des nécessités politiques.

Et, disons-le, tout cela, ce n'est encore qu'un commencement. La vraie question, c'est celle-ci : le travail ne peut être une loi sans être un droit.

Nous n'insistons pas, ce n'est point ici le lieu.

Si la nature s'appelle providence, la société doit s'appeler prévoyance.

La croissance intellectuelle et morale n'est pas moins indispensable que l'amélioration matérielle. Savoir est un viatique, penser est de première nécessité, la vérité est nourriture comme le froment. Une raison, à jeun de science et de sagesse, maigrit. Plaignons, à l'égal des estomacs, les esprits qui ne mangent pas. S'il y a quelque chose de plus poignant qu'un corps agonisant faute de pain, c'est une âme qui meurt de la faim de la lumière.

Le progrès tout entier tend du côté de la solution. Un jour on sera stupéfait. Le genre humain montant, les couches profondes sortiront tout naturellement de la zone de détresse. L'effacement de la misère se fera par une simple élévation de niveau.

Cette solution bénie, on aurait tort d'en douter.

Le passé, il est vrai, est très-fort à l'heure où nous sommes. Il reprend. Ce rajeunissement d'un cadavre est surprenant. Le voici qui marche et qui vient. Il semble vainqueur; ce mort est un conquérant. Il arrive avec sa légion, les superstitions, avec son épée, le despotisme, avec son drapeau, l'ignorance; depuis quelque temps il a gagné dix batailles. Il avance, il menace, il rit, il est à nos portes. Quant à nous, ne désespérons pas. Vendons le champ où campe Annibal.

Nous qui croyons, que pouvons-nous craindre?

Il n'y a pas plus de reculs d'idées que de reculs de fleuves.

Mais que ceux qui ne veulent pas de l'avenir y réfléchissent. En disant non au progrès, ce n'est point l'avenir qu'ils condamnent, c'est eux-mêmes. Ils se donnent une maladie sombre; ils s'inoculent le passé. Il n'y a qu'une manière de refuser Demain, c'est de mourir.

Or, aucune mort, celle du corps le plus tard possible, celle de l'âme jamais, c'est là ce que nous voulons.

Oui, l'énigme dira son mot, le sphinx parlera, le problème sera résolu. Oui, le peuple, ébauché par le dix-huitième siècle, sera achevé par le dix-neuvième. Idiot qui en douterait! L'éclosion future, l'éclosion prochaine du bien-être universel, est un phénomène divinement fatal.

D'immenses poussées d'ensemble régissent les faits humains et les amènent tous dans un temps donné à l'état logique, c'est-à-dire à l'équilibre; c'est-à-dire à l'équité. Une force composée de terre et de ciel résulte de l'humanité et la gouverne; cette force-là est une faiseuse de miracles; les dénoûments merveilleux ne lui sont pas plus difficiles que les péripéties extraordinaires. Aidée de la science qui vient de l'homme et de l'événement qui vient d'un autre, elle s'épouvante peu de ces contradictions dans la pose des problèmes, qui semblent au vulgaire impossibilités. Elle n'est pas moins habile à faire jaillir une solution du rapprochement des idées qu'un enseignement du rapprochement des faits, et l'on peut s'attendre à tout de la part de cette mystérieuse puissance du progrès qui, un beau jour, confronte l'Orient et l'Occident au fond d'un sépulcre et fait dialoguer les imans avec Bonaparte dans l'intérieur de la grande pyramide.

En attendant, pas de halte, pas d'hésitation, pas de temps d'arrêt dans la grandiose marche en avant des esprits. La philosophie sociale est essentiellement la science et la paix. Elle a pour but et doit avoir pour résultat de dissoudre les colères par l'étude des antagonismes. Elle examine, elle scrute, elle analyse; puis elle recompose. Elle procède par voie de réduction, retranchant de tout la haine.

Qu'une société s'abîme au vent qui se déchaîne sur les hommes, cela s'est vu plus d'une fois; l'histoire est pleine de naufrages de peuples et d'empires; mœurs, lois, religions, un beau jour, cet inconnu, l'ouragan, passe et emporte tout cela. Les civilisations de l'Inde, de la Chaldée, de la Perse, de la Syrie, de l'Égypte, ont disparu l'une après l'autre. Pourquoi? nous l'ignorons. Quelles sont les causes de ces désastres? nous ne le savons pas. Ces sociétés auraient-elles pu être sauvées? y a-t-il de leur faute? se sont-elles obstinées dans quelque vice fatal qui les a perdues? quelle quantité de suicide y a-t-il dans ces morts terribles d'une nation et d'une race? Questions sans réponse. L'ombre couvre les civilisations condamnées. Elles faisaient eau puisqu'elles s'engloutissent; nous n'avons rien de plus à dire; et c'est avec une sorte d'effarement que nous regardons, au fond de cette mer qu'on appelle le passé, derrière ces vagues colossales, les siècles, sombrer ces immenses navires, Babylone, Ninive, Tarse, Thèbes, Rome, sous le souffle effrayant qui sort de toutes les bouches des ténèbres. Mais ténèbres là, clarté ici. Nous ignorons les maladies des civilisations antiques, nous connaissons les infirmités de la nôtre. Nous avons partout sur elle le droit de lumière; nous contemplons ses beautés et nous mettons à nu ses difformités. Là où elle a mal, nous sondons; et, une fois la souffrance constatée, l'étude de la cause mène à la découverte du remède. Notre civilisation, œuvre de vingt siècles, en est à la fois le monstre et le prodige; elle vaut la peine d'être sauvée. Elle le sera. La soulager, c'est déjà beaucoup; l'éclairer, c'est encore quelque chose. Tous les travaux de la philosophie sociale moderne doivent converger vers ce but. Le penseur aujourd'hui a un grand devoir, ausculter la civilisation.

Nous le répétons, cette auscultation encourage; et c'est par cette insistance dans l'encouragement que nous voulons finir ces quelques pages, entr'acte austère d'un drame douloureux. Sous la mortalité sociale on sent l'impérissabilité humaine. Pour avoir çà et là ces plaies, les cratères, et ces dartres, les solfatares, pour un volcan qui aboutit et qui jette son pus, le globe ne meurt pas. Les maladies de peuple ne tuent pas l'homme.

Et néanmoins, quiconque suit la clinique sociale hoche la tête par instants. Les plus forts, les plus tendres, les plus logiques ont leurs heures de défaillance.

L'avenir arrivera-t-il? il semble qu'on peut presque se faire cette question quand on voit tant d'ombre terrible. Sombre face-à-face des égoïstes et des misérables. Chez les égoïstes, les préjugés, les ténèbres de l'éducation riche, l'appétit croissant par l'enivrement, un étourdissement de prospérité qui assourdit, la crainte de souffrir qui, dans quelques-uns, va jusqu'à l'aversion des souffrants, une satisfaction implacable, le moi si enflé qu'il ferme l'âme; chez les misérables, la convoitise, l'envie, la haine de voir les autres jouir, les profondes secousses de la bête humaine vers les assouvissements, les cœurs pleins de brume, la tristesse, le besoin, la fatalité, l'ignorance impure et simple.

Faut-il continuer de lever les yeux vers le ciel? le point lumineux qu'on y distingue est-il de ceux qui s'éteignent? L'idéal est effrayant à voir ainsi perdu dans les profondeurs, petit, isolé, imperceptible, brillant, mais entouré de toutes ces grandes menaces noires monstrueusement amoncelées autour de lui; pourtant pas plus en danger qu'une étoile dans les gueules des nuages.

# LIVRE HUITIÈME

## LES ENCHANTEMENTS ET LES DÉSOLATIONS

### I

#### PLEINE LUMIÈRE

Le lecteur a compris qu'Éponine, ayant reconnu à travers la grille l'habitant de cette rue Plumet où Magnon l'avait envoyée, avait commencé par écarter les bandits de la rue Plumet, puis y avait conduit Marius, et qu'après plusieurs jours d'extase devant cette grille, Marius, entraîné par cette force qui pousse le fer vers l'aimant et l'amoureux vers les pierres dont est faite la maison de celle qu'il aime, avait fini par entrer dans le jardin de Cosette comme Roméo dans le jardin de Juliette. Cela même lui avait été plus facile qu'à Roméo; Roméo était obligé d'escalader un mur, Marius n'eut qu'à forcer un peu un des barreaux de la grille décrépite qui vacillait dans son alvéole rouillée, à la manière des dents des vieilles gens. Marius était mince et passa aisément.

Comme il n'y avait jamais personne dans la rue et que d'ailleurs Marius ne pénétrait dans le jardin que la nuit, il ne risquait pas d'être vu.

A partir de cette heure bénie et sainte où un baiser fiança ces deux âmes, Marius vint là tous les soirs. Si, à ce moment de sa vie, Cosette était tombée dans l'amour d'un homme peu scrupuleux et libertin, elle était perdue; car il y a des natures généreuses qui se livrent, et Cosette en était une. Une des magnanimités de la femme, c'est de céder. L'amour, à cette hauteur où il est absolu, se complique d'on ne sait quel céleste aveuglement de la pudeur. Mais que de dangers vous courez, ô nobles âmes! Souvent, vous donnez le cœur, nous prenons le corps. Votre cœur vous reste, et vous le regardez dans l'ombre en frémissant. L'amour n'a point de moyen terme; ou il perd, ou il sauve. Toute la destinée humaine est ce dilemme-là. Ce dilemme, perte ou salut, aucune fatalité ne le pose plus inexorablement que l'amour. L'amour est la vie, s'il n'est pas la mort. Berceau; cercueil aussi. Le même sentiment dit oui et non dans le cœur humain. De toutes les choses que Dieu a faites, le cœur humain est celle qui dégage le plus de lumière, hélas! et le plus de nuit.

Dieu voulut que l'amour que Cosette rencontra fût un de ces amours qui sauvent.

Tant que dura le mois de mai de cette année 1832, il y eut là, toutes les nuits, dans ce pauvre jardin sauvage, sous cette broussaille chaque jour plus odorante et plus épaissie, deux êtres composés de toutes les chastetés et de toutes les innocences, débordant de toutes les félicités du ciel, plus voisins des archanges que des hommes, purs, honnêtes, enivrés, rayonnants, qui resplendissaient l'un pour l'autre dans les ténèbres. Il semblait à Cosette que Marius avait une couronne et à Marius que Cosette avait un nimbe. Ils se touchaient, ils se regardaient, ils se prenaient les mains, ils se serraient l'un contre l'autre; mais il y avait une distance qu'ils ne franchissaient pas. Non qu'ils la respectassent; ils l'ignoraient. Marius sentait une barrière, la pureté de Cosette, et Cosette sentait un appui, la loyauté de Marius. Le premier baiser avait été aussi le dernier. Marius, depuis, n'était pas allé au delà d'effleurer de ses lèvres la main, ou le fichu, ou une boucle de cheveux de Cosette. Cosette était pour lui un parfum et non une femme. Il la respirait. Elle ne refusait rien et il ne demandait rien. Cosette était heureuse et Marius était satisfait. Ils vivaient dans ce ravissant état qu'on pourrait appeler l'éblouissement d'une âme par une âme. C'était cet ineffable premier embrassement de deux virginités dans l'idéal. Deux cygnes se rencontrant sur la Jungfrau.

A cette heure-là de l'amour, heure où la volupté se tait absolument sous la toute-puissance de l'extase, Marius, le pur et séraphique Marius eût été plutôt capable de monter chez une fille publique que de soulever la robe de Cosette à la hauteur de la cheville. Une fois, à un clair de lune, Cosette se pencha pour ramasser quelque chose à terre, son corsage s'entr'ouvrit et laissa voir la naissance de sa gorge. Marius détourna les yeux.

Que se passait-il entre ces deux êtres. Rien. Ils s'adoraient.

La nuit, quand ils étaient là, ce jardin semblait un lieu vivant et sacré. Toutes les fleurs s'ouvraient autour d'eux et leur envoyaient de l'encens; eux, ils ouvraient leurs âmes et les répandaient dans les fleurs. La végétation lascive et vigoureuse tressaillait pleine de séve et d'ivresse autour de ces deux innocents, et ils disaient des paroles d'amour dont les arbres frissonnaient.

Qu'étaient-ce que ces paroles? Des souffles. Rien de plus. Ces souffles suffisaient pour troubler et pour émouvoir toute cette nature. Puissance magique qu'on aurait peine à comprendre si on lisait dans un livre ces causeries faites pour être emportées et dissipées comme des fumées par le vent sous les feuilles. Otez à ces murmures de deux amants cette mélodie qui sort de l'âme et qui les accompagne comme une lyre, ce qui reste n'est plus qu'une ombre; vous dites : Quoi! ce n'est que cela! Eh oui, des enfantillages, des redites, des rires pour rien, des inutilités, des niaiseries, tout ce qu'il y a au monde de plus sublime et de plus profond! les seules choses qui vaillent la peine d'être dites et d'être écoutées!

Ces niaiseries-là, ces pauvretés-là, l'homme qui ne les a jamais entendues, l'homme qui ne les a jamais prononcées, est un imbécile et un méchant homme.

Cosette disait à Marius :

— Sais-tu?...

(Dans tout cela, et à travers cette céleste virginité, et sans qu'il fût possible à l'un et à l'autre de dire comment, le tutoiement était venu.)

— Sais-tu? Je m'appelle Euphrasie.

— Euphrasie? Mais non, tu t'appelles Cosette.

— Oh! Cosette est un assez vilain nom qu'on m'a donné comme cela quand j'étais petite. Mais mon vrai nom est Euphrasie. Est-ce que tu n'aimes pas ce nom-là, Euphrasie?

— Si... — Mais Cosette n'est pas vilain.
— Est-ce que tu l'aimes mieux qu'Euphrasie?
— Mais... — oui.
— Alors je l'aime mieux aussi. C'est vrai, c'est joli, Cosette. Appelle-moi Cosette.

Et le sourire qu'elle ajoutait faisait de ce dialogue une idylle digne d'un bois qui serait dans le ciel.

Une autre fois elle le regardait fixement et s'écriait :

— Monsieur, vous êtes beau, vous êtes joli, vous avez de l'esprit, vous n'êtes pas bête du tout, vous êtes bien plus savant que moi, mais je vous défie à ce mot-là : Je t'aime!

Et Marius, en plein azur, croyait entendre une strophe chantée par une étoile.

Ou bien, elle lui donnait une petite tape parce qu'il toussait, et elle lui disait :

— Ne toussez pas, monsieur. Je ne veux pas qu'on tousse chez moi sans ma permission. C'est très-laid de tousser et de m'inquiéter. Je veux que tu te portes bien, parce que d'abord, moi, si tu ne te portais pas bien, je serais très-malheureuse. Qu'est-ce que tu veux que je fasse?

Et cela était tout simplement divin.

Une fois Marius dit à Cosette :

— Figure-toi, j'ai cru un temps que tu t'appelais Ursule.

Ceci les fit rire toute la soirée.

Au milieu d'une autre causerie, il lui arriva de s'écrier :

— Oh! un jour, au Luxembourg, j'ai eu envie d'achever de casser un invalide!

Mais il s'arrêta court et n'alla pas plus loin. Il aurait fallu parler à Cosette de sa jarretière, et cela lui était impossible. Il y avait là un côtoiement inconnu, la chair, devant lequel reculait, avec une sorte d'effroi sacré, cet immense amour innocent.

Marius se figurait la vie avec Cosette comme cela, sans autre chose; venir tous les soirs rue Plumet, déranger le vieux barreau complaisant de la grille du président, s'asseoir coude à coude sur ce banc, regarder à travers les arbres la scintillation de la nuit commençante, faire cohabiter le pli du genou de son pantalon avec l'ampleur de la robe de Cosette, lui caresser l'ongle du pouce, lui dire tu, respirer l'un après l'autre la même fleur, à jamais, indéfiniment. Pendant ce temps-là les nuages passaient au-dessus de leur tête. Chaque fois que le vent souffle, il emporte plus de rêves de l'homme que de nuées du ciel.

Que ce chaste amour presque farouche fût absolument sans galanterie, non. « Faire des compliments » à celle qu'on aime est la première façon de faire des caresses, demi-audace qui s'essaye. Le compliment, c'est quelque chose comme le baiser à travers le voile. La volupté y met sa douce pointe, tout en se cachant. Devant la volupté le cœur recule, pour mieux aimer. Les cajoleries de Marius, toutes saturées de chimère, étaient, pour ainsi dire, azurées. Les oiseaux, quand ils volent là-haut du côté des anges, doivent entendre de ces paroles-là. Il s'y mêlait pourtant la vie, l'humanité, toute la quantité de positif dont Marius était capable. C'était ce qui se dit dans la grotte, prélude de ce qui se dira dans l'alcôve; une effusion lyrique, la strophe et le sonnet mêlés, les gentilles hyperboles du roucoulement, tous les raffinements de l'adoration arrangés en bouquet et exhalant un subtil parfum céleste, un ineffable gazouillement de cœur à cœur.

— Oh! murmurait Marius, que tu es belle! je n'ose pas te regarder. C'est ce qui fait que je te contemple. Tu es une grâce. Je ne sais pas ce que j'ai. Le bas de ta robe, quand le bout de ton soulier passe, me bouleverse. Et puis quelle lueur enchantée quand ta pensée s'entr'ouvre! Tu parles raison étonnamment. Il me semble par moments que tu es un songe. Parle, je t'écoute, je t'admire. O Cosette! comme c'est étrange et charmant! je suis vraiment fou. Vous êtes adorable, mademoiselle. J'étudie tes pieds au microscope et ton âme au télescope.

Et Cosette répondait :

— Je t'aime un peu plus de tout le temps qui s'est écoulé depuis ce matin.

Demandes et réponses allaient comme elles pouvaient dans ce dialogue, tombant toujours d'accord, sur l'amour, comme les figurines de sureau sur le clou.

Toute la personne de Cosette était naïveté, ingénuité, transparence, blancheur, candeur, rayon. On eût pu dire de Cosette qu'elle était claire. Elle faisait à qui la voyait une sensation d'avril et de point du jour. Il y avait de la rosée dans ses yeux. Cosette était une condensation de lumière aurorale en forme de femme.

Il était tout simple que Marius, l'adorant, l'admirât. Mais la vérité est que cette petite pensionnaire, fraîche émoulue du couvent, causait avec une pénétration exquise et disait par moments toutes sortes de paroles vraies et délicates. Son babil était de la conversation. Elle ne se trompait sur rien, et voyait juste. La femme sent et parle avec le tendre instinct du cœur, cette infaillibilité.

Personne ne sait comme une femme dire des choses à la fois douces et profondes. La douceur et la profondeur, c'est là toute la femme; c'est là tout le ciel.

En cette pleine félicité, il leur venait à chaque instant des larmes aux yeux. Une bête à bon Dieu écrasée, une plume tombée d'un nid, une branche d'aubépine cassée, les apitoyait, et leur extase, doucement noyée de mélancolie, semblait ne demander pas mieux que de pleurer.

Le plus souverain symptôme de l'amour, c'est un attendrissement parfois presque insupportable.

Et, à côté de cela, — toutes ces contradictions sont le jeu d'éclairs de l'amour, — ils riaient volontiers, et avec une liberté ravissante, et si familièrement qu'ils avaient parfois presque l'air de deux garçons.

Cependant, à l'insu même des cœurs ivres de chasteté, la nature inoubliable est toujours là. Elle est là, avec son but brutal et sublime, et, quelle que soit l'innocence des âmes, on sent, dans le tête-à-tête le plus pudique, l'adorable et mystérieuse nuance qui sépare un couple d'amants d'une paire d'amis.

Ils s'idolâtraient.

Le permanent et l'immuable subsistent. On s'aime, on se sourit, on se rit, on se fait des petites moues avec le bout des lèvres, on s'entrelace les doigts des mains, on se tutoie, et cela n'empêche pas l'éternité.

Deux amants se cachent dans le soir, dans le crépuscule, dans l'invisible, avec les oiseaux, avec les roses, ils se fascinent l'un l'autre dans l'ombre avec leurs cœurs qu'ils mettent dans leurs yeux, ils murmurent, ils chuchotent, et pendant ce temps-là d'immenses balancements d'astres emplissent l'infini.

## II

### L'ÉTOURDISSEMENT DU BONHEUR COMPLET

Ils existaient vaguement, effarés de bonheur. Ils ne s'apercevaient pas du choléra qui décimait Paris précisément en ce mois-là. Ils s'étaient fait le plus de confidences qu'ils avaient pu, mais cela n'avait pas été bien loin au delà de leurs noms. Marius avait dit à Cosette qu'il était orphelin, qu'il s'appelait Marius Pontmercy, qu'il était avocat, qu'il vivait d'écrire des choses pour les libraires, que son père était colonel, que c'était un héros, et que lui Marius était brouillé avec son grand-père qui était riche. Il lui avait aussi un peu dit qu'il était baron; mais cela n'avait fait aucun effet à Cosette. Marius baron? elle n'avait pas compris. Elle ne savait pas ce que ce mot voulait dire. Marius était Marius. De son côté elle lui avait confié qu'elle avait été élevée au couvent du Petit-Picpus, que sa mère était morte comme à lui, que son père s'appelait M. Fauchelevent, qu'il était très-bon, qu'il donnait beaucoup aux pauvres, mais qu'il était pauvre lui-même, et qu'il se privait de tout en ne la privant de rien.

Chose bizarre, dans l'espèce de symphonie où Marius vivait depuis qu'il voyait Cosette, le passé, même le plus récent, était devenu tellement confus et lointain pour lui que ce que Cosette lui conta le satisfit pleinement. Il ne songea même pas à lui parler de l'aventure nocturne de la masure, de Thénardier, de la brûlure, et de l'étrange attitude et de la singulière fuite de son père. Marius avait momentanément oublié tout cela; il ne savait même pas le soir ce qu'il avait fait le matin, ni où il avait déjeuné, ni qui lui avait parlé; il avait des chants dans l'oreille qui le rendaient sourd à toute autre pensée; il n'existait qu'aux heures où il voyait Cosette. Alors, comme il était dans le ciel, il était tout simple qu'il oubliât la terre. Tous deux portaient avec langueur le poids indéfinissable des voluptés immatérielles. Ainsi vivent ces somnambules qu'on appelle les amoureux.

Hélas! qui n'a éprouvé toutes ces choses? pourquoi vient-il une heure où l'on sort de cet azur, et pourquoi la vie continue-t-elle après?

Aimer remplace presque penser. L'amour est un ardent oubli du reste. Demandez donc de la logique à la passion. Il n'y a pas plus d'enchaînement logique absolu dans le cœur humain qu'il n'y a de figure géométrique parfaite dans la mécanique céleste. Pour Cosette et Marius rien n'existait plus que Marius et Cosette. L'univers autour d'eux était tombé dans un trou. Ils vivaient dans une minute d'or. Il n'y avait rien devant, rien derrière. C'est à peine si Marius songeait que Cosette avait un père. Il y avait dans son cerveau l'effacement de l'éblouissement. De quoi donc parlaient-ils, ces amants? On l'a vu, des fleurs, des hirondelles, du soleil couchant, du lever de la lune, de toutes les choses importantes. Ils s'étaient dit tout, excepté tout. Le tout des amoureux, c'est le rien. Mais le père, les réalités, ce bouge, ces bandits, cette aventure, à quoi bon? et était-il bien sûr que ce cauchemar eût existé? On était deux, on s'adorait, il n'y avait que cela. Toute autre chose n'était pas. Il est probable que cet évanouissement de l'enfer derrière nous est inhérent à l'arrivée au paradis. Est-ce qu'on a vu des démons? est-ce qu'il y en a? est-ce qu'on a tremblé? est-ce qu'on a souffert? On n'en sait plus rien. Une nuée rose est là-dessus.

Donc ces deux êtres vivaient ainsi, très-haut, avec toute l'invraisemblance qui est dans la nature; ni au nadir, ni au zénith, entre l'homme et le séraphin, au-dessus de la fange, au-dessous de l'éther, dans le nuage; à peine os et chair, âme et extase de la tête aux pieds; déjà trop sublimés pour marcher à terre, encore trop chargés d'humanité pour disparaître dans le bleu, en suspension comme des atomes qui attendent le précipité; en apparence hors du destin; ignorant cette ornière, hier, aujourd'hui, demain; émerveillés, pâmés, flottants; par moments, assez allégés pour la fuite dans l'infini; presque prêts à l'envolement éternel.

Ils dormaient éveillés dans ce bercement. O léthargie splendide du réel accablé d'idéal!

Quelquefois, si belle que fût Cosette, Marius fermait les yeux devant elle. Les yeux fermés, c'est la meilleure manière de regarder l'âme.

Marius et Cosette ne se demandaient pas où cela les conduirait. Ils se regardaient comme arrivés. C'est une étrange prétention des hommes de vouloir que l'amour conduise quelque part.

## III

#### COMMENCEMENT D'OMBRE

Jean Valjean, lui, ne se doutait de rien.

Cosette, un peu moins rêveuse que Marius, était gaie, et cela suffisait à Jean Valjean pour être heureux. Les pensées que Cosette avait, ses préoccupations tendres, l'image de Marius qui lui remplissait l'âme, n'ôtaient rien à la pureté incomparable de son beau front chaste et souriant. Elle était dans l'âge où la vierge porte son amour comme l'ange porte son lys. Jean Valjean était donc tranquille. Et puis, quand deux amants s'entendent, cela va toujours très-bien, le tiers quelconque qui pourrait troubler leur amour est maintenu dans un parfait aveuglement par un petit nombre de précautions toujours les mêmes pour tous les amoureux. Ainsi jamais d'objections de Cosette à Jean Valjean. Voulait-il promener? oui, mon petit père. Voulait-il rester? très-bien. Voulait-il passer la soirée près de Cosette? elle était ravie. Comme il se retirait toujours à dix heures du soir, ces fois-là Marius ne venait au jardin que passé cette heure, lorsqu'il entendait de la rue Cosette ouvrir la porte-fenêtre du perron. Il va sans dire que le jour on ne rencontrait jamais Marius. Jean Valjean ne songeait même plus que Marius existât. Une fois, seulement, un matin, il lui arriva de dire à Cosette : — Tiens, comme tu as du blanc derrière le dos! La veille au soir, Marius, dans un transport, avait pressé Cosette contre le mur.

La vieille Toussaint, qui se couchait de bonne heure, ne songeait qu'à dormir, une fois sa besogne faite, et ignorait tout comme Jean Valjean.

Jamais Marius ne mettait le pied dans la maison. Quand il était avec Cosette, ils se cachaient dans un enfoncement près du perron afin de ne pouvoir être vus ni entendus de la rue, et s'asseyaient là, se contentant souvent, pour toute conversation, de se presser les mains vingt fois par minute en regardant les branches des arbres. Dans ces instants-là, le tonnerre fût tombé à trente pas d'eux qu'ils ne s'en fussent pas doutés, tant la rêverie de l'un s'absorbait et plongeait profondément dans la rêverie de l'autre.

Puretés limpides. Heures toutes blanches; presque toutes pareilles. Ce genre d'amours-là est une collection de feuilles de lys et de plumes de colombe.

Tout le jardin était entre eux et la rue. Chaque fois que Marius entrait et sortait, il rajustait soigneusement le barreau de la grille de manière qu'aucun dérangement ne fût visible.

Il s'en allait habituellement vers minuit, et s'en retournait chez Courfeyrac. Courfeyrac disait à Bahorel :

— Croirais-tu? Marius rentre à présent à des une heure du matin.

Bahorel répondait :

— Que veux-tu? il y a toujours un pétard dans un séminariste.

Par moments Courfeyrac croisait les bras, prenait un air sérieux, et disait à Marius :

— Vous vous dérangez, jeune homme.

Courfeyrac, homme pratique, ne prenait pas en bonne part ce reflet d'un paradis invisible sur Marius; il avait peu l'habitude des passions inédites, il s'en impatientait, et il faisait par instants à Marius des sommations de rentrer dans le réel.

Un matin, il lui jeta cette admonition :

— Mon cher, tu me fais l'effet pour le moment d'être situé dans la lune, royaume du rêve, province de l'illusion, capitale Bulle de Savon. Voyons, sois bon enfant, comment s'appelle-t-elle?

Mais rien ne pouvait « faire parler » Marius. On lui eût arraché les ongles plutôt qu'une des trois syllabes sacrées dont se composait ce nom ineffable, *Cosette*. L'amour vrai est lumineux comme l'aurore et silencieux comme la tombe. Seulement il y avait, pour Courfeyrac, ceci de changé en Marius, qu'il avait une taciturnité rayonnante.

Pendant ce doux mois de mai Marius et Cosette connurent ces immenses bonheurs :

Se quereller et se dire vous, uniquement pour mieux se dire tu ensuite;

Se parler longuement, et dans les plus minutieux détails, de gens qui ne les intéressaient pas le moins du monde; preuve de plus que, dans ce ravissant opéra qu'on appelle l'amour, le libretto n'est presque rien;

Pour Marius, écouter Cosette parler chiffons;

Pour Cosette, écouter Marius parler politique;

Entendre, genou contre genou, rouler les voitures rue de Babylone;

Considérer la même planète dans l'espace ou le même ver luisant dans l'herbe;

Se taire ensemble; douceur plus grande encore que causer;

Etc., etc.

Cependant diverses complications approchaient.

Un soir, Marius s'acheminait au rendez-vous par le boulevard des Invalides. Il marchait habituellement le front baissé; comme il allait tourner l'angle de la rue Plumet, il entendit qu'on disait tout près de lui :

— Bonsoir, monsieur Marius.

Il leva la tête, et reconnut Éponine.

Cela lui fit un effet singulier. Il n'avait pas songé une seule fois à cette fille depuis le jour où elle l'avait amené rue Plumet, il ne l'avait point revue, et elle lui était complétement sortie de l'esprit. Il n'avait que des motifs de reconnaissance pour elle, il lui devait son bonheur présent, et pourtant il lui était gênant de la rencontrer.

C'est une erreur de croire que la passion, quand elle est heureuse et pure, conduit l'homme à un état de perfection; elle le conduit simplement, nous l'avons constaté, à un état d'oubli. Dans cette situation, l'homme oublie d'être mauvais, mais il oublie aussi d'être bon. La reconnaissance, le devoir, les souvenirs essentiels et importuns, s'évanouissent. En tout autre temps, Marius eût été bien autre pour Éponine. Absorbé par Cosette, il ne s'était même pas clairement rendu compte que cette Éponine s'appelait Éponine Thénardier, et qu'elle portait un nom écrit dans le testament de son père, ce nom pour lequel il se serait, quelques mois auparavant, si ardemment dévoué. Nous montrons Marius tel qu'il était. Son père lui-même disparaissait un peu dans son âme sous la splendeur de son amour.

Il répondit avec quelque embarras :

— Ah! c'est vous, Éponine?

— Pourquoi me dites-vous vous? Est-ce que je vous ai fait quelque chose?

— Non, répondit-il.

Certes, il n'avait rien contre elle. Loin de là. Seulement, il sentait qu'il ne pouvait faire autrement, maintenant qu'il disait tu à Cosette, que de dire vous à Éponine.

Comme il se taisait, elle s'écria :
— Dites donc...
Puis elle s'arrêta. Il semblait que les paroles manquaient à cette créature autrefois si insouciante et si hardie. Elle essaya de sourire et ne put. Elle reprit :
— Eh bien ?...
Puis elle se tut encore et resta les yeux baissés.
— Bonsoir, monsieur Marius, dit-elle tout à coup brusquement; et elle s'en alla.

## IV

#### CAB ROULE EN ANGLAIS ET JAPPE EN ARGOT

Le lendemain, c'était le 3 juin, le 3 juin 1832, date qu'il faut indiquer à cause des événements graves qui étaient à cette époque suspendus sur l'horizon de Paris à l'état de nuages chargés. Marius à la nuit tombante suivait le même chemin que la veille avec les mêmes pensées de ravissement dans le cœur, lorsqu'il aperçut, entre les arbres du boulevard, Éponine qui venait à lui. Deux jours de suite, c'était trop. Il se détourna vivement, quitta le boulevard, changea de route, et s'en alla rue Plumet par la rue Monsieur.

Cela fit qu'Éponine le suivit jusqu'à la rue Plumet, chose qu'elle n'avait point faite encore. Elle s'était contentée jusque-là de l'apercevoir à son passage sur le boulevard sans même chercher à le rencontrer. La veille seulement, elle avait essayé de lui parler.

Éponine le suivit donc, sans qu'il s'en doutât. Elle le vit déranger le barreau de la grille, et se glisser dans le jardin.

— Tiens! dit-elle, il entre dans la maison!

Elle s'approcha de la grille, tâta les barreaux l'un après l'autre et reconnut facilement celui que Marius avait dérangé.

Elle murmura à demi-voix avec un accent lugubre :
— Pas de ça, Lisette!

Elle s'assit sur le soubassement de la grille, tout à côté du barreau, comme si elle le gardait. C'était précisément le point où la grille venait toucher le mur voisin. Il y avait là un angle obscur où Éponine disparaissait entièrement.

Elle demeura ainsi plus d'une heure sans bouger et sans souffler, en proie à ses idées.

Vers dix heures du soir, un des deux ou trois passants de la rue Plumet, vieux bourgeois attardé qui se hâtait dans ce lieu désert et mal famé, côtoyant la grille du jardin, et arrivé à l'angle que la grille faisait avec le mur, entendit une voix sourde et menaçante qui disait :

— Je ne m'étonne plus s'il vient tous les soirs !

Le passant promena ses yeux autour de lui, ne vit personne, n'osa pas regarder dans ce coin noir, et eut grand'peur. Il doubla le pas.

Ce passant eut raison de se hâter, car très-peu d'instants après, six hommes qui marchaient séparés et à quelque distance les uns des autres, le long du mur, et qu'on eût pu prendre pour une patrouille grise, entrèrent dans la rue Plumet.

Le premier qui arriva à la grille du jardin s'arrêta, et attendit les autres; une seconde après, ils étaient tous les six réunis.

Ces hommes se mirent à parler à voix basse.

— C'est icicaille, dit l'un d'eux.

— Y a-t-il un cab* dans le jardin? demanda un autre.

— Je ne sais pas. En tout cas j'ai levé** une boulette que nous lui ferons morfiler ***.

— As-tu du mastic pour frangir la vanterne ****?

— Oui.

— La grille est vieille, reprit un cinquième qui avait une voix de ventriloque.

— Tant mieux, dit le second qui avait parlé. Elle ne criblera ***** pas sous la bastringue ****** et ne sera pas si dure à faucher *******.

* Chien.
** Apporté. De l'espagnol *llevar*.
*** Manger.
**** *Casser un carreau* au moyen d'un emplâtre de mastic, qui, appuyé sur la vitre, retient les morceaux de verre et empêche le bruit.
***** Criera.
****** La scie.
******* Couper.

Le sixième, qui n'avait pas encore ouvert la bouche, se mit à visiter la grille comme avait fait Éponine une heure auparavant, empoignant successivement chaque barreau et les ébranlant avec précaution.

Il arriva ainsi au barreau que Marius avait descellé. Comme il allait saisir ce barreau, une main sortant brusquement de l'ombre s'abattit sur son bras, il se sentit vivement repoussé par le milieu de la poitrine, et une voix enrouée lui dit sans crier :

— Il y a un cab.

En même temps il vit une fille pâle debout devant lui.

L'homme eut cette commotion que donne toujours l'inattendu. Il se hérissa hideusement; rien n'est formidable à voir comme les bêtes féroces inquiètes; leur air effrayé est effrayant.

Il recula, et bégaya :

— Quelle est cette drôlesse?

— Votre fille.

C'était en effet Éponine qui parlait à Thénardier.

A l'apparition d'Éponine, les cinq autres, c'est-à-dire Claquesous, Gueulemer, Babet, Montparnasse et Brujon, s'étaient approchés sans bruit, sans précipitation, sans dire une parole, avec la lenteur sinistre propre à ces hommes de nuit.

On leur distinguait je ne sais quels hideux outils à la main. Gueulemer tenait une de ces pinces courbes que les rôdeurs appellent fanchons.

— Ah çà, qu'est-ce que tu fais là? qu'est-ce que tu nous veux? es-tu folle? s'écria Thénardier, autant qu'on peut s'écrier en parlant bas. Qu'est-ce que tu viens nous empêcher de travailler?

Éponine se mit à rire et lui sauta au cou.

— Je suis là, mon petit père, parce que je suis là. Est-ce qu'il n'est pas permis de s'asseoir sur les pierres, à présent? C'est vous qui ne devriez pas y être. Qu'est-ce que vous venez y faire, puisque c'est un biscuit? Je l'avais dit à Magnon. Il n'y a rien à faire ici. Mais embrassez-moi donc, mon bon petit père! Comme il y a longtemps que je ne vous ai vu! Vous êtes dehors donc?

Le Thénardier essaya de se débarrasser des bras d'Éponine et grommela :

— C'est bon. Tu m'as embrassé. Oui, je suis dehors. Je ne suis pas dedans. A présent, va-t'en.

Mais Éponine ne lâchait pas prise et redoublait ses caresses.

— Mon petit père, comment avez-vous donc fait? Il faut que vous ayez bien de l'esprit pour vous être tiré de là. Contez-moi ça! Et ma mère? où est ma mère? Donnez-moi donc des nouvelles de maman.

Thénardier répondit :

— Elle va bien, je ne sais pas, laisse-moi, je te dis va-t'en.

— Je ne veux pas m'en aller justement, fit Éponine avec une minauderie d'enfant gâté, vous me renvoyez que voilà quatre mois que je ne vous ai vu et que j'ai à peine eu le temps de vous embrasser.

Et elle reprit son père par le cou.

— Ah çà mais, c'est bête! dit Babet.

— Dépêchons! dit Gueulemer, les coqueurs peuvent passer.

La voix de ventriloque scanda ce distique :

>Nous n'sommes pas le jour de l'an,
>A bécoter papa, maman.

Éponine se tourna vers les cinq bandits.

— Tiens, c'est monsieur Brujon. — Bonjour, monsieur Babet. Bonjour, monsieur Claquesous. Est-ce que vous ne me reconnaissez pas, monsieur Gueulemer? — Comment ça va, Montparnasse?

— Si, on te reconnaît! fit Thénardier. Mais bonjour, bonsoir, au large! laisse-nous tranquilles.

— C'est l'heure des renards, et pas des poules, dit Montparnasse.

— Tu vois bien que nous avons à goupiner icigo\*, ajouta Babet.

Éponine prit la main de Montparnasse.

— Prends garde! dit-il, tu vas te couper, j'ai un lingre ouvert \*\*.

— Mon petit Montparnasse, répondit Éponine très doucement, il faut avoir confiance dans les gens. Je suis la fille de mon père peut-être. Monsieur Babet, monsieur Gueulemer, c'est moi qu'on a chargée d'éclairer l'affaire.

Il est remarquable qu'Éponine ne parlait pas argot. Depuis qu'elle connaissait Marius, cette affreuse langue lui était devenue impossible.

Elle pressa dans sa petite main osseuse et faible comme la main d'un squelette les gros doigts rudes de Gueulemer et continua :

— Vous savez bien que je ne suis pas sotte. Ordinairement on me croit. Je vous ai rendu service dans les occasions. Eh bien, j'ai pris des renseignements, vous vous exposeriez inutilement, voyez-vous. Je vous jure qu'il n'y a rien à faire dans cette maison-ci.

— Il y a des femmes seules, dit Gueulemer.

— Non. Les personnes sont déménagées.

---

\* Travailler ici.
\*\* Couteau.

— Les chandelles ne le sont pas, toujours! fit Babet.

Et il montra à Éponine, à travers le haut des arbres, une lumière qui se promenait dans la mansarde du pavillon. C'était Toussaint qui avait veillé pour étendre du linge à sécher.

Éponine tenta un dernier effort.

— Eh bien, dit-elle, c'est du monde très-pauvre, et une baraque où ils n'ont pas le sou.

— Va-t'en au diable! cria Thénardier. Quand nous aurons retourné la maison, et que nous aurons mis la cave en haut et le grenier en bas, nous te dirons ce qu'il y a dedans et si ce sont des balles, des ronds ou des broques*.

Et il la poussa pour passer outre.

— Mon bon ami monsieur Montparnasse, dit Éponine, je vous en prie, vous qui êtes bon enfant, n'entrez pas!

— Prends donc garde, tu vas te couper, répliqua Montparnasse.

Thénardier reprit avec l'accent décisif qu'il avait :

— Décampe, la fée, et laisse les hommes faire leurs affaires!

Éponine lâcha la main de Montparnasse qu'elle avait ressaisie, et dit :

— Vous voulez donc entrer dans cette maison?

— Un peu! fit le ventriloque en ricanant.

Alors elle s'adossa à la grille, fit face aux six bandits armés jusqu'aux dents et à qui la nuit donnait des visages de démons, et dit d'une voix ferme et basse :

— Eh bien, moi, je ne veux pas.

Ils s'arrêtèrent stupéfaits. Le ventriloque pourtant acheva son ricanement. Elle reprit :

— Les amis! écoutez bien. Ce n'est pas ça. Maintenant je parle. D'abord, si vous entrez dans le jardin, si vous touchez à cette grille, je crie, je cogne aux portes, je réveille le monde, je vous fais empoigner tous les six, j'appelle les sergents de ville.

— Elle le ferait, dit Thénardier bas à Brujon et au ventriloque.

Elle secoua la tête et ajouta :

— A commencer par mon père!

* Des francs, des sous ou des liards.

Thénardier s'approcha.

— Pas si près, bonhomme! dit-elle.

Il recula en grommelant dans ses dents :

— Mais qu'est-ce qu'elle a donc?

Et il ajouta :

— Chienne!

Elle se mit à rire d'une façon terrible :

— Comme vous voudrez, vous n'entrerez pas. Je ne suis pas la fille au chien, puisque je suis la fille au loup. Vous êtes six, qu'est-ce que cela me fait? Vous êtes des hommes. Eh bien, je suis une femme. Vous ne me faites pas peur, allez. Je vous dis que vous n'entrerez pas dans cette maison, parce que cela ne me plaît pas. Si vous approchez, j'aboie. Je vous l'ai dit, le cab c'est moi, je me fiche pas mal de vous. Passez votre chemin, vous m'ennuyez! Allez où vous voudrez, mais ne venez pas ici, je vous le défends! Vous à coups de couteau, moi à coups de savate, ça m'est égal, avancez donc!

Elle fit un pas vers les bandits, elle était effrayante, elle se mit à rire.

— Pardine! je n'ai pas peur. Cet été, j'aurai faim, cet hiver, j'aurai froid. Sont-ils farces, ces bêtas d'hommes de croire qu'ils font peur à une fille! De quoi! peur? Ah ouiche, joliment! Parce que vous avez des chipies de maîtresses qui se cachent sous le lit quand vous faites la grosse voix, voilà-t-il pas! Moi, je n'ai peur de rien!

Elle appuya sur Thénardier son regard fixe, et dit :

— Pas même de vous, mon père!

Puis elle poursuivit en promenant sur les bandits ses sanglantes prunelles de spectre :

— Qu'est-ce que cela me fait à moi qu'on me ramasse demain rue Plumet sur le pavé, tuée à coups de surin par mon père, ou bien qu'on me trouve dans un an dans les filets de Saint-Cloud ou à l'île des Cygnes au milieu des vieux bouchons pourris et des chiens noyés!

Force lui fut de s'interrompre; une toux sèche la prit, son souffle sortait comme un râle de sa poitrine étroite et débile.

Elle reprit :

— Je n'ai qu'à crier, on vient, patatras. Vous êtes six; moi, je suis tout le monde.

Thénardier fit un mouvement vers elle.

— Prochez pas! cria-t-elle.

Il s'arrêta, et lui dit avec douceur :

— Eh bien non; je n'approcherai pas, mais ne parle pas si haut. Ma fille, tu veux donc nous empêcher de travailler? Il faut pourtant que nous gagnions notre vie. Tu n'as donc plus d'amitié pour ton père?

— Vous m'embêtez, dit Éponine.

— Il faut pourtant que nous vivions, que nous mangions...

— Crevez.

Cela dit, elle s'assit sur le soubassement de la grille en chantonnant :

> Mon bras si dodu,
> Ma jambe bien faite
> Et le temps perdu.

Elle avait le coude sur le genou et le menton dans sa main, et elle balançait son pied d'un air d'indifférence. Sa robe trouée laissait voir ses clavicules maigres. Le réverbère voisin éclairait son profil et son attitude. On ne pouvait rien voir de plus résolu et de plus surprenant.

Les six escarpes, interdits et sombres d'être tenus en échec par une fille, allèrent sous l'ombre portée de la lanterne et tinrent conseil avec des haussements d'épaule humiliés et furieux.

Elle cependant les regardait d'un air paisible et farouche.

— Elle a quelque chose, dit Babet. Une raison. Est-ce qu'elle est amoureuse du cab? C'est pourtant dommage de manquer ça. Deux femmes, un vieux qui loge dans une arrière-cour, il y a des rideaux pas mal aux fenêtres. Le vieux doit être un guinal\*. Je crois l'affaire bonne.

— Eh bien, entrez, vous autres, s'écria Montparnasse. Faites l'affaire. Je resterai là avec la fille, et si elle bronche...

Il fit reluire au réverbère le couteau qu'il tenait ouvert dans sa manche.

Thénardier ne disait mot et semblait prêt à ce qu'on voudrait.

Brujon, qui était un peu oracle et qui avait, comme on sait, « donné l'affaire », n'avait pas encore parlé. Il paraissait pensif. Il

---

\* Un juif.

passait pour ne reculer devant rien, et l'on savait qu'il avait dévalisé, rien que par bravade, un poste de sergents de ville. En outre il faisait des vers et des chansons, ce qui lui donnait une grande autorité.

Babet le questionna.

— Tu ne dis rien, Brujon?

Brujon resta encore un instant silencieux, puis il hocha la tête de plusieurs façons variées, et se décida enfin à élever la voix :

— Voici : j'ai rencontré ce matin deux moineaux qui se battaient; ce soir, je me cogne à une femme qui querelle. Tout ça est mauvais. Allons-nous-en.

Ils s'en allèrent.

Tout en s'en allant, Montparnasse murmura :

— C'est égal, si on avait voulu, j'aurais donné le coup de pouce.

Babet répondit :

— Moi pas. Je ne tape pas une dame.

Au coin de la rue, ils s'arrêtèrent et échangèrent à voix sourde ce dialogue énigmatique :

— Où irons-nous coucher ce soir?

— Sous Pantin*.

— As-tu sur toi la clef de la grille, Thénardier?

— Pardi.

Éponine, qui ne les quittait pas des yeux, les vit reprendre le chemin par où ils étaient venus. Elle se leva et se mit à ramper derrière eux le long des murailles et des maisons. Elle les suivit ainsi jusqu'au boulevard.

Là, ils se séparèrent, et elle vit ces six hommes s'enfoncer dans l'obscurité où ils semblèrent fondre.

* *Pantin*, Paris.

## V

### CHOSES DE LA NUIT

Après le départ des bandits, la rue Plumet reprit son tranquille aspect nocturne.

Ce qui venait de se passer dans cette rue n'eût point étonné une forêt. Les futaies, les taillis, les bruyères, les branches âprement entre-croisées, les hautes herbes, existent d'une manière sombre; le fourmillement sauvage entrevoit là les subites apparitions de l'invisible; ce qui est au-dessous de l'homme y distingue à travers la brume ce qui est au delà de l'homme; et les choses ignorées de nous vivants s'y confrontent dans la nuit. La nature hérissée et fauve s'effare à de certaines approches où elle croit sentir le surnaturel. Les forces de l'ombre se connaissent, et ont entre elles de mystérieux équilibres. Les dents et les griffes redoutent l'insaisissable. La bestialité buveuse de sang, les voraces appétits affamés en quête de la proie, les instincts armés d'ongles et de mâchoires qui ont pour source et pour but le ventre, regardent et flairent avec inquiétude l'impassible linéament spectral rôdant sous un suaire, debout dans sa vague robe frissonnante, et qui leur semble vivre d'une vie morte et terrible. Ces brutalités, qui ne sont que matière, craignent confusément d'avoir affaire à l'immense obscurité condensée dans un être inconnu. Une figure noire barrant le passage arrête net la bête farouche. Ce qui sort du cimetière intimide et déconcerte ce qui sort de l'antre; le féroce a peur du sinistre; les loups reculent devant une goule rencontrée.

## VI

#### MARIUS REDEVIENT RÉEL AU POINT DE DONNER SON ADRESSE A COSETTE

Pendant que cette espèce de chienne à figure humaine montait la garde contre la grille et que les six bandits lâchaient pied devant une fille, Marius était près de Cosette.

Jamais le ciel n'avait été plus constellé et plus charmant, les arbres plus tremblants, la senteur des herbes plus pénétrante; jamais les oiseaux ne s'étaient endormis dans les feuilles avec un bruit plus doux; jamais toutes les harmonies de la sérénité universelle n'avaient mieux répondu aux musiques intérieures de l'amour; jamais Marius n'avait été plus épris, plus heureux, plus extasié.

Mais il avait trouvé Cosette triste, Cosette avait pleuré. Elle avait les yeux rouges.

C'était le premier nuage dans cet admirable rêve.

Le premier mot de Marius avait été : — Qu'as-tu ?

Et elle avait répondu : — Voilà.

Puis elle s'était assise sur le banc près du perron, et pendant qu'il prenait place tout tremblant auprès d'elle, elle avait poursuivi :

— Mon père m'a dit ce matin de me tenir prête, qu'il avait des affaires, et que nous allions peut-être partir.

Marius frissonna de la tête aux pieds.

Quand on est à la fin de la vie, mourir veut dire partir; quand on est au commencement, partir, cela veut dire mourir.

Depuis six semaines, Marius, peu à peu, lentement, par degrés, prenait chaque jour possession de Cosette. Possession tout idéale, mais profonde. Comme nous l'avons expliqué déjà, dans le premier amour, on prend l'âme bien avant le corps; plus tard on prend le corps bien avant l'âme; quelquefois on ne prend pas l'âme du tout; les Faublas et les Prudhomme ajoutent : Parce qu'il n'y en a pas; mais le sarcasme est par bonheur un blasphème. Marius donc possédait Cosette, comme les esprits possèdent; mais il l'enveloppait de toute son âme et la saisissait jalousement avec une incroyable conviction. Il possédait son sourire, son haleine, son parfum, le rayonnement profond de ses prunelles bleues, la douceur de sa peau quand il lui touchait la main, le charmant signe qu'elle avait au cou, toutes ses pensées. Ils étaient convenus de ne jamais dormir sans rêver l'un de l'autre, et ils s'étaient tenu parole. Il possédait donc tous les rêves de Cosette. Il regardait sans cesse et il effleurait quelquefois de son souffle les petits cheveux qu'elle avait à la nuque, et il se déclarait qu'il n'y avait pas un de ces petits cheveux qui ne lui appartînt à lui Marius. Il contemplait et il adorait les choses qu'elle mettait, son nœud de ruban, ses gants, ses manchettes, ses brodequins, comme des objets sacrés dont il était le maître. Il songeait qu'il était le seigneur de ces jolis peignes d'écaille qu'elle avait dans ses cheveux, et il se disait même, sourds et confus bégayements de la volupté qui se faisait jour, qu'il n'y avait pas un cordon de sa robe, pas une maille de ses bas, pas un pli de son corset, qui ne fût à lui. A côté de Cosette, il se sentait près de son bien, près de sa chose, près de son despote et de son esclave. Il semblait qu'ils eussent tellement mêlé leurs âmes que, s'ils eussent voulu les reprendre, il leur eût été impossible de les reconnaître. — Celle-ci est la mienne. — Non, c'est la mienne.

— Je t'assure que tu te trompes. Voilà bien moi. — Ce que tu prends pour toi, c'est moi. — Marius était quelque chose qui faisait partie de Cosette et Cosette était quelque chose qui faisait partie de Marius. Marius sentait Cosette vivre en lui. Avoir Cosette, posséder Cosette, cela pour lui n'était pas distinct de respirer. Ce fut au milieu de cette foi, de cet enivrement, de cette possession virginale, inouïe et absolue, de cette souveraineté, que ces mots : Nous allons partir, tombèrent tout à coup, et que la voix brusque de la réalité lui cria : Cosette n'est pas à toi!

Marius se réveilla. Depuis six semaines, Marius vivait, nous l'avons dit, hors de la vie; ce mot, partir! l'y fit rentrer durement.

Il ne trouva pas une parole. Cosette sentit seulement que sa main était très-froide. Elle lui dit à son tour : — Qu'as-tu?

Il répondit si bas que Cosette l'entendait à peine :

— Je ne comprends pas ce que tu as dit.

Elle reprit :

— Ce matin mon père m'a dit de préparer toutes mes petites affaires et de me tenir prête, qu'il me donnerait son linge pour le mettre dans une malle, qu'il était obligé de faire un voyage, que nous allions partir, qu'il faudrait avoir une grande malle pour moi et une petite pour lui, de préparer tout cela d'ici à une semaine, et que nous irions peut-être en Angleterre.

— Mais c'est monstrueux! s'écria Marius.

Il est certain qu'en ce moment, dans l'esprit de Marius, aucun abus de pouvoir, aucune violence, aucune abomination des tyrans les plus prodigieux, aucune action de Busiris, de Tibère ou de Henri VIII n'égalait en férocité celle-ci : M. Fauchelevent emmenant sa fille en Angleterre parce qu'il a des affaires.

Il demanda d'une voix faible :

— Et quand partirais-tu?

— Il n'a pas dit quand.

— Et quand reviendrais-tu?

— Il n'a pas dit quand.

Marius se leva, et dit froidement :

— Cosette, irez-vous?

Cosette tourna vers lui ses beaux yeux pleins d'angoisse et répondit avec une sorte d'égarement :

— Où?

— En Angleterre? irez-vous?
— Pourquoi me dis-tu vous?
— Je vous demande si vous irez?
— Comment veux-tu que je fasse? dit-elle en joignant les mains.
— Ainsi, vous irez?
— Si mon père y va?
— Ainsi, vous irez?

Cosette prit la main de Marius et l'étreignit sans répondre.

— C'est bon, dit Marius. Alors j'irai ailleurs.

Cosette sentit le sens de ce mot plus encore qu'elle ne le comprit. Elle pâlit tellement que sa figure devint blanche dans l'obscurité. Elle balbutia :

— Que veux-tu dire?

Marius la regarda, puis éleva lentement ses yeux vers le ciel et répondit : — Rien.

Quand sa paupière s'abaissa, il vit Cosette qui lui souriait. Le sourire d'une femme qu'on aime a une clarté qu'on voit la nuit.

— Que nous sommes bêtes! Marius, j'ai une idée.
— Quoi?
— Pars si nous partons! je te dirai où! Viens me rejoindre où je serai.

Marius était maintenant un homme tout à fait réveillé. Il était retombé dans la réalité. Il cria à Cosette :

— Partir avec vous! es-tu folle! Mais il faut de l'argent, et je n'en ai pas! Aller en Angleterre? Mais je dois maintenant, je ne sais pas, plus de dix louis à Courfeyrac, un de mes amis que tu ne connais pas! Mais j'ai un vieux chapeau qui ne vaut pas trois francs, j'ai un habit où il manque des boutons par devant, ma chemise est toute déchirée, j'ai les coudes percés, mes bottes prennent l'eau; depuis six semaines je n'y pense plus, et je ne te l'ai pas dit. Cosette! je suis un misérable. Tu ne me vois que la nuit, et tu me donnes ton amour; si tu me voyais le jour, tu me donnerais un sou! Aller en Angleterre! Eh! je n'ai pas de quoi payer le passe-port.

Il se jeta contre un arbre qui était là, debout, les deux bras au-dessus de sa tête, le front contre l'écorce, ne sentant ni le bois qui lui écorchait la peau ni la fièvre qui lui martelait les tempes, immobile, et prêt à tomber, comme la statue du Désespoir.

Il demeura longtemps ainsi. On resterait l'éternité dans ces abîmes-là. Enfin il se retourna. Il entendait derrière lui un petit bruit étouffé, doux et triste.

C'était Cosette qui sanglotait.

Elle pleurait depuis plus de deux heures à côté de Marius qui songeait.

Il vint à elle, tomba à genoux, et, se prosternant lentement, il prit le bout de son pied qui passait sous sa robe et le baisa.

Elle le laissa faire en silence. Il y a des moments où la femme accepte, comme une déesse sombre et résignée, la religion de l'amour.

— Ne pleure pas, dit-il.

Elle murmura :

— Puisque je vais peut-être m'en aller, et que tu ne peux pas venir!

Lui reprit :

— M'aimes-tu?

Elle lui répondit en sanglotant ce mot du paradis qui n'est jamais plus charmant qu'à travers les larmes :

— Je t'adore!

Il poursuivit avec un son de voix qui était une inexprimable caresse :

— Ne pleure pas. Dis, veux-tu faire cela pour moi de ne pas pleurer?

— M'aimes-tu, toi? dit-elle.

Il lui prit la main.

— Cosette, je n'ai jamais donné ma parole d'honneur à personne, parce que ma parole d'honneur me fait peur. Je sens que mon père est à côté. Eh bien, je te donne ma parole d'honneur la plus sacrée que, si tu t'en vas, je mourrai.

Il y eut dans l'accent dont il prononça ces paroles une mélancolie si solennelle et si tranquille, que Cosette trembla. Elle sentit ce froid que donne une chose sombre et vraie qui passe. De saisissement elle cessa de pleurer.

— Maintenant écoute, dit-il, ne m'attends pas demain.

— Pourquoi?

— Ne m'attends qu'après-demain.

— Oh! pourquoi?

— Tu verras.

— Un jour sans te voir! mais c'est impossible.

— Sacrifions un jour pour avoir peut-être toute la vie.

Et Marius ajouta à demi-voix et en aparté :

— C'est un homme qui ne change rien à ses habitudes, et il n'a jamais reçu personne que le soir.

— De quel homme parles-tu? demanda Cosette.

— Moi? je n'ai rien dit.

— Qu'est-ce que tu espères donc?

— Attends jusqu'à après-demain.

— Tu le veux?

— Oui, Cosette.

Elle lui prit la tête dans ses deux mains, se haussant sur la pointe des pieds pour être à sa taille, et cherchant à voir dans ses yeux son espérance.

Marius reprit :

— J'y songe, il faut que tu saches mon adresse, il peut arriver des choses, on ne sait pas, je demeure chez cet ami appelé Courfeyrac, rue de la Verrerie, numéro 16.

Il fouilla dans sa poche, en tira un couteau-canif, et avec la lame écrivit sur le plâtre du mur :

16, *rue de la Verrerie.*

Cosette cependant s'était remise à lui regarder dans les yeux.

— Dis-moi ta pensée. Marius, tu as une pensée. Dis-la-moi. Oh! dis-la-moi pour que je passe une bonne nuit!

— Ma pensée, la voici : c'est qu'il est impossible que Dieu veuille nous séparer. Attends-moi après-demain.

— Qu'est-ce que je ferai jusque-là? dit Cosette. Toi, tu es dehors, tu vas, tu viens! Comme c'est heureux, les hommes! Moi, je vais rester toute seule! Oh! que je vais être triste! Qu'est-ce que tu feras donc, demain soir, dis?

— J'essayerai une chose.

— Alors je prierai Dieu et je penserai à toi d'ici là pour que tu réussisses. Je ne te questionne plus, puisque tu ne veux pas. Tu es mon maître. Je passerai ma soirée demain à chanter cette musique d'*Euryanthe* que tu aimes et que tu es venu entendre un soir derrière mon volet. Mais après-demain tu viendras de bonne heure. Je t'attendrai à la nuit, à neuf heures précises, je t'en préviens. Mon Dieu! que c'est triste que les jours soient longs! Tu entends, à neuf heures sonnant je serai dans le jardin.

— Et moi aussi.

Et sans se l'être dit, mus par la même pensée, entraînés par ces courants électriques qui mettent deux amants en communication continuelle, tous deux enivrés de volupté jusque dans leur douleur, ils tombèrent dans les bras l'un de l'autre, sans s'apercevoir que leurs lèvres s'étaient jointes pendant que leurs regards levés, débordant d'extase et pleins de larmes, contemplaient les étoiles.

Quand Marius sortit, la rue était déserte. C'était le moment où Éponine suivait les bandits jusque sur le boulevard.

Tandis que Marius rêvait la tête appuyée contre l'arbre, une idée lui avait traversé l'esprit; une idée, hélas! qu'il jugeait lui-même insensée et impossible. Il avait pris un parti violent.

## VII

#### LE VIEUX CŒUR ET LE JEUNE CŒUR EN PRÉSENCE

Le père Gillenormand avait à cette époque ses quatrevingt-onze ans bien sonnés. Il demeurait toujours avec mademoiselle Gillenormand rue des Filles-du-Calvaire, n° 6, dans cette vieille maison qui était à lui. C'était, on s'en souvient, un de ces vieillards antiques qui attendent la mort tout droits, que l'âge charge sans les faire plier, et que le chagrin même ne courbe pas.

Cependant, depuis quelque temps, sa fille disait : « Mon père baisse. » Il ne souffletait plus les servantes ; il ne frappait plus de sa canne avec autant de verve le palier de l'escalier quand Basque tardait à lui ouvrir. La révolution de Juillet l'avait à peine exaspéré pendant six mois. Il avait vu presque avec tranquillité dans le *Moniteur* cet accouplement de mots : M. Humblot-Conté, pair de France. Le fait est que le vieillard était rempli d'accablement. Il ne fléchissait pas, il ne se rendait pas ; ce n'était pas plus dans sa nature physique que dans sa nature morale ; mais il se sentait intérieurement défaillir. Depuis quatre ans il attendait Marius, de pied ferme, c'est bien le mot, avec la conviction que ce mauvais petit garnement sonnerait à la porte un jour ou l'autre ; maintenant il en venait, dans de certaines heures mornes, à se dire que pour peu que Marius se fît encore attendre...
— Ce n'était pas la mort qui lui était insupportable, c'était l'idée que peut-être il ne reverrait plus Marius. Ne plus revoir Marius, ceci n'était pas même entré un instant dans son cerveau jusqu'à ce jour ; à présent cette idée commençait à lui apparaître, et le glaçait. L'absence, comme il arrive toujours dans les sentiments naturels et vrais, n'avait fait qu'accroître son amour de grand-père pour l'enfant ingrat qui s'en était allé comme cela. C'est dans les nuits de décembre, par dix degrés de froid, qu'on pense le plus au soleil. M. Gillenormand était, ou se croyait, par-dessus tout incapable de faire un pas, lui l'aïeul, vers son petit-fils : — « Je crèverais plutôt », disait-il. Il ne

se trouvait aucun tort; mais il ne songeait à Marius qu'avec un attendrissement profond et le muet désespoir d'un vieux bonhomme qui s'en va dans les ténèbres.

Il commençait à perdre ses dents, ce qui s'ajoutait à sa tristesse.

M. Gillenormand, sans pourtant se l'avouer à lui-même, car il en eût été furieux et honteux, n'avait jamais aimé une maîtresse comme il aimait Marius.

Il avait fait placer dans sa chambre, devant le chevet de son lit, comme la première chose qu'il voulait voir en s'éveillant, un ancien portrait de son autre fille, celle qui était morte, madame Pontmercy, portrait fait lorsqu'elle avait dix-huit ans. Il regardait sans cesse ce portrait. Il lui arriva un jour de dire en le considérant :

— Je trouve qu'il lui ressemble.

— A ma sœur? reprit mademoiselle Gillenormand. Mais oui.

Le vieillard ajouta :

— Et à lui aussi.

Une fois, comme il était assis, les deux genoux l'un contre l'autre et l'œil presque fermé, dans une posture d'abattement, sa fille se risqua à lui dire :

— Mon père, est-ce que vous en voulez toujours autant?...

Elle s'arrêta, n'osant aller plus loin.

— A qui? demanda-t-il.

— A ce pauvre Marius?

Il souleva sa vieille tête, posa son poing amaigri et ridé sur la table, et cria de son accent le plus irrité et le plus vibrant :

— Pauvre Marius, vous dites! Ce monsieur est un drôle, un mauvais gueux, un petit vaniteux ingrat, sans cœur, sans âme, un orgueilleux, un méchant homme!

Et il se détourna pour que sa fille ne vît pas une larme qu'il avait dans les yeux.

Trois jours après, il sortit d'un silence qui durait depuis quatre heures pour dire à sa fille à brûle-pourpoint :

— J'avais eu l'honneur de prier mademoiselle Gillenormand de ne jamais m'en parler.

La tante Gillenormand renonça à toute tentative et porta ce diagnostic profond : — Mon père n'a jamais beaucoup aimé ma sœur depuis sa sottise. Il est clair qu'il déteste Marius.

« Depuis sa sottise » signifiait : depuis qu'elle avait épousé le colonel.

Du reste, comme on a pu le conjecturer, mademoiselle Gillenormand avait échoué dans sa tentative de substituer son favori, l'officier de lanciers, à Marius. Le remplaçant Théodule n'avait point réussi. M. Gillenormand n'avait pas accepté le quiproquo. Le vide du cœur ne s'accommode point d'un bouche-trou. Théodule, de son côté, tout en flairant l'héritage, répugnait à la corvée de plaire. Le bonhomme ennuyait le lancier, et le lancier choquait le bonhomme. Le lieutenant Théodule était gai sans doute, mais bavard; frivole, mais vulgaire;

bon vivant, mais de mauvaise compagnie; il avait des maîtresses, c'est vrai, et il en parlait beaucoup, c'est vrai encore; mais il en parlait mal. Toutes ses qualités avaient un défaut. M. Gillenormand était excédé de l'entendre conter les bonnes fortunes quelconques qu'il avait autour de sa caserne, rue de Babylone. Et puis le lieutenant Gillenormand venait quelquefois en uniforme avec la cocarde tricolore. Ceci le rendait tout bonnement impossible. Le père Gillenormand avait fini par dire à sa fille : — J'en ai assez, du Théodule. J'ai peu de goût pour les gens de guerre en temps de paix. Reçois-le si tu veux. Je ne sais pas si je n'aime pas mieux encore les sabreurs que les traîneurs de sabre. Le cliquetis des lames dans la bataille est moins misérable, après tout, que le tapage des fourreaux sur le pavé. Et puis, se cambrer comme un matamore et se sangler comme une femmelette, avoir un corset sous une cuirasse, c'est être ridicule deux fois. Quand on est un véritable homme, on se tient à égale distance de la fanfaronnade et de la mièvrerie. Ni fier-à-bras, ni joli cœur. Garde ton Théodule pour toi.

Sa fille eut beau lui dire : — C'est pourtant votre petit-neveu, — il se trouva que M. Gillenormand, qui était grand-père jusqu'au bout des ongles, n'était pas grand-oncle du tout.

Au fond, comme il avait de l'esprit et qu'il comparait, Théodule n'avait servi qu'à lui faire mieux regretter Marius.

Un soir, c'était le 4 juin, ce qui n'empêchait pas que le père Gillenormand n'eût un très bon feu dans sa cheminée, il avait congédié sa fille qui cousait dans la pièce voisine. Il était seul dans sa chambre à bergerades, les pieds sur ses chenets, à demi enveloppé dans son vaste paravent de coromandel à neuf feuilles, accoudé à sa table où brûlaient deux bougies sous un abat-jour vert, englouti dans son fauteuil de tapisserie, un livre à la main, mais ne lisant pas. Il était vêtu, selon sa mode, en *incroyable*, et ressemblait à un antique portrait de Garat. Cela l'eût fait suivre dans les rues, mais sa fille le couvrait toujours, lorsqu'il sortait, d'une vaste douillette d'évêque, qui cachait ses vêtements. Chez lui, excepté pour se lever et se coucher, il ne portait jamais de robe de chambre. — *Cela donne l'air vieux*, disait-il.

Le père Gillenormand songeait à Marius amoureusement et amèrement; et, comme d'ordinaire, l'amertume dominait. Sa tendresse aigrie finissait toujours par bouillonner et par tourner en indignation.

Il en était à ce point où l'on cherche à prendre son parti et à accepter ce qui déchire. Il était en train de s'expliquer qu'il n'y avait maintenant plus de raison pour que Marius revînt, que s'il avait dû revenir, il l'aurait déjà fait, qu'il fallait y renoncer. Il essayait de s'habituer à l'idée que c'était fini, et qu'il mourrait sans revoir « ce monsieur ». Mais toute sa nature se révoltait ; sa vieille paternité n'y pouvait consentir. — Quoi ! disait-il, c'était son refrain douloureux, il ne reviendra pas ! — Sa tête chauve était tombée sur sa poitrine, et il fixait vaguement sur la cendre de son foyer un regard lamentable et irrité.

Au plus profond de cette rêverie, son vieux domestique, Basque, entra et demanda :

— Monsieur peut-il recevoir M. Marius ?

Le vieillard se dressa sur son séant, blême et pareil à un cadavre qui se lève sous une secousse galvanique. Tout son sang avait reflué à son cœur. Il bégaya :

— M. Marius quoi ?

— Je ne sais pas, répondit Basque, intimidé et décontenancé par l'air du maître, je ne l'ai pas vu. C'est Nicolette qui vient de me dire : Il y a là un jeune homme, dites que c'est M. Marius.

Le père Gillenormand balbutia à voix basse :

— Faites entrer.

Et il resta dans la même attitude, la tête branlante, l'œil fixé sur la porte. Elle se rouvrit. Un jeune homme entra. C'était Marius.

Marius s'arrêta à la porte comme attendant qu'on lui dît d'entrer.

Son vêtement presque misérable ne s'apercevait pas dans l'obscurité que faisait l'abat-jour. On ne distinguait que son visage calme et grave, mais étrangement triste.

Le père Gillenormand, hébété de stupeur et de joie, resta quelques instants sans voir autre chose qu'une clarté comme lorsqu'on est devant une apparition. Il était prêt à défaillir ; il apercevait Marius à travers un éblouissement. C'était bien lui, c'était bien Marius !

Enfin ! après quatre ans ! Il le saisit, pour ainsi dire, tout entier d'un coup d'œil. Il le trouva beau, noble, distingué, grandi, homme fait, l'attitude convenable, l'air charmant. Il eut envie d'ouvrir les bras, de l'appeler, de se précipiter, ses entrailles se fondirent en ravissement, les paroles affectueuses le gonflaient et débordaient de sa poitrine ; enfin toute cette tendresse se fit jour et lui arriva aux lèvres, et, par le contraste qui était le fond de sa nature, il en sortit une dureté. Il dit brusquement :

— Qu'est-ce que vous venez faire ici?

Marius répondit avec embarras :

— Monsieur...

M. Gillenormand eût voulu que Marius se jetât dans ses bras. Il fut mécontent de Marius et de lui-même. Il sentit qu'il était brusque et que Marius était froid. C'était pour le bonhomme une insupportable et irritante anxiété de se sentir si tendre et si éploré au dedans et de ne pouvoir être que dur au dehors. L'amertume lui revint. Il interrompit Marius avec un accent bourru :

— Alors pourquoi venez-vous?

Cet alors signifiait : *Si vous ne venez pas m'embrasser*. Marius regarda son aïeul à qui la pâleur faisait un visage de marbre.

— Monsieur...

Le vieillard reprit d'une voix sévère :

— Venez-vous me demander pardon? avez-vous reconnu vos torts?

Il croyait mettre Marius sur la voie et que « l'enfant » allait fléchir. Marius frissonna ; c'était le désaveu de son père qu'on lui demandait ; il baissa les yeux et répondit :

— Non, monsieur.

— Et alors, s'écria impétueusement le vieillard avec une douleur poignante et pleine de colère, qu'est-ce que vous me voulez?

Marius joignit les mains, fit un pas, et dit d'une voix faible et qui tremblait :

— Monsieur, ayez pitié de moi.

Ce mot remua M. Gillenormand ; dit plus tôt, il l'eût attendri, mais il venait trop tard. L'aïeul se leva ; il s'appuyait sur sa canne de ses deux mains, ses lèvres étaient blanches, son front vacillait, mais sa haute taille dominait Marius incliné.

— Pitié de vous, monsieur! C'est l'adolescent qui demande de la pitié au vieillard de quatrevingt-onze ans! Vous entrez dans la vie, j'en sors ; vous allez au spectacle, au bal, au café, au billard, vous avez de l'esprit, vous plaisez aux femmes, vous êtes joli garçon, moi je crache en plein été sur mes tisons ; vous êtes riche des seules richesses qu'il y ait, moi j'ai toutes les pauvretés de la vieillesse ; l'infirmité, l'isolement! Vous avez vos trente-deux dents, un bon estomac, l'œil vif, la force, l'appétit, la santé, la gaieté, une forêt de cheveux noirs, moi je n'ai même plus de cheveux blancs; j'ai perdu mes dents, je perds mes jambes, je perds la mémoire, il y a trois noms de rues que je confonds sans cesse, la rue Charlot, la rue du Chaume et la rue Saint-Claude, j'en suis là; vous avez devant vous tout l'avenir plein de soleil, moi je commence à n'y plus voir goutte, tant j'avance dans la nuit; vous êtes amoureux, ça va sans dire, moi je ne suis aimé de personne au monde; et vous me demandez de la pitié! Parbleu, Molière a oublié ceci. Si c'est comme cela que vous plaisantez au palais, messieurs les avocats, je vous fais mon sincère compliment. Vous êtes drôles.

Et l'octogénaire reprit d'une voix courroucée et grave :

— Ah çà, qu'est-ce que vous me voulez?

— Monsieur, dit Marius, je sais que ma présence vous déplaît, mais je viens seulement pour vous demander une chose, et puis je vais m'en aller tout de suite.

— Vous êtes un sot! dit le vieillard. Qui est-ce qui vous dit de vous en aller?

Ceci était la traduction de cette parole tendre qu'il avait au fond du cœur : *Mais demande-moi donc pardon! Jette-toi donc à mon cou!*

M. Gillenormand sentait que Marius allait dans quelques instants le quitter, que son mauvais accueil le rebutait, que sa dureté le chassait; il se disait tout cela, et sa douleur s'en accroissait, et comme sa douleur se tournait immédiatement en colère, sa dureté en augmentait. Il eût voulu que Marius comprît, et Marius ne comprenait pas; ce qui rendait le bonhomme furieux.

Il reprit :

— Comment! vous m'avez manqué, à moi, votre grand-père, vous avez quitté ma maison pour aller on ne sait où, vous avez désolé votre tante, vous avez été, cela se devine, c'est plus commode, mener la vie de garçon, faire le muscadin, rentrer à toutes les heures, vous amuser, vous ne m'avez pas donné signe de vie, vous avez fait des dettes sans même me dire de les payer, vous vous êtes fait casseur de vitres et tapageur, et, au bout de quatre ans, vous venez chez moi, et vous n'avez pas autre chose à me dire que cela!

Cette façon violente de pousser le petit-fils à la tendresse ne produisit que le silence de Marius. M. Gillenormand croisa les bras, geste qui, chez lui, était particulièrement impérieux, et apostropha Marius amèrement :

— Finissons. Vous venez me demander quelque chose, dites-vous? Eh bien quoi? qu'est-ce? parlez.

— Monsieur, dit Marius avec le regard d'un homme qui sent qu'il va tomber dans un précipice, je viens vous demander la permission de me marier.

M. Gillenormand sonna. Basque entr'ouvrit la porte.

— Faites venir ma fille.

Une seconde après, la porte se rouvrit, mademoiselle Gillenormand n'entra pas, mais se montra; Marius était debout, muet; les bras pendants, avec une figure de criminel; M. Gillenormand allait et venait en long et en large dans la chambre. Il se tourna vers sa fille et lui dit :

— Rien. C'est monsieur Marius. Dites-lui bonjour. Monsieur veut se marier. Voilà. Allez-vous-en.

Le son de voix bref et rauque du vieillard annonçait une étrange plénitude d'emportement. La tante regarda Marius d'un air effaré, parut à peine le reconnaître, ne laissa pas échapper un geste ni une syllabe et disparut au souffle de son père plus vite qu'un fétu devant l'ouragan.

Cependant le père Gillenormand était revenu s'adosser à la cheminée.

— Vous marier! à vingt et un ans! Vous avez arrangé cela! Vous n'avez plus qu'une permission à demander! une formalité. Asseyez-vous, monsieur. Eh bien, vous avez eu une révolution depuis que je n'ai eu l'honneur de vous voir. Les jacobins ont eu le dessus. Vous avez dû être content. N'êtes-vous pas républicain depuis que vous êtes baron? Vous accommodez cela. La république fait une sauce à la baronnie. Êtes-vous décoré de Juillet? avez-vous un peu pris le Louvre, monsieur? Il y a ici tout près, rue Saint-Antoine, vis-à-vis la rue des Nonaindières, un boulet incrusté dans le mur au troisième étage d'une maison avec cette inscription : 28 juillet 1830. Allez voir cela. Cela fait bon effet. Ah! ils font de jolies choses, vos amis! A propos, ne font-ils pas une fontaine à la place du monument de M. le duc de Berry? Ainsi vous voulez vous marier? à qui? peut-on sans indiscrétion demander à qui?

Il s'arrêta, et, avant que Marius eût eu le temps de répondre, il ajouta violemment :

— Ah çà, vous avez un état? une fortune faite? combien gagnez-vous dans votre métier d'avocat?

— Rien, dit Marius avec une sorte de fermeté et de résolution presque farouche.

— Rien? vous n'avez pour vivre que les douze cents livres que je vous fais?

Marius ne répondit point. M. Gillenormand continua :

— Alors, je comprends, c'est que la fille est riche?

— Comme moi.

— Quoi! pas de dot?

— Non.

— Des espérances?

— Je ne crois pas.

— Toute nue! et qu'est-ce que c'est que le père?

— Je ne sais pas.

— Et comment s'appelle-t-elle?

— Mademoiselle Fauchelevent.

— Fauchequoi?

— Fauchelevent.

— Pttt! fit le vieillard.

— Monsieur! s'écria Marius.

M. Gillenormand l'interrompit du ton d'un homme qui se parle à lui-même :

— C'est cela, vingt et un ans, pas d'état, douze cents livres par an, madame la baronne Pontmercy ira acheter deux sous de persil chez la fruitière.

— Monsieur, reprit Marius dans l'égarement de la dernière espérance qui s'évanouit, je vous en supplie! je vous en conjure, au nom du ciel, à mains jointes, monsieur, je me mets à vos pieds, permettez-moi de l'épouser!

Le vieillard poussa un éclat de rire strident et lugubre à travers lequel il toussait et parlait.

— Ah! ah! ah! vous vous êtes dit : Pardine! je vais aller trouver cette vieille perruque, cette absurde ganache! Quel dommage que je n'aie pas mes vingt-cinq ans! comme je te vous lui flanquerais une bonne sommation respectueuse! comme je me passerais de lui! C'est égal, je lui dirai : « Vieux crétin, tu es trop heureux de me voir, j'ai envie de me marier, j'ai envie d'épouser mamselle n'importe qui, fille de monsieur n'importe quoi, je n'ai pas de souliers, elle n'a pas de chemise, ça va, j'ai envie de jeter à l'eau ma carrière, mon avenir, ma jeunesse, ma vie, j'ai envie de faire un plongeon dans la misère avec une femme au cou, c'est mon idée, il faut que tu y consentes ! et le vieux fossile consentira. » Va, mon garçon, comme tu voudras, attache-toi ton pavé, épouse ta Pousselevent, ta Coupelevent... — Jamais, monsieur ! jamais !

— Mon père !...
— Jamais !

A l'accent dont ce « jamais » fut prononcé, Marius perdit tout espoir. Il traversa la chambre à pas lents, la tête ployée, chancelant, plus semblable encore à quelqu'un qui se meurt qu'à quelqu'un qui s'en va. M. Gillenormand le suivait des yeux, et, au moment où la porte s'ouvrait et où Marius allait sortir, il fit quatre pas avec cette vivacité sénile des vieillards impétueux et gâtés, saisit Marius au collet, le ramena énergiquement dans la chambre, le jeta dans un fauteuil, et lui dit :

— Conte-moi ça !

C'était ce seul mot, *mon père*, échappé à Marius, qui avait fait cette révolution.

Marius le regarda égaré. Le visage mobile de M. Gillenormand n'exprimait plus rien qu'une rude et ineffable bonhomie. L'aïeul avait fait place au grand-père.

— Allons, voyons, parle, conte-moi tes amourettes, jabote, dis-moi tout ! Sapristi ! que les jeunes gens sont bêtes !

— Mon père... reprit Marius.

Toute la face du vieillard s'illumina d'un indicible rayonnement.

— Oui, c'est ça ! appelle-moi ton père, et tu verras !

Il y avait maintenant quelque chose de si bon, de si doux, de si ouvert, de si paternel en cette brusquerie, que Marius, dans ce passage subit du découragement à l'espérance, en fut comme étourdi et enivré. Il était assis près de la table, la lumière des bougies faisait saillir le délabrement de son costume que le père Gillenormand considérait avec étonnement.

— Eh bien, mon père... dit Marius.

— Ah çà, interrompit M. Gillenormand, tu n'as donc vraiment pas le sou? Tu es mis comme un voleur.

Il fouilla dans un tiroir, et y prit une bourse qu'il posa sur la table : — Tiens, voilà cent louis, achète-toi un chapeau.

— Mon père, poursuivit Marius, mon bon père, si vous saviez! je l'aime. Vous ne vous figurez pas, la première fois que je l'ai vue, c'était au Luxembourg, elle y venait; au commencement je n'y faisais pas grande attention, et puis je ne sais pas comment cela s'est fait, j'en suis devenu amoureux. Oh! comme cela m'a rendu malheureux! Enfin je la vois maintenant, tous les jours, chez elle, son père ne sait pas, imaginez qu'ils vont partir, c'est dans le jardin que nous nous voyons, le soir, son père veut l'emmener en Angleterre, alors je me suis dit : Je vais aller voir mon grand-père et lui conter la chose. Je deviendrais fou d'abord, je mourrais, je ferais une maladie, je me jetterais à l'eau. Il faut absolument que je l'épouse puisque je deviendrais fou. Enfin voilà toute la vérité, je ne crois pas que j'aie oublié quelque chose. Elle demeure dans un jardin où il y a une grille, rue Plumet. C'est du côté des Invalides.

Le père Gillenormand s'était assis radieux près de Marius. Tout en l'écoutant et en savourant le son de sa voix, il savourait en même temps une longue prise de tabac. A ce mot, rue Plumet, il interrompit son aspiration et laissa tomber le reste de son tabac sur ses genoux.

— Rue Plumet! tu dis rue Plumet? — Voyons donc! — N'y a-t-il pas une caserne par là? — Mais oui, c'est ça. Ton cousin Théodule m'en a parlé. Le lancier, l'officier. — Une fillette, mon bon ami, une fillette! — Pardieu oui, rue Plumet. C'est ce qu'on appelait autrefois la rue Blomet. — Voilà que ça me revient. J'en ai entendu parler de cette petite de la grille de la rue Plumet. Dans un jardin, une Paméla. Tu n'as pas mauvais goût. On la dit proprette. Entre nous, je crois que ce dadais de lancier lui a un peu fait la cour. Je ne sais pas jusqu'où cela a été. Enfin ça ne fait rien. D'ailleurs il ne faut pas le croire. Il se vante. Marius! je trouve ça très bien qu'un jeune homme comme toi soit amoureux. C'est de ton âge. Je t'aime mieux amoureux que jacobin. Je t'aime mieux épris d'un cotillon, sapristi! de vingt cotillons, que de M. de Robespierre. Pour ma part, je me rends cette justice qu'en fait de sans-culottes, je n'ai jamais aimé que les femmes. Les jolies filles sont les jolies filles, que diable! il n'y a pas d'objection à ça. Quant à la petite, elle te reçoit en cachette du papa. C'est dans l'ordre. J'ai eu des histoires comme ça moi aussi. Plus d'une. Sais-tu ce qu'on fait? on ne prend pas la chose avec férocité; on ne se précipite pas dans le tragique ; on ne conclut pas au mariage et à M. le maire avec son écharpe. On est tout bêtement un garçon d'esprit. On a du bon sens. Glissez, mortels, n'épousez pas. On vient trouver le grand-père qui est bonhomme au fond, et qui a bien toujours quelques rouleaux de louis dans un vieux tiroir; on lui dit : « Grand-père, voilà. » Et le grand-père dit : « C'est tout simple. Il faut que jeunesse se passe et que vieillesse se casse. J'ai été jeune, tu seras vieux. Va, mon garçon, tu rendras ça à ton petit-fils. Voilà deux cents pistoles. Amuse-toi, mordi ! » Rien de mieux! c'est ainsi que l'affaire doit se passer. On n'épouse point, mais ça n'empêche pas. Tu me comprends?

Marius, pétrifié et hors d'état d'articuler une parole, fit de la tête signe que non.

Le bonhomme éclata de rire, cligna sa vieille paupière, lui donna une tape sur le genou, le regarda entre deux yeux d'un air mystérieux et rayonnant, et lui dit avec le plus tendre des haussements d'épaules :

— Bêta ! fais-en ta maîtresse.

Marius pâlit. Il n'avait rien compris à tout ce que venait de dire son grand-père. Ce rabâchage de rue Blomet, de Paméla, de caserne, de lancier, avait passé devant Marius comme une fantasmagorie. Rien de tout cela ne pouvait se rapporter à Cosette, qui était un lys. Le bonhomme divaguait. Mais cette divagation avait abouti à un mot que Marius avait compris et qui était une mortelle injure à Cosette. Ce mot, *fais-en ta maîtresse*, entra dans le cœur du sévère jeune homme comme une épée.

Il se leva, ramassa son chapeau qui était à terre, et marcha vers la porte d'un pas assuré et ferme. Là il se retourna, s'inclina profondément devant son grand-père, redressa la tête, et dit :

— Il y a cinq ans, vous avez outragé mon père; aujourd'hui, vous outragez ma femme. Je ne vous demande plus rien, monsieur. Adieu.

Le père Gillenormand, stupéfait, ouvrit la bouche, étendit les bras, essaya de se lever, et avant qu'il eût pu prononcer un mot, la porte s'était refermée et Marius avait disparu.

Le vieillard resta quelques instants immobile et comme foudroyé, sans pouvoir parler ni respirer, comme si un poing fermé lui serrait le gosier. Enfin il s'arracha de son fauteuil, courut à la porte autant qu'on peut courir à quatrevingt-onze ans, l'ouvrit, et cria :

— Au secours! au secours!

Sa fille parut, puis les domestiques. Il reprit avec un râle lamentable : — Courez après lui! rattrapez-le! qu'est-ce que je lui ai fait? il est fou! il s'en va! Ah! mon Dieu! ah! mon Dieu! cette fois, il ne reviendra plus!

Il alla à la fenêtre qui donnait sur la rue, l'ouvrit de ses vieilles mains chevrotantes, se pencha plus d'à mi-corps pendant que Basque et Nicolette le retenaient par derrière, et cria :

— Marius! Marius! Marius! Marius!

Mais Marius ne pouvait déjà plus entendre, et tournait en ce moment-là même l'angle de la rue Saint-Louis.

L'octogénaire porta deux ou trois fois ses deux mains à ses tempes avec une expression d'angoisse, recula en chancelant et s'affaissa sur un fauteuil, sans pouls, sans voix, sans larmes, branlant la tête et agitant les lèvres d'un air stupide, n'ayant plus rien dans les yeux et dans le cœur que quelque chose de morne et de profond qui ressemblait à la nuit.

JEAN VALJEAN

# LIVRE NEUVIÈME

## OU VONT-ILS?

### I

#### JEAN VALJEAN

Ce même jour, vers quatre heures de l'après-midi, Jean Valjean était assis seul sur le revers de l'un des talus les plus solitaires du Champ-de-Mars. Soit prudence, soit désir de se recueillir, soit tout simplement par suite d'un de ces insensibles changements d'habitudes qui s'introduisent peu à peu dans toutes les existences, il sortait maintenant assez rarement avec Cosette. Il avait sa veste d'ouvrier et un pantalon de toile grise; et sa casquette à longue visière lui cachait le visage.

Il était à présent calme et heureux du côté de Cosette; ce qui l'avait quelque temps effrayé et troublé s'était dissipé; mais depuis une semaine ou deux, des anxiétés d'une autre nature lui étaient venues. Un jour, en se promenant sur le boulevard, il avait aperçu Thénardier; grâce à son déguisement, Thénardier ne l'avait point reconnu; mais depuis lors Jean Valjean l'avait revu plusieurs fois, et il avait maintenant la certitude que Thénardier rôdait dans le quartier.

Ceci avait suffi pour lui faire prendre un grand parti.

Thénardier là, c'étaient tous les périls à la fois.

En outre, Paris n'était pas tranquille; les troubles politiques offraient cet inconvénient pour quiconque avait quelque chose à cacher dans sa vie que la police était devenue très-inquiète et très-ombrageuse, et qu'en cherchant à dépister un homme comme Pépin ou Morey, elle pouvait fort bien découvrir un homme comme Jean Valjean.

Jean Valjean s'était décidé à quitter Paris, et même la France, et à passer en Angleterre.

Il avait prévenu Cosette. Avant huit jours, il voulait être parti.

Il s'était assis sur le talus du Champ-de-Mars, roulant dans son esprit toutes sortes de pensées, — Thénardier, la police, le voyage, et la difficulté de se procurer un passe-port.

A tous ces points de vue, il était soucieux.

Enfin, un fait inexplicable qui venait de le frapper, et dont il était encore tout chaud, avait ajouté à son éveil.

Le matin de ce même jour, seul levé dans la maison, et se promenant dans le jardin avant que les volets de Cosette fussent ouverts, il avait aperçu tout à coup cette ligne gravée sur la muraille, probablement avec un clou :

16, *rue de la Verrerie*.

Cela était tout récent, les entailles étaient blanches dans le vieux mortier noir, une touffe d'ortie au pied du mur était poudrée de fin plâtre frais.

Cela probablement avait été écrit là dans la nuit.

Qu'était-ce? une adresse? un signal pour d'autres? un avertissement pour lui?

Dans tous les cas, il était évident que le jardin était violé, et que des inconnus y pénétraient.

Il se rappela les incidents bizarres qui avaient déjà alarmé la maison.

Son esprit travailla sur ce canevas.

Il se garda bien de parler à Cosette de la ligne écrite sur le mur, de peur de l'effrayer.

Au milieu de ces préoccupations, il s'aperçut, à une ombre que le soleil projetait, que quelqu'un venait de s'arrêter sur la crête du talus immédiatement derrière lui.

Il allait se retourner, lorsqu'un papier plié en quatre tomba sur ses genoux, comme si une main l'eût lâché au-dessus de sa tête.

Il prit le papier, le déplia et y lut ce mot écrit en grosses lettres au crayon :

DÉMÉNAGEZ.

Jean Valjean se leva vivement, il n'y avait plus personne sur le talus; il chercha autour de lui et aperçut une espèce d'être plus grand qu'un enfant, plus petit qu'un homme, vêtu d'une blouse grise et d'un pantalon de velours de coton couleur poussière, qui enjambait le parapet et se laissait glisser dans le fossé du Champ-de-Mars.

Jean Valjean rentra chez lui sur-le-champ, tout pensif.

## II

#### MARIUS

Marius était parti désolé de chez M. Gillenormand. Il y était entré avec une espérance bien petite ; il en sortait avec un désespoir immense.

Du reste, et ceux qui ont observé les commencements du cœur humain le comprendront, le lancier, l'officier, le dadais, le cousin Théodule, n'avait laissé aucune ombre dans son esprit. Pas la moindre. Le poëte dramatique pourrait en apparence espérer quelques complications de cette révélation faite à brûle-pourpoint au petit-fils par le grand-père. Mais ce que le drame y gagnerait, la vérité le perdrait. Marius était dans l'âge où, en fait de mal, on ne croit rien ; plus tard vient l'âge où l'on croit tout. Les soupçons ne sont autre chose que des rides. La première jeunesse n'en a pas. Ce qui bouleverse Othello glisse sur Candide. Soupçonner Cosette ! il y a une foule de crimes que Marius eût faits plus aisément.

Il se mit à marcher dans les rues, ressource de ceux qui souffrent. Il ne pensa à rien dont il pût se souvenir. A deux heures du matin, il rentra chez Courfeyrac et se jeta tout habillé sur son matelas. Il faisait grand soleil lorsqu'il s'endormit de cet affreux sommeil pesant qui laisse aller et venir les idées dans le cerveau. Quand il se réveilla, il vit debout dans la chambre, le chapeau sur la tête, tout prêts à sortir et très affairés, Courfeyrac, Enjolras, Feuilly et Combeferre.

Courfeyrac lui dit :

— Viens-tu à l'enterrement du général Lamarque ?

Il lui sembla que Courfeyrac parlait chinois.

Il sortit quelque temps après eux. Il mit dans sa poche les pistolets que Javert lui avait confiés lors de l'aventure du 3 février, et qui étaient restés entre ses mains. Ces pistolets étaient encore chargés. Il serait difficile de dire quelle pensée obscure il avait dans l'esprit en les emportant.

Toute la journée, il rôda sans savoir où ; il pleuvait par instants, il ne s'en apercevait point ; il acheta pour son dîner une flûte d'un sou chez un boulanger, la mit dans sa poche et l'oublia. Il paraît qu'il prit un bain dans la Seine sans en avoir conscience. Il y a des moments où l'on a une fournaise sous le crâne. Marius était dans un de ces moments-là. Il n'espérait plus rien, il ne craignait plus rien ; il avait fait ce pas depuis la veille. Il attendait le soir avec une impatience fiévreuse, il n'avait plus qu'une idée claire ; — c'est qu'à neuf heures il verrait Cosette. Ce dernier bonheur était maintenant tout son avenir ; après, l'ombre. Par intervalles, tout en marchant sur les boulevards les plus déserts, il lui semblait entendre dans Paris des bruits étranges. Il sortait la tête hors de sa rêverie et disait : Est-ce qu'on se bat?

A la nuit tombante, à neuf heures précises, comme il l'avait promis à Cosette, il était rue Plumet. Quand il approcha de la grille, il oublia tout. Il y avait quarante-huit heures qu'il n'avait vu Cosette, il allait la revoir ; toute autre pensée s'effaça et il n'eut plus qu'une joie inouïe et profonde. Ces minutes où l'on vit des siècles ont toujours cela de souverain et d'admirable qu'au moment où elles passent elles emplissent entièrement le cœur.

Marius dérangea la grille et se précipita dans le jardin. Cosette n'était pas à la place où elle l'attendait d'ordinaire. Il traversa le fourré et alla à l'enfoncement près du perron. — Elle m'attend là, dit-il. — Cosette n'y était pas. Il leva les yeux, et vit que les volets de la maison étaient fermés. Il fit le tour du jardin, le jardin était désert. Alors il revint à la maison, et, insensé d'amour, ivre, épouvanté, exaspéré de douleur et d'inquiétude, comme un maître qui rentre chez lui à une mauvaise heure, il frappa aux volets. Il frappa, il frappa encore, au risque de voir la fenêtre s'ouvrir et la face sombre du père apparaître et lui demander : Que voulez-vous? Ceci n'était plus rien auprès de ce qu'il entrevoyait. Quand il eut frappé, il éleva la voix et appela Cosette. — Cosette! cria-t-il. Cosette! répéta-t-il impérieusement. On ne répondit pas. C'était fini. Personne dans le jardin ; personne dans la maison.

Marius fixa ses yeux désespérés sur cette maison lugubre, aussi noire, aussi silencieuse et plus vide qu'une tombe. Il regarda le banc de pierre où il avait passé tant d'adorables heures près de Cosette. Alors il s'assit sur les marches du perron, le cœur plein de douceur et de résolution, il bénit son amour dans le fond de sa pensée, et il se dit que, puisque Cosette était partie, il n'avait plus qu'à mourir.

Tout à coup il entendit une voix qui paraissait venir de la rue et qui criait à travers les arbres :

— Monsieur Marius!

Il se dressa.

— Hein? dit-il.

— Monsieur Marius, êtes-vous là?

— Oui.

— Monsieur Marius, reprit la voix, vos amis vous attendent à la barricade de la rue de la Chanvrerie.

Cette voix ne lui était pas entièrement inconnue. Elle ressemblait à la voix enrouée et rude d'Éponine. Marius courut à la grille, écarta le barreau mobile, passa sa tête au travers et vit quelqu'un, qui lui parut être un jeune homme, s'enfoncer en courant dans le crépuscule.

### III

#### M. MABEUF

La bourse de Jean Valjean fut inutile à M. Mabeuf. M. Mabeuf, dans sa vénérable austérité enfantine, n'avait point accepté le cadeau des astres; il n'avait point admis qu'une étoile pût se monnayer en louis d'or. Il n'avait pas deviné que ce qui tombait du ciel venait de Gavroche. Il avait porté la bourse au commissaire de police du quartier, comme objet perdu mis par le trouveur à la disposition des réclamants. La bourse fut perdue en effet. Il va sans dire que personne ne la réclama, et elle ne secourut point M. Mabeuf.

Du reste, M. Mabeuf avait continué de descendre.

Les expériences sur l'indigo n'avaient pas mieux réussi au Jardin des Plantes que dans son jardin d'Austerlitz. L'année d'auparavant, il devait les gages de sa gouvernante; maintenant, on l'a vu, il devait les termes de son loyer. Le mont-de-piété, au bout de treize mois écoulés, avait vendu les cuivres de sa *Flore*. Quelque chaudronnier en avait fait des casseroles. Ses cuivres disparus, ne pouvant plus compléter même les exemplaires dépareillés de sa *Flore* qu'il possédait encore, il avait cédé à vil prix à un libraire-brocanteur planches et texte, comme *défets*. Il ne lui était plus rien resté de l'œuvre de toute sa vie. Il se mit à manger l'argent de ces exemplaires. Quand il vit que cette chétive ressource s'épuisait, il renonça à son jardin et le laissa en friche. Auparavant, et longtemps auparavant, il avait renoncé aux deux œufs et au morceau de bœuf qu'il mangeait de temps en temps. Il dînait avec du pain et des pommes de terre. Il avait vendu ses derniers meubles, puis tout ce qu'il avait en double en fait de literie, de vêtements et de couvertures, puis ses herbiers et ses estampes; mais il avait encore ses livres les plus précieux, parmi lesquels plusieurs d'une haute rareté, entre autres *les Quadrins historiques de la Bible*, édition de 1560, *la Concordance des Bibles* de Pierre de Besse, *les Marguerites de la Marguerite* de Jean de La Haye, avec dédicace à la reine de Navarre, le livre *de la Charge et dignité de l'ambassadeur* par le sieur de Villiers Hotman, un *Florilegium rabbinicum* de 1644, un Tibulle de 1567 avec cette splendide inscription : *Venetiis, in œdibus Manutianis;* enfin un Diogène Laërce, imprimé à Lyon en 1644, et où se trouvaient les fameuses variantes du manuscrit 411, treizième siècle, du Vatican, et celles des deux manuscrits de Venise, 393 et 394, si fructueusement consultés par Henri Estienne, et tous les passages en dialecte dorique qui ne se trouvent que dans le célèbre manuscrit du douzième siècle de la bibliothèque de Naples. M. Mabeuf ne faisait jamais de feu dans sa chambre et se couchait avec le jour pour ne pas brûler de chandelle. Il semblait qu'il n'eût plus de voisins, on l'évitait quand il sortait; il s'en apercevait. La misère d'un enfant intéresse une mère, la misère d'un jeune homme intéresse une jeune fille, la misère d'un vieillard n'intéresse personne. C'est de toutes les détresses la plus froide. Cependant le père Mabeuf n'avait pas entièrement perdu sa sérénité d'enfant. Sa prunelle prenait quelque vivacité lorsqu'elle se fixait sur ses livres, et il souriait lorsqu'il considérait le Diogène Laërce, qui était un exemplaire unique. Son armoire vitrée était le seul meuble qu'il eût conservé en dehors de l'indispensable.

Un jour la mère Plutarque lui dit :

— Je n'ai pas de quoi acheter le dîner.

Ce qu'elle appelait le dîner, c'était un pain et quatre ou cinq pommes de terre.

— A crédit? fit M. Mabeuf.

— Vous savez bien qu'on me refuse.

M. Mabeuf ouvrit sa bibliothèque, regarda longtemps tous ses livres l'un après l'autre, comme un père, obligé de décimer ses enfants, les regarderait avant de choisir, puis en prit un vivement, le mit sous son bras, et sortit. Il rentra deux heures après n'ayant plus rien sous le bras, posa trente sous sur la table, et dit :

— Vous ferez à dîner.

A partir de ce moment, la mère Plutarque vit s'abaisser sur le candide visage du vieillard un voile sombre qui ne se releva plus.

Le lendemain, le surlendemain, tous les jours, il fallut recommencer. M. Mabeuf sortait avec un livre et rentrait avec une pièce d'argent. Comme les libraires-brocanteurs le voyaient forcé de vendre, ils lui rachetaient vingt sous ce qu'il avait payé vingt francs, quelquefois aux mêmes libraires. Volume à volume, toute la bibliothèque y passait. Il disait par moments : J'ai pourtant quatrevingts ans! comme s'il avait je ne sais quelle arrière-espérance d'arriver à la fin de ses jours avant d'arriver à la fin de ses livres. Sa tristesse croissait. Une fois pourtant il eut une joie. Il sortit avec un Robert Estienne qu'il vendit trente-cinq sous quai Malaquais et revint avec un Alde qu'il avait acheté quarante sous rue des Grès. — Je dois cinq sous, dit-il tout rayonnant à la mère Plutarque. Ce jour-là il ne dîna point.

Il était de la société d'Horticulture. On y savait son dénûment. Le président de cette société le vint voir, lui promit de parler de lui au ministre de l'agriculture et du commerce, et le fit. — Mais, comment donc! s'écria le ministre. Je crois bien! un vieux savant! un botaniste! un homme inoffensif! Il faut faire quelque chose pour lui! — Le lendemain M. Mabeuf reçut une invitation à dîner chez le ministre. Il montra en tremblant de joie la lettre à la mère Plutarque. — Nous sommes sauvés! dit-il. — Au jour fixé, il alla chez le ministre. Il s'aperçut que sa cravate chiffonnée, son grand vieil habit carré et ses souliers cirés à l'œuf étonnaient les huissiers. Personne ne lui parla, pas même le ministre. Vers dix heures du soir, comme il attendait toujours une parole, il entendit la femme du ministre, belle dame décolletée dont il n'avait osé s'approcher, qui demandait : Quel est donc ce vieux monsieur? Il s'en retourna chez lui à pied, à minuit, par une pluie battante. Il avait vendu un Elzévir pour payer son fiacre en allant.

Tous les soirs avant de se coucher il avait pris l'habitude de lire

quelques pages de son Diogène Laërce. Il savait assez de grec pour jouir des particularités du texte qu'il possédait. Il n'avait plus maintenant d'autre joie. Quelques semaines s'écoulèrent. Tout à coup la mère Plutarque tomba malade. Il est une chose plus triste que de n'avoir pas de quoi acheter du pain chez le boulanger, c'est de n'avoir pas de quoi acheter des drogues chez l'apothicaire. Un soir, le médecin avait ordonné une potion fort chère. Et puis, la maladie s'aggravait, il fallait une garde. M. Mabeuf ouvrit sa bibliothèque; il n'y avait plus rien. Le dernier volume était parti. Il ne lui restait que le Diogène Laërce.

Il mit l'exemplaire unique sous son bras et sortit, c'était le 4 juin 1832; il alla porte Saint-Jacques chez le successeur de Royol, et revint avec cent francs. Il posa la pile de pièces de cinq francs sur la table de nuit de la vieille servante et rentra dans sa chambre sans dire une parole.

Le lendemain, dès l'aube, il s'assit sur la borne renversée dans son jardin, et par-dessus la haie on put le voir toute la matinée immobile, le front baissé, l'œil vaguement fixé sur ses plates-bandes flétries. Il pleuvait par instants; le vieillard ne semblait pas s'en apercevoir.

Dans l'après-midi, des bruits extraordinaires éclatèrent dans Paris. Cela ressemblait à des coups de fusil et aux clameurs d'une multitude.

Le père Mabeuf leva la tête. Il aperçut un jardinier qui passait, et demanda :

— Qu'est-ce que c'est?

Le jardinier répondit, sa bêche sur le dos et de l'accent le plus paisible :

— Ce sont des émeutes.
— Comment des émeutes?
— Oui, on se bat.
— Pourquoi se bat-on?
— Ah, dame! fit le jardinier.
— De quel côté? reprit M. Mabeuf.
— Du côté de l'Arsenal.

Le père Mabeuf rentra chez lui, prit son chapeau, chercha machinalement un livre pour le mettre sous son bras, n'en trouva point, dit : Ah! c'est vrai! et s'en alla d'un air égaré.

# LIVRE DIXIÈME

## LE 5 JUIN 1832

### I

#### LA SURFACE DE LA QUESTION

De quoi se compose l'émeute? de rien et de tout. D'une électricité dégagée peu à peu, d'une flamme subitement jaillie, d'une force qui erre, d'un souffle qui passe. Ce souffle rencontre des têtes qui parlent, des cerveaux qui rêvent, des âmes qui souffrent, des passions qui brûlent, des misères qui hurlent, et les emporte.

Où?

Au hasard. A travers l'état, à travers les lois, à travers la prospérité et l'insolence des autres.

Les convictions irritées, les enthousiasmes aigris, les indignations émues, les instincts de guerre comprimés, les jeunes courages exaltés, les aveuglements généreux ; la curiosité, le goût du changement, la soif de l'inattendu, le sentiment qui fait qu'on se plaît à lire l'affiche d'un nouveau spectacle et qu'on aime au théâtre le coup de sifflet du machiniste ; les haines vagues, les rancunes, les désappointements, toute vanité qui croit que la destinée lui a fait faillite ; les malaises, les songes creux, les ambitions entourées d'escarpements, quiconque espère d'un écroulement une issue, enfin, au plus bas, la tourbe, cette boue qui prend feu, tels sont les éléments de l'émeute.

Ce qu'il y a de plus grand et ce qu'il y a de plus infime ; les êtres qui rôdent en dehors de tout, attendant une occasion, bohèmes, gens sans aveu, vagabonds de carrefours, ceux qui dorment la nuit dans un désert de maisons sans autre toit que les froides nuées du ciel, ceux qui demandent chaque jour leur pain au hasard et non au travail, les inconnus de la misère et du néant, les bras nus, les pieds nus, appartiennent à l'émeute.

Quiconque a dans l'âme une révolte secrète contre un fait quelconque de l'état, de la vie ou du sort, confine à l'émeute, et, dès qu'elle paraît, commence à frissonner et à se sentir soulevé par le tourbillon.

L'émeute est une sorte de trombe de l'atmosphère sociale qui se forme brusquement dans de certaines conditions de température, et qui, dans son tournoiement, monte, court, tonne, arrache, rase, écrase, démolit, déracine, entraînant avec elle les grandes natures et les chétives, l'homme fort et l'esprit faible, le tronc d'arbre et le brin de paille.

Malheur à celui qu'elle emporte comme à celui qu'elle vient heurter! Elle les brise l'un contre l'autre.

Elle communique à ceux qu'elle saisit on ne sait quelle puissance extraordinaire. Elle emplit le premier venu de la force des événements ; elle fait de tout des projectiles. Elle fait d'un moellon un boulet et d'un portefaix un général.

Si l'on en croit de certains oracles de la politique sournoise, au point de vue du pouvoir, un peu d'émeute est souhaitable. Système : l'émeute raffermit les gouvernements qu'elle ne renverse pas. Elle éprouve l'armée ; elle concentre la bourgeoisie ; elle étire les muscles de la police ; elle constate la force de l'ossature sociale. C'est une gymnastique ; c'est presque de l'hygiène. Le pouvoir se porte mieux après une émeute comme l'homme après une friction.

L'émeute, il y a trente ans, était envisagée à d'autres points de vue encore.

Il y a pour toute chose une théorie qui se proclame elle-même « le bon sens » ; Philinte contre Alceste ; médiation offerte entre le vrai et le faux ; explication, admonition, atténuation un peu hautaine qui, parce qu'elle est mélangée de blâme et d'excuse, se croit la sagesse et n'est souvent que la pédanterie. Toute une école politique, appelée juste-milieu, est sortie de là. Entre l'eau froide et l'eau chaude, c'est le parti de l'eau tiède. Cette école, avec sa fausse profondeur, toute de surface, qui dissèque les effets sans remonter aux causes, gourmande, du haut d'une demi-science, les agitations de la place publique.

A entendre cette école : « Les émeutes qui compliquèrent le fait de 1830 ôtèrent à ce grand événement une partie de sa pureté. La révolution de Juillet avait été un beau coup de vent populaire, brusquement suivi du ciel bleu. Elles firent reparaître le ciel nébuleux. Elles firent dégénérer en querelle cette révolution d'abord si remarquable par l'unanimité. Dans la révolution de Juillet, comme dans tout progrès par saccades, il y avait eu des fractures secrètes; l'émeute les rendit sensibles. On put dire : Ah! ceci est cassé. Après la révolution de Juillet, on ne sentait que la délivrance; après les émeutes, on sentit la catastrophe.

« Toute émeute ferme les boutiques, déprime les fonds, consterne la Bourse, suspend le commerce, entrave les affaires, précipite les faillites; plus d'argent, les fortunes privées inquiètes, le crédit public ébranlé, l'industrie déconcertée, les capitaux reculant, le travail au rabais, partout la peur; des contre-coups dans toutes les villes. De là des gouffres. On a calculé que le premier jour d'émeute coûte à la France vingt millions, le deuxième quarante, le troisième soixante. Une émeute de trois jours coûte cent vingt millions, c'est-à-dire, à ne voir que le résultat financier, équivaut à un désastre, naufrage ou bataille perdue, qui anéantirait une flotte de soixante vaisseaux de ligne.

« Sans doute, historiquement, les émeutes eurent leur beauté; la guerre des pavés n'est pas moins grandiose et pas moins pathétique que la guerre des buissons; dans l'une il y a l'âme des forêts, dans l'autre le cœur des villes; l'une a Jean Chouan, l'autre a Jeanne. Les émeutes éclairèrent en rouge, mais splendidement, toutes les saillies les plus originales du caractère parisien, la générosité, le dévouement, la gaieté orageuse, les étudiants prouvant que la bravoure fait partie de l'intelligence, la garde nationale inébranlable, des bivouacs de boutiquiers, des forteresses de gamins, le mépris de la mort chez des passants. Écoles et légions se heurtaient. Après tout, entre les combattants, il n'y avait qu'une différence d'âge; c'est la même race; ce sont les mêmes hommes stoïques qui meurent à vingt ans pour leurs idées, à quarante ans pour leurs familles. L'armée, toujours triste dans les guerres civiles, opposait la prudence à l'audace. Les émeutes, en même temps qu'elles manifestèrent l'intrépidité populaire, firent l'éducation du courage bourgeois.

« C'est bien. Mais tout cela vaut-il le sang versé? Et au sang versé ajoutez l'avenir assombri, le progrès compromis, l'inquiétude parmi les meilleurs, les libéraux honnêtes désespérant, l'absolutisme étranger heureux de ces blessures faites à la révolution par elle-même, les vaincus de 1830 triomphant et disant : Nous l'avions bien dit! Ajoutez Paris grandi peut-être, mais à coup sûr la France diminuée. Ajoutez, car il faut tout dire, les massacres qui déshonoraient trop souvent la victoire de l'ordre devenu féroce sur la liberté devenue folle. Somme toute, les émeutes ont été funestes. »

Ainsi parle cet à-peu-près de sagesse dont la bourgeoisie, cet à-peu-près de peuple, se contente si volontiers.

Quant à nous, nous rejetons ce mot trop large et par conséquent trop commode : les émeutes. Entre un mouvement populaire et un mouvement populaire, nous distinguons. Nous ne nous demandons pas si une émeute coûte autant qu'une bataille. D'abord pourquoi une bataille? Ici la question de la guerre surgit. La guerre est-elle moins fléau que l'émeute n'est calamité? Et puis, toutes les émeutes sont-elles calamités? Et quand le 14 juillet coûterait cent vingt millions? L'établissement de Philippe V en Espagne a coûté à la France deux milliards. Même à prix égal, nous préférerions le 14 juillet. D'ailleurs nous repoussons ces chiffres, qui semblent des raisons et qui ne sont que des mots. Une émeute étant donnée, nous l'examinons en elle-même. Dans tout ce que dit l'objection doctrinaire exposée plus haut, il n'est question que de l'effet, nous cherchons la cause.

Nous précisons.

## II

### LE FOND DE LA QUESTION

Il y a l'émeute, il y a l'insurrection; ce sont deux colères; l'une a tort, l'autre a droit. Dans les états démocratiques, les seuls fondés en justice, il arrive quelquefois que la fraction usurpe; alors le tout se lève, et la nécessaire revendication de son droit peut aller jusqu'à la prise d'armes. Dans toutes les questions qui ressortissent à la souveraineté collective, la guerre du tout contre la fraction est insurrection; l'attaque de la fraction contre le tout est émeute; selon que les Tuileries contiennent le roi ou contiennent la Convention, elles sont justement ou injustement attaquées. Le même canon braqué contre la foule a tort le 10 août et raison le 14 vendémiaire. Apparence semblable, fond différent; les Suisses défendent le faux, Bonaparte défend le vrai. Ce que le suffrage universel a fait dans sa liberté et dans sa souveraineté ne peut être défait par la rue. De même dans les choses de pure civilisation; l'instinct des masses, hier clairvoyant, peut demain être trouble. La même furie est légitime contre Terray et absurde contre Turgot. Les bris de machines, les pillages d'entrepôts, les ruptures de rails, les démolitions de docks, les fausses routes des multitudes, les dénis de justice du peuple au progrès, Ramus assassiné par les écoliers, Rousseau chassé de Suisse à coups de pierres, c'est l'émeute. Israël contre Moïse, Athènes contre Phocion, Rome contre Scipion, c'est l'émeute; Paris contre la Bastille, c'est l'insurrection. Les soldats contre Alexandre, les matelots contre Christophe Colomb, c'est la même révolte; révolte impie; pourquoi? C'est qu'Alexandre fait pour l'Asie avec l'épée ce que Christophe Colomb fait pour l'Amérique avec la boussole; Alexandre, comme Colomb, trouve un monde. Ces dons d'un monde à la civilisation sont de tels accroissements de lumière que toute résistance, là, est coupable. Quelquefois le peuple se fausse fidélité à lui-même. La foule est traître au peuple. Est-il, par exemple, rien de plus étrange que cette longue et sanglante protestation des faux-sauniers, légitime révolte chronique, qui, au moment décisif, au jour du salut, à l'heure de la victoire populaire, épouse le trône, tourne chouannerie, et d'insurrection contre se fait émeute pour! Sombres chefs-d'œuvre de l'ignorance! Le faux-saunier échappe aux potences royales, et, un reste de corde au cou, arbore la cocarde blanche. Mort aux gabelles accouche de Vive le roi. Tueurs de la Saint-Barthélemy, égorgeurs de Septembre, massacreurs d'Avignon, assassins de Coligny, assassins de madame de Lamballe, assassins de Brune, Miquelets, Verdets, Cadenettes, compagnons de Jéhu, chevaliers du Brassard, voilà l'émeute. La Vendée est une grande émeute catholique. Le bruit du droit en mouvement se reconnaît, il ne sort pas toujours du tremblement des masses bouleversées; il y a des rages folles, il y a des cloches fêlées tous les tocsins ne sonnent pas le son du bronze. Le branle des passions et des ignorances est autre que la secousse du progrès. Levez-vous, soit, mais pour grandir. Montrez-moi de quel côté vous allez. Il n'y a d'insurrection qu'en avant. Toute autre levée est mauvaise; tout pas violent en arrière est émeute; reculer est une voie de fait contre le genre humain. L'insurrection est l'accès de fureur de la vérité; les pavés que l'insurrection remue jettent l'étincelle du droit. Ces pavés ne laissent à l'émeute que leur boue. Danton contre Louis XVI, c'est l'insurrection; Hébert contre Danton, c'est l'émeute.

De là vient que, si l'insurrection, dans des cas donnés, peut être, comme a dit Lafayette, le plus saint des devoirs, l'émeute peut être le plus fatal des attentats.

Il y a aussi quelque différence dans l'intensité de calorique; l'insurrection est souvent volcan, l'émeute est souvent feu de paille.

La révolte, nous l'avons dit, est quelquefois dans le pouvoir. Polignac est un émeutier; Camille Desmoulins est un gouvernant.

Parfois, insurrection, c'est résurrection.

La solution de tout par le suffrage universel étant un fait absolument moderne, et toute l'histoire antérieure à ce fait étant, depuis quatre mille ans, remplie du droit violé et de la souffrance des peuples, chaque époque de l'histoire apporte avec elle la protestation qui lui est possible. Sous les Césars, il n'y avait pas d'insurrection, mais il y avait Juvénal.

Le *facit indignatio* remplace les Gracques.

Sous les Césars il y a l'exilé de Syène; il y a aussi l'homme des *Annales*.

Nous ne parlons pas de l'immense exilé de Patmos qui, lui aussi, accable le monde réel d'une protestation au nom du monde idéal, fait de la vision une satire énorme, et jette sur Rome-Ninive, sur Rome-Babylone, sur Rome-Sodome, la flamboyante réverbération de l'Apocalypse. Jean sur son rocher, c'est le sphinx sur son piédestal; on peut ne pas le comprendre, c'est un juif, et c'est de l'hébreu; mais l'homme qui écrit les *Annales* est un latin, disons mieux, c'est un romain.

Comme les Nérons règnent à la manière noire, ils doivent être peints de même. Le travail au burin tout seul serait pâle; il faut verser dans l'entaille une prose concentrée qui morde.

Les despotes sont pour quelque chose dans les penseurs. Parole enchaînée, c'est parole terrible. L'écrivain double et triple son style quand le silence est imposé par un maître au peuple. Il sort de ce silence une certaine plénitude mystérieuse qui filtre et se fige en airain dans la pensée. La compression dans l'histoire produit la concision dans l'historien. La solidité granitique de telle prose célèbre n'est autre chose qu'un tassement fait par le tyran.

La tyrannie contraint l'écrivain à des rétrécissements de diamètre qui sont des accroissements de force. La période cicéronienne, à peine suffisante sur Verrès, s'émousserait sur Caligula. Moins d'envergure dans la phrase, plus d'intensité dans le coup. Tacite pense à bras raccourci.

L'honnêteté d'un grand cœur, condensée en justice et en vérité, foudroie.

Soit dit en passant, il est à remarquer que Tacite n'est pas historiquement superposé à César. Les Tibères lui sont réservés. César et Tacite sont deux phénomènes successifs dont la rencontre semble mystérieusement évitée par celui qui, dans la mise en scène des siècles, règle les entrées et les sorties. César est grand, Tacite est grand; Dieu épargne ces deux grandeurs en ne les heurtant pas l'une contre l'autre. Le justicier, frappant César, pouvait frapper trop, et être injuste. Dieu ne veut pas. Les grandes guerres d'Afrique et d'Espagne, les pirates de Cilicie détruits, la civilisation introduite en Gaule, en Bretagne, en Germanie, toute cette gloire couvre le Rubicon. Il y a là une sorte de délicatesse de la justice divine, hésitant à lâcher sur l'usurpateur illustre l'historien formidable, faisant à César grâce de Tacite, et accordant les circonstances atténuantes au génie.

Certes, le despotisme reste le despotisme, même sous le despote de génie. Il y a corruption sous les tyrans illustres, mais la peste morale est plus hideuse encore sous les tyrans infâmes. Dans ces règnes-là rien ne voile la honte; et les faiseurs d'exemples, Tacite comme Juvénal, soufflettent plus utilement, en présence du genre humain, cette ignominie sans réplique.

Rome sent plus mauvais sous Vitellius que sous Sylla. Sous Claude et sous Domitien, il y a une difformité de bassesse correspondante à la laideur du tyran. La vilenie des esclaves est un produit direct du despote; un miasme s'exhale de ces consciences croupies où se reflète le maître; les pouvoirs publics sont immondes; les cœurs sont petits, les consciences sont plates, les âmes sont punaises; cela est ainsi sous Caracalla, cela est ainsi sous Commode, cela est ainsi sous Héliogabale, tandis qu'il ne sort du sénat romain sous César que l'odeur de fiente propre aux aires d'aigle.

De là la venue, en apparence tardive, des Tacite et des Juvénal; c'est à l'heure de l'évidence que le démonstrateur paraît.

Mais Juvénal et Tacite, de même qu'Isaïe aux temps bibliques, de même que Dante au moyen âge, c'est l'homme; l'émeute et l'insurrection, c'est la multitude, qui tantôt a tort, tantôt a raison.

Dans les cas les plus généraux, l'émeute sort d'un fait matériel; l'insurrection est toujours un phénomène moral. L'émeute, c'est Masaniello; l'insurrection, c'est Spartacus. L'insurrection confine à l'esprit, l'émeute à l'estomac; Gaster s'irrite; mais Gaster, certes, n'a pas toujours tort. Dans les questions de famine, l'émeute, Buzançais, par exemple, a un point de départ vrai, pathétique et juste. Pourtant elle reste émeute. Pourquoi? c'est qu'ayant raison au fond, elle a eu tort dans la forme. Farouche, quoique ayant droit, violente, quoique forte, elle a frappé au hasard; elle a marché comme l'éléphant aveugle, en écrasant; elle a laissé derrière elle des cadavres de vieillards, de femmes et d'enfants; elle a versé, sans savoir pourquoi, le sang des inoffensifs et des innocents. Nourrir le peuple est un bon but; le massacrer est un mauvais moyen.

Toutes les protestations armées, même les plus légitimes, même le 10 août, même le 14 juillet, débutent par le même trouble. Avant que le droit se dégage, il y a tumulte et écume. Au commencement l'insurrection est émeute, de même que le fleuve est torrent. Ordinairement elle aboutit à cet océan : révolution. Quelquefois pourtant, venue de ces hautes montagnes qui dominent l'horizon moral, la justice, la sagesse, la raison, le droit, faite de la plus pure neige de l'idéal, après une longue chute de roche en roche, après avoir reflété le ciel dans sa transparence et s'être grossie de cent affluents dans la majestueuse allure du triomphe, l'insurrection se perd tout à coup dans quelque fondrière bourgeoise, comme le Rhin dans un marais.

Tout ceci est du passé, l'avenir est autre. Le suffrage universel a cela d'admirable qu'il dissout l'émeute dans son principe, et qu'en donnant le vote à l'insurrection, il lui ôte l'arme. L'évanouissement des guerres, de la guerre des rues comme de la guerre des frontières, tel est l'inévitable progrès. Quel que soit Aujourd'hui, la paix, c'est Demain.

Du reste, insurrection, émeute, en quoi la première diffère de la seconde, le bourgeois, proprement dit, connaît peu ces nuances. Pour lui tout est sédition, rébellion pure et simple, révolte du dogue contre le maître, essai de morsure qu'il faut punir de la chaîne et de la niche, aboiement, jappement, jusqu'au jour où la tête du chien, grossie tout à coup, s'ébauche vaguement dans l'ombre en face de lion.

Alors le bourgeois crie : Vive le peuple!

Cette explication donnée, qu'est-ce pour l'histoire que le mouvement de juin 1832? est-ce une émeute? est-ce une insurrection?

C'est une insurrection.

Il pourra nous arriver, dans cette mise en scène d'un événement redoutable, de dire parfois l'émeute, mais seulement pour qualifier les faits de surface, et en maintenant toujours la distinction entre la forme émeute et le fond insurrection.

Ce mouvement de 1832 a eu, dans son explosion rapide et dans son extinction lugubre, tant de grandeur que ceux-là mêmes qui n'y voient qu'une émeute n'en parlent pas sans respect. Pour eux, c'est comme un reste de 1830. Les imaginations émues, disent-ils, ne se calment pas en un jour. Une révolution ne se coupe pas à pic. Elle a toujours nécessairement quelques ondulations avant de revenir à l'état de paix comme une montagne en redescendant vers la plaine. Il n'y a point d'Alpes sans Jura, ni de Pyrénées sans Asturies.

Cette crise pathétique de l'histoire contemporaine que la mémoire des Parisiens appelle *l'époque des émeutes*, est à coup sûr une heure caractéristique parmi les heures orageuses de ce siècle. Un dernier mot avant d'entrer dans le récit.

Les faits qui vont être racontés appartiennent à cette réalité dramatique et vivante, que l'historien néglige quelquefois, faute de temps et d'espace. Là pourtant, nous y insistons, là est la vie, la palpitation, le frémissement humain. Les petits détails, nous croyons l'avoir dit, sont, pour ainsi parler, le feuillage des grands événements et se perdent dans le lointain de l'histoire. L'époque dite *des émeutes* abonde en détails de ce genre. Les instructions judiciaires, par d'autres raisons que l'histoire, n'ont pas tout révélé, ni peut-être tout approfondi. Nous allons donc mettre en lumière, parmi les particularités connues et publiées, des choses qu'on n'a point sues, des faits sur lesquels a passé l'oubli des uns, la mort des autres. La plupart des acteurs de ces scènes gigantesques ont disparu; dès le lendemain, ils se taisaient; mais ce que nous raconterons, nous pourrons dire : Nous l'avons vu. Nous changerons quelques noms, car l'histoire raconte et ne dénonce pas, mais nous peindrons des choses vraies. Dans les conditions du livre que nous écrivons, nous ne montrerons qu'un côté et qu'un épisode, et à coup sûr le moins connu, des journées des 5 et 6 juin 1832; mais nous ferons en sorte que le lecteur entrevoie, sous le sombre voile que nous allons soulever, la figure réelle de cette effrayante aventure publique.

## III

#### UN ENTERREMENT : OCCASION DE RENAITRE

Au printemps de 1832, quoique depuis trois mois le choléra eût glacé les esprits et jeté sur leur agitation je ne sais quel morne apaisement, Paris était dès longtemps prêt pour une commotion. Ainsi que nous l'avons dit, la grande ville ressemble à une pièce de canon; quand elle est chargée, il suffit d'une étincelle qui tombe, le coup part. En juin 1832, l'étincelle fut la mort du général Lamarque.

Lamarque était un homme de renommée et d'action. Il avait eu successivement, sous l'empire et sous la restauration, les deux bravoures nécessaires aux deux époques, la bravoure des champs de bataille et la bravoure de la tribune. Il était éloquent comme il avait été vaillant; on sentait une épée dans sa parole. Comme Foy, son devancier, après avoir tenu haut le commandement, il tenait haut la liberté. Il siégeait entre la gauche et l'extrême gauche, aimé du peuple parce qu'il acceptait les chances de l'avenir, aimé de la foule parce qu'il avait bien servi l'empereur. Il était, avec les comtes Gérard et Drouet, un des maréchaux *in petto* de Napoléon. Les traités de 1815 le soulevaient comme une offense personnelle. Il haïssait Wellington d'une haine directe qui plaisait à la multitude; et depuis dix-sept ans, à peine attentif aux événements intermédiaires, il avait majestueusement gardé la tristesse de Waterloo. Dans son agonie, à sa dernière heure, il avait serré contre sa poitrine une épée que lui avaient décernée les officiers des Cent-Jours. Napoléon était mort en prononçant le mot *armée*, Lamarque en prononçant le mot *patrie*.

Sa mort, prévue, était redoutée du peuple comme une perte et du gouvernement comme une occasion. Cette mort fut un deuil. Comme tout ce qui est amer, le deuil peut se tourner en révolte. C'est ce qui arriva.

La veille et le matin du 5 juin, jour fixé pour l'enterrement de Lamarque, le faubourg Saint-Antoine, que le convoi devait venir toucher, prit un aspect redoutable. Ce tumultueux réseau de rues s'emplit de rumeurs. On s'y armait comme on pouvait. Des menuisiers emportaient le valet de leur établi « pour enfoncer les portes ». Un d'eux s'était fait un poignard d'un crochet de chaussonnier en cassant le crochet et en aiguisant le tronçon. Un autre, dans la fièvre « d'attaquer », couchait depuis trois jours tout habillé. Un charpentier nommé Lombier rencontrait un camarade qui lui demandait : — Où vas-tu ? — Eh bien ! je n'ai pas d'armes. — Et puis ? — Je vais à mon chantier chercher mon compas. — Pourquoi faire ? — Je ne sais pas, disait Lombier. Un nommé Jacqueline, homme d'expédition, abordait les ouvriers quelconques qui passaient : — Viens, toi ! — Il payait dix sous de vin et disait : — As-tu de l'ouvrage ? — Non. — Va chez Filspierre, entre la barrière Montreuil et la barrière Charonne, tu trouveras de l'ouvrage. — On trouvait chez Filspierre des cartouches et des armes. Certains chefs connus *faisaient la poste*, c'est-à-dire couraient chez l'un et l'autre pour rassembler leur monde. Chez Barthélemy, près la barrière du Trône, chez Capel, au Petit-Chapeau, les buveurs s'accostaient d'un air grave. On les entendait se dire : — *Où as-tu ton pistolet ? — Sous ma blouse. Et toi ? — Sous ma chemise.* Rue Traversière devant l'atelier Roland, et cour de la Maison-Brûlée devant l'atelier de l'outilleur Bernier, des groupes chuchotaient. On y remarquait, comme le plus ardent, un certain Mavot, qui ne faisait jamais plus d'une semaine dans un atelier, les maîtres le renvoyant « parce qu'il fallait tous les jours se disputer avec lui ». Mavot fut tué le lendemain dans la barricade de la rue Ménilmontant. Pretot, qui devait mourir aussi dans la lutte, secondait Mavot, et à cette question : — Quel est ton but ? répondait : — *L'insurrection*. Des ouvriers rassemblés au coin de la rue de Bercy attendaient un nommé Lemarin, agent révolutionnaire pour le faubourg Saint-Marceau. Des mots d'ordre s'échangeaient presque publiquement.

Le 5 juin donc, par une journée mêlée de pluie et de soleil, le convoi du général Lamarque traversa Paris avec la pompe militaire officielle, un peu accrue par les précautions. Deux bataillons, tambours drapés, fusils renversés, dix mille gardes nationaux, le sabre au côté, les batteries de l'artillerie de la garde nationale, escortaient le cercueil. Le corbillard était traîné par des jeunes gens. Les officiers des Invalides le suivaient immédiatement, portant des branches de laurier. Puis venait une multitude innombrable, agitée, étrange, les sectionnaires des Amis du Peuple, l'école de droit, l'école de médecine, les réfugiés de toutes les nations, drapeaux espagnols, italiens, allemands, polonais, drapeaux tricolores horizontaux, toutes les bannières possibles, des enfants agitant des branches vertes, des tailleurs de pierre et des charpentiers qui faisaient grève en ce moment-là même, des imprimeurs reconnaissables à leurs bonnets de papier, marchant deux par deux, trois par trois, poussant des cris, agitant presque tous des bâtons, quelques-uns des sabres, sans ordre et pourtant avec une seule âme, tantôt une cohue, tantôt une colonne. Des pelotons se choisissaient des chefs; un homme, armé d'une paire de pistolets parfaitement visible, semblait en passer d'autres en revue dont les files s'écartaient devant lui. Sur les contre-allées des boulevards, dans les branches des arbres, aux balcons, aux fenêtres, sur les toits, les têtes fourmillaient, hommes, femmes, enfants; les yeux étaient pleins d'anxiété. Une foule armée passait, une foule effarée regardait.

De son côté le gouvernement observait. Il observait, la main sur la poignée de l'épée. On pouvait voir, tout prêts à marcher, gibernes pleines, fusils et mousquetons chargés, place Louis XV, quatre escadrons de carabiniers, en selle et clairons en tête; dans le pays latin et au Jardin des Plantes, la garde municipale, échelonnée de rue en rue; à la Halle-aux-Vins un escadron de dragons; à la Grève une moitié du 12ᵉ léger, l'autre moitié à la Bastille; le 6ᵉ dragons aux Célestins; de l'artillerie plein la cour du Louvre. Le reste des troupes était consigné dans les casernes, sans compter les régiments des environs de Paris. Le pouvoir inquiet tenait suspendu sur la multitude menaçante vingt-quatre mille soldats dans la ville et trente mille dans la banlieue.

Divers bruits circulaient dans le cortége. On parlait de menées légitimistes; on parlait du duc de Reichstadt, que Dieu marquait pour la mort à cette minute même où la foule le désignait pour l'empire. Un personnage resté inconnu annonçait qu'à l'heure dite deux contre-maîtres gagnés ouvriraient au peuple les portes d'une fabrique d'armes. Ce qui dominait sur les fronts découverts de la plupart des assistants, c'était un enthousiasme mêlé d'accablement. On voyait aussi çà et là dans cette multitude en proie à tant d'émotions violentes, mais nobles, de vrais visages de malfaiteurs et des bouches ignobles qui disaient : Pillons! Il y a de certaines agitations qui remuent le fond des marais et qui font monter dans l'eau des nuages de boue. Phénomène auquel ne sont point étrangères les polices « bien faites ».

Le cortége chemina, avec une lenteur fébrile, de la maison mortuaire par les boulevards jusqu'à la Bastille. Il pleuvait de temps en temps; la pluie ne faisait rien à cette foule. Plusieurs incidents, le cercueil promené autour de la colonne Vendôme, des pierres jetées au duc de Fitz-James aperçu à un balcon le chapeau sur la tête, le coq gaulois arraché d'un drapeau populaire et traîné dans la boue, un sergent de ville blessé d'un coup d'épée à la porte Saint-Martin, un officier du 12ᵉ léger disant tout haut : Je suis républicain, l'école polytechnique survenant après sa consigne forcée, les cris : Vive l'école polytechnique! Vive la république! marquèrent le trajet du convoi. A la Bastille, les longues files de curieux redoutables qui descendaient du faubourg Saint-Antoine firent leur jonction avec le cortége, et un certain bouillonnement terrible commença à soulever la foule.

On entendit un homme qui disait à un autre : — Tu vois bien celui-là avec sa barbiche rouge, c'est lui qui dira quand il faudra tirer.
— Il paraît que cette même barbiche rouge s'est retrouvée plus tard avec la même fonction dans une autre émeute, l'affaire Quénisset.

Le corbillard dépassa la Bastille, suivit le canal, traversa le petit pont et atteignit l'esplanade du pont d'Austerlitz. Là il s'arrêta. En ce moment cette foule vue à vol d'oiseau eût offert l'aspect d'une comète dont la tête était à l'esplanade et dont la queue développée sur le quai Bourdon couvrait la Bastille et se prolongeait sur le boulevard jusqu'à la porte Saint-Martin. Un cercle se traça autour du corbillard. La vaste cohue fit silence. Lafayette parla et dit adieu à Lamarque. Ce fut un instant touchant et auguste, toutes les têtes se découvrirent, tous les cœurs battaient.

Tout à coup un homme à cheval, vêtu de noir, parut au milieu

du groupe avec un drapeau rouge, d'autres disent avec une pique surmontée d'un bonnet rouge. Lafayette détourna la tête, Exelmans quitta le cortége.

Ce drapeau rouge souleva un orage et y disparut. Du boulevard Bourdon au pont d'Austerlitz une de ces clameurs qui ressemblent à des houles remua la multitude. Deux cris prodigieux s'élevèrent : *Lamarque au Panthéon! — Lafayette à l'Hôtel de ville!* — Des jeunes gens, aux acclamations de la foule, s'attelèrent et se mirent à traîner Lamarque dans le corbillard par le pont d'Austerlitz et Lafayette dans un fiacre par le quai Morland.

Dans la foule qui entourait et acclamait Lafayette, on remarquait et l'on se montrait un Allemand nommé Ludwig Snyder, mort centenaire depuis, qui avait fait lui aussi la guerre de 1776, et qui avait combattu à Trenton sous Washington, et sous Lafayette à Brandywine.

Cependant sur la rive gauche la cavalerie municipale s'ébranlait et venait barrer le pont, sur la rive droite les dragons sortaient des Célestins et se déployaient le long du quai Morland. Le peuple qui traînait Lafayette les aperçut brusquement au coude du quai et cria : Les dragons! Les dragons s'avançaient au pas, en silence, pistolets dans les fontes, sabres aux fourreaux, mousquetons aux porte-crosse, avec un air d'attente sombre.

A deux cents pas du petit pont, ils firent halte. Le fiacre où était Lafayette chemina jusqu'à eux, ils ouvrirent les rangs, le laissèrent passer, et se refermèrent sur lui. En ce moment les dragons et la foule se touchaient. Les femmes s'enfuyaient avec terreur.

Que se passa-t-il dans cette minute fatale? personne ne saurait le dire. C'est le moment ténébreux où deux nuées se mêlent. Les uns racontent qu'une fanfare sonnant la charge fut entendue du côté de l'Arsenal, les autres qu'un coup de poignard fut donné par un enfant à un dragon. Le fait est que trois coups de feu partirent subitement, le premier tua le chef d'escadron Cholet, le second tua une vieille sourde qui fermait sa fenêtre rue Contrescarpe, le troisième brûla l'épaulette d'un officier; une femme cria : On commence trop tôt! et tout à coup on vit du côté opposé au quai Morland un escadron de dragons qui était resté dans la caserne déboucher au galop, le sabre nu, par la rue Bassompierre et le boulevard Bourdon, et balayer tout devant lui.

Alors tout est dit, la tempête se déchaîne, les pierres pleuvent, la fusillade éclate, beaucoup se précipitent au bas de la berge et passent le petit bras de la Seine aujourd'hui comblé, les chantiers de l'île Louviers, cette vaste citadelle toute faite, se hérissent de combattants, on arrache des pieux, on tire des coups de pistolet, une barricade s'ébauche, les jeunes gens refoulés passent le pont d'Austerlitz avec le corbillard au pas de course et chargent la garde municipale, les carabiniers accourent, les dragons sabrent, la foule se disperse dans tous les sens, une rumeur de guerre vole aux quatre coins de Paris, on crie : Aux armes! on court, on culbute, on fuit, on résiste. La colère emporte l'émeute comme le vent emporte le feu.

## IV

### LES BOUILLONNEMENTS D'AUTREFOIS

Rien n'est plus extraordinaire que le premier fourmillement d'une émeute. Tout éclate partout à la fois. Était-ce prévu? oui. Était-ce préparé? non. D'où cela sort-il? des pavés. D'où cela tombe-t-il? des nues. Ici l'insurrection a le caractère d'un complot; là d'une improvisation. Le premier venu s'empare d'un courant de la foule et le mène où il veut. Début plein d'épouvante où se mêle une sorte de gaieté formidable. Ce sont d'abord des clameurs, les magasins se ferment, les étalages des marchands disparaissent; puis des coups de feu isolés; des gens s'enfuient; des coups de crosse heurtent les portes cochères, on entend les servantes rire dans les cours des maisons et dire : *Il va y avoir du train!*

Un quart d'heure n'était pas écoulé, voici ce qui se passait presque en même temps sur vingt points de Paris différents.

Rue Sainte-Croix-de-la-Bretonnerie, une vingtaine de jeunes gens, à barbes et à cheveux longs, entraient dans un estaminet et en ressortaient un moment après, portant un drapeau tricolore horizontal couvert d'un crêpe et ayant à leur tête trois hommes armés, l'un d'un sabre, l'autre d'un fusil, le troisième d'une pique.

Rue des Nonaindières, un bourgeois bien vêtu, qui avait du ventre, la voix sonore, le crâne chauve, le front élevé, la barbe noire et une de ces moustaches rudes qui ne peuvent se rabattre, offrait publiquement des cartouches aux passants.

Rue Saint-Pierre-Montmartre, des hommes aux bras nus promenaient un drapeau noir où on lisait ces mots en lettres blanches : *République ou la mort!* Rue des Jeûneurs, rue du Cadran, rue Montorgueil, rue Mandar, apparaissaient des groupes agitant des drapeaux sur lesquels on distinguait des lettres d'or, le mot *section* avec un numéro. Un de ces drapeaux était rouge et bleu avec un imperceptible entre-deux blanc.

On pillait une fabrique d'armes, boulevard Saint-Martin, et trois boutiques d'armuriers, la première rue Beaubourg, la deuxième rue Michel-le-Comte, l'autre rue du Temple. En quelques minutes les mille mains de la foule saisissaient et emportaient deux cent trente fusils, presque tous à deux coups, soixante-quatre sabres, quatrevingt-trois pistolets. Afin d'armer plus de monde, l'un prenait le fusil, l'autre la bayonnette.

Vis-à-vis le quai de la Grève, des jeunes gens armés de mousquets s'installaient chez des femmes pour tirer. L'un d'eux avait un mousquet à rouet. Ils sonnaient, entraient, et se mettaient à faire des cartouches. Une de ces femmes a raconté : *Je ne savais pas ce que c'était que des cartouches, c'est mon mari qui me l'a dit.*

Un rassemblement enfonçait une boutique de curiosités rue des Vieilles-Haudriettes et y prenait des yatagans et des armes turques.

Le cadavre d'un maçon tué d'un coup de fusil gisait rue de la Perle.

Et puis, rive droite, rive gauche, sur les quais, sur les boulevards, dans le pays latin, dans le quartier des Halles, des hommes haletants, ouvriers, étudiants, sectionnaires, lisaient des proclamations, criaient : Aux armes ! brisaient les réverbères, dételaient les voitures, dépavaient les rues, enfonçaient les portes des maisons, déracinaient les arbres, fouillaient les caves, roulaient des tonneaux, entassaient pavés, moellons, meubles, planches, faisaient des barricades.

On forçait les bourgeois d'y aider. On entrait chez les femmes, on leur faisait donner le sabre et le fusil des maris absents, et l'on écrivait avec du blanc d'Espagne sur la porte : *Les armes sont livrées.* Quelques-uns signaient « de leurs noms » des reçus du fusil et du sabre, et disaient : *Envoyez-les chercher demain à la mairie.* On désarmait dans les rues les sentinelles isolées et les gardes nationaux allant à leur municipalité. On arrachait les épaulettes aux officiers. Rue du Cimetière-Saint-Nicolas, un officier de la garde nationale, poursuivi par une troupe armée de bâtons et de fleurets, se réfugia à grand'peine dans une maison d'où il ne put sortir qu'à la nuit, et déguisé.

Dans le quartier Saint-Jacques, les étudiants sortaient par essaims de leurs hôtels, et montaient rue Saint-Hyacinthe au café du Progrès ou descendaient au café des Sept-Billards, rue des Mathurins. Là, devant les portes, des jeunes gens debout sur des bornes distribuaient des armes. On pillait le chantier de la rue Transnonain pour faire des barricades. Sur un seul point, les habitants résistaient, à l'angle des rues Sainte-Avoye et Simon-le-Franc où ils détruisaient eux-mêmes la barricade. Sur un seul point, les insurgés pliaient; ils abandonnaient une barricade commencée rue du Temple après avoir fait feu sur un détachement de garde nationale, et s'enfuyaient par la rue de la Corderie. Le détachement ramassa dans la barricade un drapeau rouge, un paquet de cartouches et trois cents balles de pistolet. Les gardes nationaux déchirèrent le drapeau et en remportèrent les lambeaux à la pointe de leurs bayonnettes.

Tout ce que nous racontons ici lentement et successivement se faisait à la fois sur tous les points de la ville au milieu d'un vaste tumulte, comme une foule d'éclairs dans un seul roulement de tonnerre. En moins d'une heure vingt-sept barricades sortirent de terre dans le seul quartier des Halles. Au centre était cette fameuse maison n° 50, qui fut la forteresse de Jeanne et de ses cent six compagnons, et qui, flanquée d'un côté par une barricade à Saint-Merry, et de l'autre par une barricade à la rue Maubuée, commandait trois rues, la rue des Arcis, la rue Saint-Martin, et la rue Aubry-le-Boucher qu'elle prenait de front. Deux barricades en équerre se repliaient l'une de la rue Montorgueil sur la Grande-Truanderie, l'autre de la rue Geoffroy-Langevin sur la rue Sainte-Avoye. Sans compter d'innombrables barricades dans vingt autres quartiers de Paris, au Marais, à la montagne Sainte-Geneviève; une, rue Ménilmontant, où l'on voyait une porte cochère arrachée de ses gonds; une autre près du petit pont de l'Hôtel-Dieu faite avec une écossaise dételée et renversée, à trois cents pas de la préfecture de police.

A la barricade de la rue des Ménétriers, un homme bien mis distribuait de l'argent aux travailleurs. A la barricade de la rue Grenetat un cavalier parut et remit à celui qui paraissait le chef de la barricade un rouleau qui avait l'air d'un rouleau d'argent. — *Voilà*, dit-il, *pour payer les dépenses, le vin, et cætera.* — Un jeune homme blond, sans cravate, allait d'une barricade à l'autre portant des mots d'ordre. Un autre, le sabre nu, un bonnet de police bleu sur la tête, posait des sentinelles. Dans l'intérieur, en deçà des barricades, les cabarets et les loges de portiers étaient convertis en corps de garde. Du reste l'émeute se comportait selon la plus savante tactique militaire. Les rues étroites, inégales, sinueuses, pleines d'angles et de tournants, étaient admirablement choisies; les environs des Halles en particulier, réseau de rues plus embrouillé qu'une forêt. La société des Amis du Peuple avait, disait-on, pris la direction de l'insurrection dans le quartier Sainte-Avoye. Un homme tué rue du Ponceau qu'on fouilla avait sur lui un plan de Paris.

Ce qui avait réellement pris la direction de l'émeute, c'était une sorte d'impétuosité inconnue qui était dans l'air. L'insurrection, brusquement, avait bâti les barricades d'une main et de l'autre saisi presque tous les postes de la garnison. En moins de trois heures, comme une traînée de poudre qui s'allume, les insurgés avaient envahi et occupé, sur la rive droite l'Arsenal, la mairie de la place Royale, tout le Marais, la fabrique d'armes Popincourt, la Galiote, le Château-d'Eau, toutes les rues près les Halles; sur la rive gauche, la caserne des Vétérans, Sainte-Pélagie, la place Maubert, la poudrière des Deux-Moulins, toutes les barrières. A cinq heures du soir, ils étaient maîtres de la Bastille, de la Lingerie, des Blancs-Manteaux; leurs éclaireurs touchaient la place des Victoires, et menaçaient la Banque, la caserne des Petits-Pères, l'hôtel des Postes. Le tiers de Paris était à l'émeute.

Sur tous les points la lutte était gigantesquement engagée; et, des désarmements, des visites domiciliaires, des boutiques d'armuriers vivement envahies, il résultait ceci que le combat commencé à coups de pierres continuait à coups de fusil..

Vers six heures du soir, le passage du Saumon devenait champ de bataille. L'émeute était à un bout, la troupe au bout opposé. On se fusillait d'une grille à l'autre. Un observateur, un rêveur, l'auteur de ce livre, qui était allé voir le volcan de près, se trouva dans le passage pris entre les deux feux. Il n'avait pour se garantir des balles que le renflement des demi-colonnes qui séparent les boutiques; il fut près d'une demi-heure dans cette situation délicate.

Cependant le rappel battait, les gardes nationaux s'habillaient et s'armaient en hâte, les légions sortaient des mairies, les régiments sortaient des casernes. Vis-à-vis le passage de l'Ancre un tambour recevait un coup de poignard. Un autre, rue du Cygne, était assailli par une trentaine de jeunes gens qui lui crevaient sa caisse et lui prenaient son sabre. Un autre était tué rue Grenier-Saint-Lazare. Rue Michel-le-Comte, trois officiers tombaient morts l'un après l'autre. Plusieurs gardes municipaux, blessés rue des Lombards, rétrogradaient.

Devant la Cour-Batave, un détachement de gardes nationaux trouvait un drapeau rouge portant cette inscription : *Révolution républicaine, n° 127*. Était-ce une révolution en effet?

L'insurrection s'était fait du centre de Paris une sorte de citadelle inextricable, tortueuse, colossale.

Là était le foyer, là était évidemment la question. Tout le reste n'était qu'escarmouches. Ce qui prouvait que tout se déciderait là, c'est qu'on ne s'y battait pas encore.

Dans quelques régiments, les soldats étaient incertains, ce qui ajoutait à l'obscurité effrayante de la crise. Ils se rappelaient l'ovation populaire qui avait accueilli en juillet 1830 la neutralité du 53º de ligne. Deux hommes intrépides et éprouvés par les grandes guerres, le maréchal de Lobau et le général Bugeaud, commandaient, Bugeaud sous Lobau. D'énormes patrouilles, composées de bataillons de la ligne enfermés dans des compagnies entières de garde nationale, et précédées d'un commissaire de police en écharpe, allaient reconnaître les rues insurgées. De leur côté, les insurgés posaient des vedettes au coin des carrefours, et envoyaient audacieusement des patrouilles hors des barricades. On s'observait des deux parts. Le gouvernement, avec une armée dans la main, hésitait; la nuit allait venir et l'on commençait à entendre le tocsin de Saint-Merry. Le ministre de la guerre d'alors, le maréchal Soult, qui avait vu Austerlitz, regardait cela d'un air sombre.

Ces vieux matelots-là, habitués à la manœuvre correcte et n'ayant pour ressource et pour guide que la tactique, cette boussole des batailles, sont tout désorientés en présence de cette immense écume qu'on appelle la colère publique. Le vent des révolutions n'est pas maniable.

Les gardes nationales de la banlieue accouraient en hâte et en désordre. Un bataillon du 12º léger venait au pas de course de Saint-Denis, le 14º de ligne arrivait de Courbevoie, les batteries de l'École militaire avaient pris position au Carrousel; des canons descendaient de Vincennes.

La solitude se faisait aux Tuileries. Louis-Philippe était plein de sérénité.

## V

#### ORIGINALITÉ DE PARIS

Depuis deux ans, nous l'avons dit, Paris avait vu plus d'une insurrection. Hors des quartiers insurgés, rien n'est d'ordinaire plus étrangement calme que la physionomie de Paris pendant une émeute. Paris s'accoutume très-vite à tout, — ce n'est qu'une émeute, — et Paris a tant d'affaires qu'il ne se dérange pas pour si peu. Ces villes colossales peuvent seules donner de tels spectacles. Ces enceintes immenses peuvent seules contenir en même temps la guerre civile et on ne sait quelle bizarre tranquillité. D'habitude, quand l'insurrection commence, quand on entend le tambour, le rappel, la générale, le boutiquier se borne à dire :

— Il paraît qu'il y a du grabuge rue Saint-Martin.

Ou :

— Faubourg Saint-Antoine.

Souvent il ajoute avec insouciance :

— Quelque part par là.

Plus tard, quand on distingue le vacarme déchirant et lugubre de la mousqueterie et des feux de peloton, le boutiquier dit :

— Ça chauffe donc! Tiens, ça chauffe!

Un moment après, si l'émeute approche et gagne, il ferme précipitamment sa boutique et endosse rapidement son uniforme, c'est-à-dire met ses marchandises en sûreté et risque sa personne.

On se fusille dans un carrefour, dans un passage, dans un cul-de-sac; on prend, perd et reprend des barricades; le sang coule, la mitraille crible les façades des maisons, les balles tuent les gens dans leur alcôve, les cadavres encombrent le pavé. A quelques rues de là, on entend le choc des billes de billard dans les cafés.

Les théâtres ouvrent leurs portes et jouent des vaudevilles; les curieux causent et rient à deux pas de ces rues pleines de guerre. Les fiacres cheminent; les passants vont dîner en ville. Quelquefois dans le quartier même où l'on se bat.

En 1831, une fusillade s'interrompit pour laisser passer une noce.

304    LES MISÉRABLES. — L'ÉPOPÉE RUE SAINT-DENIS.

Lors de l'insurrection du 12 mai 1839, rue Saint-Martin, un petit vieux homme infirme, traînant une charrette à bras surmontée d'un chiffon tricolore dans laquelle il y avait des carafes remplies d'un liquide quelconque, allait et venait de la barricade à la troupe et de la troupe à la barricade, offrant impartialement des verres de coco — tantôt au gouvernement, tantôt à l'anarchie.

Rien n'est plus étrange ; et c'est là le caractère propre des émeutes de Paris qui ne se retrouve dans aucune autre capitale. Il faut pour cela deux choses, la grandeur de Paris et sa gaieté. Il faut la ville de Voltaire et de Napoléon.

Cette fois, cependant, dans la prise d'armes du 5 juin 1832, la grande ville sentit quelque chose qui était peut-être plus fort qu'elle. Elle eut peur.

On vit partout, dans les quartiers les plus lointains et les plus « désintéressés », les portes, les fenêtres et les volets fermés en plein jour. Les courageux s'armèrent, les poltrons se cachèrent. Le passant insouciant et affairé disparut. Beaucoup de rues étaient vides comme à quatre heures du matin.

On colportait des détails alarmants, on répandait des nouvelles fatales. — Qu'*ils* étaient maîtres de la Banque ; — que, rien qu'au cloître de Saint-Merry, ils étaient six cents, retranchés et crénelés dans l'église ; — que la ligne n'était pas sûre ; — qu'Armand Carrel avait été voir le maréchal Clausel et que le maréchal avait dit : *Ayez d'abord un régiment;* — que Lafayette était malade, mais qu'il leur avait dit pourtant : *Je suis à vous. Je vous suivrai partout où il y aura place pour une chaise;* — qu'il fallait se tenir sur ses gardes ; qu'à la nuit il y aurait des gens qui pilleraient les maisons isolées dans les coins déserts de Paris (ici on reconnaissait l'imagination de la police, cette Anne Radcliffe mêlée au gouvernement) ; — qu'une batterie avait été établie rue Aubry-le-Boucher ; — que Lobau et Bugeaud se concertaient, et qu'à minuit ou au point du jour au plus tard, quatre colonnes marcheraient à la fois sur le centre de l'émeute, la première venant de la Bastille, la deuxième de la porte Saint-Martin, la troisième de la Grève, la quatrième des Halles ; — que peut-être aussi les troupes évacueraient Paris et se retireraient au Champ-de-Mars ; — qu'on ne savait ce qui arriverait, mais qu'à coup sûr, cette fois, c'était grave.

On se préoccupait des hésitations du maréchal Soult. — Pourquoi n'attaquait-il pas tout de suite ? — Il est certain qu'il était profondément absorbé. Le vieux lion semblait flairer dans cette ombre un monstre inconnu.

Le soir vint, les théâtres n'ouvrirent pas ; les patrouilles circulaient d'un air irrité ; on fouillait les passants ; on arrêtait les suspects. Il y avait à neuf heures plus de huit cents personnes arrêtées ; la préfecture de police était encombrée, la Conciergerie encombrée, la Force encombrée.

A la Conciergerie, en particulier, le long souterrain qu'on nomme la rue de Paris était jonché de bottes de paille sur lesquelles gisait un entassement de prisonniers, que l'homme de Lyon, Lagrange, haranguait avec vaillance. Toute cette paille, remuée par tous ces hommes, faisait le bruit d'une averse.

Ailleurs les prisonniers couchaient en plein air dans les préaux les uns sur les autres.

L'anxiété était partout, et un certain tremblement, peu habituel à Paris.

On se barricadait dans les maisons; les femmes et les mères s'inquiétaient; on n'entendait que ceci : *Ah! mon Dieu! il n'est pas rentré!* Il y avait à peine au loin quelques rares roulements de voitures.

On écoutait, sur le pas des portes, les rumeurs, les cris, les tumultes, les bruits sourds et indistincts, des choses dont on disait : *C'est la cavalerie*, ou : *Ce sont des caissons qui galopent*, les clairons, les tambours, la fusillade, et surtout ce lamentable tocsin de Saint-Merry.

On attendait le premier coup de canon. Des hommes surgissaient au coin des rues et disparaissaient en criant : Rentrez chez vous! Et l'on se hâtait de verrouiller les portes. On disait : Comment cela finira-t-il? D'instant en instant, à mesure que la nuit tombait, Paris semblait se colorer plus lugubrement du flamboiement formidable de l'émeute.

L'ATOME FRATERNISE AVEC L'OURAGAN.

# LIVRE ONZIÈME

## L'ATOME FRATERNISE AVEC L'OURAGAN

### I

#### QUELQUES ÉCLAIRCISSEMENTS SUR LES ORIGINES DE LA POÉSIE DE GAVROCHE INFLUENCE D'UN ACADÉMICIEN SUR CETTE POÉSIE

A l'instant où l'insurrection, surgissant du choc du peuple et de la troupe devant l'Arsenal, détermina un mouvement d'avant en arrière dans la multitude qui suivait le corbillard et qui, de toute la longueur des boulevards, pesait, pour ainsi dire, sur la tête du convoi, ce fut un effrayant reflux. La cohue s'ébranla, les rangs se rompirent, tous coururent, partirent, s'échappèrent, les uns avec les cris de l'attaque, les autres avec la pâleur de la fuite. Le grand fleuve qui couvrait les boulevards se divisa en un clin d'œil, déborda à droite et à gauche et se répandit en torrents dans deux cents rues à la fois avec le ruissellement d'une écluse lâchée.

En ce moment un enfant déguenillé qui descendait par la rue Ménilmontant, tenant à la main une branche de faux-ébénier en fleur qu'il venait de cueillir sur les hauteurs de Belleville, avisa dans la devanture de boutique d'une marchande de bric-à-brac un vieux pistolet d'arçon. Il jeta sa branche fleurie sur le pavé, et cria :

— Mère chose, je vous emprunte votre machin.

Et il se sauva avec le pistolet.

Deux minutes après, un flot de bourgeois épouvantés qui s'enfuyait par la rue Amelot et la rue Basse, rencontra l'enfant qui brandissait son pistolet et qui chantait :

> La nuit on ne voit rien,
> Le jour on voit très bien,
> D'un écrit apocryphe
> Le bourgeois s'ébouriffe,
> Pratiquez la vertu,
> Tutu, chapeau pointu!

C'était le petit Gavroche qui s'en allait en guerre.

Sur le boulevard il s'aperçut que le pistolet n'avait pas de chien.

De qui était ce couplet qui lui servait à ponctuer sa marche, et toutes les autres chansons que, dans l'occasion, il chantait volontiers? nous l'ignorons. Qui sait? de lui peut-être. Gavroche d'ailleurs était au courant de tout le fredonnement populaire en circulation, et il y mêlait son propre gazouillement. Farfadet et galopin, il faisait un pot-pourri des voix de la nature et des voix de Paris. Il combinait le répertoire des oiseaux avec le répertoire des ateliers. Il connaissait des rapins, tribu contiguë à la sienne. Il avait, à ce qu'il paraît, été trois mois apprenti imprimeur. Il avait fait un jour une commission pour M. Baour-Lormian, l'un des quarante. Gavroche était un gamin de lettres.

Gavroche du reste ne se doutait pas que dans cette vilaine nuit pluvieuse où il avait offert à deux mioches l'hospitalité de son éléphant, c'était pour ses propres frères qu'il avait fait office de providence. Ses frères le soir, son père le matin; voilà quelle avait été sa nuit. En quittant la rue des Ballets au petit jour, il était retourné en hâte à l'éléphant, en avait artistement extrait les deux mômes, avait partagé avec eux le déjeuner quelconque qu'il avait inventé, puis s'en était allé, les confiant à cette bonne mère la rue qui l'avait à peu près élevé lui-même. En les quittant, il leur avait donné rendez-vous pour le soir au même endroit, et leur avait laissé pour adieu ce discours :

— *Je casse une canne, autrement dit je m'esbigne, ou, comme on dit à la cour, je file. Les mioches, si vous ne retrouvez pas papa maman, revenez ici ce soir. Je vous ficherai à souper et je vous coucherai.*

— Les deux enfants, ramassés par quelque sergent de ville et mis au dépôt, ou volés par quelque saltimbanque, ou simplement égarés dans l'immense casse-tête chinois parisien, n'étaient pas revenus. Les bas-fonds du monde social actuel sont pleins de ces traces perdues. Gavroche ne les avait pas revus. Dix ou douze semaines s'étaient écoulées depuis cette nuit-là. Il lui était arrivé plus d'une fois de se gratter le dessus de la tête et de dire : Où diable sont mes deux enfants?

Cependant, il était parvenu, son pistolet au poing, rue du Pont-aux-Choux. Il remarqua qu'il n'y avait plus, dans cette rue, qu'une boutique ouverte, et, chose digne de réflexion, une boutique de pâtissier. C'était une occasion providentielle de manger encore un chausson aux pommes avant d'entrer dans l'inconnu. Gavroche s'arrêta, tâta ses flancs, fouilla son gousset, retourna ses poches, n'y trouva rien, pas un sou, et se mit à crier : Au secours !

Il est dur de manquer le gâteau suprême.

Gavroche n'en continua pas moins son chemin.

Deux minutes après, il était rue Saint-Louis. En traversant la rue du Parc-Royal il sentit le besoin de se dédommager du chausson de pommes impossible, et il se donna l'immense volupté de déchirer en plein jour les affiches de spectacle.

Un peu plus loin, voyant passer un groupe d'êtres bien portants qui lui parurent des propriétaires, il haussa les épaules et cracha au hasard devant lui cette gorgée de bile philosophique :

— Ces rentiers, comme c'est gras! ça se gave. Ça patauge dans les bons dîners. Demandez-leur ce qu'ils font de leur argent. Ils n'en savent rien. Ils le mangent, quoi! Autant en emporte le ventre.

## II

#### GAVROCHE EN MARCHE

L'agitation d'un pistolet sans chien qu'on tient à la main en pleine rue est une telle fonction publique que Gavroche sentait croître sa verve à chaque pas. Il criait, parmi des bribes de la Marseillaise qu'il chantait :

— Tout va bien. Je souffre beaucoup de la patte gauche, je me suis cassé mon rhumatisme, mais je suis content, citoyens. Les bourgeois n'ont qu'à se bien tenir, je vas leur éternuer des couplets subversifs. Qu'est-ce que c'est que les mouchards? c'est des chiens. Nom d'unch! ne manquons pas de respect aux chiens. Avec ça que je voudrais bien en avoir un à mon pistolet. Je viens du boulevard, mes amis, ça chauffe, ça jette un petit bouillon, ça mijote. Il est temps d'écumer le pot. En avant les hommes! qu'un sang impur inonde les sillons! Je donne mes jours pour la patrie, je ne reverrai plus ma concubine, n-i-ni, fini, oui, Nini! mais c'est égal, vive la joie! battons-nous, crebleu! j'en ai assez du despotisme.

En cet instant, le cheval d'un garde national lancier qui passait s'étant abattu, Gavroche posa son pistolet sur le pavé, et releva l'homme, puis il aida à relever le cheval. Après quoi, il ramassa son pistolet et reprit son chemin.

Rue de Thorigny, tout était paix et silence. Cette apathie, propre au Marais, contrastait avec la vaste rumeur environnante. Quatre commères causaient sur le pas d'une porte. L'Écosse a des trios de sorcières, mais Paris a des quatuors de commères; et le « Tu seras roi » serait tout aussi lugubrement jeté à Bonaparte dans le carrefour Baudoyer qu'à Macbeth dans la bruyère d'Armuyr. Ce serait à peu près le même croassement.

Les commères de la rue de Thorigny ne s'occupaient que de leurs affaires. C'étaient trois portières et une chiffonnière avec sa hotte et son crochet.

Elles semblaient debout toutes les quatre aux quatre coins de la vieillesse, qui sont la caducité, la décrépitude, la ruine et la tristesse.

La chiffonnière était humble. Dans ce monde en plein vent, la chiffonnière salue, la portière protège. Cela tient au coin de la borne qui est ce que veulent les concierges, gras ou maigre, selon la fantaisie de celui qui fait le tas. Il peut y avoir de la bonté dans le balai.

Cette chiffonnière était une hotte reconnaissante, et elle souriait, quel sourire! aux trois portières. Il se disait des choses comme ceci :

— Ah çà, votre chat est donc toujours méchant?
— Mon Dieu, les chats, vous le savez, naturellement sont l'ennemi des chiens. C'est les chiens qui se plaignent.
— Et le monde aussi.
— Pourtant les puces de chat ne vont pas après le monde.
— Ce n'est pas l'embarras, les chiens, c'est dangereux. Je me rappelle une année où il y avait tant de chiens qu'on a été obligé de le mettre dans les journaux. C'était du temps qu'il y avait aux Tuileries de grands moutons qui traînaient la petite voiture du roi de Rome. Vous rappelez-vous le roi de Rome?
— Moi, j'aimais mieux le duc de Bordeaux.
— Moi, j'ai connu Louis XVII. J'aime mieux Louis XVII.
— C'est la viande qui est chère, mame Patagon!

— Ah! ne m'en parlez pas, la boucherie est une horreur. Une horreur horrible. On n'a plus que de la réjouissance.

Ici la chiffonnière intervint :

— Mesdames, le commerce ne va pas. Les tas d'ordures sont minables. On ne jette plus rien. On mange tout.

— Il y en a de plus pauvres que vous, la Vargoulême.

— Ah, ça c'est vrai, répondit la chiffonnière avec déférence, moi j'ai un état.

Il y eut une pause, et la chiffonnière, cédant à ce besoin d'étalage qui est le fond de l'homme, ajouta :

— Le matin en rentrant j'épluche l'hotte, je fais mon treillage (probablement triage). Ça fait des tas dans ma chambre. Je mets les chiffons dans un panier, les trognons dans un baquet, les linges dans mon placard, les lainages dans ma commode, les vieux papiers dans le coin de la fenêtre, les choses bonnes à manger dans mon écuelle, les morceaux de verre dans la cheminée, les savates derrière la porte, et les os sous mon lit.

Gavroche, arrêté derrière, écoutait.

— Les vieilles, dit-il, qu'est-ce que vous avez donc à parler politique ?

Une bordée l'assaillit, composée d'une huée quadruple.

— En voilà encore un scélérat!

— Qu'est-ce qu'il a donc à son moignon? Un pistolet?

— Je vous demande un peu, ce gueux de môme!

— Ça n'est pas tranquille si ça ne renverse pas l'autorité.

Gavroche, dédaigneux, se borna pour toute représaille à soulever le bout de son nez avec son pouce en ouvrant sa main toute grande.

La chiffonnière cria :

— Méchant va-nu-pattes!

Celle qui répondait au nom de mame Patagon frappa ses deux mains l'une contre l'autre avec scandale :

— Il va y avoir des malheurs, c'est sûr. Le galopin d'à côté qui a une barbiche, je le voyais passer tous les matins avec une jeunesse en bonnet rose sous le bras; aujourd'hui, je l'ai vu passer, il donnait le bras à un fusil. Mame Bacheux dit qu'il y a eu la semaine passée une révolution à... à... à... — où est le veau! — à Pontoise. Et puis le voyez-vous là avec son pistolet, cette horreur de polisson! Il paraît

qu'il y a des canons tout plein les Célestins. Comment voulez-vous que fasse le gouvernement avec des garnements qui ne savent qu'inventer pour déranger le monde, quand on commençait à être un peu tranquille après tous les malheurs qu'il y a eu, bon Dieu Seigneur, cette pauvre reine que j'ai vue passer dans la charrette! Et tout ça va encore faire renchérir le tabac. C'est une infamie! et certainement, j'irai te voir guillotiner, malfaiteur.

— Tu renifles, mon ancienne, dit Gavroche. Mouche ton promontoire.

Et il passa outre.

Quand il fut rue Pavée, la chiffonnière lui revint à l'esprit et il eut ce soliloque :

— Tu as tort d'insulter les révolutionnaires, mère Coin-de-la-Borne. Ce pistolet-là, c'est dans ton intérêt. C'est pour que tu aies dans ta hotte plus de choses bonnes à manger.

Tout à coup il entendit du bruit derrière lui ; c'était la portière Patagon qui l'avait suivi, et qui, de loin, lui montrait le poing en criant :

— Tu n'es qu'un bâtard !

— Ça, dit Gavroche, je m'en fiche d'une manière profonde.

Peu après, il passait devant l'hôtel Lamoignon. Là il poussa cet appel :

— En route pour la bataille !

Et il fut pris d'un accès de mélancolie. Il regarda son pistolet d'un air de reproche qui semblait essayer de l'attendrir :

— Je pars, lui dit-il, mais toi tu ne pars pas.

Un chien peut distraire d'un autre. Un caniche très-maigre vint à passer. Gavroche s'apitoya.

— Mon pauvre toutou, lui dit-il, tu as donc avalé un tonneau qu'on te voit tous les cerceaux.

Puis il se dirigea vers l'Orme-Saint-Gervais.

## III

#### JUSTE INDIGNATION D'UN PERRUQUIER

Le digne perruquier qui avait chassé les deux petits auxquels Gavroche avait ouvert l'intestin paternel de l'éléphant était en ce moment dans sa boutique occupé à raser un vieux soldat légionnaire qui avait servi sous l'empire. On causait. Le perruquier avait naturellement parlé au vétéran de l'émeute, puis du général Lamarque, et de Lamarque on était venu à l'empereur. De là une conversation de barbier à soldat, que Prudhomme, s'il eût été présent, eût enrichie d'arabesques, et qu'il eût intitulée : *Dialogue du rasoir et du sabre.*

— Monsieur, disait le perruquier, comment l'empereur montait-il à cheval ?

— Mal. Il ne savait pas tomber. Aussi il ne tombait jamais.

— Avait-il de beaux chevaux? il devait avoir de beaux chevaux?

— Le jour où il m'a donné la croix, j'ai remarqué sa bête. C'était une jument coureuse, toute blanche. Elle avait les oreilles très-écartées, la selle profonde, une fine tête marquée d'une étoile noire, le cou très-long, les genoux fortement articulés, les côtes saillantes, les épaules obliques, l'arrière-main puissante. Un peu plus de quinze palmes de haut.

— Joli cheval, fit le perruquier.

— C'était la bête de sa majesté.

Le perruquier sentit qu'après ce mot, un peu de silence était convenable, il s'y conforma, puis reprit :

— L'empereur n'a été blessé qu'une fois, n'est-ce pas, monsieur?

Le vieux soldat répondit avec l'accent calme et souverain de l'homme qui y a été :

— Au talon. A Ratisbonne. Je ne l'ai jamais vu si bien mis que ce jour-là. Il était propre comme un sou.

— Et vous, monsieur le vétéran, vous avez dû être souvent blessé?

— Moi? dit le soldat, ah! pas grand'chose. J'ai reçu à Marengo deux coups de sabre sur la nuque, une balle dans le bras droit à Austerlitz, une autre dans la hanche gauche à Iéna, à Friedland un coup de bayonnette — là, — à la Moskowa sept ou huit coups de lance n'importe où, à Lutzen un éclat d'obus qui m'a écrasé un doigt...
— Ah! et puis à Waterloo un biscaïen dans la cuisse. Voilà tout.

— Comme c'est beau, s'écria le perruquier avec un accent pindarique, de mourir sur le champ de bataille! Moi, parole d'honneur, plutôt que de crever sur le grabat, de maladie, lentement, un peu tous les jours, avec les drogues, les cataplasmes, la seringue et la médecine, j'aimerais mieux recevoir dans le ventre un boulet de canon!

— Vous n'êtes pas dégoûté, fit le soldat.

Il achevait à peine qu'un effroyable fracas ébranla la boutique. Une vitre de la devanture venait de s'étoiler brusquement.

Le perruquier devint blême.

— Ah Dieu! cria-t-il, c'en est un!

— Quoi?
— Un boulet de canon.
— Le voici, dit le soldat.

Et il ramassa quelque chose qui roulait à terre. C'était un caillou.

Le perruquier courut à la vitre brisée et vit Gavroche qui s'enfuyait à toutes jambes vers le marché Saint-Jean. En passant devant la boutique du perruquier, Gavroche, qui avait les deux mômes sur le cœur, n'avait pu résister au désir de lui dire bonjour, et lui avait jeté une pierre dans ses carreaux.

— Voyez-vous! hurla le perruquier qui de blanc était devenu bleu, cela fait le mal pour le mal. Qu'est-ce qu'on lui a fait à ce gamin-là?

## IV

### L'ENFANT S'ÉTONNE DU VIEILLARD

Cependant Gavroche au marché Saint-Jean, dont le poste était déjà désarmé, venait « d'opérer sa jonction » avec une bande conduite par Enjolras, Courfeyrac, Combeferre et Feuilly. Ils étaient à peu près armés. Bahorel et Jean Prouvaire les avaient retrouvés et grossissaient le groupe. Enjolras avait un fusil de chasse à deux coups, Combeferre un fusil de garde national portant un numéro de légion, et dans sa ceinture deux pistolets que sa redingote déboutonnée laissait voir, Jean Prouvaire un vieux mousqueton de cavalerie, Bahorel une carabine; Courfeyrac agitait une canne à épée dégaînée. Feuilly, un sabre nu au poing, marchait en avant en criant : Vive la Pologne!

Ils arrivaient du quai Morland, sans cravates, sans chapeaux, essoufflés, mouillés par la pluie, l'éclair dans les yeux. Gavroche les aborda avec calme.

— Où allons-nous?
— Viens, dit Courfeyrac.

Derrière Feuilly marchait, ou plutôt bondissait Bahorel, poisson dans l'eau de l'émeute. Il avait un gilet cramoisi et de ces mots qui cassent tout. Son gilet bouleversa un passant qui cria tout éperdu :
— Voilà les rouges!
— Le rouge, les rouges! répliqua Bahorel. Drôle de peur, bourgeois. Quant à moi, je ne tremble point devant un coquelicot, le petit chaperon rouge ne m'inspire aucune épouvante. Bourgeois, croyez-moi, laissons la peur du rouge aux bêtes à cornes.

Il avisa un coin de mur où était placardée la plus pacifique feuille de papier du monde, une permission de manger des œufs, un mandement de carême adressé par l'archevêque de Paris à ses « cuailles ».

Bahorel s'écria :
— Ouailles; manière polie de dire oies.

Et il arracha du mur le mandement. Ceci conquit Gavroche. À partir de cet instant, Gavroche se mit à étudier Bahorel.

— Bahorel, observa Enjolras, tu as tort. Tu aurais dû laisser ce mandement tranquille, ce n'est pas à lui que nous avons affaire, tu dépenses inutilement de la colère. Garde ta provision. On ne fait pas feu hors des rangs, pas plus avec l'âme qu'avec le fusil.

— Chacun son genre, Enjolras, riposta Bahorel. Cette prose d'évêque me choque, je veux manger des œufs sans qu'on me le permette. Toi tu as le genre froid brûlant; moi je m'amuse. D'ailleurs je ne me dépense pas, je prends de l'élan; et si j'ai déchiré ce mandement, Hercle! c'est pour me mettre en appétit.

Ce mot, *Hercle*, frappa Gavroche. Il cherchait toutes les occasions de s'instruire, et ce déchireur d'affiches-là avait son estime. Il lui demanda :
— Qu'est-ce que cela veut dire, *Hercle?*

Bahorel répondit :
— Cela veut dire sacré nom d'un chien en latin.

Ici Bahorel reconnut à une fenêtre un jeune homme pâle à barbe noire qui les regardait passer, probablement un Ami de l'A B C. Il lui cria :
— Vite, des cartouches! *para bellum.*
— Bel homme! c'est vrai, dit Gavroche, qui maintenant comprenait le latin.

Un cortége tumultueux les accompagnait, étudiants, artistes, jeunes gens affiliés à la Cougourde d'Aix, ouvriers, gens du port, armés de bâtons et de bayonnettes, quelques-uns, comme Combeferre, avec des pistolets entrés dans leurs pantalons.

Un vieillard, qui paraissait très-vieux, marchait dans cette bande.

Il n'avait point d'arme, et se hâtait pour ne point rester en arrière, quoiqu'il eût l'air pensif.

Gavroche l'aperçut :

— Keksekça? dit-il à Courfeyrac.

— C'est un vieux.

C'était M. Mabeuf.

V

LE VIEILLARD

Disons ce qui s'était passé.

Enjolras et ses amis étaient sur le boulevard Bourdon près des greniers d'abondance au moment où les dragons avaient chargé. Enjolras, Courfeyrac et Combeferre étaient de ceux qui avaient pris par la rue Bassompierre en criant : Aux barricades! Rue Lesdiguières ils avaient rencontré un vieillard qui cheminait. Ce qui avait appelé leur attention, c'est que ce bonhomme marchait en zigzag comme s'il était ivre. En outre il avait son chapeau à la main, quoiqu'il eût plu toute la matinée et qu'il plût assez fort en ce moment-là même. Courfeyrac avait reconnu le père Mabeuf. Il le connaissait pour avoir maintes fois accompagné Marius jusqu'à sa porte. Sachant les habitudes paisibles et plus que timides du vieux marguillier-bouquiniste, et stupéfait de le voir au milieu de ce tumulte, à deux pas des charges de cavalerie, presque au milieu d'une fusillade, décoiffé sous la pluie et se promenant parmi les balles, il l'avait abordé, et l'émeutier de vingt-cinq ans et l'octogénaire avaient échangé ce dialogue :

— Monsieur Mabeuf, rentrez chez vous.
— Pourquoi?
— Il va y avoir du tapage.
— C'est bon.
— Des coups de sabre, des coups de fusil, monsieur Mabeuf.
— C'est bon.
— Des coups de canon.
— C'est bon. Où allez-vous, vous autres?
— Nous allons flanquer le gouvernement par terre.
— C'est bon.

Et il s'était mis à les suivre. Depuis ce moment-là, il n'avait pas prononcé une parole. Son pas était devenu ferme tout à coup; des ouvriers lui avaient offert le bras, il avait refusé d'un signe de tête. Il s'avançait presque au premier rang de la colonne, ayant tout à la fois le mouvement d'un homme qui marche et le visage d'un homme qui dort.

— Quel bonhomme enragé! murmuraient les étudiants. Le bruit courait dans l'attroupement que c'était — un ancien conventionnel, — un vieux régicide. Le rassemblement avait pris par la rue de la Verrerie.

Le petit Gavroche marchait en avant avec ce chant à tue-tête qui faisait de lui une espèce de clairon.

Il chantait :

> Voici la lune qui paraît,
> Quand irons-nous dans la forêt?
> Demandait Charlot à Charlotte.

> Tou tou tou
> Pour Chatou.
> Je n'ai qu'un Dieu, qu'un roi, qu'un liard et qu'une botte.

> Pour avoir bu de grand matin
> La rosée à même le thym,
> Deux moineaux étaient en ribotte.

> Zi zi zi
> Pour Passy.
> Je n'ai qu'un Dieu, qu'un roi, qu'un liard et qu'une botte.

> Et ces deux pauvres petits loups,
> Comme deux grives étaient soûls;
> Un tigre en riait dans sa grotte.
>
> Don don don
> Pour Meudon.
> Je n'ai qu'un Dieu, qu'un roi, qu'un liard et qu'une botte.
>
> L'un jurait et l'autre sacrait.
> Quand irons-nous dans la forêt?
> Demandait Charlot à Charlotte.
>
> Tin tin tin
> Pour Pantin.
> Je n'ai qu'un Dieu, qu'un roi, qu'un liard et qu'une botte.

Ils se dirigeaient vers Saint-Merry.

## VI

### RECRUES

La bande grossissait à chaque instant. Vers la rue des Billettes, un homme de haute taille, grisonnant, dont Courfeyrac, Enjolras et Combeferre remarquèrent la mine rude et hardie, mais qu'aucun d'eux ne connaissait, se joignit à eux. Gavroche, occupé de chanter, de siffler, de bourdonner, d'aller en avant, et de cogner aux volets de boutiques avec la crosse de son pistolet sans chien, ne fit pas attention à cet homme.

Il se trouva que, rue de la Verrerie, ils passèrent devant la porte de Courfeyrac.

— Cela se trouve bien, dit Courfeyrac, j'ai oublié ma bourse, et j'ai perdu mon chapeau.

Il quitta l'attroupement et monta chez lui quatre à quatre. Il prit un vieux chapeau et sa bourse.

Il prit aussi un assez grand coffre carré de la dimension d'une grosse valise qui était caché dans son linge sale.

Comme il redescendait en courant, la portière le héla.

— Monsieur de Courfeyrac?

— Portière, comment vous appelez-vous? riposta Courfeyrac.

La portière demeura ébahie.

— Mais vous le savez bien, je suis la concierge, je me nomme la mère Veuvain.

— Eh bien, si vous m'appelez encore monsieur de Courfeyrac, je vous appelle mère de Veuvain. Maintenant parlez, qu'y a-t-il? qu'est-ce?

— Il y a quelqu'un qui veut vous parler.

— Qui ça?

— Je ne sais pas.

— Où ça?

— Dans ma loge.

— Au diable! fit Courfeyrac.

— Mais ça attend depuis plus d'une heure que vous rentriez! reprit la portière.

En même temps, une espèce de jeune ouvrier, maigre, blême, petit, marqué de taches de rousseur, vêtu d'une blouse trouée et d'un pantalon de velours à côtes rapiécé, et qui avait plutôt l'air d'une fille accoutrée en garçon que d'un homme, sortit de la loge et dit à Courfeyrac d'une voix qui, par exemple, n'était pas le moins du monde une voix de femme :

— Monsieur Marius, s'il vous plaît?

— Il n'y est pas.

— Rentrera-t-il ce soir?

— Je n'en sais rien.

Et Courfeyrac ajouta :

— Quant à moi, je ne rentrerai pas.

Le jeune homme le regarda fixement et lui demanda :

— Pourquoi cela?

— Parce que.

— Où allez-vous donc?

— Qu'est-ce que cela te fait?

— Voulez-vous que je vous porte votre coffre?
— Je vais aux barricades.
— Voulez-vous que j'aille avec vous?
— Si tu veux! répondit Courfeyrac. La rue est libre, les pavés sont à tout le monde.

Et il s'échappa en courant pour rejoindre ses amis. Quand il les eut rejoints, il donna le coffre à porter à l'un d'eux. Ce ne fut qu'un quart d'heure après qu'il s'aperçut que le jeune homme les avait en effet suivis.

Un attroupement ne va pas précisément où il veut. Nous avons expliqué que c'est un coup de vent qui l'emporte. Ils dépassèrent Saint-Merry et se trouvèrent, sans trop savoir comment, rue Saint-Denis.

# LIVRE DOUZIÈME

## CORINTHE

### I

#### HISTOIRE DE CORINTHE DEPUIS SA FONDATION

Les Parisiens qui, aujourd'hui, en entrant dans la rue Rambuteau du côté des Halles, remarquent à leur droite, vis-à-vis la rue Mondétour, une boutique de vannier ayant pour enseigne un panier qui a la forme de l'empereur Napoléon le Grand avec cette inscription :

NAPOLÉON EST FAIT
TOUT EN OSIER

ne se doutent guère des scènes terribles que ce même emplacement a vues il y a à peine trente ans.

C'est là qu'étaient la rue de la Chanvrerie, que les anciens titres écrivent Chanverrerie, et le cabaret célèbre appelé Corinthe.

On se rappelle tout ce qui a été dit sur la barricade élevée en cet endroit et éclipsée d'ailleurs par la barricade Saint-Merry. C'est sur cette fameuse barricade de la rue de la Chanvrerie, aujourd'hui tombée dans une nuit profonde, que nous allons jeter un peu de lumière.

Qu'on nous permette de recourir, pour la clarté du récit, au moyen simple déjà employé par nous pour Waterloo. Les personnes qui voudront se représenter d'une manière assez exacte les pâtés de maisons qui se dressaient à cette époque près la pointe Sainte-Eustache, à l'angle nord-est des Halles de Paris, où est aujourd'hui l'embouchure de la rue Rambuteau, n'ont qu'à se figurer, touchant la rue Saint-Denis par le sommet et par la base les Halles, une N dont les deux jambages verticaux seraient la rue de la Grande-Truanderie et la rue de la Chanvrerie et dont la rue de la Petite-Truanderie ferait le jambage transversal. La vieille rue Mondétour coupait les trois jambages selon les angles les plus tortus. Si bien que l'enchevêtrement dédaléen de ces quatre rues suffisait pour faire, sur un espace de cent toises carrées, entre les Halles et la rue Saint-Denis d'une part, entre la rue du Cygne et la rue des Prêcheurs d'autre part, sept îlots de maisons, bizarrement taillés, de grandeurs diverses, posés de travers et comme au hasard, et séparés à peine, ainsi que les blocs de pierre dans le chantier, par des fentes étroites.

Nous disons fentes étroites, et nous ne pouvons pas donner une plus juste idée de ces ruelles obscures, resserrées, anguleuses, bordées de masures à huit étages. Ces masures étaient si décrépites que, dans les rues de la Chanvrerie et de la Petite-Truanderie, les façades s'étayaient de poutres allant d'une maison à l'autre. La rue était étroite et le ruisseau large; le passant y cheminait sur le pavé toujours mouillé, côtoyant des boutiques pareilles à des caves, de grosses bornes cerclées de fer, des tas d'ordures excessifs, des portes d'allées armées d'énormes grilles séculaires. La rue Rambuteau a dévasté tout cela.

Le nom Mondétour peint à merveille les sinuosités de toute cette voirie. Un peu plus loin, on les trouvait encore mieux exprimées par la *rue Pirouette* qui se jetait dans la rue Mondétour.

Le passant qui s'engageait de la rue Saint-Denis dans la rue de la Chanvrerie la voyait peu à peu se rétrécir devant lui comme s'il fût entré dans un entonnoir allongé. Au bout de la rue, qui était fort courte, il trouvait le passage barré du côté des Halles par une haute rangée de maisons; et il se fût cru dans un cul-de-sac, s'il n'eût aperçu à droite et à gauche deux tranchées noires par où il pouvait s'échapper. C'était la rue Mondétour, laquelle allait rejoindre d'un côté la rue des Prêcheurs, de l'autre la rue du Cygne et la Petite-Truanderie. Au fond de cette espèce de cul-de-sac, à l'angle de la tranchée de droite, on remarquait une maison moins élevée que les autres et formant une sorte de cap sur la rue.

C'est dans cette maison, de deux étages seulement, qu'était allègrement installé depuis trois cents ans un cabaret illustre. Ce cabaret faisait un bruit de joie au lieu même que le vieux Théophile a signalé dans ces deux vers :

> Là branle le squelette horrible
> D'un pauvre amant qui se pendit.

L'endroit était bon, les cabaretiers s'y succédaient de père en fils.

Du temps de Mathurin Régnier, ce cabaret s'appelait le *Pot-aux-Roses*, et comme la mode était aux rébus, il avait pour enseigne un poteau peint en rose. Au siècle dernier, le digne Natoire, l'un des maîtres fantasques aujourd'hui dédaignés par l'école roide, s'étant grisé plusieurs fois dans ce cabaret à la table même où s'était soûlé Régnier, avait peint par reconnaissance une grappe de raisin de Corinthe sur le poteau rose. Le cabaretier, de joie, en avait changé son enseigne et avait fait dorer au-dessous de la grappe ces mots : *Au raisin de Corinthe*. De là ce nom, *Corinthe*. Rien n'est plus naturel aux ivrognes que les ellipses. L'ellipse est le zigzag de la phrase. Corinthe avait peu à peu détrôné le Pot-aux-Roses. Le dernier cabaretier de la dynastie, le père Hucheloup, ne sachant même plus la tradition, avait fait peindre le poteau en bleu.

Une salle en bas où était le comptoir, une salle au premier où était le billard, un escalier de bois en spirale perçant le plafond, le vin sur les tables, la fumée sur les murs, des chandelles en plein jour, voilà quel était le cabaret. Un escalier à trappe dans la salle d'en bas conduisait à la cave. Au second était le logis des Hucheloup. On y montait par un escalier, échelle plutôt qu'escalier, n'ayant pour entrée qu'une porte dérobée dans la grande salle du premier. Sous le toit, deux greniers-mansardes, nids de servantes. La cuisine partageait le rez-de-chaussée avec la salle du comptoir.

Le père Hucheloup était peut-être né chimiste, le fait est qu'il fut cuisinier; on ne buvait pas seulement dans son cabaret, on y mangeait. Hucheloup avait inventé une chose excellente qu'on ne mangeait que chez lui, c'étaient des carpes farcies qu'il appelait *carpes au gras*. On mangeait cela à la lueur d'une chandelle de suif ou d'un quinquet du temps de Louis XVI sur des tables où était clouée une toile cirée en guise de nappe. On y venait de loin. Hucheloup, un beau matin, avait jugé à propos d'avertir les passants de sa « spécialité » ; il avait trempé un pinceau dans un pot de noir, et comme il avait une orthographe à lui, de même qu'une cuisine à lui, il avait improvisé sur son mur cette inscription remarquable :

CARPES HO GRAS

Un hiver, les averses et les giboulées avaient eu la fantaisie d'effacer l'S qui terminait le premier mot et le G qui commençait le troisième ; il était resté ceci :

CARPE HORAS

Le temps et la pluie aidant, une humble annonce gastronomique était devenue un conseil profond.

De la sorte il s'était trouvé que, ne sachant pas le français, le père Hucheloup avait su le latin, qu'il avait fait sortir de la cuisine la philosophie, et que, voulant simplement effacer Carême, il avait égalé Horace. Et ce qui était frappant, c'est que cela aussi voulait dire : Entrez dans mon cabaret.

Rien de tout cela n'existe aujourd'hui. Le dédale Mondétour était éventré et largement ouvert dès 1847, et probablement n'est plus à l'heure qu'il est. La rue de la Chanvrerie et Corinthe ont disparu sous le pavé de la rue Rambuteau.

Comme nous l'avons dit, Corinthe était un des lieux de réunion, sinon de ralliement, de Courfeyrac et de ses amis. C'est Grantaire qui avait découvert Corinthe. Il y était entré à cause de *Carpe horas* et y était retourné à cause des *Carpes au gras*. On y buvait, on y mangeait, on y criait ; on y payait peu, on y payait mal, on n'y payait pas, on était toujours bienvenu. Le père Hucheloup était un bonhomme.

Hucheloup, bonhomme, nous venons de le dire, était un gargotier à moustaches ; variété amusante. Il avait toujours la mine de mauvaise humeur, semblait vouloir intimider ses pratiques, bougonnait les gens qui entraient chez lui, et avait l'air plus disposé à leur chercher querelle qu'à leur servir la soupe. Et pourtant, nous maintenons le mot, on était toujours bienvenu. Cette bizarrerie avait achalandé sa boutique, et lui amenait des jeunes gens se disant : Viens donc voir *marronner* le père Hucheloup. Il avait été maître d'armes. Tout à coup il éclatait de rire. Grosse voix, bon diable. C'était un fond comique avec une apparence tragique; il ne demandait pas mieux que de vous faire peur, à peu près comme ces tabatières qui ont la forme d'un pistolet. La détonation éternue.

Il avait pour femme la mère Hucheloup, un être barbu, fort laid.

Vers 1830 le père Hucheloup mourut. Avec lui disparut le secret des carpes au gras. Sa veuve, peu consolable, continua le cabaret. Mais la cuisine dégénéra et devint exécrable; le vin, qui avait toujours été mauvais, fut affreux. Courfeyrac et ses amis continuèrent pourtant d'aller à Corinthe, — par pitié, disait Bossuet.

La veuve Hucheloup était essoufflée et difforme avec des souvenirs champêtres. Elle leur ôtait la fadeur par la prononciation. Elle avait une façon à elle de dire les choses qui assaisonnait ses réminiscences villageoises et printanières. C'avait été jadis son bonheur, affirmait-elle, d'entendre « les loups-de-gorge chanter dans les ogrépines ».

La salle du premier, où était « le restaurant », était une grande et longue pièce encombrée de tabourets, d'escabeaux, de chaises, de bancs et de tables, et d'un vieux billard boiteux. On y arrivait par l'escalier en spirale qui aboutissait dans l'angle de la salle à un trou carré pareil à une écoutille de navire.

Cette salle, éclairée d'une seule fenêtre étroite et d'un quinquet toujours allumé, avait un air de galetas. Tous les meubles à quatre pieds se comportaient comme s'ils en avaient trois. Les murs blanchis à la chaux n'avaient pour tout ornement que ce quatrain en l'honneur de mame Hucheloup :

> Elle étonne à dix pas, elle épouvante à deux,
> Une verrue habite en son nez hasardeux;
> On tremble à chaque instant qu'elle ne vous la mouche
> Et qu'un beau jour son nez ne tombe dans sa bouche.

Cela était charbonné sur la muraille.

Mame Hucheloup, ressemblante, allait et venait du matin au soir devant ce quatrain, avec une parfaite tranquillité. Deux servantes, appelées Matelote et Gibelotte, et auxquelles on n'a jamais connu d'autres noms, aidaient mame Hucheloup à poser sur les tables les cruchons de vin bleu et les brouets variés qu'on servait aux affamés dans des écuelles de poterie. Matelote, grosse, ronde, rousse et criarde, ancienne sultane favorite du défunt Hucheloup, était laide, plus que n'importe quel monstre mythologique; pourtant, comme il sied que la servante se tienne toujours en arrière de la maîtresse, elle était moins laide que mame Hucheloup. Gibelotte, longue, délicate, blanche d'une blancheur lymphatique, les yeux cernés, les paupières tombantes, toujours épuisée et accablée, atteinte de ce qu'on pourrait appeler la lassitude chronique, levée la première, couchée la dernière, servait tout le monde, même l'autre servante, en silence et avec douceur, en souriant sous la fatigue d'une sorte de vague sourire endormi.

Avant d'entrer dans la salle-restaurant, on lisait sur la porte ce vers écrit à la craie par Courfeyrac :

Régale si tu peux et mange si tu l'oses.

## II

#### GAIETÉS PRÉALABLES

Laigle de Meaux, on le sait, demeurait plutôt chez Joly qu'ailleurs. Il avait un logis comme l'oiseau a une branche. Les deux amis vivaient ensemble, mangeaient ensemble, dormaient ensemble. Tout leur était commun, même un peu Musichetta. Ils étaient ce que, chez les frères chapeaux, on appelle *bini*. Le matin du 5 juin, ils s'en allèrent déjeuner à Corinthe. Joly, enchifrené, avait un fort coryza que Laigle commençait à partager. L'habit de Laigle était râpé, mais Joly était bien mis.

Il était environ neuf heures du matin quand ils poussèrent la porte de Corinthe.

Ils montèrent au premier.

Matelote et Gibelotte les reçurent :

— Huîtres, fromage et jambon, dit Laigle.

Et ils s'attablèrent.

Le cabaret était vide; il n'y avait qu'eux deux.

Gibelotte, reconnaissant Joly et Laigle, mit une bouteille de vin sur la table.

Comme ils étaient aux premières huîtres, une tête apparut à l'écoutille de l'escalier, et une voix dit :

— Je passais. J'ai senti, de la rue, une délicieuse odeur de fromage de Brie. J'entre.

C'était Grantaire.

Grantaire prit un tabouret et s'attabla.

Gibelotte, voyant Grantaire, mit deux bouteilles de vin sur la table.

Cela fit trois.

— Est-ce que tu vas boire ces deux bouteilles? demanda Laigle à Grantaire.

Grantaire répondit :

— Tous sont ingénieux, toi seul es ingénu. Deux bouteilles n'ont jamais étonné un homme.

Les autres avaient commencé par manger, Grantaire commença par boire. Une demi-bouteille fut vivement engloutie.

— Tu as donc un trou à l'estomac? reprit Laigle.

— Tu en as bien un au coude, dit Grantaire.

Et, après avoir vidé son verre, il ajouta :

— Ah çà, Laigle des oraisons funèbres, ton habit est vieux.

— Je l'espère, repartit Laigle. Cela fait que nous faisons bon ménage, mon habit et moi. Il a pris tous mes plis, il ne me gêne en rien, il s'est moulé sur mes difformités, il est complaisant à tous mes mouvements; je ne le sens que parce qu'il me tient chaud. Les vieux habits, c'est la même chose que les vieux amis.

— C'est vrai, s'écria Joly entrant dans le dialogue, un vieil habit est un vieil abi.

— Surtout, dit Grantaire, dans la bouche d'un homme enchifrené.

— Grantaire, demanda Laigle, viens-tu du boulevard?

— Non.

— Nous venons de voir passer la tête du cortége, Joly et moi.

— C'est un spectacle berveilleux, dit Joly.

— Comme cette rue est tranquille! s'écria Laigle. Qui est-ce qui se douterait que Paris est sens dessus dessous? Comme on voit que c'était jadis tout couvents par ici! Du Breul et Sauval en donnent la liste, et l'abbé Lebeuf. Il y en avait tout autour, ça fourmillait, des chaussés, des déchaussés, des tondus, des barbus, des gris, des noirs, des blancs, des franciscains, des minimes, des capucins, des carmes, des petits augustins, des grands augustins, des vieux augustins... — Ça pullulait.

— Ne parlons pas de moines, interrompit Grantaire, cela donne envie de se gratter.

Puis il s'exclama :

— Bouh! je viens d'avaler une mauvaise huître. Voilà l'hypocondrie qui me reprend. Les huîtres sont gâtées, les servantes sont laides. Je hais l'espèce humaine. J'ai passé tout à l'heure rue Richelieu devant la grosse librairie publique. Ce tas d'écailles d'huîtres qu'on appelle une bibliothèque me dégoûte de penser. Que de papier! que d'encre! que de griffonnage! On a écrit tout ça! Quel maroufle a donc dit que l'homme était un bipède sans plume? Et puis, j'ai rencontré une jolie fille que je connais, belle comme le printemps, digne de s'appeler Floréal, et ravie, transportée, heureuse, aux anges, la misérable, parce que hier un épouvantable banquier tigré de petite vérole a daigné vouloir d'elle! Hélas! la femme guette le traitant non moins que le muguet; les chattes chassent aux souris comme aux oiseaux. Cette donzelle, il n'y a pas deux mois qu'elle était sage dans une mansarde, elle ajustait des petits ronds de cuivre à des œillets de corset, comment appelez-vous ça? elle cousait, elle avait un lit de sangle, elle demeurait auprès d'un pot de fleurs, elle était contente. La voilà banquière. Cette transformation s'est faite cette nuit. J'ai rencontré cette victime ce matin, toute joyeuse. Ce qui est hideux, c'est que la drôlesse était tout aussi jolie aujourd'hui qu'hier. Son financier ne paraissait pas sur sa figure. Les roses ont ceci de plus ou de moins que les femmes, que les traces que leur laissent les chenilles sont visibles. Ah! il n'y a pas de morale sur la terre, j'en atteste le myrte, symbole de l'amour, le laurier, symbole de la guerre, l'olivier, ce bêta, symbole de la paix, le pommier, qui a failli étrangler Adam avec son pepin, et le figuier, grand-père des jupons. Quant au droit, voulez-vous savoir ce que c'est que le droit? Les Gaulois convoitent Cluse, Rome protége Cluse, et leur demande quel tort Cluse leur a fait. Brennus répond : — Le tort que vous a fait Albe, le tort que vous a fait Fidène, le tort que vous ont fait les Èques, les Volsques et les Sabins. Ils étaient vos voisins. Les Clusiens sont les nôtres. Nous entendons le voisinage comme vous. Vous avez volé Albe, nous prenons Cluse. Rome dit : Vous ne prendrez pas Cluse. Brennus prit Rome. Puis il cria : *Væ victis!* Voilà ce que c'est que le droit. Ah! dans ce monde, que de bêtes de proie! que d'aigles! J'en ai la chair de poule.

Il tendit son verre à Joly qui le remplit, puis il but, et poursuivit, sans presque avoir été interrompu par ce verre de vin dont personne ne s'aperçut, pas même lui :

— Brennus, qui prend Rome, est un aigle; le banquier, qui

prend la grisette, est un aigle. Pas plus de pudeur ici que là. Donc ne croyons à rien. Il n'y a qu'une réalité : boire. Quelle que soit votre opinion, soyez pour le coq maigre comme le canton d'Uri ou pour le coq gras comme le canton de Glaris, peu importe, buvez. Vous me parlez du boulevard, du cortége, et cætera. Ah çà, il va donc encore y avoir une révolution? Cette indigence de moyens m'étonne de la part du bon Dieu. Il faut qu'à tout moment il se remette à suifer la rainure des événements. Ça accroche, ça ne marche pas. Vite une révolution. Le bon Dieu a toujours les mains noires de ce vilain cambouis-là. A sa place, je serais plus simple, je ne remonterais pas à chaque instant ma mécanique, je mènerais le genre humain rondement, je tricoterais les faits maille à maille, sans casser le fil, je n'aurais point d'en-cas, je n'aurais pas de répertoire extraordinaire. Ce que vous autres appelez le progrès marche par deux moteurs, les hommes et les événements. Mais, chose triste, de temps en temps, l'exceptionnel est nécessaire. Pour les événements comme pour les hommes, la troupe ordinaire ne suffit pas; il faut parmi les hommes des génies, et parmi les événements des révolutions. Les grands accidents sont la loi; l'ordre des choses ne peut s'en passer; et, à voir les apparitions de comètes, on serait tenté de croire que le ciel lui-même a besoin d'acteurs en représentation. Au moment où l'on s'y attend le moins, Dieu placarde un météore sur la muraille du firmament. Quelque étoile bizarre survient, soulignée par une queue énorme. Et cela fait mourir César. Brutus lui donne un coup de couteau, et Dieu un coup de comète. Crac, voilà une aurore boréale, voilà une révolution, voilà un grand homme; 93 en grosses lettres, Napoléon en vedette, la comète de 1811 au haut de l'affiche. Ah! la belle affiche bleue, toute constellée de flamboiements inattendus! Boum! boum! spectacle extraordinaire. Levez les yeux, badauds. Tout est échevelé, l'astre comme le drame. Bon Dieu, c'est trop, et ce n'est pas assez. Ces ressources, prises dans l'exception, semblent magnificence et sont pauvreté. Mes amis, la providence en est aux expédients. Une révolution, qu'est-ce que cela prouve? Que Dieu est à court. Il fait un coup d'état, parce qu'il y a solution de continuité entre le présent et l'avenir, et parce que, lui Dieu, il n'a pas pu joindre les deux bouts. Au fait, cela me confirme dans mes conjectures sur la situation de fortune de Jéhovah; et à voir tant de malaise en haut et en bas, tant de mesquinerie et de pingrerie et de ladrerie et de détresse au ciel et sur la terre, depuis l'oiseau qui n'a pas un grain de mil jusqu'à moi qui n'ai pas cent mille livres de rente, à voir la destinée humaine, qui est fort usée, et même la destinée royale, qui montre la corde, témoin le prince de Condé pendu, à voir l'hiver, qui n'est pas autre chose qu'une déchirure au zénith par où le vent souffle, à voir tant de haillons même dans la pourpre toute neuve du matin au sommet des collines, à voir les gouttes de rosée, ces perles fausses, à voir le givre, ce strass, à voir l'humanité décousue et les événements rapiécés, et tant de taches au soleil, et tant de trous à la lune, à voir tant de misère partout, je soupçonne que Dieu n'est pas riche. Il a de l'apparence, c'est vrai, mais je sens la gêne. Il donne une révolution, comme un négociant dont la caisse est vide donne un bal. Il ne faut pas juger des dieux sur l'apparence. Sous la dorure du ciel j'entrevois un univers pauvre. Dans la création il y a de la faillite. C'est pourquoi je suis mécontent. Voyez, c'est le cinq juin, il fait presque nuit; depuis ce matin j'attends que le jour vienne, il n'est pas venu, et je gage qu'il ne viendra pas de la journée. C'est une inexactitude de commis mal payé. Oui, tout est mal arrangé, rien ne s'ajuste à rien, ce vieux monde est tout déjeté, je me range dans l'opposition. Tout va de guingois; l'univers est taquinant. C'est comme les enfants, ceux qui en désirent n'en ont pas, ceux qui n'en désirent pas en ont. Total : je bisque. En outre, Laigle de Meaux, ce chauve, m'afflige à voir. Cela m'humilie de penser que je suis du même âge que ce genou. Du reste, je critique, mais je n'insulte pas. L'univers est ce qu'il est. Je parle ici sans méchante intention et pour l'acquit de ma conscience. Recevez, Père éternel, l'assurance de ma considération distinguée. Ah! par tous les saints de l'olympe et par tous les dieux du paradis, je n'étais pas fait pour être parisien, c'est-à-dire pour ricocher à jamais, comme un volant entre deux raquettes, du groupe des flâneurs au groupe des tapageurs. J'étais fait pour être turc, regardant toute la journée des péronnelles orientales exécuter ces exquises danses d'Égypte, lubriques comme les songes d'un homme chaste, ou paysan beauceron, ou gentilhomme vénitien entouré de gentilles-donnes, ou petit prince allemand fournissant la moitié d'un fantassin à la confédération germanique, et occupant ses loisirs à faire sécher ses chaussettes sur sa haie, c'est-à-dire sur sa frontière! Voilà pour quels destins j'étais né! oui, j'ai dit turc, et je ne m'en dédis point. Je ne comprends pas qu'on prenne habituellement les turcs en mauvaise part; Mahom a du bon; respect à l'inventeur des sérails à houris et des paradis à odalisques! N'insultons pas le mahométisme, la seule religion qui soit ornée d'un poulailler! Sur ce, j'insiste pour boire. La terre est une grosse bêtise. Et il paraît qu'ils vont se battre, tous ces imbéciles, se faire casser le profil, se massacrer, en plein été, au mois de juin, quand ils pourraient s'en aller, avec une créature sous le bras, respirer dans les champs l'immense tasse de thé des foins coupés! Vraiment, on fait trop de sottises. Une vieille lanterne cassée que j'ai vue tout à l'heure chez un marchand de bric-à-brac me suggère une réflexion : Il serait temps d'éclairer le genre humain. Oui, me revoilà triste! Ce que c'est que d'avaler une huître et une révolution de travers! Je redeviens lugubre. Oh! l'affreux vieux monde! On s'y évertue, on s'y destitue, on s'y prostitue, on s'y tue, on s'y habitue!

Et Grantaire, après cette quinte d'éloquence, eut une quinte de toux, méritée.

— A propos de révolution, dit Joly, il paraît que décidément Barius est amoureux.

— Sait-on de qui? demanda Laigle.

— Don.

— Non?

— Don! je te dis.

— Les amours de Marius! s'écria Grantaire. Je vois ça d'ici. Marius est un brouillard, et il aura trouvé une vapeur. Marius est de la race poëte. Qui dit poëte, dit fou. *Tymbræus Apollo.* Marius et sa Marie, ou sa Maria, ou sa Mariette, ou sa Marion, cela doit faire de drôles d'amants. Je me rends compte de ce que cela est. Des extases où l'on oublie le baiser. Chastes sur la terre, mais s'accouplant dans l'infini. Ce sont des âmes qui ont des sens. Ils couchent ensemble dans les étoiles.

Grantaire entamait sa seconde bouteille et peut-être sa seconde harangue quand un nouvel être émergea du trou carré de l'escalier. C'était un garçon de moins de dix ans, déguenillé, très-petit, jaune, le visage en museau, l'œil vif, énormément chevelu, mouillé de pluie, l'air content.

L'enfant, choisissant sans hésiter parmi les trois, quoiqu'il n'en connût évidemment aucun, s'adressa à Laigle de Meaux.

— Est-ce vous qui êtes monsieur Bossuet? demanda-t-il.

— C'est mon petit nom, répondit Laigle. Que me veux-tu?

— Voilà. Un grand blond sur le boulevard m'a dit : Connais-tu la mère Hucheloup? J'ai dit : Oui, rue Chanvrerie, la veuve au vieux. Il m'a dit : Vas-y. Tu y trouveras M. Bossuet, et tu lui diras de ma part : A — B — C. C'est une farce qu'on vous fait, n'est-ce pas? Il m'a donné dix sous.

— Joly, prête-moi dix sous, dit Laigle; et se tournant vers Grantaire : — Grantaire, prête-moi dix sous.

Cela fit vingt sous que Laigle donna à l'enfant.

— Merci, monsieur, dit le petit garçon.

— Comment t'appelles-tu? demanda Laigle.

— Navet, l'ami à Gavroche.
— Reste avec nous, dit Laigle.
— Déjeune avec nous, dit Grantaire.

L'enfant répondit :
— Je ne peux pas, je suis du cortége, c'est moi qui crie à bas Polignac.

Et tirant le pied longuement derrière lui, ce qui est le plus respectueux des saluts possibles, il s'en alla.

L'enfant parti, Grantaire prit la parole :
— Ceci est le gamin pur. Il y a beaucoup de variétés dans le genre gamin. Le gamin notaire s'appelle saute-ruisseau, le gamin cuisinier s'appelle marmiton, le gamin boulanger s'appelle mitron le gamin laquais s'appelle groom, le gamin marin s'appelle mousse, le gamin soldat s'appelle tapin, le gamin peintre s'appelle rapin, le gamin négociant s'appelle trottin, le gamin courtisan s'appelle menin, le gamin roi s'appelle dauphin, le gamin dieu s'appelle bambino.

Cependant Laigle méditait; il dit à demi-voix :
— A — B — C, c'est-à-dire : Enterrement de Lamarque.
— Le grand blond, observa Grantaire, c'est Enjolras qui te fait avertir.
— Irons-nous? fit Bossuet.
— Il pleut, dit Joly. J'ai juré d'aller au feu, pas à l'eau. Je ne veux pas m'enrhuber.
— Je reste ici, dit Grantaire. Je préfère un déjeuner à un corbillard.
— Conclusion : nous restons, reprit Laigle. Eh bien, buvons alors. D'ailleurs on peut manquer l'enterrement, sans manquer l'émeute.
— Ah! l'ébeute, j'en suis, s'écria Joly.

Laigle se frotta les mains.
— Voilà donc qu'on va retoucher à la révolution de 1830. Au fait elle gêne le peuple aux entournures.
— Cela m'est à peu près égal, votre révolution, dit Grantaire. Je n'exècre pas ce gouvernement-ci. C'est la couronne tempérée par le bonnet de coton. C'est un sceptre terminé en parapluie. Au fait, aujourd'hui, j'y songe, par le temps qu'il fait, Louis-Philippe pourra utiliser sa royauté à deux fins, étendre le bout sceptre contre le peuple et ouvrir le bout parapluie contre le ciel.

LE CABARET DE CORINTHE

La salle était obscure, de grosses nuées achevaient de supprimer le jour. Il n'y avait personne dans le cabaret, ni dans la rue, tout le monde étant allé « voir les événements ».

— Est-il midi ou minuit? cria Bossuet. On n'y voit goutte. Gibelotte, de la lumière!

Grantaire, triste, buvait.

— Enjolras me dédaigne, murmura-t-il. Enjolras a dit : Joly est malade. Grantaire est ivre. C'est à Bossuet qu'il a envoyé Navet. S'il était venu me prendre, je l'aurais suivi. Tant pis pour Enjolras! je n'irai pas à son enterrement.

Cette résolution prise, Bossuet, Joly et Grantaire ne bougèrent plus du cabaret. Vers deux heures de l'après-midi, la table où ils s'accoudaient était couverte de bouteilles vides. Deux chandelles y brûlaient, l'une dans un bougeoir de cuivre parfaitement vert, l'autre dans le goulot d'une carafe fêlée. Grantaire avait entraîné Joly et Bossuet vers le vin; Bossuet et Joly avaient ramené Grantaire vers la joie.

Quant à Grantaire, depuis midi, il avait dépassé le vin, médiocre source de rêves. Le vin, près des ivrognes sérieux, n'a qu'un succès d'estime. Il y a, en fait d'ébriété, la magie noire et la magie blanche; le vin n'est que la magie blanche. Grantaire était un aventureux buveur de songes. La noirceur d'une ivresse redoutable entr'ouverte devant lui, loin de l'arrêter, l'attirait. Il avait laissé là les bouteilles et pris la chope. La chope, c'est le gouffre. N'ayant sous la main ni opium, ni haschich, et voulant s'emplir le cerveau de crépuscule, il avait eu recours à cet effrayant mélange d'eau-de-vie, de stout et d'absinthe qui produit des léthargies si terribles. C'est de ces trois vapeurs, bière, eau-de-vie, absinthe, qu'est fait le plomb de l'âme. Ce sont trois ténèbres; le papillon céleste s'y noie; et il s'y forme, dans une fumée membraneuse vaguement condensée en aile de chauve-souris, trois furies muettes, le Cauchemar, la Nuit, la Mort, voletant au-dessus de Psyché endormie.

Grantaire n'en était point encore à cette phase lugubre; loin de là. Il était prodigieusement gai, et Bossuet et Joly lui donnaient la réplique. Ils trinquaient. Grantaire ajoutait à l'accentuation excentrique des mots et des idées la divagation du geste, il appuyait avec dignité son poing gauche sur son genou, son bras faisant l'équerre, et, la cravate défaite, à cheval sur un tabouret, son verre plein dans sa main droite il jetait à la grosse servante Matelote ces paroles solennelles :

— Qu'on ouvre les portes du palais! que tout le monde soit de l'Académie française, et ait le droit d'embrasser madame Hucheloup! Buvons.

Et se tournant vers mame Hucheloup, il ajoutait :

— Femme antique et consacrée par l'usage, approche que je te contemple!

Et Joly s'écriait :

— Batelote et Gibelotte, de doddez plus à boire à Grantaire. Il bange des argents fous. Il a déjà dévoré depuis ce batin en prodigalités éperdues deux francs quatrevingt-quinze centibes.

Et Grantaire reprenait :

— Qui donc a décroché les étoiles sans ma permission pour les mettre sur la table en guise de chandelles?

Bossuet, fort ivre, avait conservé son calme.

Il s'était assis sur l'appui de la fenêtre ouverte, mouillant son dos à la pluie qui tombait, et il contemplait ses deux amis.

Tout à coup il entendit derrière lui un tumulte, des pas précipités, des cris *aux armes!* Il se retourna, et aperçut, rue Saint-Denis, au bout de la rue de la Chanvrerie, Enjolras qui passait la carabine à la main, et Gavroche avec son pistolet, Feuilly avec son sabre, Courfeyrac avec son épée, Jean Prouvaire avec son mousqueton, Combeferre avec son fusil, Bahorel avec son fusil, et tout le rassemblement armé et orageux qui les suivait.

La rue de la Chanvrerie n'était guère longue que d'une portée de carabine. Bossuet improvisa avec ses deux mains un porte-voix autour de sa bouche, et cria :

— Courfeyrac! Courfeyrac! hohée!

Courfeyrac entendit l'appel, aperçut Bossuet, et fit quelques pas dans la rue de la Chanvrerie, en criant un « Que veux-tu? » qui se croisa avec un « Où vas-tu? »

— Faire une barricade, répondit Courfeyrac.

— Eh bien, ici! la place est bonne! fais-la ici!

— C'est vrai, Aigle, dit Courfeyrac.

Et sur un signe de Courfeyrac, l'attroupement se précipita rue de la Chanvrerie.

## III

### LA NUIT COMMENCE A SE FAIRE SUR GRANTAIRE

La place était en effet admirablement indiquée, l'entrée de la rue évasée, le fond rétréci et en cul-de-sac, Corinthe y faisait un étranglement, la rue Mondétour facile à barrer à droite et à gauche, aucune attaque possible que par la rue Saint-Denis, c'est-à-dire de front et à découvert. Bossuet gris avait eu le coup d'œil d'Annibal à jeun.

A l'irruption du rassemblement, l'épouvante avait pris toute la rue. Pas un passant qui ne se fût éclipsé. Le temps d'un éclair, au fond, à droite, à gauche, boutiques, établis, portes d'allées, fenêtres, persiennes, mansardes, volets de toute dimension, s'étaient fermés depuis les rez-de-chaussée jusque sur les toits. Une vieille femme effrayée avait fixé un matelas devant sa fenêtre à deux perches à sécher le linge, afin d'amortir la mousqueterie. La maison du cabaret était seule restée ouverte; et cela pour une bonne raison, c'est que l'attroupement s'y était rué. — Ah mon Dieu! Ah mon Dieu! soupirait mame Hucheloup.

Bossuet était descendu au-devant de Courfeyrac.

Joly, qui s'était mis à la fenêtre, cria :

— Courfeyrac, tu aurais dû prendre un parapluie. Tu vas t'enrhumer.

Cependant, en quelques minutes, vingt barres de fer avaient été arrachées de la devanture grillée du cabaret, dix toises de rue avaient été dépavées; Gavroche et Bahorel avaient saisi au passage et renversé le haquet d'un fabricant de chaux appelé Anceau, ce haquet contenait trois barriques pleines de chaux qu'ils avaient placées sous des piles de pavés; Enjolras avait levé la trappe de la cave et toutes les futailles vides de la veuve Hucheloup étaient allées flanquer les barriques de chaux; Feuilly, avec ses doigts habitués à enluminer les

lames délicates des éventails, avait contre-buté les barriques et le haquet de deux massives piles de moellons. Moellons improvisés comme le reste, et pris on ne sait où. Des poutres d'étai avaient été arrachées à la façade d'une maison voisine et couchées sur les futailles. Quand Bossuet et Courfeyrac se retournèrent, la moitié de la rue était déjà barrée d'un rempart plus haut qu'un homme. Rien n'est tel que la main populaire pour bâtir tout ce qui se bâtit en démolissant.

Matelote et Gibelotte s'étaient mêlées aux travailleurs. Gibelotte allait et venait chargée de gravats. Sa lassitude aidait à la barricade. Elle servait des pavés comme elle eût servi du vin, l'air endormi.

Un omnibus qui avait deux chevaux blancs passa au bout de la rue.

Bossuet enjamba les pavés, courut, arrêta le cocher, fit descendre les voyageurs, donna la main « aux dames », congédia le conducteur, et revint ramenant voiture et chevaux par la bride.

— Les omnibus, dit-il, ne passent pas devant Corinthe. *Non licet omnibus adire Corinthum.*

Un instant après, les chevaux dételés s'en allaient au hasard par la rue Mondétour, et l'omnibus couché sur le flanc complétait le barrage de la rue.

Mame Hucheloup, bouleversée, s'était réfugiée au premier étage. Elle avait l'œil vague et regardait sans voir, criant tout bas. Ses cris épouvantés n'osaient sortir de son gosier.

— C'est la fin du monde, murmurait-elle.

Joly déposait un baiser sur le gros cou rouge et ridé de mame Hucheloup et disait à Grantaire : — Mon cher, j'ai toujours considéré le cou d'une femme comme une chose infiniment délicate.

Mais Grantaire atteignait les plus hautes régions du dithyrambe. Matelote étant remontée au premier, Grantaire l'avait saisie par la taille et poussait à la fenêtre de longs éclats de rire.

— Matelote est laide! criait-il, Matelote est la laideur-rêve! Matelote est une chimère. Voici le secret de sa naissance : un Pygmalion gothique qui faisait des gargouilles de cathédrales tomba un beau matin amoureux de l'une d'elles, la plus horrible. Il supplia l'Amour de l'animer, et cela fit Matelote. Regardez-la, citoyens! elle a les cheveux couleur chromate de plomb comme la maîtresse du Titien, et c'est une bonne fille. Je vous réponds qu'elle se battra bien. Toute bonne fille contient un héros. Quant à la mère Hucheloup, c'est une vieille brave. Voyez les moustaches qu'elle a! elle les a héritées de son mari. Une housarde, quoi! elle se battra aussi. A elles deux elles feront peur à la banlieue. Camarades, nous renverserons le gouvernement, vrai comme il est vrai qu'il existe quinze acides intermédiaires entre l'acide margarique et l'acide formique; du reste, cela m'est parfaitement égal. Messieurs, mon père m'a toujours détesté parce que je ne pouvais comprendre les mathématiques. Je ne comprends que l'amour et la liberté. Je suis Grantaire le bon enfant! N'ayant jamais eu d'argent, je n'en ai pas pris l'habitude, ce qui fait que je n'en ai jamais manqué; mais si j'avais été riche, il n'y aurait plus eu de pauvres! on aurait vu! Oh! si les bons cœurs avaient les grosses bourses! comme tout irait mieux! Je me figure Jésus-Christ avec la fortune de Rothschild! Que de bien il ferait! Matelote, embrassez-moi! Vous êtes voluptueuse et timide! vous avez des joues qui appellent le baiser d'une sœur, et des lèvres qui réclament le baiser d'un amant.

— Tais-toi, futaille! dit Courfeyrac.

Grantaire répondit :

— Je suis capitoul et maître ès jeux floraux!

Enjolras qui était debout sur la crête du barrage, le fusil au poing, leva son beau visage austère. Enjolras, on le sait, tenait du spartiate et du puritain. Il fût mort aux Thermopyles avec Léonidas et eût brûlé Drogheda avec Cromwell.

— Grantaire! cria-t-il, va-t'en cuver ton vin hors d'ici. C'est la place de l'ivresse et non de l'ivrognerie. Ne déshonore pas la barricade!

Cette parole irritée produisit sur Grantaire un effet singulier. On eût dit qu'il recevait un verre d'eau froide à travers le visage. Il parut subitement dégrisé.

Il s'assit, s'accouda sur une table près de la croisée, regarda Enjolras avec une inexprimable douceur, et lui dit :

— Laisse-moi dormir ici.

— Va dormir ailleurs, cria Enjolras.

Mais Grantaire, fixant toujours sur lui ses yeux tendres et troubles, répondit :

— Laisse-moi y dormir — jusqu'à ce que j'y meure.

Enjolras le considéra d'un œil dédaigneux :

— Grantaire, tu es incapable de croire, de penser, de vouloir, de vivre, et de mourir.

Grantaire répliqua d'une voix grave :

— Tu verras.

Il bégaya encore quelques mots inintelligibles, puis sa tête tomba pesamment sur la table, et, ce qui est un effet assez habituel de la seconde période de l'ébriété où Enjolras l'avait rudement et brusquement poussé, un instant après il était endormi.

## IV

### ESSAI DE CONSOLATION SUR LA VEUVE HUCHELOUP

Bahorel, extasié de la barricade, criait :

— Voilà la rue décolletée! comme cela fait bien!

Courfeyrac, tout en démolissant un peu le cabaret, cherchait à consoler la veuve cabaretière.

— Mère Hucheloup, ne vous plaigniez-vous pas l'autre jour qu'on vous avait signifié procès-verbal et mise en contravention parce que Gibelotte avait secoué un tapis de lit par votre fenêtre?

— Oui, mon bon monsieur Courfeyrac. Ah! mon Dieu, est-ce que vous allez me mettre aussi cette table-là dans votre horreur? Et même que, pour le tapis, et aussi pour un pot de fleurs qui était tombé de la mansarde dans la rue, le gouvernement m'a pris cent francs d'amende. Si ce n'est pas une abomination!

— Eh bien, mère Hucheloup, nous vous vengeons.

La mère Hucheloup, dans cette réparation qu'on lui faisait, ne semblait pas comprendre beaucoup son bénéfice. Elle était satisfaite à la manière de cette femme arabe qui, ayant reçu un soufflet de son mari, s'alla plaindre à son père, criant vengeance et disant : — Père, tu dois à mon mari affront pour affront. Le père demanda : — Sur quelle joue as-tu reçu le soufflet? — Sur la joue gauche. Le père souffleta la joue droite et dit : — Te voilà contente. Va dire à ton mari qu'il a souffleté ma fille, mais que j'ai souffleté sa femme.

La pluie avait cessé. Des recrues étaient arrivées. Des ouvriers avaient apporté sous leurs blouses un baril de poudre, un panier contenant des bouteilles de vitriol, deux ou trois torches de carnaval et une bourriche pleine de lampions « restés de la fête du roi », Laquelle fête était toute récente, ayant eu lieu le 1$^{er}$ mai. On disait que ces munitions venaient de la part d'un épicier du faubourg Saint-Antoine nommé Pépin. On brisait l'unique réverbère de la rue de la Chanvrerie, la lanterne correspondante de la rue Saint-Denis, et toutes les lanternes des rues circonvoisines, de Mondétour, du Cygne, des Prêcheurs, et de la Grande et de la Petite-Truanderie.

Enjolras, Combeferre et Courfeyrac dirigeaient tout. Maintenant deux barricades se construisaient en même temps, toutes deux appuyées à la maison de Corinthe et faisant équerre; la plus grande fermait la rue de la Chanvrerie, l'autre fermait la rue Mondétour du côté de la rue du Cygne. Cette dernière barricade, très-étroite, n'était construite que de tonneaux et de pavés. Ils étaient là environ cinquante travailleurs; une trentaine armés de fusils; car, chemin faisant, ils avaient fait un emprunt en bloc à une boutique d'armurier.

Rien de plus bizarre et de plus bigarré que cette troupe. L'un avait un habit-veste, un sabre de cavalerie et deux pistolets d'arçon, un autre était en manches de chemise avec un chapeau rond et une poire à poudre pendue au côté, un troisième était plastronné de neuf feuilles de papier gris et armé d'une alêne de sellier. Il y en avait un qui criait : *Exterminons jusqu'au dernier et mourons au bout de notre bayonnette!* Celui-là n'avait pas de bayonnette. Un autre étalait par-dessus sa redingote une bufleterie et une giberne de garde national avec le couvre-giberne orné de cette inscription en laine rouge : *Ordre public*. Force fusils portant des numéros de légions, peu de chapeaux, point de cravates, beaucoup de bras nus, quelques piques. Ajoutez à cela tous les âges, tous les visages, de petits jeunes gens pâles, des ouvriers du port bronzés. Tous se hâtaient; et, tout en s'entr'aidant, on causait des chances possibles, — qu'on aurait des secours vers trois heures du matin, — qu'on était sûr d'un régiment, — que Paris se soulèverait. Propos terribles auxquels se mêlait une sorte de jovialité cordiale. On eût dit des frères, ils ne savaient pas les noms les uns des autres. Les grands périls ont cela de beau qu'ils mettent en lumière la fraternité des inconnus.

Un feu avait été allumé dans la cuisine et l'on y fondait dans un moule à balles brocs, cuillers, fourchettes, toute l'argenterie d'étain du cabaret. On buvait à travers tout cela. Les capsules et les chevrotines traînaient pêle-mêle sur les tables avec les verres de vin. Dans la salle de billard, mame Hucheloup, Matelote et Gibelotte, diversement modifiées par la terreur, dont l'une était abrutie, l'autre essoufflée, l'autre éveillée, déchiraient de vieux torchons et faisaient de la charpie; trois insurgés les assistaient, trois gaillards chevelus, barbus et moustachus qui épluchaient la toile avec des doigts de lingère et qui les faisaient trembler.

L'homme de haute stature que Courfeyrac, Combeferre et Enjolras avaient remarqué à l'instant où il abordait l'attroupement au coin de la rue des Billettes, travaillait à la petite barricade et s'y rendait utile. Gavroche travaillait à la grande. Quant au jeune homme qui avait attendu Courfeyrac chez lui et lui avait demandé M. Marius, il avait disparu à peu près vers le moment où l'on avait renversé l'omnibus.

Gavroche, complétement envolé et radieux, s'était chargé de la mise en train. Il allait, venait, montait, descendait, remontait, bruissait étincelait. Il semblait être là pour l'encouragement de tous. Avait-il un aiguillon? oui certes, sa misère; avait-il des ailes? oui certes, sa joie. Gavroche était un tourbillonnement. On le voyait sans cesse, on l'entendait toujours. Il remplissait l'air, étant partout à la fois. C'était une espèce d'ubiquité presque irritante; pas d'arrêt possible avec lui. L'énorme barricade le sentait sur sa croupe. Il gênait les flâneurs, il excitait les paresseux, il ranimait les fatigués, il impatientait les pensifs, mettait les uns en gaieté, les autres en haleine, les autres en colère, tous en mouvement, piquait un étudiant, mordait un ouvrier; se posait, s'arrêtait, repartait, volait au-dessus du tumulte et de l'effort, sautait de ceux-ci à ceux-là, murmurait, bourdonnait, et harcelait tout l'attelage; mouche de l'immense coche révolutionnaire.

Le mouvement perpétuel était dans ses petits bras et la clameur perpétuelle dans ses petits poumons :

— Hardi! encore des pavés! encore des tonneaux! encore des machins! où y en a-t-il? Une hottée de plâtras pour me boucher ce trou-là. C'est tout petit, votre barricade. Il faut que ça monte. Mettez-y tout, flanquez-y tout, fichez-y tout. Cassez la maison. Une barricade, c'est le thé de la mère Gibou. Tenez, voilà une porte vitrée.

Ceci fit exclamer les travailleurs.

— Une porte vitrée! qu'est-ce que tu veux qu'on fasse d'une porte vitrée, tubercule!

— Hercules vous-mêmes! riposta Gavroche. Une porte vitrée dans une barricade, c'est excellent. Ça n'empêche pas de l'attaquer, mais ça gêne pour la prendre. Vous n'avez donc jamais chipé des pommes par-dessus un mur où il y avait des culs de bouteilles? Une porte vitrée, ça coupe les cors aux pieds de la garde nationale quand elle veut-

monter sur la barricade. Pardi! le verre est traître. Ah çà, vous n'avez pas une imagination effrénée, mes camarades.

Du reste, il était furieux de son pistolet sans chien. Il allait de l'un à l'autre, réclamant : — Un fusil! je veux un fusil! Pourquoi ne me donne-t-on pas un fusil?

— Un fusil à toi! dit Combeferre.

— Tiens! répliqua Gavroche, pourquoi pas? j'en ai bien eu un en 1830 quand on s'est disputé avec Charles X.

Enjolras haussa les épaules.

— Quand il y en aura pour les hommes, on en donnera aux enfants.

Gavroche se tourna fièrement, et lui répondit :

— Si tu es tué avant moi, je te prends le tien.

— Gamin! dit Enjolras.

— Blanc-bec! dit Gavroche.

Un élégant fourvoyé qui flânait au bout de la rue fit diversion.

Gavroche lui cria :

— Venez avec nous, jeune homme! Eh bien, cette vieille patrie, on ne fait donc rien pour elle?

L'élégant s'enfuit.

## V

### LES PRÉPARATIFS

Les journaux du temps qui ont dit que la barricade de la rue de la Chanvrerie, cette *construction presque inexpugnable*, comme ils l'appellent, atteignait au niveau d'un premier étage, se sont trompés. Le fait est qu'elle ne dépassait pas une hauteur moyenne de six ou sept pieds. Elle était bâtie de manière que les combattants pouvaient, à volonté, ou disparaître derrière, ou dominer le barrage et même en escalader la crête au moyen d'une quadruple rangée de pavés superposés et arrangés en gradins à l'intérieur. Au dehors le front de la barricade, composé de piles de pavés et de tonneaux reliés par des poutres et des planches qui s'enchevêtraient dans les roues de la charrette Anceau et de l'omnibus renversé, avait un aspect hérissé et inextricable.

Une coupure suffisante pour qu'un homme y pût passer avait été ménagée entre le mur des maisons et l'extrémité de la barricade la plus éloignée du cabaret, de façon qu'une sortie était possible. La flèche de l'omnibus était dressée droite et maintenue avec des cordes, et un drapeau rouge, fixé à cette flèche, flottait sur la barricade.

La petite barricade Mondétour, cachée derrière la maison du cabaret, ne s'apercevait pas. Les deux barricades réunies formaient une véritable redoute. Enjolras et Courfeyrac n'avaient pas jugé à propos de barricader l'autre tronçon de la rue Mondétour qui ouvre par la rue des Prêcheurs une issue sur les Halles, voulant sans doute conserver une communication possible avec le dehors et redoutant peu d'être attaqués par la dangereuse et difficile ruelle des Prêcheurs.

A cela près de cette issue restée libre, qui constituait ce que Folard, dans son style stratégique, eût appelé un boyau, et en tenant compte aussi de la coupure exiguë ménagée sur la rue de la Chanvrerie, l'intérieur de la barricade, où le cabaret faisait un angle saillant, présentait un quadrilatère irrégulier fermé de toutes parts. Il y avait une vingtaine de pas d'intervalle entre le grand barrage et les hautes maisons qui formaient le fond de la rue, en sorte qu'on pouvait dire que la barricade était adossée à ces maisons, toutes habitées, mais closes du haut en bas.

Tout ce travail se fit sans empêchement, en moins d'une heure et sans que cette poignée d'hommes hardis vît surgir un bonnet à poil ni une bayonnette. Les bourgeois peu fréquents qui se hasardaient encore à ce moment de l'émeute dans la rue Saint-Denis jetaient un coup d'œil rue de la Chanvrerie, apercevaient la barricade, et doublaient le pas.

Les deux barricades terminées, le drapeau arboré, on traîna une table hors du cabaret; et Courfeyrac monta sur la table. Enjolras apporta le coffre carré et Courfeyrac l'ouvrit. Ce coffre était rempli de cartouches. Quand on vit les cartouches, il y eut un tressaillement parmi les plus braves et un moment de silence.

Courfeyrac les distribua en souriant.

Chacun reçut trente cartouches. Beaucoup avaient de la poudre et se mirent à en faire d'autres avec les balles qu'on fondait. Quant au baril de poudre, il était sur une table à part, près de la porte, et on le réserva.

Le rappel, qui parcourait tout Paris, ne discontinuait pas, mais cela avait fini par ne plus être qu'un bruit monotone auquel ils ne faisaient plus attention. Ce bruit tantôt s'éloignait, tantôt s'approchait, avec des ondulations lugubres.

On chargea les fusils et les carabines, tous ensemble, sans précipitation, avec une gravité solennelle. Enjolras alla placer trois sentinelles hors des barricades, l'une rue de la Chanvrerie, la seconde rue des Prêcheurs, la troisième au coin de la Petite-Truanderie.

Puis, les barricades bâties, les postes assignés, les fusils chargés, les vedettes posées, seuls dans ces rues redoutables où personne ne passait plus, entourés de ces maisons muettes et comme mortes où ne palpitait aucun mouvement humain, enveloppés des ombres croissantes du crépuscule qui commençait, au milieu de cette obscurité et de ce silence où l'on sentait s'avancer quelque chose et qui avait je ne sais quoi de tragique et de terrifiant, isolés armés, déterminés, tranquilles, ils attendirent.

## VI

### EN ATTENDANT

Dans ces heures d'attente, que firent-ils?

Il faut bien que nous le disions, puisque ceci est de l'histoire.

Tandis que les hommes faisaient des cartouches et les femmes de la charpie, tandis qu'une large casserole, pleine d'étain et de plomb fondu, destiné au moule à balles, fumait sur un réchaud ardent, pendant que les vedettes veillaient l'arme au bras sur la barricade, pendant qu'Enjolras, impossible à distraire, veillait sur les vedettes, Combeferre, Courfeyrac, Jean Prouvaire, Feuilly, Bossuet, Joly, Bahorel, quelques autres encore, se cherchèrent et se réunirent, comme aux plus paisibles jours de leurs causeries d'écoliers, et, dans un coin de ce cabaret changé en casemate, à deux pas de la redoute qu'ils avaient élevée, leurs carabines amorcées et chargées appuyées au dossier de leur chaise, ces beaux jeunes gens, si voisins d'une heure suprême, se mirent à dire des vers d'amour.

Quels vers? Les voici :

Vous rappelez-vous notre douce vie,
Lorsque nous étions si jeunes tous deux,
Et que nous n'avions au cœur d'autre envie
Que d'être bien mis et d'être amoureux,

Lorsqu'en ajoutant votre âge à mon âge,
Nous ne comptions pas à deux quarante ans,
Et que, dans notre humble et petit ménage,
Tout, même l'hiver, nous était printemps?

Beaux jours! Manuel était fier et sage,
Paris s'asseyait à de saints banquets,
Foy lançait la foudre, et votre corsage
Avait une épingle où je me piquais.

Tout vous contemplait. Avocat sans causes,
Quand je vous menais au Prado dîner,
Vous étiez jolie, au point que les roses
Me faisaient l'effet de se retourner.

Je les entendais dire : Est-elle belle!
Comme elle sent bon! Quels cheveux à flots!
Sous son mantelet elle cache une aile.
Son bonnet charmant est à peine éclos.

J'errais avec toi, pressant ton bras souple.
Les passants croyaient que l'amour charmé
Avait marié, dans notre heureux couple,
Le doux mois d'avril au beau mois de mai.

Nous vivions cachés, contents, porte close,
Dévorant l'amour, bon fruit défendu,
Ma bouche n'avait pas dit une chose
Que déjà ton cœur avait répondu.

La Sorbonne était l'endroit bucolique
Où je t'adorais du soir au matin.
C'est ainsi qu'une âme amoureuse applique
La carte du Tendre au pays latin.

O place Maubert! ô place Dauphine!
Quand, dans le taudis frais et printanier,
Tu tirais ton bas sur ta jambe fine,
Je voyais un astre au fond du grenier.

J'ai fort lu Platon, mais rien ne m'en reste;
Mieux que Malebranche et que Lamennais
Tu me démontrais la bonté céleste
Avec une fleur que tu me donnais.

Je t'obéissais, tu m'étais soumise;
O grenier doré! te lacer! te voir
Aller et venir dès l'aube, en chemise,
Mirant ton front jeune à ton vieux miroir!

Et qui donc pourrait perdre la mémoire
De ces temps d'aurore et de firmament,
De rubans, de fleurs, de gaze et de moire,
Où l'amour bégaye un argot charmant?

Nos jardins étaient un pot de tulipe;
Tu masquais la vitre avec un jupon;
Je prenais le bol de terre de pipe,
Et je te donnais la tasse en japon.

Et ces grands malheurs qui nous faisaient rire!
Ton manchon brûlé, ton boa perdu!
Et ce cher portrait du divin Shakspeare
Qu'un soir pour souper nous avons vendu!

J'étais mendiant et toi charitable.
Je baisais au vol tes bras frais et ronds.
Dante in-folio nous servait de table
Pour manger gaîment un cent de marrons.

La première fois qu'en mon joyeux bouge
Je pris un baiser à ta lèvre en feu,
Quand tu t'en allas décoiffée et rouge,
Je restai tout pâle et je crus en Dieu!

Te rappelles-tu nos bonheurs sans nombre,
Et tous ces fichus changés en chiffons?
Oh! que de soupirs, de nos cœurs pleins d'ombre,
Se sont envolés dans les cieux profonds!

L'heure, le lieu, ces souvenirs de jeunesse rappelés, quelques étoiles qui commençaient à briller au ciel, le repos funèbre de ces rues désertes, l'imminence de l'aventure inexorable qui se préparait, donnaient un charme pathétique à ces vers murmurés à demi-voix dans le crépuscule par Jean Prouvaire, qui, nous l'avons dit, était un doux poëte.

Cependant on avait allumé un lampion dans la petite barricade, et, dans la grande, une de ces torches de cire comme on en rencontre le mardi gras en avant des voitures chargées de masques qui vont à la Courtille. Ces torches, on l'a vu, venaient du faubourg Saint-Antoine.

La torche avait été placée dans une espèce de cage de pavés

fermée de trois côtés pour l'abriter du vent, et disposée de façon que toute la lumière tombait sur le drapeau. La rue et la barricade restaient plongées dans l'obscurité, et l'on ne voyait rien que le drapeau rouge formidablement éclairé comme par une énorme lanterne sourde.

Cette lumière ajoutait à l'écarlate du drapeau je ne sais quelle pourpre terrible.

## VII

#### L'HOMME RECRUTÉ RUE DES BILLETTES

La nuit était tout à fait tombée, rien ne venait. On n'entendait que des rumeurs confuses, et par instants des fusillades; mais rares, peu nourries et lointaines. Ce répit, qui se prolongeait, était signe que le gouvernement prenait son temps et ramassait ses forces. Ces cinquante hommes en attendaient soixante mille.

Enjolras se sentit pris de cette impatience qui saisit les âmes fortes au seuil des événements redoutables. Il alla trouver Gavroche, qui s'était mis à fabriquer des cartouches dans la salle basse, à la clarté douteuse de deux chandelles, posées sur le comptoir par précaution à cause de la poudre répandue sur les tables. Ces deux chandelles ne jetaient aucun rayonnement au dehors. Les insurgés, en outre, avaient eu soin de ne point allumer de lumière dans les étages supérieurs.

Gavroche, en ce moment, était fort préoccupé, non pas précisément de ses cartouches.

L'homme de la rue des Billettes venait d'entrer dans la salle basse et était allé s'asseoir à la table la moins éclairée. Il lui était échu un fusil de munition grand modèle, qu'il tenait entre ses jambes. Gavroche, jusqu'à cet instant distrait par cent choses « amusantes », n'avait pas même vu cet homme.

Lorsqu'il entra, Gavroche le suivit machinalement des yeux, admirant son fusil; puis, brusquement, quand l'homme fut assis, le gamin se leva. Ceux qui auraient épié l'homme jusqu'à ce moment l'auraient vu tout observer dans la barricade et dans la bande des insurgés avec une attention singulière ; mais depuis qu'il était entré dans la salle, il avait été pris d'une sorte de recueillement et semblait ne plus rien voir de ce qui se passait. Le gamin s'approcha de ce personnage pensif et se mit à tourner sur la pointe du pied, comme on marche auprès de quelqu'un qu'on craint de réveiller. En même temps, sur son visage enfantin, à la fois si effronté et si sérieux, si évaporé et si profond, si gai et si navrant, passaient toutes ces grimaces de vieux qui signifient : — Ah bah ! — pas possible ! — j'ai la berlue ! — je rêve ! — est-ce que ce serait ?... — non, ce n'est pas ! — mais si ! — mais non ! etc. Gavroche se balançait sur ses talons, crispait ses deux poings dans ses poches, remuait le cou comme un oiseau, dépensait en une lippe démesurée toute la sagacité de sa lèvre inférieure. Il était stupéfait, incertain, incrédule, convaincu, ébloui. Il avait la mine du chef des eunuques au marché des esclaves, découvrant une Vénus parmi des dondons, et l'air d'un amateur reconnaissant un Raphaël dans un tas de croûtes. Tout chez lui était en travail, l'instinct qui flaire et l'intelligence qui combine. Il était évident qu'il arrivait un événement à Gavroche.

C'est au plus fort de cette préoccupation qu'Enjolras l'aborda.

— Tu es petit, dit Enjolras, on ne te verra pas. Sors des barricades, glisse-toi le long des maisons, va un peu partout par les rues, et reviens me dire ce qui se passe.

Gavroche se haussa sur ses hanches.

— Les petits sont donc bons à quelque chose ! c'est bien heureux ! J'y vas. En attendant, fiez-vous aux petits, méfiez-vous des grands... — Et Gavroche, levant la tête et baissant la voix, ajouta, en désignant l'homme de la rue des Billettes :

— Vous voyez bien ce grand-là ?

— Eh bien ?

— C'est un mouchard.

— Tu es sûr ?

— Il n'y a pas quinze jours qu'il m'a enlevé par l'oreille de la corniche du pont Royal, où je prenais l'air.

Enjolras quitta vivement le gamin et murmura quelques mots très bas à un ouvrier du port aux vins qui se trouvait là. L'ouvrier sortit de la salle et y rentra presque tout de suite, accompagné de trois autres. Les quatre hommes, quatre portefaix aux larges épaules,

allèrent se placer, sans rien faire qui pût attirer son attention, derrière la table où était accoudé l'homme de la rue des Billettes. Ils étaient visiblement prêts à se jeter sur lui.

Alors Enjolras s'approcha de l'homme et lui demanda :

— Qui êtes-vous?

A cette question brusque, l'homme eut un soubresaut. Il plongea son regard jusqu'au fond de la prunelle candide d'Enjolras et parut y saisir sa pensée. Il sourit d'un sourire qui était tout ce qu'on peut voir au monde de plus dédaigneux, de plus énergique et de plus résolu, et répondit avec une gravité hautaine :

— Je vois ce que c'est... Eh bien, oui!
— Vous êtes mouchard?
— Je suis agent de l'autorité.
— Vous vous appelez?
— Javert.

Enjolras fit signe aux quatre hommes. En un clin d'œil, avant que Javert eût eu le temps de se retourner, il fut colleté, terrassé, garrotté, fouillé.

On trouva sur lui une petite carte ronde collée entre deux verres et portant d'un côté les armes de France, gravées, avec cette légende : *Surveillance et vigilance*, et de l'autre côté cette mention : « JAVERT, inspecteur de police, âgé de cinquante-deux ans, » et la signature du préfet de police d'alors, M. Gisquet.

Il avait en outre sa montre et sa bourse, qui contenait quelques pièces d'or. On lui laissa la bourse et la montre. Derrière la montre, au fond du gousset, on tâta et l'on saisit un papier sous enveloppe, qu'Enjolras déplia et où il lut ces cinq lignes, écrites de la main même du préfet de police :

« Sitôt sa mission politique remplie, l'inspecteur Javert s'assurera,
« par une surveillance spéciale, s'il est vrai que des malfaiteurs aient
« des allures sur la berge de la rive droite de la Seine, près le pont
« d'Iéna. »

Le fouillage terminé, on redressa Javert, on lui noua les bras derrière le dos et on l'attacha au milieu de la salle basse à ce poteau célèbre qui avait jadis donné son nom au cabaret.

Gavroche, qui avait assisté à toute la scène et tout approuvé d'un hochement de tête silencieux, s'approcha de Javert et lui dit :

— C'est la souris qui a pris le chat.

Tout cela s'était exécuté si rapidement, que c'était fini quand on s'en aperçut autour du cabaret.

Javert n'avait pas jeté un cri.

En voyant Javert lié au poteau, Courfeyrac, Bossuet, Joly, Combeferre et les hommes dispersés dans les deux barricades accoururent.

Javert, adossé au poteau, et si entouré de cordes qu'il ne pouvait faire un mouvement, levait la tête avec la sérénité intrépide de l'homme qui n'a jamais menti.

— C'est un mouchard, dit Enjolras.

Et se tournant vers Javert :

— Vous serez fusillé dix minutes avant que la barricade soit prise.

Javert répliqua de son accent le plus impérieux :

— Pourquoi pas tout de suite?

— Nous ménageons la poudre.

— Alors finissez-en d'un coup de couteau.

— Mouchard, dit le bel Enjolras, nous sommes des juges et non des assassins!

Puis il appela Gavroche.

— Toi! va à ton affaire! Fais ce que je t'ai dit.

— J'y vas, cria Gavroche.

Et s'arrêtant au moment de partir :

— A propos, vous me donnerez son fusil! Et il ajouta : Je vous laisse le musicien, mais je veux la clarinette.

Le gamin fit le salut militaire et franchit gaîment la coupure de la grande barricade.

## VIII

#### PLUSIEURS POINTS D'INTERROGATION A PROPOS D'UN NOMMÉ LE CABUC QUI NE SE NOMMAIT PEUT-ÊTRE PAS LE CABUC

La peinture tragique que nous avons entreprise ne serait pas complète, le lecteur ne verrait pas dans leur relief exact et réel ces grandes minutes de gésine sociale et d'enfantement révolutionnaire où il y a de la convulsion mêlée à l'effort, si nous omettions, dans l'esquisse ébauchée ici, un incident plein d'une horreur épique et farouche qui survint presque aussitôt après le départ de Gavroche.

Les attroupements, comme on sait, font boule de neige et agglomèrent en roulant un tas d'hommes tumultueux. Ces hommes ne se demandent pas entre eux d'où ils viennent. Parmi les passants qui s'étaient réunis au rassemblement conduit par Enjolras, Combeferre et Courfeyrac, il y avait un être portant la veste du portefaix usée aux épaules, qui gesticulait et vociférait et avait la mine d'une espèce d'ivrogne sauvage. Cet homme, un nommé ou surnommé Le Cabuc, et du reste tout à fait inconnu de ceux qui prétendaient le connaître, très ivre, ou faisant semblant, s'était attablé avec quelques autres à une table, qu'ils avaient tirée en dehors du cabaret. Ce Cabuc, tout en faisant boire ceux qui lui tenaient tête, semblait considérer d'un air de réflexion la grande maison du fond de la barricade, dont les cinq étages dominaient toute la rue et faisaient face à la rue Saint-Denis. Tout à coup il s'écria :

— Camarades, savez-vous? c'est de cette maison-là qu'il faudrait tirer. Quand nous serons là aux croisées, du diable si quelqu'un avance dans la rue!

— Oui, mais la maison est fermée, dit un des buveurs.

— Cognons!

— On n'ouvrira pas.

— Enfonçons la porte!

Le Cabuc court à la porte qui avait un marteau fort massif, et frappe. La porte ne s'ouvre pas. Il frappe un second coup. Personne ne répond. Un troisième coup. Même silence.

— Y a-t-il quelqu'un ici? crie Le Cabuc.

Rien ne bouge.

Alors il saisit un fusil et commence à battre la porte à coups de crosse.

C'était une vieille porte d'allée, cintrée, basse, étroite, solide, tout en chêne, doublée à l'intérieur d'une feuille de tôle et d'une armature de fer, une vraie poterne de bastille. Les coups de crosse faisaient trembler la maison, mais n'ébranlaient pas la porte.

Toutefois il est probable que les habitants s'étaient émus, car on vit enfin s'éclairer et s'ouvrir une petite lucarne carrée au troisième étage, et apparaître à cette lucarne une chandelle et la tête béate et effrayée d'un bonhomme en cheveux gris qui était le portier.

L'homme qui cognait s'interrompit.

— Messieurs, demanda le portier, que désirez-vous?

— Ouvre! dit Le Cabuc.

— Messieurs, cela ne se peut pas.

— Ouvre toujours!

— Impossible, messieurs!

Le Cabuc prit son fusil et coucha en joue le portier; mais comme il était en bas et qu'il faisait très-noir, le portier ne le vit point.

— Oui ou non, veux-tu ouvrir?

— Non, messieurs!

— Tu dis non?

— Je dis non, mes bons...

Le portier n'acheva pas. Le coup de fusil était lâché; la balle lui était entrée sous le menton et était sortie par la nuque après avoir traversé la jugulaire.

Le vieillard s'affaissa sur lui-même sans pousser un soupir. La chandelle tomba et s'éteignit, et l'on ne vit plus rien qu'une tête immobile posée au bord de la lucarne et un peu de fumée blanchâtre qui s'en allait vers le toit.

— Voilà! dit Le Cabuc en laissant retomber sur le pavé la crosse de son fusil.

Il avait à peine prononcé ce mot qu'il sentit une main qui se posait sur son épaule avec la pesanteur d'une serre d'aigle, et il entendit une voix qui lui disait :

— A genoux.

Le meurtrier se retourna et vit devant lui la figure blanche et froide d'Enjolras.

Enjolras avait un pistolet à la main.

A la détonation, il était arrivé.

Il avait empoigné de sa main gauche le collet, la blouse, la chemise et la bretelle du Cabuc.

— A genoux, répéta-t-il.

Et, d'un mouvement souverain, le frêle jeune homme de vingt ans plia comme un roseau le crocheteur trapu et robuste et l'agenouilla dans la boue.

Le Cabuc essaya de résister, mais il semblait qu'il eût été saisi par un poing surhumain.

Pâle, le cou nu, les cheveux épars, Enjolras, avec son visage de femme, avait en ce moment je ne sais quoi de la Thémis antique. Ses narines gonflées, ses yeux baissés donnaient à son implacable profil grec cette expression de colère et cette expression de chasteté qui, au point de vue de l'ancien monde, conviennent à la Justice.

Toute la barricade était accourue, puis tous s'étaient rangés en cercle à distance, sentant qu'il était impossible de prononcer une parole devant la chose qu'ils allaient voir.

Le Cabuc, vaincu, n'essayait plus de se débattre et tremblait de tous ses membres.

Enjolras le lâcha et tira sa montre.

— Recueille-toi, dit-il. Prie ou pense. Tu as une minute.

— Grâce! murmura le meurtrier, puis il baissa la tête et balbutia quelques jurements inarticulés.

Enjolras ne quitta pas la montre des yeux; il laissa passer la minute, puis il remit la montre dans son gousset. Cela fait, il prit par les cheveux Le Cabuc, qui se pelotonnait contre ses genoux en hurlant,

et lui appuya sur l'oreille le canon de son pistolet. Beaucoup de ces hommes intrépides, qui étaient si tranquillement entrés dans la plus effrayante des aventures, détournèrent la tête.

On entendit l'explosion, l'assassin tomba sur le pavé le front en avant.

Enjolras se redressa et promena autour de lui son regard convaincu et sévère.

Puis il poussa du pied le cadavre, et dit :

— Jetez cela dehors.

Trois hommes soulevèrent le corps du misérable qu'agitaient les dernières convulsions machinales de la vie expirée, et le jetèrent pardessus la petite barricade dans la ruelle Mondétour.

Enjolras était demeuré pensif. On ne sait quelles ténèbres grandioses se répandaient lentement sur sa redoutable sérénité. Tout à coup il éleva la voix.

On fit silence.

— Citoyens, dit Enjolras, ce que cet homme a fait est effroyable, et ce que j'ai fait est horrible. Il a tué, c'est pourquoi je l'ai tué. J'ai dû le faire, car l'insurrection doit avoir sa discipline. L'assassinat est encore plus un crime ici qu'ailleurs; nous sommes sous le regard de la révolution, nous sommes les prêtres de la république, nous sommes les hosties du devoir, et il ne faut pas qu'on puisse calomnier notre combat. J'ai donc jugé et condamné à mort cet homme. Quant à moi, contraint de faire ce que j'ai fait, mais l'abhorrant, je me suis jugé aussi, et vous verrez tout à l'heure à quoi je me suis condamné.

Ceux qui écoutaient tressaillirent.

— Nous partagerons ton sort, cria Combeferre.

— Soit, reprit Enjolras. Encore un mot. En exécutant cet homme, j'ai obéi à la nécessité; mais la nécessité est un monstre du vieux monde, la nécessité s'appelle Fatalité. Or, la loi du progrès, c'est que les monstres disparaissent devant les anges, et que la Fatalité s'évanouisse devant la Fraternité. C'est un mauvais moment pour prononcer le mot amour. N'importe, je le prononce et je le glorifie. Amour, tu as l'avenir. Mort, je me sers de toi, mais je te hais. Citoyens, il n'y aura dans l'avenir ni ténèbres, ni coups de foudre; ni ignorance féroce, ni talion sanglant. Comme il n'y aura plus de Satan, il n'y aura plus de Michel. Dans l'avenir, personne ne tuera personne, la terre rayonnera, le genre humain aimera. Il viendra, citoyens, ce jour où tout sera concorde, harmonie, lumière, joie et vie, il viendra, et c'est pour qu'il vienne que nous allons mourir.

Enjolras se tut. Ses lèvres de vierge se refermèrent; et il resta quelque temps debout à l'endroit où il avait versé le sang, dans une immobilité de marbre. Son œil fixe faisait qu'on parlait bas autour de lui.

Jean Prouvaire et Combeferre se serraient la main silencieusement, et, appuyés l'un sur l'autre dans l'angle de la barricade, considéraient avec une admiration où il y avait de la compassion ce grave jeune homme, bourreau et prêtre, de lumière comme le cristal, et de roche aussi.

Disons tout de suite que plus tard, après l'action, quand les cadavres furent portés à la morgue et fouillés, on trouva sur Le Cabuc une carte d'agent de police. L'auteur de ce livre a eu entre les mains, en 1848, le rapport spécial fait à ce sujet au préfet de police de 1832.

Ajoutons que, s'il faut en croire une tradition de police étrange, mais probablement fondée, Le Cabuc, c'était Claquesous. Le fait est qu'à partir de la mort du Cabuc, il ne fut plus question de Claquesous. Claquesous n'a laissé nulle trace de sa disparition; il semblerait s'être amalgamé à l'invisible. Sa vie avait été ténèbres, sa fin fut nuit.

Tout le groupe insurgé était encore dans l'émotion de ce procès tragique si vite instruit et si vite terminé, quand Courfeyrac revit dans la barricade le petit jeune homme qui le matin avait demandé chez lui Marius.

Ce garçon, qui avait l'air hardi et insouciant, était venu à la nuit rejoindre les insurgés.

MARIUS ENTRE DANS L'OMBRE

# LIVRE TREIZIÈME

## MARIUS ENTRE DANS L'OMBRE

### I

#### DE LA RUE PLUMET AU QUARTIER SAINT-DENIS

Cette voix qui, à travers le crépuscule, avait appelé Marius à la barricade de la rue de la Chanvrerie lui avait fait l'effet de la voix de la destinée. Il voulait mourir, l'occasion s'offrait ; il frappait à la porte du tombeau, une main dans l'ombre lui en tendait la clef. Ces lugubres ouvertures qui se font dans les ténèbres devant le désespoir sont tentantes. Marius écarta la grille qui l'avait tant de fois laissé passer, sortit du jardin, et dit : Allons !

Fou de douleur, ne se sentant plus rien de fixe et de solide dans le cerveau, incapable de rien accepter désormais du sort après ces deux mois passés dans les enivrements de la jeunesse et de l'amour, accablé à la fois par toutes les rêveries du désespoir, il n'avait plus qu'un désir, en finir bien vite.

Il se mit à marcher rapidement. Il se trouvait précisément qu'il était armé, ayant sur lui les pistolets de Javert.

Le jeune homme qu'il avait cru apercevoir s'était perdu à ses yeux dans les rues.

Marius, qui était sorti de la rue Plumet par le boulevard, traversa l'Esplanade et le pont des Invalides, les Champs-Élysées, la place Louis XV, et gagna la rue de Rivoli. Les magasins y étaient ouverts, le gaz y brûlait sous les arcades, les femmes achetaient dans les boutiques, on prenait des glaces au café Laiter, on mangeait des petits gâteaux à la pâtisserie anglaise. Seulement quelques chaises de poste partaient au galop de l'hôtel des Princes et de l'hôtel Meurice.

Marius entra par le passage Delorme dans la rue Saint-Honoré. Les boutiques y étaient fermées, les marchands causaient devant leurs portes entr'ouvertes, les passants circulaient, les réverbères étaient allumés, à partir du premier étage toutes les croisées étaient éclairées comme à l'ordinaire. Il y avait de la cavalerie sur la place du Palais-Royal.

Marius suivit la rue Saint-Honoré. A mesure qu'il s'éloignait du Palais-Royal, il y avait moins de fenêtres éclairées, les boutiques étaient tout à fait closes, personne ne causait sur les seuils, la rue s'assombrissait, et en même temps la foule s'épaississait. Car les passants maintenant étaient une foule. On ne voyait personne parler dans cette foule, et pourtant il en sortait un bourdonnement sourd et profond.

Vers la fontaine de l'Arbre-Sec, il y avait des « rassemblements », espèces de groupes immobiles et sombres qui étaient parmi les allants et venants comme des pierres au milieu d'une eau courante.

A l'entrée de la rue des Prouvaires, la foule ne marchait plus. C'était un bloc résistant, massif, solide, compacte, presque impénétrable, de gens entassés qui s'entretenaient tout bas. Il n'y avait là presque plus d'habits noirs ni de chapeaux ronds, des sarraux, des blouses, des casquettes, des têtes hérissées et terreuses. Cette multitude ondulait confusément dans la brume nocturne. Son chuchotement avait l'accent rauque d'un frémissement. Quoique pas un ne marchât, on entendait un piétinement dans la boue. Au delà de cette épaisseur de foule, dans la rue du Roule, dans la rue des Prouvaires, et dans le prolongement de la rue Saint-Honoré, il n'y avait plus une seule vitre où brillât une chandelle. On voyait s'enfoncer dans ces rues les files solitaires et décroissantes des lanternes. Les lanternes de ce temps-là ressemblaient à de grosses étoiles rouges pendues à des cordes et jetaient sur le pavé une ombre qui avait la forme d'une grande araignée. Ces rues n'étaient pas désertes. On y distinguait des fusils en faisceaux, des bayonnettes remuées et des troupes bivouaquant. Aucun curieux ne dépassait cette limite. Là cessait la circulation. Là finissait la foule et commençait l'armée.

Marius voulait avec la volonté de l'homme qui n'espère plus. On l'avait appelé, il fallait qu'il allât. Il trouva le moyen de traverser la foule et de traverser le bivouac des troupes, il se déroba aux patrouilles,

il évita les sentinelles. Il fit un détour, gagna la rue de Béthisy, et se dirigea vers les halles. Au coin de la rue des Bourdonnais, il n'y avait plus de lanternes.

Après avoir franchi la zone de la foule, il avait dépassé la lisière des troupes; il se trouvait dans quelque chose d'effrayant. Plus un passant, plus un soldat, plus une lumière, personne; la solitude, le silence, la nuit, je ne sais quel froid qui saisissait. Entrer dans une rue, c'était entrer dans une cave.

Il continua d'avancer.

Il fit quelques pas. Quelqu'un passa près de lui en courant. Était-ce un homme? une femme? étaient-ils plusieurs? Il n'eût pu le dire. Cela avait passé et s'était évanoui.

De circuit en circuit, il arriva dans une ruelle qu'il jugea être la rue de la Poterie; vers le milieu de cette ruelle il se heurta à un obstacle. Il étendit les mains. C'était une charrette renversée; son pied reconnut des flaques d'eau, des fondrières, des pavés épars et amoncelés. Il y avait là une barricade ébauchée et abandonnée. Il escalada les pavés et se trouva de l'autre côté du barrage. Il marchait très-près des bornes et se guidait sur le mur des maisons. Un peu au delà de la barricade, il lui sembla entrevoir devant lui quelque chose de blanc. Il approcha, cela prit une forme. C'étaient deux chevaux blancs; les chevaux de l'omnibus dételé le matin par Bossuet, qui avaient erré au hasard de rue en rue toute la journée et avaient fini par s'arrêter là, avec cette patience accablée des brutes qui ne comprennent pas plus les actions de l'homme que l'homme ne comprend les actions de la providence.

Marius laissa les chevaux derrière lui. Comme il abordait une rue qui lui faisait l'effet d'être la rue du Contrat-Social, un coup de fusil, venu on ne sait d'où et qui traversait l'obscurité au hasard, siffla tout près de lui et la balle perça au-dessus de sa tête un plat à barbe de cuivre suspendu à la boutique d'un coiffeur. On voyait encore, en 1846, rue du Contrat-Social, au coin des piliers des halles, ce plat à barbe troué.

Ce coup de fusil, c'était encore de la vie. A partir de cet instant, il ne rencontra plus rien.

Tout cet itinéraire ressemblait à une descente de marches noires. Marius n'en alla pas moins en avant.

## II

#### PARIS A VOL DE HIBOU

Un être qui eût plané sur Paris en ce moment avec l'aile de la chauve-souris ou de la chouette eût eu sous les yeux un spectacle morne.

Tout ce vieux quartier des halles, qui est comme une ville dans la ville, que traversent les rues Saint-Denis et Saint-Martin, où se croisent mille ruelles et dont les insurgés avaient fait leur redoute et leur place d'armes, lui eût apparu comme un énorme trou sombre creusé au centre de Paris. Là le regard tombait dans un abîme. Grâce aux réverbères brisés, grâce aux fenêtres fermées, là cessait tout rayonnement, toute vie, toute rumeur, tout mouvement. L'invisible police de l'émeute veillait partout, et maintenait l'ordre, c'est-à-dire la nuit. Noyer le petit nombre dans une vaste obscurité, multiplier chaque combattant par les possibilités que cette obscurité contient, c'est la tactique nécessaire de l'insurrection. A la chute du jour, toute croisée où une chandelle s'allumait avait reçu une balle. La lumière était éteinte, quelquefois l'habitant tué. Aussi rien ne bougeait. Il n'y avait rien là que l'effroi, le deuil, la stupeur dans les maisons; dans les rues une sorte d'horreur sacrée. On n'y apercevait même pas les longues rangées de fenêtres et d'étages, les dentelures des cheminées et des toits, les reflets vagues qui luisent sur le pavé boueux et mouillé. L'œil qui eût regardé d'en haut dans cet amas d'ombre eût entrevu peut-être çà et là, de distance en distance, des clartés indistinctes faisant saillir des lignes brisées et bizarres, des profils de constructions singulières, quelque chose de pareil à des lueurs allant et venant dans des ruines; c'est là qu'étaient les barricades. Le reste était un lac d'obscurité, brumeux, pesant, funèbre, au-dessus duquel se dressaient, silhouettes immobiles et lugubres, la tour Saint-Jacques, l'église Saint-Merry, et deux ou trois autres de ces grands édifices dont l'homme fait des géants et dont la nuit fait des fantômes.

Tout autour de ce labyrinthe désert et inquiétant, dans les quartiers où la circulation parisienne n'était pas anéantie, et où quelques rares réverbères brillaient, l'observateur aérien eût pu distinguer la scintillation métallique des sabres et des bayonnettes, le roulement sourd de l'artillerie, et le fourmillement des bataillons silencieux grossissant de minute en minute; ceinture formidable qui se serrait et se fermait lentement autour de l'émeute.

Le quartier investi n'était plus qu'une sorte de monstrueuse caverne; tout y paraissait endormi ou immobile et, comme on vient de le voir, chacune des rues où l'on pouvait arriver n'offrait rien que de l'ombre.

Ombre farouche, pleine de piéges, pleine de chocs inconnus et redoutables, où il était effrayant de pénétrer et épouvantable de séjourner, où ceux qui entraient frissonnaient devant ceux qui les attendaient, où ceux qui attendaient tressaillaient devant ceux qui allaient venir. Des combattants invisibles retranchés à chaque coin de rue; les embûches du sépulcre cachées dans les épaisseurs de la nuit. C'était fini. Plus d'autre clarté à espérer là désormais que l'éclair des fusils, plus d'autre rencontre que l'apparition brusque et rapide de la mort. Où? comment? quand? On ne savait, mais c'était certain et inévitable. Là, dans ce lieu marqué pour la lutte, le gouvernement et l'insurrection, la garde nationale et les sociétés populaires, la bourgeoisie et l'émeute, allaient s'aborder à tâtons. Pour les uns comme pour les autres, la nécessité était la même. Sortir de là tués ou vainqueurs, seule issue possible désormais. Situation tellement extrême, obscurité tellement puissante, que les plus timides s'y sentaient pris de résolution et les plus hardis de terreur.

Du reste, des deux côtés, furie, acharnement, détermination égale. Pour les uns, avancer, c'était mourir, et personne ne songeait à reculer; pour les autres, rester c'était mourir, et personne ne songeait à fuir.

Il était nécessaire que le lendemain tout fût terminé, que le triomphe fût ici ou là, que l'insurrection fût une révolution ou une échauffourée. Le gouvernement le comprenait comme les partis; le moindre bourgeois le sentait. De là une pensée d'angoisse qui se mêlait à l'ombre impénétrable de ce quartier où tout allait se décider; de là un redoublement d'anxiété autour de ce silence d'où allait sortir une catastrophe. On n'y entendait qu'un seul bruit, bruit déchirant comme un râle, menaçant comme une malédiction, le tocsin de Saint-Merry. Rien n'était glaçant comme la clameur de cette cloche éperdue et désespérée se lamentant dans les ténèbres.

Comme il arrive souvent, la nature semblait s'être mise d'accord avec ce que les hommes allaient faire. Rien ne dérangeait les funestes harmonies de cet ensemble. Les étoiles avaient disparu; des nuages lourds emplissaient tout l'horizon de leurs plis mélancoliques. Il y avait un ciel noir sur ces rues mortes, comme si un immense linceul se déployait sur cet immense tombeau.

Tandis qu'une bataille encore toute politique se préparait dans ce même emplacement qui avait vu déjà tant d'événements révolutionnaires, tandis que la jeunesse, les associations secrètes, les écoles, au nom des principes, et la classe moyenne, au nom des intérêts, s'approchaient pour se heurter, s'étreindre et se terrasser, tandis que chacun hâtait et appelait l'heure dernière et décisive de la crise, au loin et en dehors de ce quartier fatal, au plus profond des cavités insondables de ce vieux Paris misérable qui disparaît sous la splendeur du Paris heureux et opulent, on entendait gronder sourdement la sombre voix du peuple.

Voix effrayante et sacrée qui se compose du rugissement de la brute et de la parole de Dieu, qui terrifie les faibles et qui avertit les sages, qui vient tout à la fois d'en bas comme la voix du lion et d'en haut comme la voix du tonnerre.

## III

### L'EXTRÊME BORD.

Marius était arrivé aux halles.

Là tout était plus calme, plus obscur et plus immobile encore que dans les rues voisines. On eût dit que la paix glaciale du sépulcre était sortie de terre et s'était répandue sous le ciel.

Une rougeur pourtant découpait sur ce fond noir la haute toiture des maisons qui barraient la rue de la Chanvrerie du côté de Saint-Eustache. C'était le reflet de la torche qui brûlait dans la barricade de Corinthe. Marius s'était dirigé sur cette rougeur. Elle l'avait amené au Marché-aux-Poirées, et il entrevoyait l'embouchure ténébreuse de la rue des Prêcheurs. Il y entra. La vedette des insurgés qui guettait à l'autre bout ne l'aperçut pas. Il se sentait tout près de ce qu'il était venu chercher, et il marchait sur la pointe du pied. Il arriva ainsi au coude de ce court tronçon de la ruelle Mondétour qui était, on s'en souvient, la seule communication conservée par Enjolras avec le dehors. Au coin de la dernière maison, à sa gauche, il avança la tête, et regarda dans le tronçon Mondétour.

Un peu au delà de l'angle noir de la ruelle et de la rue de la Chanvrerie qui jetait une large nappe d'ombre, où il était lui-même enseveli, il aperçut quelque lueur sur les pavés, un peu du cabaret, et, derrière, un lampion clignotant dans une espèce de muraille informe, et des hommes accroupis ayant des fusils sur leurs genoux. Tout cela était à dix toises de lui. C'était l'intérieur de la barricade.

Les maisons qui bordaient la ruelle à droite lui cachaient le reste du cabaret, la grande barricade et le drapeau.

Marius n'avait plus qu'un pas à faire.

Alors le malheureux jeune homme s'assit sur une borne, croisa les bras et songea à son père.

Il songea à cet héroïque colonel Pontmercy, qui avait été un si fier soldat, qui avait gardé sous la république la frontière de France et touché sous l'empereur la frontière d'Asie, qui avait vu Gênes, Alexandrie, Milan, Turin, Madrid, Vienne, Dresde, Berlin, Moscou, qui avait laissé sur tous les champs de victoire de l'Europe des gouttes de ce même sang que lui Marius avait dans les veines, qui avait blanchi avant l'âge dans la discipline et le commandement, qui avait vécu le ceinturon bouclé, les épaulettes tombant sur la poitrine, la cocarde noircie par la poudre, le front plissé par le casque, sous la baraque, au camp, au bivouac, aux ambulances, et qui au bout de vingt ans était revenu des grandes guerres la joue balafrée, le visage souriant, simple, tranquille, admirable, pur comme un enfant, ayant tout fait pour la France et rien contre elle.

Il se dit que son jour à lui était venu aussi, que son heure avait enfin sonné, qu'après son père il allait, lui aussi, être brave, intrépide, hardi, courir au-devant des balles, offrir sa poitrine aux baïonnettes, verser son sang, chercher l'ennemi, chercher la mort, qu'il allait faire la guerre à son tour et descendre sur le champ de bataille, et que ce champ de bataille où il allait descendre, c'était la rue, et que cette guerre qu'il allait faire, c'était la guerre civile!

Il vit la guerre civile ouverte comme un gouffre devant lui et que c'était là qu'il allait tomber.

Alors il frissonna.

Il songea à cette épée de son père que son aïeul avait vendue à un brocanteur, et qu'il avait, lui, si douloureusement regrettée. Il se dit qu'elle avait bien fait, cette vaillante et cette chaste épée, de lui échapper et de s'en aller irritée dans les ténèbres ; que si elle s'était enfuie ainsi, c'est qu'elle était intelligente et qu'elle prévoyait l'avenir ; c'est qu'elle pressentait l'émeute, la guerre des ruisseaux, la guerre des pavés, les fusillades par les soupiraux des caves, les coups donnés et reçus par derrière ; c'est que, venant de Marengo et de Friedland, elle ne voulait pas aller rue de la Chanvrerie ; c'est qu'après ce qu'elle avait fait avec le père, elle ne voulait pas faire cela avec le fils! Il se dit que

si cette épée était là, si, l'ayant recueillie au chevet de son père mort, il avait osé la prendre et l'emporter pour ce combat de nuit entre Français dans un carrefour, à coup sûr elle lui brûlerait les mains et se mettrait à flamboyer devant lui comme l'épée de l'ange! Il se dit qu'il était heureux qu'elle n'y fût pas et qu'elle eût disparu, que cela était bien, que cela était juste, que son aïeul avait été le vrai gardien de la gloire de son père, et qu'il valait mieux que l'épée du colonel eût été criée à l'encan, vendue au fripier, jetée aux ferrailles, que de faire aujourd'hui saigner le flanc de la patrie.

Et puis il se mit à pleurer amèrement.

Cela était horrible. Mais que faire? Vivre sans Cosette, il ne le pouvait. Puisqu'elle était partie, il fallait bien qu'il mourût. Ne lui avait-il pas donné sa parole d'honneur qu'il mourrait? Elle était partie sachant cela; c'est qu'il lui plaisait que Marius mourût. Et puis il était clair qu'elle ne l'aimait plus puisqu'elle s'en était allée ainsi, sans l'avertir, sans un mot, sans une lettre, et elle avait son adresse! A quoi bon vivre et pourquoi vivre à présent? Et puis, quoi! être venu jusque-là, et reculer! s'être approché du danger, et s'enfuir! être venu regarder dans la barricade, et s'esquiver! s'esquiver tout tremblant, en disant : au fait, j'en ai assez comme cela, j'ai vu, cela suffit, c'est la guerre civile, je m'en vais! Abandonner ses amis qui l'attendaient! qui avaient peut-être besoin de lui! qui étaient une poignée contre une armée! Manquer à tout à la fois, à l'amour, à l'amitié, à sa parole! Donner à sa poltronnerie le prétexte du patriotisme! Mais cela était impossible, et si le fantôme de son père était là dans l'ombre et le voyait reculer, il lui fouetterait les reins du plat de son épée et lui crierait : Marche donc, lâche!

En proie au va-et-vient de ses pensées, il baissait la tête.

Tout à coup il la redressa. Une sorte de rectification splendide venait de se faire dans son esprit. Il y a une dilatation de pensée propre au voisinage de la tombe; être près de la mort, cela fait voir vrai. La vision de l'action dans laquelle il se sentait peut-être sur le point d'entrer lui apparut, non plus lamentable, mais superbe. La guerre de la rue se transfigura subitement par on ne sait quel travail d'âme intérieur, devant l'œil de sa pensée. Tous les tumultueux points d'interrogation de la rêverie lui revinrent en foule, mais sans le troubler. Il n'en laissa aucun sans réponse.

Voyons, pourquoi son père s'indignerait-il? est-ce qu'il n'y a point des cas où l'insurrection monte à la dignité du devoir! qu'y aurait-il donc de diminuant pour le fils du colonel Pontmercy dans le combat qui s'engage? Ce n'est plus Montmirail ni Champaubert; c'est autre chose. Il ne s'agit plus d'un territoire sacré, mais d'une idée sainte. La patrie se plaint, soit, mais l'humanité applaudit. Est-il vrai d'ailleurs que la patrie se plaigne? La France saigne, mais la liberté sourit; et devant le sourire de la liberté, la France oublie sa plaie. Et puis, à voir les choses de plus haut encore, que viendrait-on parler de guerre civile?

La guerre civile, qu'est-ce à dire? Est-ce qu'il y a une guerre étrangère? Est-ce que toute guerre entre hommes n'est pas la guerre entre frères? La guerre ne se qualifie que par son but. Il n'y a ni guerre étrangère ni guerre civile; il n'y a que la guerre injuste et la guerre juste. Jusqu'au jour où le grand concordat humain sera conclu, la guerre, celle du moins qui est l'effort de l'avenir qui se hâte contre le passé qui s'attarde, peut être nécessaire. Qu'a-t-on à reprocher à cette guerre-là? La guerre ne devient honte, l'épée ne devient poignard que lorsqu'elle assassine le droit, le progrès, la raison, la civilisation, la vérité. Alors, guerre civile ou guerre étrangère, elle est inique; elle s'appelle le crime. En dehors de cette chose sainte, la justice, de quel droit une forme de la guerre en mépriserait-elle une autre? de quel droit l'épée de Washington renierait-elle la pique de Camille Desmoulins? Léonidas contre l'étranger, Timoléon contre le tyran, lequel est le plus grand? l'un est le défenseur, l'autre est le libérateur. Flétrira-t-on, sans s'inquiéter du but, toute prise d'armes dans l'intérieur de la cité? alors notez d'infamie Brutus, Marcel, Arnould de Blankenheim, Coligny. Guerre de buissons? guerre de rues? Pourquoi pas? C'était la guerre d'Ambiorix, d'Artevelde, de Marnix, de Pélage. Mais Ambiorix luttait contre Rome, Artevelde contre la France, Marnix contre l'Espagne, Pélage contre les Maures; tous contre l'étranger. Eh bien, la monarchie, c'est l'étranger; l'oppression, c'est l'étranger, le droit divin, c'est l'étranger. Le despotisme viole la frontière morale, comme l'invasion viole la frontière géographique. Chasser le tyran ou chasser l'anglais, c'est, dans les deux cas, reprendre son territoire. Il vient une heure où protester ne suffit plus; après la philosophie il faut l'action; la vive force achève ce que l'idée a ébauché; Prométhée enchaîné commence, Aristogiton finit; l'Encyclopédie éclaire les âmes, le 10 août les électrise. Après Eschyle, Thrasybule; après Diderot,

Danton. Les multitudes ont une tendance à accepter le maître. Leur masse dépose de l'apathie. Une foule se totalise aisément en obéissance. Il faut les remuer, les pousser, rudoyer les hommes par le bienfait même de leur délivrance, leur blesser les yeux par le vrai, leur jeter la lumière à poignées terribles. Il faut qu'ils soient eux-mêmes un peu foudroyés par leur propre salut; cet éblouissement les réveille. De là la nécessité des tocsins et des guerres. Il faut que de grands combattants se lèvent, illuminent les nations par l'audace, et secouent cette triste humanité que couvrent d'ombre le droit divin, la gloire césarienne, la force, le fanatisme, le pouvoir irresponsable et les majestés absolues; cohue stupidement occupée à contempler, dans leur splendeur crépusculaire, ces sombres triomphes de la nuit. A bas le tyran! Mais quoi? de qui parlez-vous? appelez-vous Louis-Philippe le tyran? Non; pas plus que Louis XVI. Ils sont tous deux ce que l'histoire a coutume de nommer de bons rois; mais les principes ne se morcellent pas, la logique du vrai est rectiligne, le propre de la vérité, c'est de manquer de complaisance; pas de concession donc; tout empiétement sur l'homme doit être réprimé; il y a le droit divin dans Louis XVI, il y a *parce que Bourbon* dans Louis-Philippe; tous deux représentent dans une certaine mesure la confiscation du droit, et, pour déblayer l'usurpation universelle, il faut les combattre; il le faut, la France étant toujours ce qui commence. Quand le maître tombe en France, il tombe partout. En somme, rétablir la vérité sociale, rendre son trône à la liberté, rendre le peuple au peuple, rendre à l'homme la souveraineté, replacer la pourpre sur la tête de la France, restaurer dans leur plénitude la raison et l'équité, supprimer tout germe d'antagonisme en restituant chacun à lui-même, anéantir l'obstacle que la royauté fait à l'immense concorde universelle, remettre le genre humain de niveau avec le droit, quelle cause plus juste, et, par conséquent, quelle guerre plus grande? Ces guerres-là construisent la paix. Une énorme forteresse de préjugés, de priviléges, de superstitions, de mensonges, d'exactions, d'abus, de violences, d'iniquités, de ténèbres est encore debout sur le monde avec ses tours de haine. Il faut la jeter bas. Il faut faire crouler cette masse monstrueuse. Vaincre à Austerlitz, c'est grand; prendre la Bastille, c'est immense.

Il n'est personne qui ne l'ait remarqué sur soi-même, l'âme, et c'est là la merveille de son unité compliquée d'ubiquité, a cette aptitude étrange de raisonner presque froidement dans les extrémités les plus violentes, et il arrive souvent que la passion désolée et le profond désespoir, dans l'agonie même de leurs monologues les plus noirs, traitent des sujets et discutent des thèses. La logique se mêle à la convulsion, et le fil du syllogisme flotte sans se casser dans l'orage lugubre de la pensée. C'était là la situation d'esprit de Marius.

Tout en songeant ainsi, accablé, mais résolu, hésitant partout, et, en somme, frémissant devant ce qu'il allait faire, son regard errait dans l'intérieur de la barricade. Les insurgés y causaient à demi-voix, sans remuer, et l'on y sentait ce quasi-silence qui marque la dernière phase de l'attente. Au-dessus d'eux, à une lucarne d'un troisième étage, Marius distinguait une espèce de spectateur ou de témoin qui lui semblait singulièrement attentif. C'était le portier tué par Le Cabuc. D'en bas, à la réverbération de la torche enfouie dans les pavés, on apercevait cette tête vaguement. Rien n'était plus étrange, à cette clarté sombre et incertaine, que cette face livide, immobile, étonnée, avec ses cheveux hérissés, ses yeux ouverts et fixes et sa bouche béante, penchée sur la rue dans une attitude de curiosité. On eût dit que celui qui était mort considérait ceux qui allaient mourir. Une longue traînée de sang qui avait coulé de cette tête descendait en filets rougeâtres de la lucarne jusqu'à la hauteur du premier étage où elle s'arrêtait.

LES GRANDEURS DU DÉSESPOIR

# LIVRE QUATORZIÈME

## LES GRANDEURS DU DÉSESPOIR

### I

#### LE DRAPEAU : PREMIER ACTE

Rien ne venait encore. Dix heures avaient sonné à Saint-Merry. Enjolras et Combeferre étaient allés s'asseoir, la carabine à la main, près de la coupure de la grande barricade. Ils ne se parlaient pas, ils écoutaient, cherchant à saisir même le bruit de marche le plus sourd et le plus lointain.

Subitement, au milieu de ce calme lugubre, une voix claire, jeune, gaie, qui semblait venir de la rue Saint-Denis, s'éleva et se mit à chanter distinctement sur le vieil air populaire, *Au clair de la lune*, cette poésie, terminée par une sorte de cri pareil au chant du coq :

> Mon nez est en larmes,
> Mon ami Bugeaud,
> Prêt'moi tes gendarmes
> Pour leur dire un mot.
> En capote bleue,
> La poule au shako,
> Voici la banlieue !
> Co-cocorico !

Ils se serrèrent la main.
— C'est Gavroche, dit Enjolras.
— Il nous avertit, dit Combeferre.

Une course précipitée troubla la rue déserte ; on vit un être plus agile qu'un clown grimper par-dessus l'omnibus, et Gavroche bondit dans la barricade tout essoufflé, en disant :

— Mon fusil ! Les voici.

Un frisson électrique parcourut toute la barricade, et l'on entendit le mouvement des mains cherchant les fusils.

— Veux-tu ma carabine ? dit Enjolras au gamin.
— Je veux le grand fusil, répondit Gavroche.

Et il prit le fusil de Javert.

Deux sentinelles s'étaient repliées et étaient rentrées presque en même temps que Gavroche. C'était la sentinelle du bout de la rue et la vedette de la Petite-Truanderie. La vedette de la ruelle des Prêcheurs était restée à son poste, ce qui indiquait que rien ne venait du côté des ponts et des halles.

La rue de la Chanvrerie, dont quelques pavés à peine étaient visibles au reflet de la lumière qui se projetait sur le drapeau, offrait aux insurgés l'aspect d'un grand porche noir vaguement ouvert dans une fumée.

Chacun avait pris son poste de combat.

Quarante-trois insurgés, parmi lesquels Enjolras, Combeferre, Courfeyrac, Bossuet, Joly, Bahorel et Gavroche, étaient agenouillés dans la grande barricade, les têtes à fleur de la crête du barrage, les canons des fusils et des carabines braqués sur les pavés comme à des meurtrières, attentifs, muets, prêts à faire feu. Six, commandés par Feuilly, s'étaient installés, le fusil en joue, aux fenêtres des deux étages de Corinthe.

Quelques instants s'écoulèrent encore ; puis un bruit de pas, mesuré, pesant, nombreux, se fit entendre distinctement du côté de Saint-Leu. Ce bruit, d'abord faible, puis précis, puis lourd et sonore, s'approchait lentement, sans halte, sans interruption, avec une continuité tranquille et terrible. On n'entendait rien que cela. C'était tout ensemble le silence et le bruit de la statue du Commandeur, mais ce pas de pierre avait on ne sait quoi d'énorme et de multiple qui éveillait l'idée d'une foule en même temps que l'idée d'un spectre. On croyait entendre marcher l'effrayante statue Légion. Ce pas approcha ; il approcha encore, et s'arrêta. Il sembla qu'on entendît au bout de la rue le souffle de beaucoup d'hommes. On ne voyait rien pourtant, seulement on distinguait tout au fond dans cette épaisse obscurité une multitude de fils métalliques, fins comme des aiguilles et presque imperceptibles, qui s'agitaient, pareils à ces indescriptibles réseaux phosphoriques qu'au moment de s'endormir on aperçoit, sous ses paupières fermées, dans les premiers brouillards du sommeil. C'étaient les bayonnettes et les canons de fusil confusément éclairés par la réverbération lointaine de la torche.

Il y eut encore une pause, comme si des deux côtés on attendait. Tout à coup, du fond de cette ombre, une voix, d'autant plus sinistre qu'on ne voyait personne, et qu'il semblait que c'était l'obscurité elle-même qui parlait, cria :

— Qui vive ?

En même temps en entendit le cliquetis des fusils qui s'abattent.

Enjolras répondit d'un accent vibrant et altier :

— Révolution française !

— Feu ! dit la voix.

Un éclair empourpra toutes les façades de la rue comme si la porte d'une fournaise s'ouvrait et se fermait brusquement.

Une effroyable détonation éclata sur la barricade. Le drapeau rouge tomba. La décharge avait été si violente et si dense qu'elle en avait coupé la hampe, c'est-à-dire la pointe même du timon de l'omnibus.

Des balles, qui avaient ricoché sur les corniches des maisons, pénétrèrent dans la barricade et blessèrent plusieurs hommes.

L'impression de cette première décharge fut glaçante. L'attaque était rude et de nature à faire songer les plus hardis. Il était évident qu'on avait au moins affaire à un régiment tout entier.

— Camarades, cria Courfeyrac, ne perdons pas la poudre. Attendons pour riposter qu'ils soient engagés dans la rue.

— Et, avant tout, dit Enjolras, relevons le drapeau !

Il ramassa le drapeau qui était précisément tombé à ses pieds.

On entendait au dehors le choc des baguettes dans les fusils; la troupe rechargeait les armes.

Enjolras reprit :

— Qui est-ce qui a du cœur ici ? qui est-ce qui replante le drapeau sur la barricade ?

Pas un ne répondit. Monter sur la barricade au moment où sans doute elle était couchée en joue de nouveau, c'était simplement la mort. Le plus brave hésite à se condamner, Enjolras lui-même avait un frémissement. Il répéta :

— Personne ne se présente ?

## II

#### LE DRAPEAU : DEUXIÈME ACTE

Depuis qu'on était arrivé à Corinthe et qu'on avait commencé à construire la barricade, on n'avait plus guère fait attention au père Mabeuf. M. Mabeuf pourtant n'avait pas quitté l'attroupement. Il était entré dans le rez-de-chaussée du cabaret et s'était assis derrière le comptoir. Là, il s'était pour ainsi dire anéanti en lui-même. Il semblait ne plus regarder et ne plus penser. Courfeyrac et d'autres l'avaient deux ou trois fois accosté, l'avertissant du péril, l'engageant à se retirer, sans qu'il parût les entendre. Quand on ne lui parlait pas, sa bouche remuait comme s'il répondait à quelqu'un, et dès qu'on lui adressait la parole, ses lèvres devenaient immobiles et ses yeux n'avaient plus l'air vivants.

Quelques heures avant que la barricade fût attaquée, il avait pris une posture qu'il n'avait plus quittée, les deux poings sur ses deux genoux et la tête penchée en avant comme s'il regardait dans un précipice. Rien n'avait pu le tirer de cette attitude ; il ne paraissait pas que son esprit fût dans la barricade. Quand chacun était allé prendre sa place de combat, il n'était plus resté dans la salle basse que Javert lié au poteau, un insurgé le sabre nu veillant sur Javert, et lui, Mabeuf. Au moment de l'attaque, à la détonation, la secousse physique l'avait atteint et comme réveillé ; il s'était levé brusquement, il avait traversé la salle, et à l'instant où Enjolras répéta son appel :

— Personne ne se présente ? on vit le vieillard apparaître sur le seuil du cabaret.

Sa présence fit une sorte de commotion dans les groupes. Un cri s'éleva :

— C'est le votant! c'est le conventionnel! c'est le représentant du peuple!

Il est probable qu'il n'entendait pas.

Il marcha droit à Enjolras, les insurgés s'écartaient devant lui avec une crainte religieuse, il arracha le drapeau à Enjolras, qui reculait pétrifié, et alors, sans que personne osât ni l'arrêter, ni l'aider, ce vieillard de quatrevingts ans, la tête branlante, le pied ferme, se mit à gravir lentement l'escalier de pavés pratiqué dans la barricade. Cela était si sombre et si grand que tous autour de lui crièrent : Chapeau bas! A chaque marche qu'il montait, c'était effrayant; ses cheveux blancs, sa face décrépite, son grand front chauve et ridé, ses yeux caves, sa bouche étonnée et ouverte, son vieux bras levant la bannière rouge, surgissaient de l'ombre et grandissaient dans la clarté sanglante de la torche, et l'on croyait voir le spectre de 93 sortir de terre, le drapeau de la terreur à la main.

Quand il fut au haut de la dernière marche, quand ce fantôme tremblant et terrible, debout sur ce monceau de décombres en présence de douze cents fusils invisibles, se dressa, en face de la mort et comme s'il était plus fort qu'elle, toute la barricade eut dans les ténèbres une figure surnaturelle et colossale.

Il y eut un de ces silences qui ne se font qu'autour des prodiges.

Au milieu de ce silence le vieillard agita le drapeau rouge et cria :

— Vive la révolution! vive la république! fraternité! égalité! et la mort!

On entendit de la barricade un chuchotement bas et rapide pareil au murmure d'un prêtre pressé qui dépêche une prière. C'était probablement le commissaire de police qui faisait les sommations légales à l'autre bout de la rue.

Puis la même voix éclatante qui avait crié : qui vive? cria :

— Retirez-vous!

M. Mabeuf, blême, hagard, les prunelles illuminées des lugubres flammes de l'égarement, leva le drapeau au-dessus de son front et répéta :

— Vive la république!

— Feu! dit la voix.

Une seconde décharge, pareille à une mitraille, s'abattit sur la barricade.

Le vieillard fléchit sur ses genoux, puis se redressa, laissa échapper

le drapeau et tomba en arrière à la renverse sur le pavé, comme une planche, tout de son long, et les bras en croix.

Des ruisseaux de sang coulèrent de dessous lui. Sa vieille tête, pâle et triste, semblait regarder le ciel.

Une de ces émotions supérieures à l'homme, qui font qu'on oublie même de se défendre, saisit les insurgés, et ils s'approchèrent du cadavre avec une épouvante respectueuse.

— Quels hommes que ces régicides ! dit Enjolras.

Courfeyrac se pencha à l'oreille d'Enjolras :

— Ceci n'est que pour toi, et je ne veux pas diminuer l'enthousiasme. Mais ce n'était rien moins qu'un régicide. Je l'ai connu. Il s'appelait le père Mabeuf. Je ne sais pas ce qu'il avait aujourd'hui. Mais c'était une brave ganache. Regarde-moi sa tête.

— Tête de ganache et cœur de Brutus, répondit Enjolras.

Puis il éleva la voix :

— Citoyens ! Ceci est l'exemple que les vieux donnent aux jeunes. Nous hésitions, il est venu ! nous reculions, il a avancé ! Voilà ce que ceux qui tremblent de vieillesse enseignent à ceux qui tremblent de peur ! Cet aïeul est auguste devant la patrie. Il a eu une longue vie et une magnifique mort ! Maintenant abritons le cadavre, que chacun de nous défende ce vieillard mort comme il défendrait son père vivant, et que sa présence au milieu de nous fasse la barricade imprenable !

Un murmure d'adhésion morne et énergique suivit ces paroles.

Enjolras se courba, souleva la tête du vieillard, et, farouche, le baisa au front, puis, lui écartant les bras, et maniant ce mort avec une précaution tendre, comme s'il eût craint de lui faire du mal, il lui ôta son habit, en montra à tous les trous sanglants et dit :

— Voilà maintenant notre drapeau.


III

GAVROCHE AURAIT MIEUX FAIT D'ACCEPTER
LA CARABINE D'ENJOLRAS

On jeta sur le père Mabeuf un long châle noir de la veuve Hucheloup. Six hommes firent de leurs fusils une civière, on y posa le cadavre, et on le porta, têtes nues, avec une lenteur solennelle, sur la grande table de la salle basse.

Ces hommes, tout entiers à la chose grave et sacrée qu'ils faisaient, ne songeaient plus à la situation périlleuse où ils étaient.

Quand le cadavre passa près de Javert toujours impassible, Enjolras dit à l'espion :

— Toi ! tout à l'heure.

Pendant ce temps-là, le petit Gavroche, qui seul n'avait pas quitté son poste et était resté en observation, croyait voir des hommes s'approcher à pas de loup de la barricade. Tout à coup il cria :

— Méfiez-vous !

Courfeyrac, Enjolras, Jean Prouvaire, Combeferre, Joly, Bahorel, Bossuet, tous sortirent en tumulte du cabaret. Il n'était presque déjà plus temps. On apercevait une étincelante épaisseur de baïonnettes ondulant au-dessus de la barricade. Des gardes municipaux de haute taille pénétraient, les uns en enjambant l'omnibus, les autres par la coupure, poussant devant eux le gamin qui reculait, mais ne fuyait pas.

L'instant était critique. C'était cette première redoutable minute de l'inondation, quand le fleuve se soulève au niveau de la levée et que l'eau commence à s'infiltrer par les fissures de la digue. Une seconde encore, et la barricade était prise.

Bahorel s'élança sur le premier garde municipal qui entrait et le tua à bout portant d'un coup de carabine ; le second tua Bahorel d'un coup de baïonnette. Un autre avait déjà terrassé Courfeyrac qui criait : A moi ! Le plus grand de tous, une espèce de colosse, marchait sur Gavroche la baïonnette en avant. Le gamin prit dans ses petits bras l'énorme fusil de Javert, coucha résolûment en joue le géant, et lâcha son coup. Rien ne partit. Javert n'avait pas chargé son fusil. Le garde municipal éclata de rire et leva la baïonnette sur l'enfant.

Avant que la baïonnette eût touché Gavroche, le fusil échappait des mains du soldat, une balle avait frappé le garde municipal au milieu du front et il tombait sur le dos. Une seconde balle frappait en pleine poitrine l'autre garde qui avait assailli Courfeyrac, et le jetait sur le pavé.

C'était Marius qui venait d'entrer dans la barricade.

## IV

#### LE BARIL DE POUDRE

Marius, toujours caché dans le coude de la rue Mondétour, avait assisté à la première phase du combat, irrésolu et frissonnant. Cependant il n'avait pu résister longtemps à ce vertige mystérieux et souverain qu'on pourrait nommer l'appel de l'abîme. Devant l'imminence du péril, devant la mort de M. Mabeuf, cette funèbre énigme, devant Bahorel tué, Courfeyrac criant : A moi ! cet enfant menacé, ses amis à secourir ou à venger, toute hésitation s'était évanouie, et il s'était rué dans la mêlée ses deux pistolets à la main. Du premier coup il avait sauvé Gavroche et du second délivré Courfeyrac.

Aux coups de feu, aux cris des gardes frappés, les assaillants avaient gravi le retranchement, sur le sommet duquel on voyait maintenant se dresser plus d'à mi-corps, et en foule, des gardes municipaux, des soldats de la ligne, des gardes nationaux de la banlieue, le fusil au poing.

Ils couvraient déjà plus des deux tiers du barrage, mais ils ne sautaient pas dans l'enceinte, comme s'ils balançaient, craignant quelque piége. Ils regardaient dans la barricade obscure comme on regarderait dans une tanière de lions. La lueur de la torche n'éclairait que les bayonnettes, les bonnets à poil et le haut des visages inquiets et irrités.

Marius n'avait plus d'armes, il avait jeté ses pistolets déchargés; mais il avait aperçu le baril de poudre dans la salle basse près de la porte.

Comme il se tournait à demi, regardant de ce côté, un soldat le coucha en joue. Au moment où le soldat ajustait Marius, une main se posa sur le bout du canon du fusil, et le boucha. C'était quelqu'un qui s'était élancé, le jeune ouvrier en pantalon de velours. Le coup partit, traversa la main, et peut-être aussi l'ouvrier, car il tomba, mais la balle n'atteignit pas Marius. Tout cela dans la fumée, plutôt entrevu que vu. Marius, qui entrait dans la salle basse, s'en aperçut à peine. Cependant il avait confusément vu ce canon de fusil dirigé sur lui et cette main qui l'avait bouché, et il avait entendu le coup. Mais dans des minutes comme celle-là, les choses qu'on voie vacillent et se précipitent, et l'on ne s'arrête à rien. On se sent obscurément poussé vers plus d'ombre encore, et tout est nuage.

Les insurgés, surpris, mais non effrayés, s'étaient ralliés. Enjolras avait crié : Attendez ! ne tirez pas au hasard ! Dans la première confusion en effet ils pouvaient se blesser les uns les autres. La plupart étaient montés à la fenêtre du premier étage et aux mansardes d'où ils dominaient les assaillants.

Les plus déterminés avec Enjolras, Courfeyrac, Jean Prouvaire et Combeferre, s'étaient fièrement adossés aux maisons du fond, à découvert et faisant face aux rangées de soldats et de gardes qui couronnaient la barricade.

Tout cela s'accomplit sans précipitation, avec cette gravité étrange et menaçante qui précède les mêlées. Des deux parts on se couchait en joue, à bout portant, on était si près qu'on pouvait se parler à portée de voix.

Quand on fut à ce point où l'étincelle va jaillir, un officier en hausse-col et à grosses épaulettes étendit son épée et dit :

— Bas les armes !
— Feu ! dit Enjolras.

Les deux détonations partirent en même temps, et tout disparut dans la fumée.

Fumée âcre et étouffante où se traînaient, avec des gémissements faibles et sourds, des mourants et des blessés.

Quand la fumée se dissipa, on vit des deux côtés les combattants, éclaircis, mais toujours aux mêmes places, qui rechargeaient les armes en silence.

Tout à coup on entendit une voix tonnante qui criait :

— Allez-vous-en, ou je fais sauter la barricade !

Tous se retournèrent du côté d'où venait la voix.

Marius était entré dans la salle basse, et y avait pris le baril de poudre, puis il avait profité de la fumée et de l'espèce de brouillard obscur qui emplissait l'enceinte retranchée, pour se glisser le long de la barricade jusqu'à cette cage de pavés où était fixée la torche. En arracher la torche, y mettre le baril de poudre, pousser la pile de pavés sous le baril, qui s'était sur-le-champ défoncé, avec une sorte d'obéissance terrible, tout cela avait été pour Marius le temps de se baisser et de se relever ; et maintenant tous, gardes nationaux, gardes municipaux, officiers, soldats, pelotonnés à l'autre extrémité de la barricade, le regardaient avec stupeur le pied sur les pavés, la torche à la main, son fier visage éclairé par une résolution fatale, penchant la flamme de la torche vers ce monceau redoutable où l'on distinguait le baril de poudre brisé, et poussant ce cri terrifiant :

— Allez-vous-en, ou je fais sauter la barricade !

Marius sur cette barricade après l'octogénaire, c'était la vision de la jeune révolution après l'apparition de la vieille.

— Sauter la barricade ! dit un sergent, et toi aussi !

Marius répondit :

— Et moi aussi.

Et il approcha la torche du baril de poudre.

Mais il n'y avait déjà plus personne sur le barrage. Les assaillants, laissant leurs morts et leurs blessés, refluaient pêle-mêle et en désordre vers l'extrémité de la rue et s'y perdaient de nouveau dans la nuit. Ce fut un sauve-qui-peut.

La barricade était dégagée.

## V

#### FIN DES VERS DE JEAN PROUVAIRE

Tous entourèrent Marius. Courfeyrac lui sauta au cou.

— Te voilà!
— Quel bonheur! dit Combeferre.
— Tu es venu à propos! fit Bossuet.
— Sans toi j'étais mort! reprit Courfeyrac.
— Sans vous j'étais gobé! ajouta Gavroche.

Marius demanda :
— Où est le chef?
— C'est toi, dit Enjolras.

Marius avait eu toute une journée une fournaise dans le cerveau, maintenant c'était un tourbillon. Ce tourbillon qui était en lui lui faisait l'effet d'être hors de lui et de l'emporter. Il lui semblait qu'il était déjà à une distance immense de la vie. Ses deux lumineux mois de joie et d'amour, aboutissant brusquement à cet effroyable précipice, Cosette perdue pour lui, cette barricade, M. Mabeuf se faisant tuer pour la république, lui-même chef d'insurgés, toutes ces choses lui paraissaient un cauchemar monstrueux. Il était obligé de faire un effort d'esprit pour se rappeler que tout ce qui l'entourait était réel. Marius avait trop peu vécu encore pour savoir que rien n'est plus imminent que l'impossible, et que ce qu'il faut toujours prévoir, c'est l'imprévu. Il assistait à son propre drame comme à une pièce qu'on ne comprend pas.

Dans cette brume où était sa pensée, il ne reconnut pas Javert qui, lié à son poteau, n'avait pas fait un mouvement de tête pendant l'attaque de la barricade et qui regardait s'agiter autour de lui la révolte avec la résignation d'un martyr et la majesté d'un juge. Marius ne l'aperçut même pas.

Cependant les assaillants ne bougeaient plus, on les entendait marcher et fourmiller au bout de la rue, mais ils ne s'y aventuraient pas, soit qu'ils attendissent des ordres, soit qu'avant de se ruer de nouveau sur cette imprenable redoute, ils attendissent des renforts. Des insurgés avaient posé des sentinelles, et quelques-uns qui étaient étudiants en médecine s'étaient mis à panser les blessés.

On avait jeté les tables hors du cabaret à l'exception de deux tables réservées à la charpie et aux cartouches, et de la table où gisait le père Mabeuf; on les avait ajoutées à la barricade, et on les avait remplacées dans la salle basse par les matelas des lits de la veuve Hucheloup et des servantes. Sur ces matelas on avait étendu les blessés. Quant aux trois pauvres créatures qui habitaient Corinthe, on ne savait ce qu'elles étaient devenues. On finit pourtant par les trouver cachées dans la cave.

Une émotion poignante vint assombrir la joie de la barricade dégagée.

On fit l'appel. Un des insurgés manquait. Et qui? Un des plus chers. Un des plus vaillants. Jean Prouvaire. On le chercha parmi les blessés, il n'y était pas. On le chercha parmi les morts, il n'y était pas. Il était évidemment prisonnier.

Combeferre dit à Enjolras :

— Ils ont notre ami ; nous avons leur agent. Tiens-tu à la mort de ce mouchard?

— Oui, répondit Enjolras ; mais moins qu'à la vie de Jean Prouvaire.

Ceci se passait dans la salle basse près du poteau de Javert.

— Eh bien, reprit Combeferre, je vais attacher mon mouchoir à ma canne, et aller en parlementaire leur offrir de leur donner leur homme pour le nôtre.

— Écoute, dit Enjolras en posant sa main sur le bras de Combeferre.

Il y avait au bout de la rue un cliquetis d'armes significatif.

On entendit une voix mâle crier :

— Vive la France! vive l'avenir!

On reconnut la voix de Prouvaire.

Un éclair passa et une détonation éclata.

Le silence se refit.

— Ils l'ont tué, s'écria Combeferre.

Enjolras regarda Javert et lui dit :

— Tes amis viennent de te fusiller.

## VI

#### L'AGONIE DE LA MORT APRÈS L'AGONIE DE LA VIE

Une singularité de ce genre de guerre, c'est que l'attaque des barricades se fait presque toujours de front, et qu'en général les assaillants s'abstiennent de tourner les positions, soit qu'ils redoutent des embuscades, soit qu'ils craignent de s'engager dans des rues tortueuses. Toute l'attention des insurgés se portait donc du côté de la grande barricade qui était évidemment le point toujours menacé et où devait recommencer infailliblement la lutte. Marius pourtant songea à la petite barricade et y alla. Elle était déserte et n'était gardée que par le lampion qui tremblait entre les pavés. Du reste, la ruelle Mondétour et les embranchements de la Petite-Truanderie et du Cygne étaient profondément calmes.

Comme Marius, l'inspection faite, se retirait, il entendit son nom prononcé faiblement dans l'obscurité :

— Monsieur Marius !

Il tressaillit, car il reconnut la voix qui l'avait appelé deux heures auparavant à travers la grille de la rue Plumet.

Seulement cette voix maintenant semblait n'être plus qu'un souffle.

Il regarda autour de lui et ne vit personne.

Marius crut s'être trompé, et que c'était une illusion ajoutée par son esprit aux réalités extraordinaires qui se heurtaient autour de lui. Il fit un pas pour sortir de l'enfoncement reculé où était la barricade.

— Monsieur Marius ! répéta la voix.

Cette fois il ne pouvait douter, il avait distinctement entendu ; il regarda, et ne vit rien.

— A vos pieds, dit la voix.

Il se courba et vit dans l'ombre une forme qui se traînait vers lui.

Cela rampait sur le pavé. C'était cela qui lui parlait.

Le lampion permettait de distinguer une blouse, un pantalon de gros velours déchiré, des pieds nus, et quelque chose qui ressemblait à une mare de sang. Marius entrevit une tête pâle qui se dressait vers lui et qui lui dit :

— Vous ne me reconnaissez pas?

— Non.

— Éponine.

Marius se baissa vivement. C'était en effet cette malheureuse enfant. Elle était habillée en homme.

— Comment êtes-vous ici? Que faites-vous là?

— Je meurs, lui dit-elle.

Il y a des mots et des incidents qui réveillent les êtres accablés. Marius s'écria comme en sursaut :

— Vous êtes blessée! Attendez, je vais vous porter dans la salle. On va vous panser. Est-ce grave? Comment faut-il vous prendre pour ne pas vous faire de mal? où souffrez-vous? Du secours! mon Dieu! Mais qu'êtes-vous venue faire ici?

Et il essaya de passer son bras sous elle pour la soulever.

En la soulevant il rencontra sa main.

Elle poussa un cri faible.

— Vous ai-je fait mal? demanda Marius.

— Un peu.

— Mais je n'ai touché que votre main.

Elle leva sa main vers le regard de Marius, et Marius au milieu de cette main vit un trou noir.

— Qu'avez-vous donc à la main? dit-il.

— Elle est percée.

— Percée!

— Oui.

— De quoi?

— D'une balle.

— Comment?

— Avez-vous vu un fusil qui vous couchait en joue?

— Oui, et une main qui l'a bouché.

— C'était la mienne.

Marius eut un frémissement.

— Quelle folie! Pauvre enfant! Mais tant mieux, si c'est cela, ce n'est rien, laissez-moi vous porter sur un lit. On va vous panser, on ne meurt pas d'une main percée.

Elle murmura :

— La balle a traversé la main, mais elle est sortie par le dos. C'est inutile de m'ôter d'ici. Je vais vous dire comment vous pouvez me panser, mieux qu'un chirurgien. Asseyez-vous près de moi sur cette pierre.

Il obéit; elle posa sa tête sur les genoux de Marius, et, sans le regarder, elle dit :

— Oh! que c'est bon! Comme on est bien! Voilà. Je ne souffre plus.

Elle demeura un moment en silence, puis elle tourna son visage avec effort et regarda Marius.

— Savez-vous cela, monsieur Marius? Cela me taquinait que vous entriez dans ce jardin; c'était bête, puisque c'était moi qui vous avais montré la maison; et puis enfin je devais bien me dire qu'un jeune homme comme vous...

Elle s'interrompit, et, franchissant les sombres transitions qui étaient sans doute dans son esprit, elle reprit avec un déchirant sourire :

— Vous me trouviez laide, n'est-ce pas?

Elle continua :

— Voyez-vous, vous êtes perdu! Maintenant personne ne sortira de la barricade. C'est moi qui vous ai amené ici, tiens! Vous allez mourir, j'y compte bien. Et pourtant, quand j'ai vu qu'on vous visait, j'ai mis la main sur la bouche du canon de fusil. Comme c'est drôle! Mais c'est que je voulais mourir avant vous. Quand j'ai reçu cette balle, je me suis traînée ici, on ne m'a pas vue, on ne m'a pas ramassée. Je vous attendais, je disais : Il ne viendra donc pas! Oh! si vous saviez, je mordais ma blouse, je souffrais tant! Maintenant je suis bien. Vous rappelez-vous le jour où je suis entrée dans votre chambre et où je me suis mirée dans votre miroir, et le jour où je vous ai rencontré sur le boulevard près des femmes en journée? Comme les oiseaux chantaient! Il n'y a pas bien longtemps. Vous m'avez donné cent sous, et je vous ai dit : Je ne veux pas de votre argent. Avez-vous ramassé votre pièce au moins? Vous n'êtes pas riche. Je n'ai pas pensé à vous dire de la ramasser. Il faisait beau soleil, on n'avait pas froid. Vous souvenez-vous, monsieur Marius? Oh! je suis heureuse! Tout le monde va mourir.

Elle avait un air insensé, grave et navrant. Sa blouse déchirée montrait sa gorge nue.

Elle appuyait en parlant sa main percée sur sa poitrine où il y avait un autre trou, et d'où il sortait par instant un flot de sang comme le jet de vin d'une bonde ouverte.

Marius considérait cette créature infortunée avec une profonde compassion.

— Oh! reprit-elle tout à coup, cela revient. J'étouffe!

Elle prit sa blouse et la mordit et ses jambes se roidissaient sur le pavé.

En ce moment la voix de jeune coq du petit Gavroche retentit dans la barricade.

L'enfant était monté sur une table pour charger son fusil et chantait gaîment la chanson alors si populaire :

En voyant Lafayette,
Le gendarme répète :
Sauvons-nous! sauvons-nous! sauvons-nous!

Éponine se souleva, et écouta, puis elle murmura :
— C'est lui.

Et se tournant vers Marius :
— Mon frère est là. Il ne faut pas qu'il me voie. Il me gronderait.

— Votre frère? demanda Marius qui songeait dans le plus amer et le plus douloureux de son cœur aux devoirs que son père lui avait légués envers les Thénardier, qui est votre frère?

— Ce petit.
— Celui qui chante?
— Oui.

Marius fit un mouvement.

— Oh! ne vous en allez pas, dit-elle, cela ne sera pas long à présent.

Elle était presque sur son séant, mais sa voix était très-basse et coupée de hoquets. Par intervalles le râle l'interrompait. Elle approchait le plus qu'elle pouvait son visage du visage de Marius. Elle ajouta avec une expression étrange :

— Écoutez, je ne veux pas vous faire une farce. J'ai dans ma poche une lettre pour vous. Depuis hier. On m'avait dit de la mettre à la poste. Je l'ai gardée. Je ne voulais pas qu'elle vous parvînt. Mais vous m'en voudriez peut-être quand nous allons nous revoir tout à l'heure. On se revoit, n'est-ce pas? Prenez votre lettre.

Elle saisit convulsivement la main de Marius avec sa main trouée, mais elle semblait ne plus percevoir la souffrance. Elle mit la main de Marius dans la poche de sa blouse. Marius y sentit en effet un papier.

— Prenez, dit-elle.

Marius prit la lettre.

Elle fit un signe de satisfaction et de consentement.

— Maintenant pour ma peine, promettez-moi...

Et elle s'arrêta.

— Quoi? demanda Marius.

— Promettez-moi!

— Je vous promets.

— Promettez-moi de me donner un baiser sur le front quand je serai morte. — Je le sentirai.

Elle laissa retomber sa tête sur les genoux de Marius et ses paupières se fermèrent. Il crut cette pauvre âme partie. Éponine restait immobile. Tout à coup, à l'instant où Marius la croyait à jamais endormie, elle ouvrit lentement ses yeux où apparaissait la sombre profondeur de la mort, et lui dit avec un accent dont la douceur semblait déjà venir d'un autre monde :

— Et puis, tenez, monsieur Marius, je crois que j'étais un peu amoureuse de vous.

Elle essaya encore de sourire et expira.

## VII

#### GAVROCHE PROFOND CALCULATEUR DES DISTANCES

Marius tint sa promesse. Il déposa un baiser sur ce front livide où perlait une sueur glacée.

Ce n'était pas une infidélité à Cosette; c'était un adieu pensif et doux à une malheureuse âme.

Il n'avait pas pris sans un tressaillement la lettre qu'Éponine lui avait donnée. Il avait tout de suite senti là un événement. Il était impatient de la lire. Le cœur de l'homme est ainsi fait, l'infortunée enfant avait à peine fermé les yeux que Marius songeait à déplier ce papier.

Il la reposa doucement sur la terre et s'en alla. Quelque chose lui disait qu'il ne pouvait lire cette lettre devant ce cadavre.

Il s'approcha d'une chandelle dans la salle basse. C'était un petit billet plié et cacheté avec ce soin élégant des femmes. L'adresse était d'une écriture de femme et portait :

— A monsieur, monsieur Marius Pontmercy, chez M. Courfeyrac, rue de la Verrerie, n° 16.

Il défit le cachet et lut :

« Mon bien-aimé, hélas! mon père veut que nous partions tout de
« suite. Nous serons ce soir rue de l'Homme-Armé, n° 7. Dans huit
« jours nous serons en Angleterre. Cosette, 4 juin. »

Telle était l'innocence de ces amours que Marius ne connaissait même pas l'écriture de Cosette.

Ce qui s'était passé peut être dit en quelques mots. Éponine avait tout fait. Après la soirée du 3 juin, elle avait eu une double pensée, déjouer les projets de son père et des bandits sur la maison de la rue Plumet, et séparer Marius de Cosette. Elle avait changé de guenilles avec le premier jeune drôle venu qui avait trouvé amusant de s'habiller en femme pendant qu'Éponine se déguisait en homme.

C'était elle qui au Champ de Mars avait donné à Jean Valjean l'avertissement expressif : *Déménagez*. Jean Valjean était rentré en effet et avait dit à Cosette : *Nous partons ce soir et nous allons rue de l'Homme-Armé avec Toussaint. La semaine prochaine nous serons à Londres.* Cosette, atterrée de ce coup inattendu, avait écrit en hâte deux lignes à Marius. Mais comment faire mettre la lettre à la poste? Elle ne sortait pas seule, et Toussaint, surprise d'une telle commission, eût à coup sûr montré la lettre à M. Fauchelevent. Dans cette anxiété, Cosette avait aperçu à travers la grille Éponine en habits d'homme, qui rôdait maintenant sans cesse autour du jardin. Cosette avait appelé « ce jeune ouvrier » et lui avait remis cinq francs et la lettre, en lui disant : Portez cette lettre tout de suite à son adresse. Éponine avait mis la lettre dans sa poche. Le lendemain 5 juin, elle était allée chez Courfeyrac demander Marius, non pour lui remettre la lettre, mais, chose que toute âme jalouse et aimante comprendra, « pour voir ». Là elle avait attendu Marius, ou au moins Courfeyrac, — toujours pour voir. — Quand Courfeyrac lui avait dit : Nous allons aux barricades, une idée lui traversa l'esprit. Se jeter dans cette mort-là comme elle se serait jetée dans toute autre, et y pousser Marius. Elle avait suivi Courfeyrac, s'était assurée de l'endroit où l'on construisait la barricade; et bien sûre, puisque Marius n'avait reçu aucun avis et qu'elle avait intercepté la lettre, qu'il serait à la nuit tombante au rendez-vous de tous les soirs, elle était allée rue Plumet, y avait attendu Marius, et lui avait envoyé, au nom de ses amis, cet appel qui devait, pensait-elle, l'amener à la barricade. Elle comptait sur le désespoir de Marius quand il ne trouverait pas Cosette; elle ne se trompait pas. Elle était retournée de son côté rue de la Chanvrerie. On vient de voir ce qu'elle y avait fait. Elle était morte avec cette joie tragique des cœurs jaloux qui entraînent l'être aimé dans leur mort, et qui disent : personne ne l'aura!

Marius couvrit de baisers la lettre de Cosette. Elle l'aimait donc! Il eut un instant l'idée qu'il ne devait plus mourir. Puis il se dit : elle part. Son père l'emmène en Angleterre et mon grand-père se refuse au mariage. Rien n'est changé dans la fatalité. Les rêveurs comme Marius ont de ces accablements suprêmes, et il en sort des partis pris désespérés. La fatigue de vivre est insupportable; la mort c'est plus tôt fait. Alors il songea qu'il lui restait deux devoirs à accomplir : informer Cosette de sa mort et lui envoyer un suprême adieu, et sauver de la catastrophe imminente qui se préparait ce pauvre enfant, frère d'Éponine et fils de Thénardier.

Il avait sur lui un portefeuille; le même qui avait contenu le cahier où il avait écrit tant de pensées d'amour pour Cosette. Il en arracha une feuille et écrivit au crayon ces quelques lignes :

« Notre mariage était impossible. J'ai demandé à mon grand-
« père, il a refusé; je suis sans fortune, et toi aussi. J'ai couru chez
« toi, je ne t'ai plus trouvée. Tu sais la parole que je t'avais donnée,
« je la tiens. Je meurs. Je t'aime. Quand tu liras ceci, mon âme sera
« près de toi, et te sourira. »

N'ayant rien pour cacheter cette lettre, il se borna à plier le papier en quatre et y mit cette adresse :

« *A Mademoiselle Cosette Fauchelevent, chez M. Fauchelevent, rue de l'Homme-Armé, n° 7.* »

La lettre pliée, il demeura un moment pensif, reprit son portefeuille, l'ouvrit, et écrivit avec le même crayon sur la première page ces quatre lignes :

« Je m'appelle Marius Pontmercy. Porter mon cadavre chez mon
« grand-père, M. Gillenormand, rue des Filles-du-Calvaire, n° 6, au
« Marais. »

Il remit le portefeuille dans la poche de son habit, puis il appela Gavroche.

Le gamin, à la voix de Marius, accourut avec sa mine joyeuse et dévouée.

— Veux-tu faire quelque chose pour moi?

— Tout, dit Gavroche. Dieu du bon Dieu! sans vous, vrai, j'étais cuit.

— Tu vois bien cette lettre?

— Oui.

— Prends-la. Sors de la barricade sur-le-champ (Gavroche, inquiet, commença à se gratter l'oreille), et demain matin tu la remettras à son adresse, à mademoiselle Cosette, chez M. Fauchelevent, rue de l'Homme-Armé, n° 7.

L'héroïque enfant répondit :

— Ah bien, mais! pendant ce temps-là, on prendra la barricade, et je n'y serai pas.

— La barricade ne sera plus attaquée qu'au point du jour selon toute apparence et ne sera pas prise avant demain midi.

Le nouveau répit que les assaillants laissaient à la barricade se prolongeait en effet. C'était une de ces intermittences, fréquentes dans les combats nocturnes, qui sont toujours suivies d'un redoublement d'acharnement.

— Eh bien, dit Gavroche, si j'allais porter votre lettre demain matin?

— Il sera trop tard. La barricade sera probablement bloquée, toutes les rues seront gardées, et tu ne pourras sortir. Va tout de suite.

Gavroche ne trouva rien à répliquer, il restait là, indécis, et se grattant l'oreille tristement.

Tout à coup, avec un de ces mouvements d'oiseau qu'il avait, il prit la lettre.

— C'est bon, dit-il.

Et il partit en courant par la ruelle Mondétour.

Gavroche avait eu une idée qui l'avait déterminé, mais qu'il n'avait pas dite, de peur que Marius n'y fît quelque objection.

Cette idée, la voici :

— Il est à peine minuit, la rue de l'Homme-Armé n'est pas loin, je vais porter la lettre tout de suite, et je serai revenu à temps.

# LIVRE QUINZIÈME

## LA RUE DE L'HOMME-ARMÉ

### I

#### BUVARD, BAVARD

Qu'est-ce que les convulsions d'une ville auprès des émeutes de l'âme? L'homme est une profondeur plus grande encore que le peuple. Jean Valjean, en ce moment-là même, était en proie à un soulèvement effrayant. Tous les gouffres s'étaient rouverts en lui. Lui aussi frissonnait, comme Paris, au seuil d'une révolution formidable et obscure. Quelques heures avaient suffi. Sa destinée et sa conscience s'étaient brusquement couvertes d'ombres. De lui aussi, comme de Paris, on pouvait dire : les deux principes sont en présence. L'ange blanc et l'ange noir vont se saisir corps à corps sur le pont de l'abîme. Lequel des deux précipitera l'autre? Qui l'emportera?

La veille de ce même jour 5 juin, Jean Valjean, accompagné de Cosette et de Toussaint, s'était installé rue de l'Homme-Armé. Une péripétie l'y attendait.

Cosette n'avait pas quitté la rue Plumet sans un essai de résistance. Pour la première fois depuis qu'ils existaient côte à côte, la volonté de Cosette et la volonté de Jean Valjean s'étaient montrées distinctes, et s'étaient, sinon heurtées, du moins contredites. Il y avait eu objection d'un côté et inflexibilité de l'autre. Le brusque conseil : *Déménagez*, jeté par un inconnu à Jean Valjean l'avait alarmé au point de le rendre absolu. Il se croyait dépisté et poursuivi. Cosette avait dû céder.

Tous deux étaient arrivés rue de l'Homme-Armé sans desserrer les dents et sans se dire un mot, absorbés chacun dans leur préoccupation personnelle ; Jean Valjean si inquiet qu'il ne voyait pas la tristesse de Cosette, Cosette si triste qu'elle ne voyait pas l'inquiétude de Jean Valjean.

Jean Valjean avait emmené Toussaint, ce qu'il n'avait jamais fait dans ses précédentes absences. Il entrevoyait qu'il ne reviendrait peut-être pas rue Plumet, et il ne pouvait ni laisser Toussaint derrière lui, ni lui dire son secret. D'ailleurs, il la sentait dévouée et sûre. De domestique à maître, la trahison commence par la curiosité. Or Toussaint, comme si elle eût été prédestinée à être la servante de Jean Valjean, n'était pas curieuse. Elle disait à travers son bégayement, dans son parler de paysanne de Barneville : « Je suis de même de même ; je chose mon fait ; le demeurant n'est pas mon travail. (Je suis ainsi ; je fais ma besogne, le reste n'est pas mon affaire.) »

Dans ce départ de la rue Plumet, qui avait été presque une fuite, Jean Valjean n'avait rien emporté que la petite valise embaumée, baptisée par Cosette l'*inséparable*. Des malles pleines eussent exigé des commissionnaires, et des commissionnaires sont des témoins. On avait fait venir un fiacre à la porte de la rue de Babylone, et l'on s'en était allé.

C'est à grand'peine que Toussaint avait obtenu la permission d'empaqueter un peu de linge et des vêtements et quelques objets de toilette. Cosette, elle, n'avait emporté que sa papeterie et son buvard.

Jean Valjean, pour accroître la solitude et l'ombre de cette disparition, s'était arrangé de façon à ne quitter le pavillon de la rue Plumet qu'à la chute du jour, ce qui avait laissé à Cosette le temps d'écrire son billet à Marius. On était arrivé rue de l'Homme-Armé à la nuit close.

On s'était couché silencieusement.

Le logement de la rue de l'Homme-Armé était situé dans une arrière-cour, à un deuxième étage, et composé de deux chambres à coucher, d'une salle à manger et d'une cuisine attenante à la salle à manger, avec soupente, où il y avait un lit de sangle qui échut à

Toussaint. La salle à manger était en même temps l'antichambre et séparait les deux chambres à coucher. L'appartement était pourvu des ustensiles nécessaires.

On se rassure presque aussi follement qu'on s'inquiète; la nature humaine est ainsi. A peine Jean Valjean fut-il rue de l'Homme-Armé, que son anxiété s'éclaircit et, par degrés, se dissipa. Il y a des lieux calmants qui agissent en quelque sorte mécaniquement sur l'esprit. Rue obscure, habitants paisibles. Jean Valjean sentit on ne sait quelle contagion de tranquillité dans cette ruelle de l'ancien Paris, si étroite qu'elle est barrée aux voitures par un madrier transversal posé sur deux poteaux, muette et sourde au milieu de la ville en rumeur, crépusculaire en plein jour, et, pour ainsi dire, incapable d'émotions entre ces deux rangées de hautes maisons centenaires qui se taisent comme des vieillards qu'elles sont. Il y a dans cette rue de l'oubli stagnant. Jean Valjean y respira. Le moyen qu'on pût le trouver là?

Son premier soin fut de mettre l'*inséparable* à côté de lui.

Il dormit bien. La nuit conseille; on peut ajouter : la nuit apaise. Le lendemain matin, il s'éveilla presque gai. Il trouva charmante la salle à manger qui était hideuse, meublée d'une vieille table ronde, d'un buffet bas, que surmontait un miroir penché, d'un fauteuil vermoulu et de quelques chaises encombrées des paquets de Toussaint. Dans un de ces paquets, on apercevait par un hiatus l'uniforme de garde national de Jean Valjean.

Quant à Cosette, elle s'était fait apporter par Toussaint un bouillon dans sa chambre, et ne parut que le soir.

Vers cinq heures, Toussaint, qui allait et venait, très occupée de ce petit emménagement, avait mis sur la table de la salle à manger une volaille froide que Cosette, par déférence pour son père, avait consenti à regarder.

Cela fait, Cosette, prétextant une migraine persistante, avait dit bonsoir à Jean Valjean et s'était enfermée dans sa chambre à coucher. Jean Valjean avait mangé une aile de poulet avec appétit, et, accoudé sur la table, rasséréné peu à peu, rentrait en possession de sa sécurité.

Pendant qu'il faisait ce sobre dîner, il avait perçu confusément, à deux ou trois reprises, le bégayement de Toussaint qui lui disait :
— Monsieur, il y a du train, on se bat dans Paris. Mais, absorbé dans une foule de combinaisons intérieures, il n'y avait point pris garde. A vrai dire, il n'avait pas entendu.

Il se leva, et se mit à marcher de la fenêtre à la porte et de la porte à la fenêtre, de plus en plus apaisé.

Avec le calme, Cosette, sa préoccupation unique, revenait dans sa pensée. Non qu'il s'émût de cette migraine, petite crise de nerfs, bouderie de jeune fille, nuage d'un moment, il n'y paraîtrait pas dans un jour ou deux; mais il songeait à l'avenir, et, comme d'habitude, il y songeait avec douceur. Après tout, il ne voyait aucun obstacle à ce que la vie heureuse reprît son cours. A de certaines heures, tout semble impossible, à d'autres heures, tout paraît aisé; Jean Valjean était dans une de ces bonnes heures. Elles viennent d'ordinaire après les mauvaises, comme le jour après la nuit, par cette loi de succession et de contraste qui est le fond même de la nature et que les esprits superficiels appellent antithèse. Dans cette paisible rue où il se réfugiait, Jean Valjean se dégageait de tout ce qui l'avait troublé depuis quelque temps. Par cela même qu'il avait vu beaucoup de ténèbres, il commençait à apercevoir un peu d'azur. Avoir quitté la rue Plumet sans complication et sans incident, c'était déjà un bon pas de fait. Peut-être serait-il sage de se dépayser, ne fût-ce que pour quelques mois, et d'aller à Londres. Eh bien, on irait. Être en France, être en Angleterre, qu'est-ce que cela faisait, pourvu qu'il eût près de lui Cosette? Cosette était sa nation. Cosette suffisait à son bonheur; l'idée qu'il ne suffisait peut-être pas, lui, au bonheur de Cosette, cette idée, qui avait été autrefois sa fièvre et son insomnie, ne se présentait même pas à son esprit. Il était dans le collapsus de toutes ses douleurs passées, et en plein optimisme. Cosette, étant près de lui, lui semblait à lui; effet d'optique que tout le monde a éprouvé. Il arrangeait en lui-même, et avec toutes sortes de facilités, le départ pour l'Angleterre avec Cosette, et il voyait sa félicité se reconstruire n'importe où dans les perspectives de sa rêverie.

Tout en marchant de long en large à pas lents, son regard rencontra tout à coup quelque chose d'étrange.

Il aperçut en face de lui, dans le miroir incliné qui surmontait le buffet, et il lut distinctement les quatre lignes que voici :

« Mon bien-aimé, hélas! mon père veut que nous partions tout « de suite. Nous serons ce soir rue de l'Homme-Armé, n° 7. Dans huit « jours nous serons en Angleterre. — Cosette. 4 juin. »

Jean Valjean s'arrêta hagard.

Cosette en arrivant avait posé son buvard sur le buffet devant le miroir, et, toute à sa douloureuse angoisse, l'avait oublié là, sans même remarquer qu'elle le laissait tout ouvert, et ouvert précisément à la page sur laquelle elle avait appuyé, pour les sécher, les quatre lignes écrites par elle et dont elle avait chargé le jeune ouvrier passant rue Plumet. L'écriture s'était imprimée sur le buvard.

Le miroir reflétait l'écriture.

Il en résultait ce qu'on appelle en géométrie l'image symétrique ; de telle sorte que l'écriture renversée sur le buvard s'offrait redressée dans le miroir et présentait son sens naturel ; et Jean Valjean avait sous les yeux la lettre écrite la veille par Cosette à Marius.

C'était simple et foudroyant.

Jean Valjean alla au miroir. Il relut les quatre lignes, mais il n'y crut point. Elles lui faisaient l'effet d'apparaître dans de la lueur d'éclair. C'était une hallucination. Cela était impossible. Cela n'était pas.

Peu à peu sa perception devint plus précise ; il regarda le buvard de Cosette, et le sentiment du fait réel lui revint. Il prit le buvard et dit : Cela vient de là. Il examina fiévreusement les quatre lignes imprimées sur le buvard, le renversement des lettres en faisait un griffonnage bizarre, et il n'y vit aucun sens. Alors il se dit : Mais cela ne signifie rien, il n'y a rien d'écrit là. Et il respira à pleine poitrine avec un inexprimable soulagement. Qui n'a pas eu de ces joies bêtes dans les instants horribles ? L'âme ne se rend pas au désespoir sans avoir épuisé toutes les illusions.

Il tenait le buvard à la main et le contemplait, stupidement heureux, presque prêt à rire de l'hallucination dont il avait été dupe. Tout à coup ses yeux retombèrent sur le miroir, et il revit la vision. Les quatre lignes s'y dessinaient avec une netteté inexorable. Cette fois, ce n'était pas un mirage. La récidive d'une vision est une réalité ; c'était palpable, c'était l'écriture redressée dans le miroir. Il comprit.

Jean Valjean chancela, laissa échapper le buvard, et s'affaissa dans le vieux fauteuil à côté du buffet, la tête tombante, la prunelle vitreuse, égaré. Il se dit que c'était évident, et que la lumière du monde était à jamais éclipsée, et que Cosette avait écrit cela à quelqu'un. Alors il entendit son âme, redevenue terrible, pousser dans les ténèbres un sourd rugissement. Allez donc ôter au lion le chien qu'il a dans sa cage !

Chose bizarre et triste, en ce moment-là, Marius n'avait pas encore la lettre de Cosette; le hasard l'avait portée en traître à Jean Valjean avant de la remettre à Marius.

Jean Valjean jusqu'à ce jour n'avait pas été vaincu par l'épreuve. Il avait été soumis à des essais affreux; pas une voie de fait de la mauvaise fortune ne lui avait été épargnée; la férocité du sort, armée de toutes les vindictes et de toutes les méprises sociales, l'avait pris pour sujet et s'était acharnée sur lui. Il n'avait reculé ni fléchi devant rien. Il avait accepté, quand il l'avait fallu, toutes les extrémités; il avait sacrifié son inviolabilité d'homme reconquise, livré sa liberté, risqué sa tête, tout perdu, tout souffert, et il était resté désintéressé et stoïque, au point que par moments on aurait pu le croire absent de lui-même comme un martyr. Sa conscience, aguerrie à tous les assauts possibles de l'adversité, pouvait sembler à jamais imprenable. Eh bien, quelqu'un qui eût vu son for intérieur eût été forcé de constater qu'à cette heure elle faiblissait.

C'est que de toutes les tortures qu'il avait subies dans cette longue question que lui donnait la destinée, celle-ci était la plus redoutable. Jamais pareille tenaille ne l'avait saisi. Il sentit le remuement mystérieux de toutes les sensibilités latentes. Il sentit le pincement de la fibre inconnue. Hélas, l'épreuve suprême, disons mieux, l'épreuve unique, c'est la perte de l'être aimé.

Le pauvre vieux Jean Valjean n'aimait, certes, pas Cosette autrement que comme un père; mais, nous l'avons fait remarquer plus haut, dans cette paternité la viduité même de sa vie avait introduit tous les amours; il aimait Cosette comme sa fille, et il l'aimait comme sa mère, et il l'aimait comme sa sœur; et, comme il n'avait jamais eu ni amante ni épouse, comme la nature est un créancier qui n'accepte aucun protêt, ce sentiment-là aussi, le plus imperdable de tous, était mêlé aux autres, vague, ignorant, pur de la pureté de l'aveuglement, inconscient, céleste, angélique, divin; moins comme un sentiment que comme un instinct, moins comme un instinct, que comme un attrait imperceptible et invisible, mais réel; et l'amour proprement dit était dans sa tendresse énorme pour Cosette comme le filon d'or est dans la montagne, ténébreux et vierge.

Qu'on se rappelle cette situation de cœur que nous avons indiquée déjà. Aucun mariage n'était possible entre eux; pas même celui des âmes; et cependant il est certain que leurs destinées s'étaient épousées. Excepté Cosette, c'est-à-dire excepté une enfance, Jean Valjean n'avait, dans toute sa longue vie, rien connu de ce qu'on peut aimer. Les passions et les amours qui se succèdent n'avaient point fait en lui de ces verts successifs, vert tendre sur vert sombre, qu'on remarque sur les feuillages qui passent l'hiver et sur les hommes qui passent la cinquantaine. En somme, et nous y avons plus d'une fois insisté, toute cette fusion intérieure, tout cet ensemble, dont la résultante était une haute vertu, aboutissait à faire de Jean Valjean un père pour Cosette. Père étrange, forgé de l'aïeul, du fils, du frère et du mari qu'il y avait dans Jean Valjean; père dans lequel il y avait même une mère; père qui aimait Cosette et qui l'adorait, et qui avait cet enfant pour lumière, pour demeure, pour famille, pour patrie, pour paradis.

Aussi, quand il vit que c'était décidément fini, qu'elle lui échappait, qu'elle glissait de ses mains, qu'elle se dérobait, que c'était du nuage, que c'était de l'eau, quand il eut devant les yeux cette évidence écrasante : un autre est le but de son cœur, un autre est le souhait de sa vie; il y a le bien-aimé, je ne suis que le père, je n'existe plus; quand il ne put plus douter, quand il se dit : Elle s'en va hors de moi! la douleur qu'il éprouva dépassa le possible. Avoir fait tout ce qu'il avait fait pour en venir là! et, quoi donc! n'être rien! Alors, comme nous venons de le dire, il eut de la tête aux pieds un frémissement de révolte. Il sentit jusque dans la racine de ses cheveux l'immense réveil de l'égoïsme, et le moi hurla dans l'abîme de cet homme.

Il y a des effondrements intérieurs. La pénétration d'une certitude désespérante dans l'homme ne se fait point sans écarter et rompre de certains éléments profonds qui sont quelquefois l'homme lui-même. La douleur, quand elle arrive à ce degré, est un sauve-qui-peut de toutes les forces de la conscience. Ce sont là des crises fatales. Peu d'entre nous en sortent semblables à eux-mêmes et fermes dans le devoir. Quand la limite de la souffrance est débordée, la vertu la plus imperturbable se déconcerte. Jean Valjean reprit le buvard, et se convainquit de nouveau; il resta penché et comme pétrifié sur les quatre lignes irrécusables, l'œil fixe; et il se fit en lui un tel nuage qu'on eût pu croire que tout le dedans de cette âme s'écroulait.

Il examina cette révélation, à travers les grossissements de la rêverie, avec un calme apparent et effrayant, car c'est une chose redoutable quand le calme de l'homme arrive à la froideur de la statue.

Il mesura le pas épouvantable que sa destinée avait fait sans qu'il s'en doutât; il se rappela ses craintes de l'autre été, si follement dissipées; il reconnut le précipice, c'était toujours le même; seulement Jean Valjean n'était plus au seuil, il était au fond.

Chose inouïe et poignante, il était tombé sans s'en apercevoir. Toute la lumière de sa vie s'en était allée, lui croyant voir toujours le soleil.

Son instinct n'hésita point. Il rapprocha certaines circonstances, certaines dates, certaines rougeurs et certaines pâleurs de Cosette, et il se dit : C'est lui. La divination du désespoir est une sorte d'arc mystérieux qui ne manque jamais son coup. Dès sa première conjecture, il atteignit Marius. Il ne savait pas le nom, mais il trouva tout de suite l'homme. Il aperçut distinctement, au fond de l'implacable évocation du souvenir, le rôdeur inconnu du Luxembourg, ce misérable chercheur d'amourettes, ce fainéant de romance, cet imbécile, ce lâche, car c'est une lâcheté de venir faire les yeux doux à des filles qui ont à côté d'elles leur père qui les aime.

Après qu'il eut bien constaté qu'au fond de cette situation il y avait ce jeune homme, et que tout venait de là, lui, Jean Valjean, l'homme régénéré, l'homme qui avait tant travaillé à son âme, l'homme qui avait fait tant d'efforts pour résoudre toute la vie, toute la misère et tout le malheur en amour, il regarda en lui-même et il y vit un spectre, la Haine.

Les grandes douleurs contiennent de l'accablement. Elles découragent d'être. L'homme chez lequel elles entrent sent quelque chose se retirer de lui. Dans la jeunesse, leur visite est lugubre; plus tard, elle est sinistre. Hélas, quand le sang est chaud, quand les cheveux sont noirs, quand la tête est droite sur le corps comme la flamme sur le flambeau, quand le rouleau de la destinée a encore toute son épaisseur, quand le cœur, plein d'un amour désirable, a encore des battements qu'on peut lui rendre, quand on a devant soi le temps de réparer, quand toutes les femmes sont là, et tous les sourires, et tout l'avenir, et tout l'horizon, quand la force de la vie est complète, si c'est une chose effroyable que le désespoir, qu'est-ce donc dans la vieillesse, quand les années se précipitent de plus en plus blêmissantes, à cette heure crépusculaire où l'on commence à voir les étoiles de la tombe?

Tandis qu'il songeait, Toussaint entra. Jean Valjean se leva, et lui demanda :

— De quel côté est-ce? savez-vous?

Toussaint, stupéfaite, ne put que lui répondre :

— Plaît-il?

Jean Valjean reprit :

— Ne m'avez-vous pas dit tout à l'heure qu'on se bat?

— Ah! oui, monsieur, répondit Toussaint. C'est du côté de Saint-Merry.

Il y a tel mouvement machinal qui nous vient, à notre insu même, de notre pensée la plus profonde. Ce fut sans doute sous l'impulsion d'un mouvement de ce genre, et dont il avait à peine conscience, que Jean Valjean se trouva cinq minutes après dans la rue.

Il était nu-tête, assis sur la borne de la porte de sa maison. Il semblait écouter.

La nuit était venue.

## II

### LE GAMIN ENNEMI DES LUMIÈRES

Combien de temps passa-t-il ainsi? Quels furent les flux et les reflux de cette méditation tragique? se redressa-t-il? resta-t-il ployé? avait-il été courbé jusqu'à être brisé? pouvait-il se redresser encore et reprendre pied dans sa conscience sur quelque chose de solide? Il n'aurait probablement pu le dire lui-même.

La rue était déserte. Quelques bourgeois inquiets, qui entraient rapidement chez eux, l'aperçurent à peine. Chacun pour soi dans les temps de péril. L'allumeur de nuit vint comme à l'ordinaire allumer le réverbère qui était précisément placé en face de la porte du n° 7, et s'en alla. Jean Valjean, à qui l'eût examiné dans cette ombre, n'eût pas semblé un homme vivant. Il était là, assis sur la borne de sa porte, immobile comme une larve de glace. Il y a de la congélation dans le désespoir. On entendait le tocsin et de vagues rumeurs orageuses. Au milieu de toutes ces convulsions de la cloche mêlée à l'émeute, l'horloge de Saint-Paul sonna onze heures, gravement et sans se hâter; car, le tocsin, c'est l'homme; l'heure, c'est Dieu. Le passage de l'heure ne fit rien à Jean Valjean; Jean Valjean ne remua pas. Cependant, à peu près vers ce moment-là, une brusque détonation éclata du côté

des halles, une seconde la suivit, plus violente encore ; c'était probablement cette attaque de la barricade de la rue de la Chanvrerie que nous venons de voir repoussée par Marius. A cette double décharge, dont la furie semblait accrue par la stupeur de la nuit, Jean Valjean tressaillit ; il se dressa du côté d'où le bruit venait ; puis il retomba sur la borne, il croisa les bras, et sa tête revint lentement se poser sur sa poitrine.

Il reprit son ténébreux dialogue avec lui-même.

Tout à coup il leva les yeux, on marchait dans la rue, il entendait des pas près de lui, il regarda, et, à la lueur des réverbères, du côté de la rue qui aboutit aux Archives, il aperçut une figure livide, jeune et radieuse.

Gavroche venait d'arriver rue de l'Homme-Armé.

Gavroche regardait en l'air, et paraissait chercher. Il voyait parfaitement Jean Valjean, mais il ne s'en apercevait pas.

Gavroche, après avoir regardé en l'air, regardait en bas; il se haussait sur la pointe des pieds et tâtait les portes et les fenêtres des rez-de-chaussée; elles étaient toutes fermées, verrouillées et cadenassées. Après avoir constaté cinq ou six devantures de maisons barricadées de la sorte, le gamin haussa les épaules, et entra en matière avec lui-même en ces termes :

— Pardi !

Puis il se remit à regarder en l'air.

Jean Valjean, qui, l'instant d'auparavant, dans la situation d'âme où il était, n'eût parlé ni même répondu à personne, se sentit irrésistiblement poussé à adresser la parole à cet enfant.

— Petit, dit-il, qu'est-ce que tu as ?

— J'ai que j'ai faim, répondit Gavroche nettement. Et il ajouta : Petit vous-même.

Jean Valjean fouilla dans son gousset et en tira une pièce de cinq francs.

Mais Gavroche, qui était de l'espèce du hochequeue et qui passait vite d'un geste à l'autre, venait de ramasser une pierre. Il avait aperçu le réverbère.

— Tiens, dit-il, vous avez encore vos lanternes ici. Vous n'êtes pas en règle, mes amis. C'est du désordre. Cassez-moi ça.

Et il jeta la pierre dans le réverbère dont la vitre tomba avec un tel fracas, que des bourgeois, blottis sous leurs rideaux dans la maison d'en face, crièrent : Voilà Quatrevingt-treize !

Le réverbère oscilla violemment et s'éteignit. La rue devint brusquement noire.

— C'est ça, la vieille rue, fit Gavroche, mets ton bonnet de nuit.

Et se tournant vers Jean Valjean :

— Comment est-ce que vous appelez ce monument gigantesque que vous avez là au bout de la rue ? C'est les Archives, pas vrai ? Il faudrait me chiffonner un peu ces grosses bêtes de colonnes-là, et en faire gentiment une barricade.

Jean Valjean s'approcha de Gavroche.

— Pauvre être, dit-il à demi-voix et se parlant à lui-même, il a faim.

Et il lui mit la pièce de cent sous dans la main.

Gavroche leva le nez, étonné de la grandeur de ce gros sou ; il le regarda dans l'obscurité, et la blancheur du gros sou l'éblouit. Il connaissait les pièces de cinq francs par ouï-dire ; leur réputation lui était agréable ; il fut charmé d'en voir une de près. Il dit : Contemplons le tigre.

Il le considéra quelques instants avec extase ; puis, se retournant vers Jean Valjean, il lui tendit la pièce et lui dit majestueusement :

— Bourgeois, j'aime mieux casser les lanternes. Reprenez votre bête féroce. On ne me corrompt point. Ça a cinq griffes ; mais ça ne m'égratigne pas.

— As-tu une mère? demanda Jean Valjean.

Gavroche répondit :

— Peut-être plus que vous.

— Eh bien, reprit Jean Valjean, garde cet argent pour ta mère !

Gavroche se sentit remué. D'ailleurs il venait de remarquer que l'homme qui lui parlait n'avait pas de chapeau, et cela lui inspirait confiance.

— Vrai, dit-il, ce n'est pas pour m'empêcher de casser les réverbères ?

— Casse tout ce que tu voudras.

— Vous êtes un brave homme, dit Gavroche.

Et il mit la pièce de cinq francs dans une de ses poches.

Sa confiance croissant, il ajouta :

— Êtes-vous de la rue ?

— Oui, pourquoi ?

— Pourriez-vous m'indiquer le numéro 7 ?

— Pourquoi faire, le numéro 7 ?

Ici l'enfant s'arrêta, il craignit d'en avoir trop dit, il plongea énergiquement ses ongles dans ses cheveux, et se borna à répondre :

— Ah ! voilà.

Une idée traversa l'esprit de Jean Valjean. L'angoisse a de ces lucidités-là. Il dit à l'enfant :

— Est-ce que c'est toi qui m'apportes la lettre que j'attends ?

— Vous ? dit Gavroche. Vous n'êtes pas une femme.

— La lettre est pour mademoiselle Cosette, n'est-ce pas ?

— Cosette? grommela Gavroche. Oui, je crois que c'est ce drôle de nom-là.

— Eh bien! reprit Jean Valjean, c'est moi qui dois lui remettre la lettre. Donne.

— En ce cas, vous devez savoir que je suis envoyé de la barricade?

— Sans doute, dit Jean Valjean.

Gavroche engloutit son poing dans une autre de ses poches et en tira un papier plié en quatre.

Puis il fit le salut militaire.

— Respect à la dépêche, dit-il. Elle vient du gouvernement provisoire.

— Donne, dit Jean Valjean.

Gavroche tenait le papier élevé au-dessus de sa tête.

— Ne vous imaginez pas que c'est là un billet doux. C'est pour une femme, mais c'est pour le peuple. Nous autres, nous nous battons, et nous respectons le sexe. Nous ne sommes pas comme dans le grand monde où il y a des lions qui envoient des poulets à des chameaux.

— Donne.

— Au fait, continua Gavroche, vous m'avez l'air d'un brave homme.

— Donne vite.

— Tenez.

Et il remit le papier à Jean Valjean.

— Et dépêchez-vous, monsieur Chose, puisque mamselle Chosette attend.

Gavroche fut satisfait d'avoir produit ce mot.

Jean Valjean reprit :

— Est-ce à Saint-Merry qu'il faudra porter la réponse?

— Vous feriez là, s'écria Gavroche, une de ces pâtisseries vulgairement nommées brioches. Cette lettre vient de la barricade de la rue de la Chanvrerie, et j'y retourne. Bonsoir, citoyen.

Cela dit, Gavroche s'en alla, ou, pour mieux dire, reprit vers le lieu d'où il venait son vol d'oiseau échappé. Il se replongea dans l'obscurité comme s'il y faisait un trou, avec la rapidité rigide d'un projectile ; la ruelle de l'Homme-Armé redevint silencieuse et solitaire ; en un clin d'œil, cet étrange enfant, qui avait de l'ombre et du rêve en lui, s'était enfoncé dans la brume de ces rangées de maisons noires, et s'y était perdu comme de la fumée dans des ténèbres ; et l'on eût pu le croire dissipé et évanoui, si, quelques minutes après sa disparition, une éclatante cassure de vitres et le patatras splendide d'un réverbère croulant sur le pavé n'eussent brusquement réveillé de nouveau les bourgeois indignés. C'était Gavroche qui passait rue du Chaume.

## III

#### PENDANT QUE COSETTE ET TOUSSAINT DORMENT

Jean Valjean rentra avec la lettre de Marius.

Il monta l'escalier à tâtons, satisfait des ténèbres comme le hibou qui tient sa proie, ouvrit et referma doucement sa porte, écouta s'il n'entendait aucun bruit, constata que, selon toute apparence, Cosette et Toussaint dormaient, plongea dans la bouteille du briquet Fumade trois ou quatre allumettes avant de pouvoir faire jaillir l'étincelle, tant sa main tremblait ; il y avait du vol dans ce qu'il venait de faire. Enfin, sa chandelle fut allumée, il s'accouda sur la table, déplia le papier, et lut.

Dans les émotions violentes, on ne lit pas, on terrasse pour ainsi dire le papier qu'on tient, on l'étreint comme une victime, on le froisse, on enfonce dedans les ongles de sa colère ou de son allégresse; on court à la fin, on saute au commencement; l'attention a la fièvre; elle comprend en gros, à peu près, l'essentiel; elle saisit un point, et tout le reste disparaît. Dans le billet de Marius à Cosette, Jean Valjean ne vit que ces mots :

« ...Je meurs. Quand tu liras ceci, mon âme sera près de toi. »

En présence de ces deux lignes, il eut un éblouissement horrible; il resta un moment comme écrasé du changement d'émotion qui se faisait en lui, il regardait le billet de Marius avec une sorte d'étonnement ivre, il avait devant les yeux cette splendeur, la mort de l'être haï.

Il poussa un affreux cri de joie intérieure. Ainsi c'était fini. Le dénoûment arrivait plus vite qu'on n'eût osé l'espérer. L'être qui encombrait sa destinée disparaissait. Il s'en allait de lui-même, librement, de bonne volonté. Sans que lui, Jean Valjean, eût rien fait pour cela sans qu'il y eût de sa faute, « cet homme » allait mourir. Peut-être même était-il déjà mort. — Ici sa fièvre fit des calculs. — Non. Il n'est pas encore mort. La lettre a été visiblement écrite pour être lue par Cosette le lendemain matin ; depuis ces deux décharges qu'on a entendues entre onze heures et minuit ; il n'y a rien eu ; la barricade ne sera sérieusement attaquée qu'au point du jour ; mais c'est égal, du moment où « cet homme » est mêlé à cette guerre, il est perdu ; il est pris dans l'engrenage. — Jean Valjean se sentait délivré. Il allait donc, lui, se retrouver seul avec Cosette. La concurrence cessait ; l'avenir recommençait. Il n'avait qu'à garder ce billet dans sa poche. Cosette ne saurait jamais ce que « cet homme » était devenu. « Il n'y « a qu'à laisser les choses s'accomplir. Cet homme ne peut échapper. « S'il n'est pas mort encore, il est sûr qu'il va mourir. Quel bonheur ! »

Tout cela dit en lui-même, il devint sombre.

Puis il descendit et réveilla le portier.

Environ une heure après, Jean Valjean sortait en habit complet de garde national et en armes. Le portier lui avait aisément trouvé dans le voisinage de quoi compléter son équipement. Il avait un fusil chargé et une giberne pleine de cartouches. Il se dirigea du côté des halles.

## IV

### LES EXCÈS DE ZÈLE DE GAVROCHE

Cependant il venait d'arriver une aventure à Gavroche.

Gavroche, après avoir consciencieusement lapidé le réverbère de la rue du Chaume, aborda la rue des Vieilles-Haudriettes, et n'y voyant pas « un chat », trouva l'occasion bonne pour entonner toute la chanson dont il était capable. Sa marche, loin de se ralentir par le chant, s'en accélérait. Il se mit à semer le long des maisons endormies ou terrifiées ces couplets incendiaires :

>L'oiseau médit dans les charmilles,
>Et prétend qu'hier Atala
>Avec un Russe s'en alla.
>  Où vont les belles filles,
>    Lon la.

Mon ami Pierrot, tu babilles,
Parce que l'autre jour Mila
Cogna sa vitre et m'appela.
   Où vont les belles filles,
     Lon la.

Les drôlesses sont fort gentilles,
Leur poison qui m'ensorcela
Griserait monsieur Orfila.
   Où vont les belles filles,
     Lon la.

J'aime l'amour et ses bisbilles,
J'aime Agnès, j'aime Paméla,
Lise en m'allumant se brûla.
   Où vont les belles filles,
     Lon la.

Jadis, quand je vis les mantilles
De Suzette et de Zéila,
Mon âme à leurs plis se mêla.
   Où vont les belles filles,
     Lon la.

Amour, quand dans l'ombre où tu brilles,
Tu coiffes de roses Lola,
Je me damnerais pour cela.
   Où vont les belles filles,
     Lon la.

Jeanne, à ton miroir tu t'habilles!
Mon cœur un beau jour s'envola.
Je crois que c'est Jeanne qui l'a.
   Où vont les belles filles,
     Lon la.

Le soir, en sortant des quadrilles,
Je montre aux étoiles Stella,
Et je leur dis : Regardez-la.
   Où vont les belles filles,
     Lon la.

Gavroche, tout en chantant, prodiguait la pantomime. Le geste est le point d'appui du refrain. Son visage, inépuisable répertoire de masques, faisait des grimaces plus convulsives et plus fantasques que les bouches d'un linge troué dans un grand vent. Malheureusement, comme il était seul et dans la nuit, cela n'était ni vu ni visible. Il y a de ces richesses perdues.

Soudain il s'arrêta court.

— Interrompons la romance, dit-il.

Sa prunelle féline venait de distinguer dans le renfoncement d'une porte cochère ce qu'on appelle en peinture un ensemble, c'est-à-dire un être et une chose; la chose était une charrette à bras, l'être était un auvergnat qui dormait dedans.

Les bras de la charrette s'appuyaient sur le pavé et la tête de l'auvergnat s'appuyait sur le tablier de la charrette. Son corps se pelotonnait sur ce plan incliné et ses pieds touchaient la terre.

Gavroche, avec son expérience des choses de ce monde, reconnut un ivrogne. C'était quelque commissionnaire du coin qui avait trop bu et qui dormait trop.

— Voilà, pensa Gavroche, à quoi servent les nuits d'été. L'auvergnat s'endort dans sa charrette. On prend la charrette pour la république et on laisse l'auvergnat à la monarchie.

Son esprit venait d'être illuminé par la clarté que voici :

— Cette charrette ferait joliment bien sur notre barricade.

L'auvergnat ronflait.

Gavroche tira doucement la charrette par l'arrière et l'auvergnat par l'avant, c'est-à-dire par les pieds, et, au bout d'une minute, l'auvergnat, imperturbable, reposait à plat sur le pavé.

La charrette était délivrée.

Gavroche, habitué à faire face de toutes parts à l'imprévu, avait toujours tout sur lui. Il fouilla dans une de ses poches, et en tira un chiffon de papier et un bout de crayon rouge chipé à quelque charpentier.

Il écrivit :

« *République française* »

« Reçu ta charrette. »

Et il signa : « Gavroche. »

Cela fait, il mit le papier dans la poche du gilet de velours de l'auvergnat toujours ronflant, saisit le brancard dans ses deux poings,

et partit dans la direction des halles, poussant devant lui la charrette au grand galop avec un glorieux tapage triomphal.

Ceci était périlleux. Il y avait un poste à l'Imprimerie royale. Gavroche n'y songeait pas. Ce poste était occupé par des gardes nationaux de la banlieue. Un certain éveil commençait à émouvoir l'escouade, et les têtes se soulevaient sur les lits de camp. Deux réverbères brisés coup sur coup, cette chanson chantée à tue-tête, cela était beaucoup pour des rues si poltronnes, qui ont envie de dormir au coucher du soleil, et qui mettent de si bonne heure leur éteignoir sur leur chandelle. Depuis une heure, le gamin faisait dans cet arrondissement paisible, le vacarme d'un moucheron dans une bouteille. Le sergent de la banlieue écoutait. Il attendait. C'était un homme prudent.

Le roulement forcené de la charrette combla la mesure de l'attente possible, et détermina le sergent à tenter une reconnaissance.

— Ils sont là toute une bande! dit-il, allons doucement.

Il était clair que l'hydre de l'anarchie était sortie de sa boîte et qu'elle se démenait dans le quartier.

Et le sergent se hasarda hors du poste à pas sourds.

Tout à coup, Gavroche, poussant sa charrette, au moment où il allait déboucher de la rue des Vieilles-Haudriettes, se trouva face à face avec un uniforme, un shako, un plumet et un fusil.

Pour la seconde fois, il s'arrêta net.

— Tiens, dit-il, c'est lui. Bonjour, l'ordre public.

Les étonnements de Gavroche étaient courts et dégelaient vite.

— Où vas-tu, voyou? cria le sergent.

— Citoyen, dit Gavroche, je ne vous ai pas encore appelé bourgeois. Pourquoi m'insultez-vous?

— Où vas-tu, drôle?

— Monsieur, reprit Gavroche, vous étiez peut-être hier un homme d'esprit, mais vous avez été destitué ce matin.

— Je te demande où tu vas, gredin?

Gavroche répondit :

— Vous parlez gentiment. Vrai, on ne vous donnerait pas votre âge. Vous devriez vendre tous vos cheveux cent francs la pièce. Cela vous ferait cinq cents francs.

— Où vas-tu? où vas-tu? où vas-tu, bandit?

Gavroche repartit :

— Voilà de vilains mots. La première fois qu'on vous donnera à teter, il faudra qu'on vous essuie mieux la bouche.

Le sergent croisa la bayonnette.

— Me diras-tu où tu vas, à la fin, misérable?

— Mon général, dit Gavroche, je vas chercher le médecin pour mon épouse qui est en couches.

— Aux armes! cria le sergent.

Se sauver par ce qui vous a perdu, c'est là le chef-d'œuvre des hommes forts; Gavroche mesura d'un coup d'œil toute la situation. C'était la charrette qui l'avait compromis, c'était à la charrette de le protéger.

Au moment où le sergent allait fondre sur Gavroche, la charrette, devenue projectile et lancée à tour de bras, roulait sur lui avec furie, et le sergent, atteint en plein ventre, tombait à la renverse dans le ruisseau pendant que son fusil partait en l'air.

Au cri du sergent, les hommes du poste étaient sortis pêle-mêle; le coup de fusil détermina une décharge générale au hasard, après laquelle on rechargea les armes et l'on recommença.

Cette mousquetade à colin-maillard dura un bon quart d'heure, et tua quelques carreaux de vitre.

Cependant Gavroche, qui avait éperdument rebroussé chemin,

s'arrêtait à cinq ou six rues de là, et s'asseyait haletant sur la borne qui fait le coin des Enfants-Rouges.

Il prêtait l'oreille.

Après avoir soufflé quelques instants, il se tourna du côté où la fusillade faisait rage, éleva sa main gauche à la hauteur de son nez, et la lança trois fois en avant en se frappant de la main droite le derrière de la tête ; geste souverain dans lequel la gaminerie parisienne a condensé l'ironie française, et qui est évidemment efficace, puisqu'il a déjà duré un demi-siècle.

Cette gaîté fut troublée par une réflexion amère.

— Oui, dit-il, je pouffe, je me tords, j'abonde en joie, mais je perds ma route, il va falloir faire un détour. Pourvu que j'arrive à temps à la barricade !

Là-dessus, il reprit sa course.

Et tout en courant :

— Ah çà, où en étais-je donc ? dit-il.

Il se remit à chanter sa chanson en s'enfonçant rapidement dans les rues, et ceci décrut dans les ténèbres :

> Mais il reste encor des bastilles,
> Et je vais mettre le holà
> Dans l'ordre public que voilà.
> Où vont les belles filles,
> Lon la.

> Quelqu'un veut-il jouer aux quilles ?
> Tout l'ancien monde s'écroula
> Quand la grosse boule roula.
> Où vont les belles filles,
> Lon la.

> Vieux bon peuple, à coups de béquilles,
> Cassons ce Louvre où s'étala
> La monarchie en falbala.
> Où vont les belles filles,
> Lon la.

> Nous en avons forcé les grilles,
> Le roi Charles-Dix ce jour-là
> Tenait mal et se décolla.
> Où vont les belles filles,
> Lon la.

La prise d'armes du poste ne fut point sans résultat. La charrette fut conquise, l'ivrogne fut fait prisonnier. L'une fut mise en fourrière; l'autre fut plus tard un peu poursuivi devant les conseils de guerre comme complice. Le ministère public d'alors fit preuve en cette circonstance de son zèle infatigable pour la défense de la société.

L'aventure de Gavroche, restée dans la tradition du quartier du Temple, est un des souvenirs les plus terribles des vieux bourgeois du Marais, et est intitulée dans leur mémoire : Attaque nocturne du poste de l'Imprimerie royale.

# TABLE DES CHAPITRES

## QUATRIÈME PARTIE

## L'IDYLLE RUE PLUMET ET L'ÉPOPÉE RUE SAINT-DENIS

### LIVRE PREMIER

#### QUELQUES PAGES D'HISTOIRE

|      |                                  | Pages. |     |                                         | Pages. |
|------|----------------------------------|--------|-----|-----------------------------------------|--------|
| I.   | Bien coupé..................     | 5      | V.  | Faits d'où l'histoire sort et que l'histoire ignore........... | 29 |
| II.  | Mal cousu..................      | 10     | VI. | Enjolras et ses lieutenants......       | 41     |
| III. | Louis-Philippe...............    | 14     |     |                                         |        |
| IV.  | Lézardes sous la fondation ..... | 22     |     |                                         |        |

### LIVRE DEUXIÈME

#### ÉPONINE

|     |                                       |    |      |                                         |    |
|-----|---------------------------------------|----|------|-----------------------------------------|----|
| I.  | Le champ de l'Alouette.......         | 49 | III. | Apparition au père Mabeuf.....          | 61 |
| II. | Formation embryonnaire des crimes dans l'incubation des prisons... | 56 | IV. | Apparition à Marius.........       | 65 |

### LIVRE TROISIÈME

#### LA MAISON DE LA RUE PLUMET

|      |                                   |    |       |                                              |     |
|------|-----------------------------------|----|-------|----------------------------------------------|-----|
| I.   | La maison à secret..........      | 73 | V.    | La rose s'aperçoit qu'elle est une machine de guerre......... | 90 |
| II.  | Jean Valjean garde national....   | 78 | VI.   | La bataille commence.........                | 95  |
| III. | Foliis ac frondibus..........     | 81 | VII.  | A tristesse tristesse et demie.....          | 98  |
| IV.  | Changement de grille..........    | 84 | VIII. | La Chaîne...............                     | 103 |

# TABLE DES CHAPITRES.

## LIVRE QUATRIÈME
### SECOURS D'EN BAS PEUT ÊTRE SECOURS D'EN HAUT

|     |                                                        | Pages. |     |                                                                         | Pages. |
| --- | ------------------------------------------------------ | ------ | --- | ----------------------------------------------------------------------- | ------ |
| I.  | Blessure au dehors, guérison au dedans                 | 115    | II. | La mère Plutarque n'est pas embarrassée pour expliquer un phénomène.   | 117    |

## LIVRE CINQUIÈME
### DONT LA FIN NE RESSEMBLE PAS AU COMMENCEMENT

| I.   | La solitude et la caserne combinées. | 129 | IV. | Un cœur sous une pierre | 138 |
| II.  | Peurs de Cosette | 131 | V. | Cosette après la lettre | 142 |
| III. | Enrichies des commentaires de Toussaint | 135 | VI. | Les vieux sont faits pour sortir à propos. | 146 |

## LIVRE SIXIÈME
### LE PETIT GAVROCHE

| I.  | Méchante espièglerie du vent | 151 | III. | Les péripéties de l'évasion. | 181 |
| II. | Où le petit Gavroche tire parti de Napoléon le Grand. | 154 | | | |

## LIVRE SEPTIÈME
### L'ARGOT

| I.  | Origine | 199 | III. | Argot qui pleure et argot qui rit | 216 |
| II. | Racines | 207 | IV.  | Les deux devoirs : veiller et espérer. | 221 |

## LIVRE HUITIÈME
### LES ENCHANTEMENTS ET LES DÉSOLATIONS

| I.   | Pleine lumière | 227 | VI.  | Marius redevient réel au point de donner son adresse à Cosette | 248 |
| II.  | L'étourdissement du bonheur complet | 233 | VII. | Le vieux cœur et le jeune cœur en présence. | 255 |
| III. | Commencement d'ombre. | 235 | | | |
| IV.  | Cab roule en anglais et jappe en argot | 238 | | | |
| V.   | Choses de la nuit. | 247 | | | |

## LIVRE NEUVIÈME
### OÙ VONT-ILS ?

| I.  | Jean Valjean. | 271 | III. | M. Mabeuf. | 276 |
| II. | Marius. | 274 | | | |

## LIVRE DIXIÈME
### LE 5 JUIN 1832

| I.   | La surface de la question | 281 | IV. | Les bouillonnements d'autrefois | 298 |
| II.  | Le fond de la question | 286 | V.  | Originalité de Paris. | 303 |
| III. | Un enterrement : occasion de renaître. | 293 | | | |

## LIVRE ONZIÈME

### L'ATOME FRATERNISE AVEC L'OURAGAN

I. Quelques éclaircissements sur les origines de la poésie de Gavroche; influence d'un académicien sur cette poésie. .............. 309
II. Gavroche en marche ........ 312
III. Juste indignation d'un perruquier . . 316
IV. L'enfant s'étonne du vieillard .... 318
V. Le vieillard. ............. 320
VI. Recrues .............. 322

## LIVRE DOUZIÈME

### CORINTHE

I. Histoire de Corinthe depuis sa fondation. ............... 327
II. Gaîtés préalables. ......... 334
III. La nuit commence à se faire sur Grantaire. ............ 344
IV. Essai de consolation sur la veuve Hucheloup. ........... 348
V. Les préparatifs. .......... 351
VI. En attendant. ........... 353
VII. L'homme recruté rue des Billettes . . 356
VIII. Plusieurs points d'interrogation à propos d'un nommé Le Cabuc qui ne se nommait peut-être pas Le Cabuc . 361

## LIVRE TREIZIÈME

### MARIUS ENTRE DANS L'OMBRE

I. De la rue Plumet au quartier Saint-Denis ............. 369
II. Paris à vol de hibou ......... 372
III. L'extrême bord. ........... 375

## LIVRE QUATORZIÈME

### LES GRANDEURS DU DÉSESPOIR

I. Le drapeau : premier acte. ..... 383
II. Le drapeau : deuxième acte. .... 386
III. Gavroche aurait mieux fait d'accepter la carabine d'Enjolras. ...... 389
IV. Le baril de poudre ......... 390
V. Fin des vers de Jean Prouvaire. . . 394
VI. L'agonie de la mort après l'agonie de la vie. ............ 396
VII. Gavroche profond calculateur des distances. .............. 401

## LIVRE QUINZIÈME

### LA RUE DE L'HOMME-ARMÉ

I. Buvard, bavard ........... 407
II. Le gamin, ennemi des lumières. . . 415
III. Pendant que Cosette et Toussaint dorment. ............ 420
IV. Les excès de zèle de Gavroche. . . . 424

# TABLE DES GRAVURES

| | DESSINATEURS. |
|---|---|
| L'Idylle et l'Épopée. | E. BAYARD. |
| Quelques pages d'histoire | E. BAYARD. |
| Louis-Philippe | HERSENT. |
| Le prince professeur. | E. ZIER. |
| Un orateur de carrefour | E. ZIER. |
| Amorçant le pistolet | BRION. |
| La tabagie Richefeu. | H. VOGEL. |
| Éponine | BRION. |
| Marius déménage. | BRION. |
| Le champ de l'Alouette. | BRION. |
| Brujon devant la cantine. | H. VOGEL. |
| Apparition à Marius | E. ZIER. |
| Le jardin de la rue Plumet | E. MORIN. |
| La maison à secret | BRION. |
| Le père et la fille | HARNENS. |
| Cosette dans le jardin. | BRION. |
| La Cadène | BRION. |
| Cosette à la marguerite. | E. BAYARD. |
| Secours d'en bas | NEUVILLE. |
| Le vieillard avait reçu le choc | BRION. |
| Gavroche saisit la bourse | H. VOGEL. |
| Variations du cœur. | E. BAYARD. |
| Cosette torrifiée | BRION. |
| Un cœur sous une pierre. | BRION. |
| Cosette après la lettre | E. BAYARD. |
| Le petit Gavroche | NEUVILLE. |
| Au hasard par les rues | BRION. |
| Gavroche et les deux enfants. | BRION. |
| Mangez! | BRION. |
| L'éléphant de la Bastille. | BRION. |
| Ascension dans l'éléphant | BRION. |
| Les péripéties de l'évasion | E. BAYARD. |
| Pâle, épuisé | BRION. |
| L'évasion de Thénardier. | NEUVILLE. |
| L'argot | E. BAYARD. |
| Merlan, saute-ruisseau, rapin. | H. VOGEL. |

| | DESSINATEURS. |
|---|---|
| Gniaf. | H. VOGEL. |
| Une cave du vieux Châtelet. | BRION. |
| Le haillon garde le trésor | LIX. |
| Enchantements et désolations | E. BAYARD. |
| Il y a un cab. | BRION. |
| Choses de la nuit | BRION. |
| A genoux. | E. BAYARD. |
| Le portrait | BRION. |
| Gillenormand étendit les bras. | BRION. |
| Accablement. | BRION. |
| Où vont-ils? | BRION. |
| Jean Valjean rentra tout pensif. | BRION. |
| M. Mabeuf | H. VOGEL. |
| Le 5 juin 1832 | E. BAYARD. |
| Le convoi du général Lamarque. | BRION. |
| La noce dans la barricade. | LIX. |
| L'atôme fraternise avec l'ouragan. | LIX. |
| Le pistolet chipé. | BRION. |
| Gavroche en marche. | BRION. |
| Corinthe | BRION. |
| A table. | BRION. |
| Navet, l'ami de Gavroche. | BRION. |
| Le cabaret de Corinthe. | NEUVILLE. |
| La barricade | BRION. |
| C'est la souris qui a pris le chat. | BRION. |
| Javert au poteau | BRION. |
| Exécution de Le Cabuc. | BRION. |
| Marius entre dans l'ombre. | E. BAYARD. |
| Les lanternes de ce temps-là. | H. SCOTT. |
| Les grandeurs du désespoir. | NEUVILLE. |
| Mort de Mabeuf. | LIX. |
| Le baril de poudre | BRION. |
| La rue de l'Homme-Armé | E. BAYARD. |
| Valjean sur sa porte | LIX. |
| Gavroche et la charrette. | LIX. |
| Gardes nationaux de la banlieue. | VOGEL. |

Reliure serrée

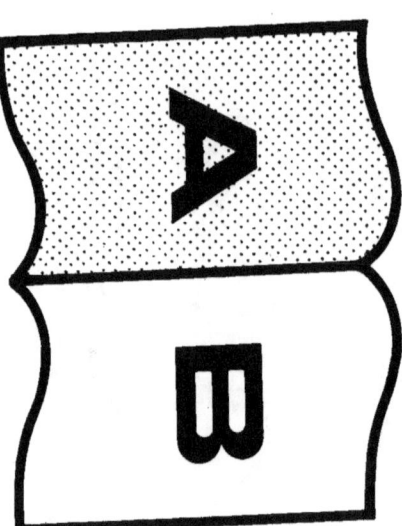

Contraste insuffisant
**NF Z 43**-120-14

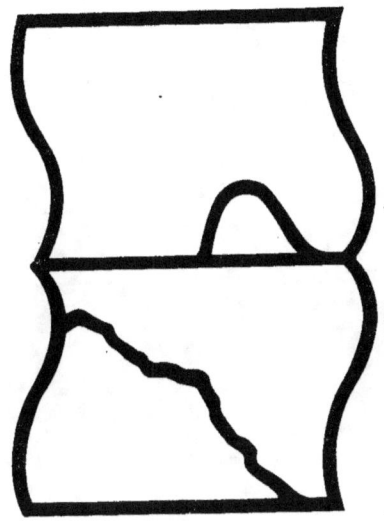

Texte détérioré — reliure défectueuse

**NF Z 43-120-11**

www.ingramcontent.com/pod-product-compliance
Lightning Source LLC
Chambersburg PA
CBHW070611230426
43670CB00010B/1483